Furihata Setsuo Selection Vol.2

降旗節雄著作集

第1巻

宇野経済学の論理体系

社会評論社

降旗節雄著作集　第2巻　宇野経済学の論理体系＊目次

Ⅲ　宇野理論の解明

凡　例

頻出する引用文献は次のように略記した。

一　マルクス『資本論』は、青木文庫版のページ数を示した。同『経済学批判』は『批判』とし、岩波文庫版のページ数を示した。

一　その他のマルクス、エンゲルスの著作からの引用は、若干のばあいをのぞき、大月書店版『マルクス・エンゲルス選集』からおこない、『選集』と略記してその巻、ページ数を示した。

一　レーニン、スターリンの著作からの引用は原則として、大月書店版のそれぞれの全集からおこない、『全集』と略記してその巻、ページ数を示した。

一　右以外の著作からの引用も、頻出するばあいは略記したが、それはその章、節ごとに示してある。

一　訳文はかならずしも引用訳本どおりではない。

［解題］

宇野理論体系の構造と意義

降旗節雄

一　宇野原論体系の編成と方法

宇野弘蔵の処女論文は「貨幣の必然性――ヒルファディングの貨幣理論再考察――」である。これは一九三〇（昭和五）年六月の『社会科学』に掲載された。

宇野は一九二四（大正一三）年、東北帝国大学助教授として同大学法文学部に勤務することになったから、就任以来六年目の処女作である。大学院生時代に数本の論文を書かなかったら、助手としての就職もおぼつかない現代とは、時代が異なるとはいっても、なかなか良い度胸である。

この論文も、他の宇野論文と同様、表現が晦渋で、宇野の主張の真意がどこにあるかは容易に捉えがたい。しかし宇野理論、とくにその原理論の独自性はすでにこの処女論文に鮮明に現れていると思われるので、やや詳しくこの論文を見ておこう。

数人の弟子との質疑応答で構成された宇野の自伝『資本論五十年　上・下』（一九七〇・一九七三年）でも、二人の弟子がこの論文の主旨をめぐってあれこれ忖度しているのに対して、宇野はこう言っている。

「その点、君達二人の言う点は、少なくとも僕には別に問題じゃなかったんだ。つまり商品形態というのを商品生産物というように理解するところからくる誤り、しかもそれを社会的生産物といっちゃう……それは価値の実体の根拠をなすものではあるが、商品経済の本質はその実体を価値とする形態にあるということになる」（同、上、三〇二ページ）。

ここで宇野が強調している、「社会的生産物」としての「商品生産物」は「価値の実体の根拠をなすものではあるが、「商品経済の本質はその実体を価値とする形態にある」という指摘は決定的に重要である。「商品経済の本質は……（価値）形態にある」という認識は、それまでのマルクス経済学ないし『資本論』に対する正統派的把握を一八〇度転換させる視点の変更を意味した。

『資本論』は周知のように、まず商品を考察対象としてとりあげる。商品はさしあたり使用価値であり、「われわれが考察しようとする社会形態では」交換価値の担い手であるとして、この交換価値の分析から経済学的考察を開始する。そして、この交換価値の実体は労働であるとして、この労働価値説をもって『資本論』全体を貫く基本法則とする。これは、資本主義の考察を「商品経済の本質は……価値実体にある」という認識をもってはじめたことを意味する。

これに対して宇野は、「商品経済の本質は……価値形態である」とする認識を対置した。資本主義認識におけるコペルニクス的転換といってよい。というのは、古典派からマルクスにいたる全ての経済学者は、経済理論体系の出発点を、労働ないし労働生産物の交換をもって始め、交換される商品の価値は投下労働によって規定されるとしてきたからである。

「初期未開の社会状態のもとでは、さまざまな物を獲得するに必要な労働の量の割合は、これらの物をたがいに交換するための定規になりうる唯一の事情であったように思われる」(リカード)というのが、彼らにおける労働価値説の根拠であり、かつかれらの経済理論体系の出発点であった。

もちろんマルクスにおいては、この労働価値法則は、資本主義では資本の有機的構成や回転などによって一定の偏倚をうけるとしたが、労働価値説成立の根拠については、古典派と軌を一にしていた。古典派からマルクスまで、商品経済の本質を価値の実体において捉えていたから、その経済学の体系はかならず単純な商品生産者社会から資本主義社会への発展をたどることになった。商品経済が全面化するのは資本主義社会であり、そこでこそ価値法則は根拠を得て貫徹することになるという認識に達しえないのである。むしろ古典派の場合は、価値法則は単純商品社会で貫徹し(リカードの『一般理論』におけるビーバーとディアーの交換をみよ)、資本主義社会では成立しないことになる。マルクスの場合も、価値法則は資本主義的競争のもとでは偏倚し、歪曲されることになる。価値法則が生産価格の法則へ転化すると言う認識がそれである。ただ、マルクスの場合は、資本主義における価値法則の貫徹と、諸資本の競争下でのその歪曲という理論問題として残されたが、エンゲルスやレーニンになると、単純商品社会＝価値法則、資本主義社会＝生産価格の法則という歴史的対比で捉えられることになる。

宇野の「市場経済の本質としての価値形態」という認識は、このような古典派由来の価値法則把握を完全に一掃してしまった。

商品・貨幣・資本という『資本論』の序論部分の諸規定は、価値形態の発展の論理によって統一的に把握され、その価値の実体的根拠づけと法則的貫徹とは、産業資本における生産過程をとおして証明されることになる。

つまり『資本論』で「資本の生産過程」の序論として曖昧に処理されてきた「商品と貨幣」及び「貨幣の資本への転化」の章が、商品・貨幣・資本という流通形態の発展過程として理論的に把握され、資本の生産・流通・再生産の過程は、この資本形態で包摂された生産過程として、流通形態に対置されることになる。そして諸資本の競争を扱った第三巻は資本の形態的分化の過程として、生産的基礎を得た資本の流通形態論として整理される。こうして、資本主義経済は流通形態による原則的（歴史貫徹的）経済過程の包摂関係として体系的に把握されるのである。

だがこのような宇野による『資本論』の組替えは、価値法則の論証、恐慌論の構成、『資本論』体系の終結規定などにも根本的変質を与えることになる。順次それらについて見ていこう。

二　労働力の商品化と価値法則の論証について

価値法則を「資本主義的生産の自然法則」とし、「鉄の必然性をもって作用し、自己を貫くこの傾向、これが問題」であるとしながら、『資本論』における価値法則の論証は、ビーバーとディアーの交換によって労働価値説を証明した古典派のそれと原理的には変わっていない。等置された二つの商品において、それぞれの使用価値を捨象すれば、残るのは等量の抽象的人間労働だけだというのである。

これでは、等価の商品は何時でも同じ人間労働の生産物だということになる。つまりミンダナオ産のバナナ一ダースと津軽産のリンゴ一個とがともに一〇〇円だとすれば、両者には等量の人間労働が投下されていることになる。北が南を収奪する不等価交換などはありえないことになる。

これは勿論誤りである。交換される二つの商品には等量の労働が等価されている筈だというのは、もともと一種のトートロジーにすぎない。

宇野の場合は、商品・貨幣・資本は流通形態として取り扱うだけだから、ここには価値実体を対象とする問題ははいってこない。したがって、宇野は、この価値法則の論証を、資本の生産過程を扱う場面において、しかも労働力の商品化を媒介として遂行するのである。

古典派でも、マルクスでも、単純な商品交換において価値法則の論証を行おうとすれば、単純商品生産者同士の商品交換を想定せざるをえなかった——古典派においては意識的に、マルクスの場合は無意識的に。だが、単純商品生産者同士の交換が等労働交換に帰着するという証明は、とくにエンゲルスはそれに執着したが、成功するのは難しい。単純商品生産者の生産物にも、なにほどか剰余労働が含まれている筈だから、二つの商品が交換される場合、必然的に両者に等量の労働が含まれているとする根拠は保証され難いからである。むしろ、このようなフレキシブルな交換条件を前提として、商人資本が介在し、安く買って高く売ることによって商業利潤を獲得する場合のほうが圧倒的に多い。要するに、資本主義より前の社会では不等価交換が常態となるのである。

経済学は歴史科学だから、現実の歴史過程から離れて観念的に理論を構築しても無意味である。だから単純な商品を前提として、価値法則の論証ができるわけがない。この点では、マルクスも古典派と同様、資本主義の基本法則である価値法則の論証に失敗したといわざるをえない。

宇野は、したがって、価値実体の取扱いを産業資本の生産過程の考察（宇野の『経済原論』では「第二篇生産論」）の内部へ移し、同時に労働力商品を媒介として価値法則の論証を行うという全く新しい方法を採用した。こういうのである。

労働力が商品として売買されるようになると、「労働者は自己の六時間の労働生産物を、たとい自ら生産した生活資料にしても、直接には得ることができないのであって、三志《シリング》なる労働力の代価を通して買い戻すのである。それは単に労働生産物が商品として交換されるというのではなく、生産過程自身が商品形態をもって行われることを示すものにほかならない。かくしてまたあらゆる生産物がその生産に要する労働時間によってえられるという労働生産過程の一般的原則は、商品経済の下にあっては、その交換の基準としての価値法則としてあらわれるのである。」（岩波全書版『経済原論』五五ページ、以下『原論』と略称）

如何なる生産物も、それを獲得するには一定の労働を必要とする。これは経済原則である。だから、この生産物が商品として交換される時には、この労働がその商品の価値としてあらわれる——これが、スミス以来の労働価値説の論証の仕方であった。そしてマルクスも基本的にこれに従っている。この論証の仕方は、具体的には単純流通ないし単純な商品生産者同士の商品交換を設定しての価値法則の論証ということになる。

宇野はこれに異をとなえた。というのは、人間が労働する場合、必要労働以上の剰余労働をするというのも、経済原則である。このことを考えれば、単純な流通で価値どおりの交換が行われるということは必ずしも必然的とはいえない。一方の剰余労働部分が削減された交換——つまり不等価交換——が、かなり長期にわたって継続されることは充分にありうるからである。

この一般的商品に対して、労働力は本質的に異なる。労働力が商品化された場合、生産コストが回収されないと、その再生産は絶対にできないのである。だから宇野は、価値法則論証の場を、単純流通から資本の生産過程へと移し、労働力の商品化を軸として価値法則の確立と支配を説くことになった。つまり資本主義的生産が前提される限り、労働力はたえず商品化されねばならない。労働力が売買されつづけるということは、労働力が再生産されるということであり、そのためには、労働者は労働力の代金＝賃金で労働力を再生産できる生活資料を買い戻すことができなくてはならない。ということは、商品としての生活資料は、価値どおりに売買されなくてはならないということでもある。その商品が価値以上に売られたら、労働者は労働力を再生産できないし、価値以下に売られたら、労働者は労働力を売り続けねばならない必然性をもたない。

そして、生活資料が価値どおりに売買されねばならないということは、生産手段も価値どおりに売買されねばならないことを意味する。何故なら、この段階（資本が生産過程を全面的にその循環の内部に包摂した段階）では、資本は生産の各部門に投下され競争しつつ全部門を掌握するものと想定されているからである。勿論この段階では、部門間の生産条件の差異は捨象されているし、回転の違いも無視される。自由な資本移動をとおしてあらゆる資本に均等な利潤が保障された状態が想定されているのである。

この想定のもとでは、労働力商品の売買を媒介として、生活資料も生産手段も、要するにあらゆる商品が価値どおりに売買され、価値法則が貫徹することは必然的となる。スミス以来マルクスに至るまで、原始社会ないし単純商品生産者の社会に限られ、資本主義社会ではその偏倚を余儀無くされると考えられていた価値法則が、全く逆に資本主義社会でこそ貫徹し、単純流通ではむしろその貫徹が妨げられることが、宇野によって初めて論証されたのである。

右のような、宇野の労働力商品を媒介とする価値法則の論証の意味を了解すれば、宇野の価値法則論に対して与えられた様々な批判、例えば生活資料が価値どおりに売買されても生産手段が価値どおりに売買されるかどうかは判らないとか、必要労働部分の生産物は価値どおりに売買されても剰余労働部分の生産物については不明だとかいう批判が如何に皮相なものかは自明であるが、直接宇野の薫陶をうけた人々からも類似の疑問ないし批判が生じているところをみると、宇野の論理はなかなか一般には理解しがたい性格をもっているのかも知れない。

三　恐慌論の構造

『資本論』では恐慌論が欠落している。もともと「経済学批判体系プラン」では、資本主義社会の三大階級の経済的生活条件を考察する資本、土地所有、賃労働の項目部分に対して、国家、外国貿易、世界市場という項目部分は区別されていた。研究の深化とともに、プランも改定されていったが、国家以下の項目は、最後まで資本主義的経済の一般的考察である『資本論』体系の外部にあると考えられていた。そして「恐慌」は、その最終項である世界市場とともに考察されることになっていたのである。

「恐慌」が資本主義の一般的考察から排除されたのには、いくつかの理由が考えられるが、その最も重要なものは、マルクスが「恐慌」を資本主義体制の崩壊ないし破局と同意義でとらえていたという点にあったのではないか、と思われる。マルクスは「恐慌」を資本主義の景気循環の一局面としてとらえていたが、同時にそれを資本主義の体制的危機としてとらえていたことも否定しがたい。経済学的には、この二つの認識は両立しえない。資本主義は、成立以来律動正しい景気循環をくりかえすことになったのは、歴史的事実である。そして「恐慌」をこの景気循環の一局面とするならば、それはそれまでの景気、したがって資本＝賃労働関係の崩壊であるとともに、新しい資本＝賃労働関係形成の出発点をなす過程としてとらえなくてはならない。資本主義が景気循環を体制維持の基本機構として保持している限り、この体制の一般理論としての『資本論』は当然景気循環論、つまり恐慌論をその内部に持たなくてはならないのである。

宇野は、経済原論で恐慌論を首尾一貫した論理で説くことによって、『資本論』で欠落していた動態論としての論理を完成させた。つまり『資本論』体系は宇野によって、資本主義の静態論＝構造論と動態論＝運動論の統一として完成せしめられたのである。マクロとミクロ、静態論と動態論として分離されたままで、さまざまな統一の試みはもちながら、まだ統一理論体系をつくりだせないでいる近代経済学の現状と対照的な学問的成熟度を評価すべきであろう。

さて、宇野による「恐慌論」の完成は、別の意味でも『資本論』体系に重要な貢献を果たした。それは労働力商品の社会的需給機構とその価格決定機構という面においてである。

マルクスは、労働力は商品だからその価値によって売買されざるをえないとした。彼の場合、すでに『資本論』の冒頭において価値法則は論証されていたから、労働力も商品化されれば、価値法則に支配されるのは当然としたのである。しかし、ことはそれほど単純ではない。まず、冒頭の価値法則の論証が明確な論証となっていなかった。そして労働力は商品化されるといっても普通の商品ではない。それは労働生産物ではないから、労働力を如何に分析したところで、そこに抽象的人間労働が含まれているはずがない。このような特殊な商品としての労働力には前提とする価値法則を適用して済ますわけにはいかないのである。

労働力商品の価値規定は、だから最初から社会的機構をとおして与える以外にない。労働力商品の価値とは、それを再生産するのに必要な生活資料の価値によって規定されるという関係がそれである。つまり労働力は、たんなる個々の労働力としては把握できず、最初から資本にとってあたえられる社会的関係なのである。個々の資本は、自分が雇用した労働者にたいして賃金をわたすが、労働者はその賃金で生活資料を買い、それを消費することによって自分の労働力を再び生産できなくてはならない。その場合に、労働者は賃金で自己を雇用した資本家とは異なる別の資本家から生活資料を買い、その生活資料によって自己の労働力を再生産しなくてはならない。この関係が保障されないと資本主義の体制的再生産はできないことになる。逆に言うと、資本主義社会を前提とするかぎり、労働者による生活資料の買戻しとそれによる労働力の再生産が、つまり労働力の価値どおりの売買が貫徹しているということになる。それはまた、商品がその生産に必要な労働量によってその価値を規定されざるをえないということを意味する。

この論証においては、労働力は資本の要求に対して常に過不足なく供給されるという事態が前提されている。労働生産物だったら、資本主義では資本の生産物となるから、そういう事態を想定してもよい。資本移動の自由が保証されているから、資本はより高い利潤を目指して移動し、最終的には需給バランスの成立する状態に落ち着くはずであるからである。しかし、労働の、したがって資本の生産物ではない労働力はそうはならない。では、労働力に対する需給の調節はどのようにしておこなわれるか?

この問題を解くのが、景気循環論であり、恐慌論だったのである。労働力の社会的需給関係は、宇野においては、相対的過剰人口の形成と消費の過程として説かれる。もちろん相対的過剰人口論は、『資本論』第一巻第二三章「資本主義的蓄積の一般的法則」のなかで解明されている。しかしそこでは、資本主義の発展は、相対的過剰人口の累進的生産をもたらすという視角から問題があつかわれているために、「自由に利用しうる労働力は、資本の膨張力が発展させられるのと同じ原因によって、発展させられる。こうして産業予備軍の相対的な大きさは、富の諸力と一緒に増大する。……これが資本主義的蓄積の絶対的な一般的な法則である」という結論が導き出されることになっている。結局、マルクスのばあいは、相対的過剰人口論は、景気循環論へと発展する契機を奪われ、絶対的貧困化論、そのゆきつくところは資本主義崩壊論へと導かれることになってしまった。

宇野は、マルクスが、資本主義の初期に限定した「資本構成の不変な蓄積」と、資本主義の「基礎が一度与えられれば」進行するとされた「資本構成の高度化を伴う蓄積」という蓄積の二類型を、発展した資本主義経済における景気循環過程における二類型として構成しなおした。つまり、不況からの脱出期に「資本構成の高度化を伴う蓄積」は集中し、好況期には「資本構成の不変な蓄積」が一般化するというのである。

これによって、相対的過剰人口の形成は不況末期にもっとも急速にすすみ、逆に好況期には稼働労働力が増大し、相対的過剰人口は縮小する。この相対的過剰人口の変化は労働力の需給関係の変動をとおして労賃決定に基本的な影響をあたえる。労賃は不況期に低下し、好況末期からブーム期に急騰する。そして、この労賃の変化は、資本にとっては利潤変化をよびおこし、不況末期に利潤率を上昇させ、好況期に利潤率を低下させつつも利潤量を増大させるが、ブーム期には利潤率の急落を必然的にする。利潤率が利子率以下に下落し、それを補償するための資本投下の増大がさらに利潤率を低下させ、それが利潤量の縮小をよびおこすとすれば、これはもはや資本の絶対的過剰を意味する。資本はそれまでの資本構成＝資本・労働関係を崩壊させ、新たな資本構成を構築する以外にない。即ち恐慌とそれにつづく不況の過程とその末期における資本構成の高度化が、この新たな労資関係＝生産関係の再構築を意味する。

このような宇野恐慌論は、マルクスの『資本論』の重大な欠落項を補い、その「経済学批判」としての体系的完成を実現することになったが、同時にそれはまた労働力商品の価値どおりの売買を保証する具体的社会機構を解明することにもなった。すでにふれたように、マルクスは労働力も商品化すれば価値法則に従い価値どおりに売買される。労働力の場合は、それを再生産するのに必要な生活資料の価値によって、その価値が規定されるとして単純に処理してしまっていた。しかし、労働力は労働生産物ではないから、単純に商品化されれば価値どおりに売買されるとしてしまうわけにはいかない。実際、マルクスも労働力のばあいは、それを再生産するのに必要な生活資料の価値をもって労働力の価値としているのである。一般の商品の場合は、資本の生産物だから、商品にたいする需給の変動は資本の利潤の変化となってあらわれ、利潤変化に導かれた資本投下量の変動は結局需給状況に対応した均衡状態をつくりだす。この市場機構の運動をとおして、商品の価値はそれに投下された労働量に規定されることになるのである。しかし、労働の、したがって資本の生産物ではない労働力については、このような市場機構は存在しない。労働力については、一般商品と異なる価値決定の機構が必要なのである。

宇野によれば、それが景気変動に伴う相対的過剰人口の変動の過程だ、ということになる。不況期に労賃は最低に下落し、ブーム期に最高に上昇する、この下限と上限に画された範囲において、労働者階級は労働力を再生産する。したがって、この下限と上限の中間が労働力の価値ということになる。景気循環の繰り返しのうちに、各循環の下限も上限も上昇し、それにつれて労働力の価値基準も上昇する。つまり生産力の上昇とともに労働者の生活資料の内容＝生活水準も上昇するのである。しかし、如何に労働者の生活水準が上昇したとしても、つねに労働者は労働力を価値どおりに売り、資本家はそれを価値どおりに買うという関係は変わらない。資本＝労働の階級関係は、景気循環の繰り返しをとおして貫徹されるのである。

こうして、宇野による恐慌論の景気循環論としての構築によって、『資本論』は資本主義経済の原理として体系的完成を与えられることになったが、これはまた他のいくつかの懸案問題にたいしても解答を与えることになった。

四　いわゆる「転形問題」について

『資本論』第二巻までは商品は価値どおりに売買されることが前提される。しかし第三巻の始めでマルクスは「いろいろな生産部面のいろいろな利潤率が平均されて、この平均がいろいろな生産部面の費用価格に加えられることによって成立する価格、これが生産価格である」として、以後価値は生産価格に転形されるものとして理論を展開する。価値は生産価格に転形されても、総剰余価値が平均利潤を規定しているのだから、総価値は総生産価格に等しく、したがって全体として価値法則は貫徹するというのである。

しかしマルクスは、この転形を説くさい、費用価格部分は生産価格ではなく、価値で計算したため、いくつかの批判をうけることになった。マルクス主義者の側でも、これに反論したが、そのさい多くの場合、どちらの側も、再生産表式をまねてつくった表式によって商品価値の生産価格化と費用価格の生産価格とを同時に行おうとしたため、議論はますます紛糾した。このような処理では、総価値＝総生産価格、総剰余価値＝総利潤というマルクスの命題が成立しえなくなるのである。だから現在でも、この問題はマルクス経済学の未決問題として、論争が継続されている。

この問題は、しかし再生産表式類似の表式をつくり数学的処理によって数字的つじつまを合わせるような問題ではない。だいたい再生産表式は商品資本の循環で表現されており、価格関係の表現には適当ではない。

問題は、数字にはなく、商品が生産価格で売買されるとき、価値法則はどのような意味をもちうるか、ということであり、さらに資本＝賃労働関係はいかなる影響をうけるか、ということである。

問題をこのように設定すると、解決の鍵はかかって労働力商品の理解に依存する。労働力は労働生産物ではなく、したがって資本の生産物ではない。だから、あらゆる商品の価値が生産価格に転化しても、労働力の価値＝労賃だけには生産価格は成立しない。資本はつねに労動力の価値を支払わねばならない。勿論、労働力の価値も労賃として価格化し、景気動向によってたえず変動する。しかし、それは景気循環の一サイクルをみれば、結局価値によって規定されることになる。総生産物の価値のうち、労働者が必要労働部分を賃金によって買い戻さねばならないという関係は、資本主義体制にとって絶対な必要条件である。この関係は、生活資料が生産価格で売買されたとしても貫かれなければならない。商品が生産価格で売買されたとしても、労働者はその賃金によって必要労働部分を買い戻せば、残る剰余労働部分は当然資本利潤となる。生産価格と平均利潤の成立は、この剰余労働部分が資本の生産条件（資本の有機的構成や回転の差異）にしたがって均等に配分される機構が成立したことを意味しているにすぎない。

要するに、価値が生産価格に転化しても、労働力は価値どおりに支払われ、労働者は賃金でその必要労働部分を買い戻さねばならないということが、資本主義成立の絶対条件であることが理解されればなんら問題はないのである。生産価格が費用価格に転化し、生活資料が生産価格で売買されるようになると、この基本関係にもなんらかの影響が及ぶかのごとく思わせたマルクスの説明が不正確だったのである。しかし、それは更にマルクスの労働力商品の理解に原因をもつのかもしれない。マルクスは、労働力が労働生産物ではなく、したがってその商品化には特殊な社会的機構を必要とするということ、その機構こそが相対的過剰人口の形成と消費の機構であり、具体的には周期的景気循環の過程であることを明確に把握していなかった。恐慌の繰返しによる増幅と、それにともなう労働者階級の窮乏化をとおして資本主義体制は崩壊するであろうとする歴史にたいする期待感が、景気循環に就いての冷静な分析を妨げたのであろう。社会主義イデオロギーによる対象の客観的認識の阻害の一例といってよい。

五　『資本論』第三巻の意味と編成について

マルクスは第三巻の冒頭で、「第一巻では、それ自体として見られた資本主義的生産過程が直接的生産過程として示している諸現象が研究され」「第二巻では流通過程」が考察されたのに対して、第三巻では「全体として見た資本の運動過程から出てくる具体的な諸現象を見いだして叙述することである」としている。

つまり、資本の生産過程と流通過程との統一は、第二巻第三編「社会的総資本の再生産と流通」で研究されたので、この第三巻では資本の運動が具体的に現象する形態を追求するというのである。この資本の具体的形態を、マルクスは「社会の表面でいろいろな資本の相互作用としての競争のなかに現れ生産当事者自身の日常の意識に現れるときの資本の形態」と説明している。

「日常の意識に現れる資本の形態」とは何か？　物神性における資本ということである。つまり第三巻は、資本の物神性の形成過程を解明し、その最後において資本物神の完成を説くことになる。そして資本物神の完成形態は「それ自身に利子を生むものとしての資本」である。

ではエンゲルスによって編集された現行『資本論』はそうなっているか。否である。

第三巻は、七篇で構成され、第一～四篇では利潤が、第五篇では「利子と企業者利得とへの利潤の分裂　利子生み資本」が、第六篇では地代が、そして第七篇では「諸収入とそれらの源泉」が扱われている。つまり、利潤・利子・地代という構成となっている。資本家と地主という資本主義社会の二大支配階級の経済的基礎を明らかにし、したがって最後の篇で「諸収入とそれらの源泉」でしめくくるという構成をとっているのである。

これに対して、宇野は、重要な修正をあたえる。全体を利潤・地代・利子へと編成しなおすのである。宇野は言う。「第三篇においては先ず第一に、剰余価値が利潤化して資本家の間に分配せられる関係を明らかにする。この関係はなお現実的なる剰余価値の分配をそのまま表示するものとは必ずしもいえないが、しかしその基本的原理を明らかにするものである、第二章で明らかにされる地代も、実はこの原理から出るものに過ぎない、ただ……土地によって代表せられる自然は、元来、労働の生産物ではなく、したがって資本にもなり得ないものであるために、これに対して剰余価値の一部が分配せられることによって、利潤としての分配の原理は量的にも、質的にも修正されることになる。第三章利子はかくしてこの修正を採り入れて利潤分配の原理を再確立するということができる。」(『経済原論 下巻』九ページ)

この剰余価値の利潤としての分配の基準原理の確立——資本になりえない土地への剰余価値の分配による原理の修正——利子による原理の再確立という把握は、どのような意味をもち、宇野はどこからこのようなトリアーデを構想するにいたったのだろうか。

宇野の没後、宇野文庫として筑波大学の図書館に収容されている宇野の蔵書のなかに松村一人訳のヘーゲルの『小論理学』(北隆館 一九四三年刊) がふくまれている。但し宇野の所有していたものはその第三刷で一九四七年刊行である。

宇野はこの本の目次に正確に対応させて経済原論の目次を記入している。次のようである。

第一部 有 論	流通論
A 質	商品
a 有	高品の二要因
b 定有	交換価値=価値形態
c 向自有	貨幣形態=価格
B 量	貨幣

ａ　純量	価値尺度としての貨幣
ｂ　定量	流通手段としての貨幣
ｃ　度	貨幣
Ｃ　質量	資本
第二部　本質論	生産論
Ａ　現存在の根拠としての本質	資本の生産過程
ａ　純粋な反省規定	労働生産過程
α　同一性	労働過程
β　区別	生産過程における労働の二重性
γ　根拠	生産的労働の社会的規定
ｂ　現存在	価値形成増殖過程
ｃ　物	資本家的生産方法の発展
Ｂ　現象	資本の流通過程
ａ　現象の世界	資本の循環と流通費用
ｂ　内容と形式	資本の回転
ｃ　相関	剰余価値の流通
Ｃ　現実性	資本の再生産過程
ａ　実体性の相関	資本の再生産と蓄積
ｂ　因果性の相関	資本家的蓄積の現実的過程
ｃ　交互作用	社会的総資本の再生産過程

第三部　概念論
A　主体的概念
a　概念そのもの
b　判断
α　質的判断
β　反省の判断
γ　必然性の判断
δ　概念の判断
c　推理
α　質的推理
β　反省の推理
γ　必然性の推理
B　客体
a　機械的関係
b　化学的関係
c　目的的関係
C　理念
a　生命
b　認識
α　認識

分配論
利潤
剰余価値の利潤への転化
一般的利潤率の形成
異なれる部門の利潤率の相違
費用価格の生産価格への転化
生産価格と市場価格
資本の競争
一般的利潤率低落の傾向
生産力の増進による超過利潤の追求
一般的利潤率の傾向的低落の法則
資本家的生産方法の内的矛盾の展開
地代
差額地代とその基本的形態としての第一形態
差額地代第二形態
絶対地代
利子
貸付資本
商業資本と商業利潤
流通費用の資本化

商業利潤と商業資本の倒錯性

それ自身として利子をうむものとしての資本

β　意志

C　絶対的理念

ヘーゲルの論理学の目次と対応して書かれた宇野の経済原論の目次は、一九五〇年から五二年にかけて刊行された宇野の『経済原論上、下』の目次とほぼ正確に照応している。宇野の使った松村訳『小論理学』は一九四七年刊行の第三刷版だから、宇野がこの書き込みをしたのは、一九四七年から一九五〇年までの間と考えるのがかなり確度の高い推測ではないかと思われる。

経済学体系の構成におけるマルクスと宇野の大きな差異は、(1)商品・貨幣が資本もふくめて、資本の生産過程論の序説的位置からはずされ、流通論として独立させられた。これはヘーゲルの有論と対応する。(2)資本の生産過程と資本の流通過程はマルクスの場合、第一巻と第二巻を構成したが、宇野はこれを統一して(匆論、商品・貨幣・貨幣の資本への転化部分は除いて)生産論として括ってしまった。これはヘーゲルの本質論と対応する。(3)これに対して、第三巻はそのまま分配論とされたが、その内容の編成は大きく変えられ、マルクスの利潤・利子・地代という序列が、利潤・地代・利子という順序に変えられた。

この経済学体系の編成換えには、ヘーゲルの論理学体系の構成が大きな影響と方向性を与えたことは疑問の余地がない。宇野は、レーニンの「マルクスは論理学は書かなかったが、資本論という論理学を書いた」と言う言葉に接してから、「『資本論』を論理学として読むように心掛けるようになった」とつねづね洩らしていたからである。

ヘーゲルの論理学は「思惟の諸規定と諸法則の学」であるが、その内容は三つの部門に分かれる。(1)有論　(2)本質論　(3)概念および理念論である。ヘーゲルはこれを(1)は、「直接性における思想、あるいは即自的概念にかんする理論」(2)は、「反省と媒介とにおける思想、あるいは概念の対自有と仮象にかんする理論」(3)は、「自己自らへ復帰し全く自己のもとにある思想、あるいは即自かつ対自的概念にかんする理論」と説明している。(ヘーゲル『小論理学　上巻』

岩波文庫版、一二五六ページ）

宇野は、資本主義経済を対象として、これをまず市場経済として直接にあらわれる局面つまり流通形態としてとらえる。これはヘーゲルの「即自的概念」と対応する。そして次にこの流通形態があらゆる社会の成立基盤をなす生産過程を包摂し、資本主義的生産、資本主義的流通として成立する構造を解明する。即ち生産論である。ヘーゲルの「概念の対自有と仮象にかんする理論」が資本主義的生産と流通に対応していることは当然である。最後に、この資本主義的生産として社会を全体的に統合した資本が「具体的諸形態で相対しつつ現実的に運動する」諸形態を、つまり「生産当事者自身の普通の意識にあらわれる時の資本の形態」を叙述しなくてはならない。これが分配論である。ここでは資本主義的生産を基礎にもつこの社会の構成員が、すべて単なる商品所有者として相対しているのだから、「即自的かつ対自的概念にかんする理論」の対象となることは言うまでもない。

つまり、宇野は、共同体と共同体の間から発生した市場経済が商品・貨幣・資本という独自の流通形態をつくりながら自己を組織化してゆく過程を流通論としてとらえる。そしてこの流通形態が、生産過程をその内部に包摂し、実体的根拠をもって統一的経済をつくりだす過程を、生産論として構成する。最後に、この統一的経済社会がさまざまな具体的資本に分化して現実的機構をつくりつつ、剰余価値を利潤・地代・利子として配分し、かつ階級社会としての性格を商品関係のうちに溶解して、資本物神を完成する過程を分配論として解明する。この経済原論の論理と構成が、ヘーゲルの論理学の概念の展開構造とぴったりと一致していると考えたのである。

この照応関係は、分配論（『資本論』第三巻）では、概念論における主観性・客観性・理念というトリアーデにあわせて、利潤・地代・利子という編成で貫かれることになる。ヘーゲルは主観的概念（判断）は、直接的存在である客観に規定されることによって、概念と客観性の統一である理念（絶対的真理）に到達するとした。

資本主義社会では、剰余価値は資本に対して利潤として分配される。この基本原理は利潤論で明らかにされるが、土地によって代表される自然に対しても、それが資本の生産過程で利用される限り剰余価値の一部は配分されなくてはならない。それが地代である。しかし、労働生産物ではない土地に対して、単にそれが所有されていることを根拠にして剰余価値が配分されるとすれば、資本所有にたいしても剰余価値が配分されなくては論理が一貫しない。そこで資金の商品化を前提とし、商業資本と商業利潤の成立を媒介として、資本はそれ自身に利子を生む資本へと完成する。こうして主観性・客観性・理念という関係は、資本主義経済のなかでは利潤・地代・利子と言う関係で貫徹し、絶対理念としての神はそれ自身に利子を生む資本として、つまり資本物神として完成する。

この宇野の体系構成の論理によれば、『資本論』第三巻における地代論と利子論の位置は絶対に逆転されねばならないし、商業資本論は利潤論から利子論の内部に移されねばならない。

ヘーゲルは「絶対的理念のうちでは移行もなければ前提もなく、一般にあらゆる規定性が流動的で透明であるから、絶対理念は対自的に、その内容を自己そのものとして直観するところの概念の純粋な形式である」（『小論理学　下巻』二三八ページ）という。これを経済原論の世界にうつすと、「それ自身に利子を生む資本によって支配される資本主義経済は、資本主義の歴史的発展傾向を前提として構築された理念的社会であって、現実にはどこにも存在しないし、したがってそれは現実の資本主義の歴史過程から抽象されている。しかし、それはあらゆる資本主義の解明のための概念をあたえる純粋資本主義であって、この体系的論理なしには資本主義体制の歴史的意義を理解できず、したがってこの資本主義体制を超える体制の可能性を社会科学的根拠をもって主張することは出来ない」ということになる。

国家論や世界市場論をふくむ未完の体系とされていた『資本論』を、「商品」に始まって「それ自身に利子を生む資本」で終わる完結した理論体系へと改変し、その内部編成も、ヘーゲルの「論理学」の構成を基準にして大幅に修正した宇野の『経済原論』は、資本主義経済の諸概念の論理学として純粋資本主義の論理体系となった。しかし、純粋資本主義は、それ自体この体制の発生・確立・発展という歴史過程から抽象されており、したがってこの論理体系がその内部から体制転換の契機を生み出すこともありえない。

歴史的形成体としての資本主義の理論が、この体制の歴史的発展過程を反映せず、かつ歴史的変動への契機を導きだしえないとすれば、それは歴史科学として失格ではないかという批判を誘発することは当然であろう。純粋資本主義論としての『経済原論』は、この疑問に答えなくてはならない。

六　資本主義の歴史性と論理性

資本主義の歴史性という言葉は多義的に使われている。まず第一は「資本主義社会の経済的構造は封建社会の経済的構造から生まれてきた。後者の解体が前者の諸要素を解き放したのである」というように、資本主義体制が何を前提に成立し、さらにどんな体制に変わっていくかという意味での歴史性である。

第二は、資本主義体制を「発生・発展・没落」の過程において見る立場である。これは第一の立場と混同されつつ主張される場合が多いが（例えばエンゲルスの『空想から科学へ』における資本主義の歴史的発展に対する把握）、厳密にいえば異なる。第一の場合は、資本主義が封建社会から転化し、さらに社会主義社会へ転化するという意味での歴史的変化である。これに対して、第二の立場は、資本主義体制自身の歴史的変化、経済学的に言えば発展段階的変化を指している。

資本主義の歴史性と言う場合、この第一か第二の立場、あるいは両者を曖昧に混同して使用する場合がほとんどである。

しかし、これらとは全く別の意味で資本主義の歴史性をとらえることができる。かりにこれを第三の立場とすればこうである。

人類の歴史は、いわゆる自然史と異なり、社会体制の変化を伴っている、人間は自然を対象として、労働によって主体的物質代謝の過程を遂行する特殊な動物である。かれらはその場合、生産力に対応して一定の生産関係を取り結び、この生産関係はそれに対応した社会関係、つまり体制を形成する。資本主義社会は、その他の体制とは決定的に異質な体制である。それは市場経済によって経済過程を完全に支配された社会である。それ以外の体制は基本的に共同体的構造をもっている。

資本主義の原理としての『資本論』は、この体制が市場経済によって生産と交換を完全に媒介する特有の構造をもつことを明らかにすることによって、資本主義の特殊歴史性を示している。しかし同時に『資本論』は、この資本主義の純粋化とその世界的支配を歴史的発展の現実的傾向としている。「資本主義的生産様式と、これに対応する生産関係と交易関係の典型的場所はイギリスであり……産業の発展のより高い国は、その発展のより低い国に、ただこの国自身の未来の姿を示しているだけである。」（『資本論』第一版序文）

『資本論』が、単に純粋資本主義の構造を解明しただけではなく、同時にあらゆる資本主義国の「未来の姿」をも示しているとすれば、これは資本主義自身の歴史的発展過程をも開示していることになる。「発展の低い国」は、『資本論』の構造と自国の現状を対比することによって、これからの歴史的発展過程をたどることができるからである。たとえば、かっての「日本資本主義論争」においては、このような思考と方法がまさに典型的に採用された。日本経済において、『資本論』とは著しく異なった事象はすべて「前期的」ないし「半封建的」制度として処理された。講座派である。逆に、少しでも商品経済的影響が強まる傾向を強調すれば、ほとんどの現象がいずれは『資本論』の示す純粋な資本主義にむかって発展するものとして把握することもできる。労農派の立場である。

両派のあまり生産的とはいえない盛大な論争にはここでは立ち入らない。それよりも、純粋資本主義の構造を示すことによって、同時に資本主義世界の将来象をも明らかにし、それによって、資本主義の論理と歴史とを統一的に解明する基準を与えうると自負した『資本論』の立場が揺らいできたのである。

エンゲルスの死と重なるようにして、資本主義は自由主義化と三大階級への純化と言う傾向を変質させてきたのである。『資本論』は、依然として純粋資本主義の論理体系としては存続しても、もはや歴史の発展方向を示すと言う意味はもちえなくなった。マルクス主義における論理と歴史の統一は保証されなくなったのである。

宇野は、この問題を段階論として解決し、同時に『資本論』の経済原論としての純化も遂行されることになるが、マルクス主義者のあいだではこの問題は修正主義論争として展開されていった。この過程の追究は、次の第三巻の主題となる。

Ⅰ　宇野理論の形成

一　はじめに

「宇野理論」にたいするいわゆる正統派からする批判は依然はげしい。たとえば島恭彦は、「宇野理論批判」を副題とする吉村達次『経済学方法論』の解説でいう。

「日本のマルキシズムは戦前戦後のはげしい思想的弾圧の下で、アカデミズムへ逃避した。逆にいえば日本のアカデミズムは戦前のマルキシズムを戦後へ伝えるのに若干の役割をはたした。日本のマルクス経済学の〝水準〟が高いといわれることも、アメリカの学者がびっくりするほど日本の官立大学にマルクス経済学者が多いといわれるのも、そこからきているといえよう。しかし、アカデミズムに保護された日本のマルキシズムはいくつかの思想的ひずみやゆがみをもたざるをえなかった。その典型が宇野理論である。」「宇野理論による理論と実践との分離、思想（史的唯物論）と経済学との分離、資本論（原理論）と帝国主義論（段階論）との切離し、そして原理論と現状分析（政策論）との切離し、こういう宇野理論の体系は、アカデミズムによる理論と歴史と政策との切離し、いわゆる講座制の体系に照応している。それはアカデミズムによるマルクス思想の分解であり、このアカデミズム固有の思想分解は、六〇年代では〝新しい理論〟による思想分解と一つになって進行していた」。

まことにアカデミズムの指導者島によれば「宇野理論」こそ、「日本のマルキシズム」の〝諸悪のもと〟である。そしてかかる見解は、アカデミズムの内外をとわず枚挙にいとまがない。「宇野理論」への批判的見解を披瀝することによって、修正主義なる烙印にたいするアリバイを獲得し、おのが正統性の保証たらしめんとする著書・論文は、そのリストだけで膨大な量に達するであろう。このことは反面において、わが国のアカデミズムにおける「宇野理論」の影響の大きさをものがたるものでもある。

森信成はいう。「宇野教授の思想と理論が、戦後の思想界において特異の地位を占め、現在『とりわけ大学講壇に強く汎い影響力を与えていること』、それが『黙殺できる』ものではなくそれを『黙過することは逃げることにも等しい』ということ、今後の日本のマルクス主義の発展の途が『一つには宇野説の真の克服を通じた道である』ということ、についてはいまでは異論がないであろう」（「理論と実践」）。

「異論」がないかどうかは別として、こんにち宇野理論をぬきにしては、わが国のマルクス経済学を語りえないことは、このような宇野理論にたいする熾烈な反対者たちの論難を一べつしただけであきらかである。もっとも、たんなる「大学講壇」への「影響力」だけだったら、宇野理論がこれほど正統派マルクス主義者によって「批判」「克服」の対象としてとりあげられたかどうかは疑問であろう。

「宇野理論は『実践』の名の下にマルクス主義を歪曲したスターリン主義に意識的に対抗して、『経済学も科学である』ことをタテに、むしろアカデミズムに立籠ることによってその理論を発展せしめた。宇野学派は、決して『労農派』の戦後版ではなかったのである。そして、日本資本主義の直線的発展をもって講座派批判としてきた『労農派』をも批判し、『世界』資本主義の視点から帝国主義段階の日本を解明した宇野理論は、『労農派』の正統・左派社会党や社会主義協会によってではなく、（ずいぶん強引で無茶なものであったとはいえ）若き革命的共産主義運動（共産同・革共同）によってはじめて、その革命的意義を認められたのである」と「若き革命的共産主義運動」家のひとり岸本健一はいう（『日本型社会民主主義』）。

ここでは正統派マルクス主義者とは正反対の視点からではあるが、宇野理論の戦後の政治運動におよぼした「実践」的影響力が指摘されている。

日本のマルクス主義の「ひずみ」と「ゆがみ」の凝結物であるか、その「克服」をつうじてのみ日本のマルクス主義の「発展の途」がひらかれる障害物であるか、はたまた、内在的にスターリン批判を敢行しえた日本マルクス主義の科学的成果の総括であったか、それぞれの論者によってその評価は異なるとはいえ、宇野理論をもって、マルクス主義理論の戦後の発展階段を特徴づけるものであり、かつ戦後のマルクス経済学の展開はつねにこれを一つの軸としておこなわれたという点は、何人も事実として承認せざるをえないであろう。
この宇野理論の形成過程を検討することによって、日本におけるマルクス経済学の発展においてしめるその位置と意義とを確定することが、本章のはたすべき課題である。

二　おいたち

宇野弘蔵は一八九七（明30）年一一月一二日、岡山県倉敷町で生まれた。同じ町に生まれた山川均はこの年一七歳、同志社を退学して上京している。山川の生家は没落しつつある糸物商であり、宇野の家は新興商人層に属した。宇野は「私の親父は少し変っていて、若くして長男だった自家を出て百姓から本屋になったという経歴をもって」いた、といっている。山川は、当時の倉敷の町におしよせた、日本資本主義の確立過程にともなう経済・社会状態の変動の波を、紡績会社の創立を中心として語っているが、そのさい宇野家はこの町の新興勢力の代表として、つぎのようにのべられている。

「日清戦争の前後になって、産業革命の余波がこの片田舎にも打よせるようにな」ったが、「この作用が代表的に、ないしは集中的に現われたものが、紡績会社の創立だった。このころから、私の町にも見知らぬ顔が目立ってふえてきた。この工業に直接間接につながりをもって、いままでのような、田地と金貸しを基礎とした資産家とはちがった型の、ちがった経済的基礎の上に立つちがった型の資産家が急速に成長した。コウ屋（染物屋）だとか、カジ屋だとか、銀細工屋（カザリ職）だとか、油屋、ロウソクの製造や砂糖しぼりのような職業がだんだんと姿を消す一方、いままで無かったいろいろの商売や職業が現われてきた。こういう職業のなかで、いちばん私の印象に残っているものは、活版印刷だった。小学校三年のころだったか、級友の山本の隣りで宇野さんが活版屋をはじめた。初めは、ミノ版くらいのたった一台の手すり印刷機だったが、この印刷機こそ、開びゃく以来、この町で運転された最初の活版印刷機だった。私たちは、ここで初めて活字というものを見た。宇野さんは活版のほかにも、肥料のホシカ（北海道のニシン屑）を扱っていた。これも土地では新しい商売だった。私たちはよく宇野さんの店で、印刷機械の操作を見物したり、ホシカの俵からカズノコをほじくり出してかじったこともある。そのうち宇野さんは紡績会社にも関係し、証券の取引（これも全く新しい商売だった）なども始め、まもなく、町でも指おりの新しい型の資産家となった」（『ある凡人の記録』）。

倉敷はもと備前、備中、讃岐三国に散在する幕府天領を管轄する代官所の所在地であった。したがって、一方では商人資本、金貸資本の集中した比較的富裕な商人町であるとともに、他方、「天領」という意識において近隣の農村と区別される、一種の特権的イデオロギーの濃厚な地方都市であった。明治維新から明治中期にかけて、倉敷も封建的商人町から徐々に変質しはじめたが、とくに一八八〇年代、全国的な綿業を中心とした企業熱の興隆にともなって、堀河による交通をもつ地の利と、昔からの綿作地という歴史的事情を背景に、紡績業中心の近代都市へと編成がえされてゆく。この過程を代表するのは、もちろん倉敷紡績会社の創設である。一八八七（明20）年創設された倉敷紡績は、一八八九（明22）年操業を開始し、一八九一（明24）年、倉敷には鉄道開通とともに町制が施行される。山川家の没落も、宇野家の進出も、この大きな時代的潮流のうみだした現象の一つであった。大原家は、この町の指導的階層の一種のサロンであり、宇野の父はこのサロンへ参加はしていたが、町政にはずっと遅くまで関係しなかったというから、宇野家は、没落しつつある格式高い山川家とくらべて、新興商人層の先頭に位するとはいえ、ソシアル・ステイタスからいえばなお中流に属したとみてよいであろう。

しかしこの倉敷の町をつつむ、封建時代の天領意識と、富裕な商人町から産業資本的近代都市への急速な発展を基礎としたブルジョア意識とがないまぜとなった、徹底的に藩閥意識とは無縁な一種の近代的・合理主義的イデオロギーの広範な存在は、山川と宇野、つまり実践的理論家と純粋な理論家という、マルクス主義へのかかわりあいにおいて微妙なくい違いと重なりあいをもつ二人の人格に、共通の性格を刻印しているように思われる。この点は、たとえば強い藩閥意識に支えられた立身出世主義を青年時代の刻苦勉励の起動力とし、経世の志とマルクス主義とを結びつけることによってヒロイックな実践活動へとふみきった河上肇と比較した場合、きわめて明瞭に読みとれよう。山川は自己の生涯を「性こりもなく同じようなことを繰りかえしてきたこの上もなく単調な変化のない生活」であって、「そこにはたいした感激もなければスリルもヒロイズムもない、通りいっぺんの凡人の歩んだ平凡な道」にすぎなかったといっているが、おそらくこのことは、宇野においてなおいっそうよくあてはまるのではないであろうか。山川の生涯の課題としたものは、「ある瞬間の感激による英雄的な行動」によってではなく、「最も後ろにあるものをつねに忘れ」ずに、平凡な人間の平凡な行動によって、いかにして社会主義は実現しうるか、という問題であり、宇野が「経済学を学びたいと思うようになったのも、社会主義を理論的に根拠づけるという『資本論』が読めるようになりたいという、ただそれだけのためであった」(『資本論と社会主義』)。そして二人ともこの平凡なこと、あるいは「ただそれだけの」ことに生涯をかけることになるのである。

山川が不敬事件で逮捕されたのは一九〇〇(明33)年のことであり、以後山川の父は店を廃業して閉戸謹慎することになるから、この事件の余波は、同じ町で育つ少年時代の宇野の上にも何ほどかの影をおとしたか、と思われるが、その点はあきらかではない。宇野が山川の思想にふれるのは、後年雑誌『中外』における「無名氏」の論文をとおしてである。

宇野はこうして比較的恵まれた経済的環境のうちに少年時代をおくる。家が書店であったことから、書籍に親しむ機会は多かったが、当時とくに傑出した才能の萌芽をしめすということもなかったようである。小学校から中学へ進学するさい、岡山の中学の受験に失敗し、倉敷から汽車でゆき駅からさらに六里歩くという、へんぴな田舎の中学——岡山県立高梁《たかはし》中学校に補欠入学している。もっともこれは、この年から学制が改革され、倉敷のような田舎町でも、はじめて小学六年から中学を受験できるようになったという事情にもよると思われる。この中学時代全校合同でおこなう数学競争試験に優秀な成績をしめし、銀メダルを三つ、その他に副賞としてラムの『シェークスピア物語』

やシノニム辞典などをもらっているから、自分の好きな学課には精励するが、かならずしも優等生たることは目標としないという型の中学生だったようである。

　この中学時代に重要な影響をうけた友人として——そしてその後も宇野の思想形成に大きな役割をはたすこととなるが——、宇野より二歳年長であり、落第して中学三年の宇野と同級となった西雅雄がいる。すでにひとかどの文学少年であった西の手ほどきで、宇野は石川啄木の歌を中心とした新しい文学の流れをしり、文芸雑誌や総合雑誌を読むことを教えられる。そしてまた友人の兄の東大法科の学生から『万朝報』を読むことを教えられ、とくにその論説を担当していた茅原華山のファンとなる。華山は、文化的国家主義をとなえ、のちに『日本評論』に発展した雑誌『第三帝国』を主宰した政治評論家である。この西によってふきこまれた文学趣味と、華山の政治論とがいりまじって「その両面が結局社会主義的なものに興味をもたせることになった」と後年の宇野はいっている。もっとも社会主義的興味といってもまだ漠然としたもので、直接社会主義的文献を勉強するようになるのは、高等学校にはいってからである。一九一五（大4）年、宇野は中学を卒え、将来法律を専攻する目的をもって、第六高等学校に入学。西は早稲田文科や高等師範を志すが、家庭の事情からはたせず、朝鮮にわたって役所に雇として就職する。ここで西は、相つぐ弾圧をさけて朝鮮に流れてきていた大杉栄の残党のひとりと知りあい、社会主義思想の洗礼をうけ、一年後ふたたび内地に帰り、岡山にすむことになる。そして西が宇野の近くに下宿することによって、二人の交友は復活し、一緒に社会主義思想の吸収につとめることになる。夕飯をとる食堂を同じ店にきめた二人は、それから西が岡山を去るまでの約三カ月間、ともに図書館にかよい、古本屋をあさっては、社会主義文献をさがし読みかつ論じあった。社会主義文献といっても、クロポトキンの『パンの略取』、『フランス革命』から堺利彦の『新社会』などを含む、どちらかといえば無政府主義的、サンジカリズム的傾向の強いものであり、これらのうちで宇野が最も深い感銘をうけたのは、クロポトキンの『相互扶助論』であった。また一九一八（大7）年から山川は無名氏の筆名で総合雑誌に論文を書いているが、これは宇野にとって「全く驚異的なもの」だった。もちろん当時はまだ宇野は、この無名氏が同郷の山川であることは知らなかった。

当時六高には語学教師として三谷隆正、藤森成吉などがいたが、宇野はかれらの影響はまったくうけていない。またそのころ（一九一七年）河上の『貧乏物語』が出版され、世評を集めていたが、これにも全く関心をしめさなかった。すでにサンジカリズムやマルクス主義をめぐる社会主義思想のうちに沈潜していた宇野にとっては、河上の古めかしい人道主義的社会評論などはじめから問題とならなかったのであろう。

こうして社会主義思想を媒介として経済学への関心をたかめつつあった宇野は、ちょうどその年から、今まで英法からしかはいれなかった東大経済学科が独法、仏法からもはいれるようになったという事情もあって、法律志望をすてて経済学を専攻することにきめ、一九二一（大10）年東大経済学部経済学科に入学する。

東大では宇野は、金井延、新渡戸稲造、矢作栄蔵、高野岩三郎、河津暹、山崎覚次郎などの講義をきき、権田保之助のドイツ語経済書講読に参加した。また山崎ゼミナールにはいり、ピール条例をめぐる「銀行学派と通貨学派」を演習題目とした。しかし、すでに社会主義思想を知り、マルクス経済学を学びたいと思いこんでいた宇野にとって、大学での授業は、いわゆる限界効用理論を中心とした近代経済学はもとより、ほとんど大部分が興味をおこさせるものではなく、もっぱら同級生の向坂逸郎とマルクス主義について語りあったり、演習の報告に利用するために英訳の『経済学批判』を読んだりしてすごした。哲学には比較的興味をもっていたので、すでに高校時代に西田幾多郎の『自覚における直観と反省』やリッケルトの『認識の対象』、左右田喜一郎の『経済哲学の諸問題』などを熱心に読んでいたが、大学二年の時、社会政策学会の講演会で左右田が「社会主義というものは文化を労働者並みに引下げるものだ」というのをきき、以後まったく「文化哲学なるものと縁を切る」ことになる。宇野の『資本論』を読みたいという願望はますます強くなったが、しかし在学中は適当な指導者もおらず、読む機会もないまま、その準備として、高畠訳のカウツキー『資本論解説』や河上の『社会問題研究』を熱心に読みあさるにとどまった。

宇野が大学二年の時、岡山でわかれた西が上京してきて、かれの下宿に同居することになる。西は宇野とわかれ岡山を去ったのち、兵役をすませ、田舎で小学校の教師をやり、結婚して養子となったりしたが、養家と折合が悪く、単身出奔して上京してきたのである。三カ月ほど同居ののち、秀英社の文選工となった西とともに、宇野は堺利彦の家や大杉栄の会を訪れる。宇野と西とは水曜会へも一緒に出席したりしていたが、そのうちに堺が西の才能をみとめ、山川均の助手に推せんし、以後西は山川のもとで、主として一九二一（大10）年創刊の雑誌『前衛』の編集のために働くことになる。西はさらに一九二四（大13）年創刊された『マルクス主義』の編集者となり、また福本イズムの抬頭とともに熱烈な福本イストと化し、日本共産党の理論・出版関係の中心人物となって活躍することになるが、このような西の実践運動への参加とともに宇野との直接の交友関係はきれ、以後二人は全く別の道を歩むことになる。

宇野は東京での西との交友を通じて、社会主義者のグループを直接知ることになったが、最後までこれら実践家たちのもつ一種のアウトロー的雰囲気にはなじめず、かれらとの違和感はぬぐいきれなかったようである。したがって西のように直接運動に参加することもなく、しかもあくまで社会主義を科学的に基礎づける『資本論』の理論を学びたいという強い願望をいだいたまま一九二一年東大を卒業、同年大原社会問題研究所嘱託となる。しかしここでも与えられたのは、権田のもとで浅草の大衆娯楽の実態調査をするという仕事であって、『資本論』を読もうというかれの願望はまったくみたされなかった。そこで翌一九二二（大11）年、ドイツへ私費留学し、ベルリン大学に籍をおいたまま、大学へはほとんど出席せず、もっぱら下宿で『資本論』研究にうちこむことになる。ここでは九州大学教官として留学中の向坂と一緒に社会党大会を見学にいったり、『フォアヴェルツ』や『ローテ・ファーネ』を読んだりしているが、宇野の勉強の中心はあくまで『資本論』であった。それと同時にレーニンの『帝国主義論』および『流れに抗して』をもっとも感銘ぶかく読んでいる。宇野は「私のベルリン留学は、『資本論』と『帝国主義論』とを読んだということにつきるといってよい」といいきっている。

ヒルファディングの『金融資本論』は当時入手していたが、読んだのは帰国後であり、ルカーチやコルシュはイデオロギッシュな傾向が強すぎるものとして、宇野にははじめから受けいれ難かった。したがってベルリン滞在中に大原社研を辞し、一九二四（大13）年就職のあてもないまま帰国途上の宇野は、福本和夫と同船するが、マルクス主義についての両者の見解ははじめからかみあわず、ほとんど議論にはならなかった。帰国後ただちに東北帝大助教授となり、以後一九四一（昭16）年これを辞するまで約一五年間、労農派グループ事件に連座、検挙されるその終りの一時期をのぞき、宇野にとって万年助教授としてではあるが外面的には平穏な研究室生活がつづく。ベルリンで勉強した『資本論』と『帝国主義論』とを土台とし、いわゆる宇野理論なる壮大な体系へと結実する、そのマルクス経済学研究の基礎作業はこの間に遂行されたのである。

三　原理論の形成

宇野は一九二五（大14）年以降、経済学第三講座を担当し、経済政策論を講義することになるが、「初めはシステムもなにもなかった」。さしあたりゾムバルト『近代資本主義』の旧版を、義父高野岩三郎から借りて利用したり、『資本論』の「資本家的生産方法の発展」の部分を使ったりして、講義をはじめることになる。これまでの研究の結果として、『資本論』は、経済学の科学としての発展の基本線を正当に継承しつつ集大成したものであり、また『帝国主義論』は、この『資本論』を基礎として帝国主義段階の歴史的発展を解明した模範的な仕事であるということは、宇野にとっては動かすべからざる確信となっていたが、資本主義の歴史とその理論的把握にたいする両者の関係、資本主義の発展と経済政策との関連、また『資本論』と『帝国主義論』両者の内容の具体的展開などについてのたちいった検討は、すべて今後の課題としてのこされていた。

これらの課題をはたすために、宇野はつぎのような方法をとった。まず経済政策論の講義を展開する必要から、いわゆる商業政策、工業政策など、経済政策にかんする書物を入手しうるかぎり集めてきて、『資本論』を念頭におきながら、これらの理論や素材を整理してゆくことである。もちろん『資本論』の中でも直接経済政策論に使える部分はできるだけ使うことにしたが、『資本論』は全体としては、このような政策論に直接の材料を与えるというよりも、資本主義の発展段階についての整理の基準を指示することにより、間接的に経済政策の歴史的変化の根拠を把握せしめるという点で意義をもっていることがあきらかとなってくる。

さらにまた『帝国主義論』にかんしてもこれと同様、その中であげられている著作や引用文献をできるだけ手をつくして集め、これらの文献を直接精読しつつ、レーニンの整理の仕方をみずからの手で再検討してみる作業が遂行された。これは同時に、『資本論』ではなしえない、帝国主義段階における経済政策の歴史的根拠を把握するうえに、直接役だつことになった。

そして最後に、『資本論』の内容については、当時わが国ではなばなしく展開されていた『資本論』批判者と擁護者との間の、またマルクス主義者同士の間の論争、さらにその源流としてのカウツキー、ベルンシュタイン、ヒルファディング、ローザ・ルクセンベルクなどをめぐるヨーロッパでの論争を念頭におきながら、かれらのイデオロギーにはとらわれずに、その論争の提示する問題点を、みずからの力で『資本論』の関係部分に当たりながら、解決してみることがその主要な仕事となった。

この三つの研究は平行しておしすすめられ、膨大な量のノートのうちに集積されていった。（このノートは、のちに宇野が検挙されたさいにすべて官憲の手によって押収され、戦後返還されたわずかな部分をのぞいて、ほとんどかれの手には戻らないことになる）。そしてこの平行してすすめられた三つの研究は、それぞれ相互に影響しあいながら、終局的には、資本主義の歴史的発展を対象としたその理論的解明をいかなる方法において実現しうるかという点において、一つの焦点を結ぶことになる。「『資本論』と私の経済政策論との関係ということが始終問題だったわけです。経済政策論ができるにしたがって『資本論』による原理論ができたわけです」（「経済学四十年」）と宇野はいうが、まさに、資本主義の発展段階にもとづく経済政策の解明といういわゆる段階論と、『資本論』の原理論としての純化再構成という宇野理論の二つの基本的成果は、このような研究過程のもたらした表裏一体をなす必然的帰結だったのである。

宇野が東北帝大に勤務するころから、政治・労働運動におけるマルクス主義の影響力のいちじるしい増大とともに、学生の中にもマルクス主義への関心が高まり、しばしば研究会によばれたり、議論をもちこまれたりすることになる。宇野は『資本論』の研究会だと必ず出席したし、また学生の疑問に答えなければならないということも、『資本論』の理論的整理を促進するのに役だった。いつの時代にも学生は、はなばなしい中央の論壇や政治運動の指導的潮流には敏感であり、したがって初期には福本イズムが風靡し、のちには講座派的主張が流行するという一般的傾向は、東北大学といえども変わらなかった。宇野は、ゼミナールや研究会で福本和夫や山田盛太郎の著書をテキストにして、これらの学生を相手にしながら、その誤りを指摘し、方法的検討をすすめながら、『資本論』の理解やその経済分析への適用の仕方について、自己自身の方法をつくりあげていった。中央論壇における福本、河上、櫛田、向坂などのはでな論戦を遠望しながら、「私としてはああいう論争をしてみるという気持はなかった。むしろ論戦をながめていて学ぶところは多かったと思う」と宇野はいっている。だが「私が仙台にいる間に書いた『資本論』に関する論文はそうよけいないが、いずれも論争から刺激を受けて自分の『資本論』研究として書いたといってよい。しかしそのことで直接自分の経済学の方法ができたというわけではない」というとおり、これらの論争は宇野にとって『資本論』研究のための一つの「刺激」にはなったが、あくまでかれの研究の基本線は、『資本論』自体の展開をいかにして自分自身の論理において把握するかにあった。

このような研究のはじめての所産である「貨幣の必然性——ヒルファディングの貨幣理論再考察——」(『社会科学』一九三〇年六月。のちに『資本論の研究』に収録)は、形式からいってヒルファディングの貨幣理論の誤りを指摘したにすぎず、内容からみてマルクス貨幣論の一部分をあつかったにすぎない小論ながら、しかしその問題把握と分析視角の背後に横たわる宇野の『資本論』理解における独自の方法は、あらゆる真の処女作の例にもれず、すでに後年の宇野理論の核心的部分を萌芽的にしめしており、わが国における——そしてまたヒルファディングを対象とし、それにたいするカウツキーの正統派的批判をさえこえるものであったという意味では、世界的な意味での——『資本論』理解のまったく新たな水準の形成をしらせるものであった。

ヒルファディングは、その『金融資本論』において、「純粋紙幣本位制」なるものを想定し、「直接に社会的流通価値」から「紙幣の価値」を「導出する」方法を主張した。これにたいしカウツキーは、これは価値と価格との差異を忘れた謬論であり、かかる誤りの根拠はオーストリアなどにおける貨幣制度の特殊事情を一般化した点にある、という批判を与えた。そしてこのカウツキーの所説は、正統派マルクス主義からするスタンダードなヒルファディング批判として一般的に承認されていた。

宇野は前掲論文において、このカウツキーの批判の正当性を認めながら、「併し乍ら又一面から見ると、ヒルファディングが斯くの如き誤謬に陥るに至った理由は、単にオーストリアその他における経験にばかりよるものではないとも考えられる」として、むしろその「一層深い根拠」をあきらかにしようとした。すなわちこの問題を、『金融資本論』の「第一章と関連せしめて見るとき、吾々は此の貨幣に関する特色ある理論が、已に第一章に展開せられたる商品の価値理論に、その源泉を有するものではないかという考えに到達する」として、ヒルファディングの価値論把握との関係において、この点を解いたのである。宇野はまず、ヒルファディングがこの第一章において、労働価値説をあらゆる社会に共通な経済原則を基礎として証明し、この価値法則を前提として「貨幣の必然性」をあきらかにしようとするために、その「価値形態の分析」は、マルクスの価値形態の展開と異なって、「形態規定」がきわめて「不十分なるものとして終ること」になっている点に注意をむける。つまりヒルファディングの場合は「貨幣は商品形態自体から発展せしめられないで、商品生産の社会は貨幣なくしては、社会的生産の基準を全然失うことになるという観点から説かれる」のであり、これでは「貨幣の必然性」の理論的解明が、「『貨幣の必要』という程度の外面的な理由〔の説明〕に堕する恐れがある」というのである。だからヒルファディングの価値形態の説明においては、価値表現の両極の特殊性も、それを基礎とした価値形態の発展も、さらに貨幣にたいする一般的商品の「非直接交換可能性」

も、要するにマルクスの価値形態論の基本的課題はすべて無視されて、商品の相互交換と同時に進行する一商品による商品価値の測定、慣習によるその商品の貨幣としての確定が、のべられているにすぎない。結論として、宇野は、ヒルファディングにおいて「貨幣が価値尺度として有する機能を、一定の範囲内で無視するということは、更に、商品価値のかかる理論に患いされたる、形態規定の軽視の内にも、その原因を求めることが出来るであろう」というのである。

ヒルファディングの商品価値の把握も、また貨幣の必然性についての説明も、一応『資本論』によりながら、しかし前者においては、経済原則からの規定性のみを抽出し、後者においては、価値形態論よりも交換過程論によって貨幣の必然性を説明しようとしたため、結果的に、商品および貨幣の形態規定の意義が無視されることになった。ヒルファディングの貨幣論を対象にして、このように価値の実体と形態との規定上の差異に注目しつつその内在的批判をおこなったのは、おそらく宇野をもって嚆矢とするであろうが、より重要な点は、ヒルファディングが基本的には『資本論』によりながら、このような誤った結論を導きだしたことからもうかがわれるように、価値の実体と形態との差異と関連にかんしては、『資本論』の説き方自身に必ずしも十分に整理されているとはいえない面をのこしているということが、この宇野の研究によって、明示的にではないにしても示唆されたことである。宇野自身において、この研究段階では、その点がどれほど具体的に自覚されていたかは不明であるが、『資本論』全体の構成について再検討の必要を認めていたであろうことは、この論文にかんして後年かれ自身がのべたつぎの言葉からも推定される。「これは私の最初の論文ですが、それまでに河上さんが価値形態論を非常に詳しく書いておられたので、それによって価値形態論をもってヒルファディングの貨幣論を批評したわけです。彼の貨幣論はレーニンの『帝国主義論』でも間違っていると書いてあるのですが、どうして間違っているかは書いてない、これはぜひ自分でその間違いの理由を見出してみたいと前から思っていた。河上さんの価値形態論の研究を手がかりにして『資本論』を勉強し直している内にヒルファディングの批評ができるように思えて来てやったのです。ところがどうも自分にはすっきりしないのです。

もっともあの論文は内容的にはカウツキーを利用してやったものですが、カウツキー自身は、価値形態論でやっているわけではない。私は、自身でそれをやってみてそれがどうもうまくゆかないので、マルクスの価値形態論そのものを研究し直おすことになり、遡って価値論の論証の仕方にまで疑問をもつことになったのです。また例の『資本論』第一巻と第三巻との矛盾という問題でのマルキストとマルクス批評家との論戦も、私にはどうも納得がゆかないものが残っていた。いわゆる単純商品論で弁解してみても片づかないものがある。これは論証の仕方に何か欠陥があるのじゃないかということを割合早くから考えていたのです。しかしそれではどうしたらいいかということになると、すぐには解決できなかった」（「経済学四十年」）。

宇野にとって、ヒルファディンクの貨幣論の検討過程であきらかになった価値の実体と形態との関連をめぐる問題は、一方では価値法則の論証の方法にかかわり、他方では一巻と三巻との『矛盾』の問題とかかわるところの、価値規定をめぐる『資本論』全体の構造の再検討を要請する性格をもっていた。すなわちその継承する古典派的価値論をこえて新たにうみだされた独自の成果としての価値形態論を基軸として、『資本論』体系自体を再検討するという、宇野の原理論研究の第一歩はここに開始されたのである。

つづいて『資本論』の体系的構成にかんする宇野の第二の問題提起は、『資本論体系・中』（改造社、一九三一年）においておこなわれた。この『体系』は、『経済学全集』の一部として、『資本論』の要約的解説をおこなったものであり、第一巻および第三巻向坂担当にたいして、第二巻第一・二篇を宇野、第三篇を山田盛太郎が担当した。その「結論」において、宇野は、つぎのように『資本論』第二巻にかんする注目すべき性格規定を与えている。

「資本の運動は、資本論第一巻では、G—W—Gの形式を以て考察せられた。……第一巻では、資本の流通運動は、かくて一面的に取り扱われるに過ぎなかったのである。第二巻は之に反して、資本の流通過程自身を対象とするのであって、先ずこの第一篇は流通形態の分析を以て始まっている。云い換えれば、資本の流通過程に就いてとる各種の形態と、その形態の転化、所謂変態と、その形態の循環の性質を立入って研究するものであって、それは、常に、資本の流通運動の全面的把握を目的として居る。元来資本論第二巻は、第一巻に対して、云わば、商品流通論に対する貨幣論の地位にあるものであって、価値論が、その貨幣論に於いて完成せられるのと同様に、資本の生産過程に関する第一巻の研究は、第二巻の此の流通論によって他の一面を明かにされるといっても過言ではない。併しそれと同時に流通論全体を通して、生産論の内容的研究に対して、形式的研究の特徴を与えられる。……資本の本質は、その生産過程における内容と共に、その流通過程に於ける形式をもきわめることによって、始めて充分に理解せられるのである」。

第一巻における資本の生産過程論にたいし、第二巻の資本の流通過程論が、「生産論」の「内容的研究」にたいするその「形式的研究」として把握され、この「内容」と「形式」の考察をとおして、はじめて「資本の本質」は「充分に理解せられる」とする、宇野の指摘は、ほとんどそれまでの『資本論』研究が第一巻の範囲にとどまり、しかもこれによって『資本論』の基本構造は理解されうるとしていたことを考えあわせれば、きわめて卓抜な『資本論』の体系的把握をしめしたものといわねばならない。この把握を徹底するかぎり、マルクスの場合、第一巻資本の生産過程、第二巻資本の流通過程として区分されていた対象領域が、宇野の場合修正されて商品、貨幣、資本を対象とする商品経済の一般的考察の領域が独立せしめられ、第一巻第三篇以下と第二巻とは「資本の本質」を取り扱う領域として一体化され、これと対立せしめられるという構成をとらざるをえないことになるであろう。

つづく「マルクス再生産論の基本的考察――マルクスの『経済表』――」(『中央公論』一九三二年一一月号所収。のちに「再生産表式論の基本的考察――マルクスの『経済表』――」と改題して『資本論の研究』に収録)は、このような独自の『資本論』の体系的把握を前提とし、第二巻第三篇の理論的意義をあきらかにすることによって、逆にまた「資本の本質」規定の「表式論」による完成――この体系把握の確認――をとくものであった。

この第二巻第三篇については、すでに山田が前掲『体系・中』において「再生産過程表式分析序論」を発表し、「表式分析の意義と限度」について、つぎのようにのべていた。「再生産論は、資本の運動形態究明の問題である。資本の運動としては、即ち資本一般の問題である限り、それはまだ『抽象的』な規定にすぎないのであって、それ以上の何物でもない。そのことを正確に理解しない場合に、人は多く、この『抽象的』規定からいきなり夫れ夫れの結論を引き出そうと試みる」。ツガンやローザの所説はかかる「試み」の代表的なものであるが、「それにも拘らず、それが『社会的総資本』の運動形態の総括として現われるものである以上は、それのもつ意義は決定的である。コンミンテルンの綱領問題に於いて、一九二二年、ローザの蓄積論の見地に立脚するタールハイマーと、『矛盾の拡張再生産』の見地に立脚するブハーリンとの論争以来、一九二八年、第六回大会綱領審議を中心として国際的規模に於いて展開せられた再生産の諸論争の形式と内容とがそれを証明する」。

山田の場合、「再生産論」の「抽象」性にその限度を認めつつも、他方「『社会的総資本』の運動形態の総括」という点にその「決定的」「意義」を与えているのであるが、かれの「序論」全体をとおして、なおこの「抽象」性と「決定的」「意義」との具体的関連は一向にあきらかではなかった。ローザ、ツガン、グロスマンなど、さらにまた福田、河上、高田、猪俣などの再生産表式をめぐる論争を批判しつつ展開された「序論」の中心課題の一つは、いわゆる再生産論と恐慌論との「連繫」の問題におかれたが、山田は、表式でしめされた「実現」の条件に「一層発展せる恐慌の可能性」を認め、この「再生産の表式に孕まれている所の、一層発展せる恐慌の可能性は、恐慌の原因を包含するものではないとは云え、それにも拘らず恐慌は、その本来の形態においては、必ず、再生産の諸条件、即ち一層発展せる恐慌の可能性を通じてのみ現出する」として、ここに再生産表式が恐慌論との「連繫」においてもつ、その「積極的な一面」を確認したのであった。そして「分析」における主張が、それ以後のわが国マルクス主義経済学界における、いわば正統派的な表式把握として認められることになった。

宇野の「考察」は、「今一度この問題を」「分析」をも含めた「此等の論争とは稍々異った観点から概観し」、「第二巻第三編の『資本論』における地位に一種の解釈を与え」たものであった。宇野の「解釈」の要点はつぎのようである。

表式の意義——「マルクスは、価値論においてもその基礎は一般に社会存立の物質的条件としての労働にこれを求めた」。「『社会的総資本の再生産とその流通』を論究するにあたっても、畢竟この点が把握せられなければならない。再生産の表式は恰もかかる考察にとっての表式なのである」。「『経済表』は、複雑なる商品交換を簡単なる数式にまとめることによって、資本家的形態の底に此の労働の基礎を闡明する。労働価値説が、殊にマルクスによって始めて明確に把握された商品の使用価値と価値との二重性が、資本家的生産過程を説明すべき理論として有する意義もまたここに否定すべからざる証明を与えられるのである。」

「表式の解決すべき問題の範囲」——「表式は資本主義に特有なる恐慌の説明に屢々用いられたのであるが、それは決して資本主義的生産が資本そのものを制限として有する意味での恐慌の必然性を明かにするものではない。一般社会的基礎に対して資本主義的生産が如何なる程度迄適応し得るかという意味での恐慌の可能性を示すにすぎなかった」。もちろん「表式が拡張再生産の継続の可能性を示すということは、直ちに資本家的生産の無限の発展を語るものでは猶更ない。……資本主義社会では、表式に於けるが如き均衡は寧ろ偶然であって、不均衡が常態であることは云う迄もない。併しそのことは『経済表』の意義を少しも損うものではない。反対に『経済表』自身にかかる不均衡を求めることは、そこで証明せられるべき資本主義の特殊性を見失うと同時に、資本主義の固有の矛盾を固有の問題として取り扱う道を塞ぐものである。」

結論——①「『社会的総資本の再生産とその流通』の問題は、根本的には単純再生産の表式分析によって解決せられるものである。」拡張再生産表式では、単純再生産表式でしめされた問題が、ただ「拡大されて現われる」のであって、これを特に重視するのは誤りである。

②第二巻第三編の問題を「マルクスの『経済表』として見る点を特に強調」すべきであって、ここでは考察がすべて「商品資本の循環の形式を以てな」されている点に「重要な意義を有する」ことが理解されるべきである。

宇野の以上の表式論にたいする「解釈」は、『資本論』の体系的構成と関連して、二つの重要な結論をみちびくことになる。

第一は、第一巻の「資本の生産過程」において、あらゆる社会に共通な労働・生産過程が資本家生産様式において資本の価値形成・増殖過程としてあらわれるという規定からはじめられた「資本の本質」についての考察が、この第二巻第三編において、資本の流通過程のうちに社会的再生産の一般的条件が完全に充たされ得ることがあきらかとされることによって、完結せしめられたということである。つまり資本の生産過程と流通過程の考察をとおして、「資本の本質」はあますところなく解明され、資本主義的生産様式が価値法則によって規制されるということが、資本と労働との基本的関係をとおして完全に論証されたことを意味する。

第二に、マルクス経済学の中心課題たる恐慌論は、表式論から基本的に排除されることになり、したがって宇野にとっては、恐慌論をいかなる理論領域で、いかなる論理構成でとくかという点が、さらに解決を要請される課題として残されたことになる。

この課題にこたえて、『資本論』ではまとまったかたちで展開されていない恐慌論を、『資本論』および『剰余価値学説史』で与えられた素材を基礎にして独自の視点から形成し、それによって同時に、『資本論』の原理論としての基本的構成を確定したのは、つづく宇野の二論文「資本制社会における恐慌の必然性」(『改造』一九三五年二月号所収)、「貨幣資本と現実資本」(東北帝大『経済学』7、一九三七年、所収。いずれものちに『資本論の研究』に収録)であった。

この「恐慌の必然性」において、宇野はまず『資本論』第三巻第三編「利潤率の傾向的低下の法則」によりながら、恐慌論のための「必要なる最小限度の前提的理論」をつぎのようにまとめた、「第一には生産力の発達に伴って資本の構成が高度となり、不変資本部分に対し可変資本部分を相対的に減少し、利潤率は益々低下することとなり、第二にはこの利潤率の低下を伴う生産力の増進は、それ自身剰余価値の生産を増進してこの低下傾向を阻止しつつ資本量を増大してゆくものであり、それは又更に既存資本の価値を減少せしめることによって利潤率の低下を阻止し、資本の蓄積を促進する。そしてこの相矛盾した二つの傾向は同時に又一方では労働人口を相対的に過剰にしつつ他方ではその増殖に刺激を与える。そしてこれらの相反した諸作用は何れも同一の原因に由来するのであるが、或る時は同時に相並んで起り、或る時は時を異にして相続いて生じ、時を切って恐慌に流れを求めるのである。資本の価値増殖を唯一絶対の目的とする資本家的生産方法は、此の目的によって一方では生産力を絶対的に増進せんとし、他方では既存資本価値を保持しつつこれを最高度に増殖せんとするのであって、この両者は資本家的生産の発展として統一せられ、上述の如く相矛盾した作用をなすものを含むのである。この矛盾が一定の時、強力的に解決せられる方法が恐慌なのであった」。

ここではまだ生産力増進の利潤率の変動におよぼす二つの相反する作用は、資本の蓄積過程自身のもつ蓄積様式の差異にまでさかのぼって規定されていないために、たんに「或る時は同時に相並んで起り、或る時は時を異にして相続いて生」ずるものとされ、それが「時を切って恐慌に流れ口を求める」基本的メカニズムは不明確なものとなっているが、それにしても恐慌を、この生産力増進による蓄積過程の変化に規定された利潤率の矛盾した作用の「強力的に解決せられる方法」として明確に把握した宇野の視点は、これまでに一般的だった再生産表式による恐慌論の曖昧な規定を完全に払拭した、新たな恐慌論の構成への志向を示したものであった。

さらに宇野は、以上のような恐慌の基本的規定を前提として、具体的に恐慌の発生過程をつぎのように説明する。一般に資本家的生産の発展とともに、資本投下の最小限度が高められ、利潤率の低下にたいして資本規模を増大して対応しえない小資本は、独立の資本として存立しえないことになり、ここに「資本の過充なる現象」が発生する。この「資本の過充」は同時に「相対的過剰人口」をよびおこすが、これは「現実的には直ちに資本の生産拡張を停止するものとしては作用しない」。これはむしろ「金融市場の緩慢」をひきおこし、「大規模なる事業への投資が屢々開始せられる」。そしてかかる「大事業は、一定の期間は社会に対して殆んど何等の生産的効果を与えることなくして、ただ貨幣資本を吸収し、物質的生産諸要素を絶えず市場から買上げてゆく」。その結果は「生活資料並に生産諸材料の価格を昂騰せしめ」、「詐欺的計画」の参加とともに、「消費資料の需要も急激に増加し」「有らゆる資本が動員されて、生産は極度に拡張される」。「労働者側に於いても従来労働賃銀を圧迫する原因となっていた労働者予備軍の一部が此等の産業によって吸収され、労働賃銀は従来一般に需要の良好でなかった労働市場部面に於てさえ昂騰して来る、この傾向は利潤が平均水準以下にさえ低落する迄持続する。先きに緩慢だった金融市場は勿論これによって逼迫を告げる。しかしかくの如くに資本家的生産が全力を傾倒する時期は必らず社会的に過剰生産の時期たることを実証するものであって、やがて一般的崩壊を免れることは出来ない」。

マルクスの恐慌把握を全体系的関連から整理すれば、このように規定することができるとしながら、宇野は、「しかし第三巻の問題の箇所に於いては、彼れはかかる具体的形態を抽象する方法をとるのであった。そしてこれが恐らく恐慌論に於ける所謂資本の絶対的過剰生産なるものを理解するに極めて困難ならしめる原因となっているのではないかと思う。勿論信用の理論に先きだって、而もその研究範囲を限定せられたる『資本論』に於いて……説明せられなければならないこの問題が、かかる抽象を受けることは『資本論』の方法としては当然である」というのである。

したがって恐慌をめぐる第二論文「貨幣資本と現実資本」では、さらに信用論にまでたちいって、さきの論文では、「資本の生産過程に対して随伴する現象」として処理された「資本の過充」の問題が、その具体的展開過程に即して解明されることになる。

『資本論』第三巻第五篇「利子と企業者利得への利潤の分裂。利子生み資本」は、原理論における信用論ないし利子論にあたるが、その内容は『資本論』のうちでもっとも未整理な部分に属し、しかも第二一〜二四章の「利子生み資本」をめぐる部分と、第二五章以下の信用制度を扱う部分とにわかれ、後者ではさらに信用制度自体と、景気循環過程における貨幣資本の運動との二つの問題が併存するとともに、全体として、理論的規定と歴史的叙述とが不分明に交錯している。したがって宇野のこの論文は、景気循環過程における貨幣資本と現実資本の運動に焦点をあわせながら、『資本論』の信用論を理論的に整理するという意味をもつものであった。

ここではまず、産業資本家ないし商人の相互的信用が銀行に媒介されることによって、銀行信用へと転化し、社会的遊休貨幣資本の銀行への集中による量的節約と、それを基礎とした銀行券の発行による質的節約とをとおして、再生産過程にたいする貨幣資本の自立化が説かれる。すなわち「貨幣資本は元来再生産過程の一節としての資本の一形態にすぎないのであるが、銀行によってこれが集中的に蓄積せられると最早やかかる媒介的手段として留まることなく、再生産過程に対立した独立の蓄積資本としてあらわれる」のであり、このような資本家的信用機構の成立を前提として、景気循環過程にともなう貨幣資本と現実資本の運動の関連があきらかにされる。そしてここにおいて、中央銀行を頂点とする信用組織が、中央銀行の金準備を中核として、銀行券流通をとおして、現実資本の蓄積を社会的に促進し、規制する関係が具体的に展開されることになる。この関連は、「銀行にとって、その資本の増大として影響すべき金の流入は、一般に貸付資本の需要が強大でない時期に行われ、その流出は逆にその需要が増大してゆくときに現われる」という点に象徴的に示されるが、これは「貨幣資本が資本として生産資本に対立する独立的地位をとる特殊性を示すものである」とともに、「それは商品経済の錯倒性の終極的表現に外ならない」というのである。

こうして宇野の以上の二つの論文によって、『資本論』ではとりのこされていた、その体系内部における恐慌論の位置づけが与えられるとともに、利潤論および利子論の基本構造が確定され、これまでの第一・二巻にたいする独自の把握とあいまって、ここに宇野自身の視点からする『資本論』全体にたいする体系的把握の基礎は完成された。

この恐慌論についての二論文にはさまれて発表された「相対的剰余価値の概念」（東北帝大『経済学』5、一九三六年、所収）は、いわゆる特別剰余価値と強められた労働の問題にかんして独自の解釈を示したものであったが、「貨幣の必然性」が価値の形態的考察を与えたのにたいし、この論文では価値法則のあらゆる社会に共通な経済原則からする実体的根拠を取り扱い、この両面をもって宇野の価値論理解の基本構造が確定されたという意味で、重要な意義をもった。

マルクスは、いわゆる特別剰余価値の生産にあっては、その労働が強められた労働として作用するものと規定するが、この強められた労働の根拠自体についてはなんら説明を与えていない。宇野はこの点をさらに追究して、「如何なる社会においても一生産部門の一部に行われたる生産方法の改善による生産力の増進は、使用価値の生産の増大であると共にそれが一般化されるためには多かれ少なかれ一定の期問と一定の費用とを要するものといえる」と考え、この「生産力増進の普遍化に伴う費用」が「社会的に必要なるもの」であるかぎり、それは特別剰余価値としてあわれる強められた労働の「基礎」とならざるをえないとしたのである。そしてそのさい、宇野は、流通費用と価値形成との関連を、この問題と対照させて取り扱い、「これらの費用が如何なる程度において価値を形成するかということは、それが単に資本主義的生産の商品形態的性質によるものか、それとも有らゆる社会的生産に共通なるものであるかによって決定せられなければならない」点をとくに強調した。つまり宇野によれば、価値規定の根拠は「あらゆる社会的生産に共通なるもの」によって与えられるのであって、労働価値説もこの点から理解されねばならない。「生産力の増進の普遍化に伴う費用」が「あらゆる社会的生産に共通なるもの」であれば、当然それは価値規定をとおしてあらわれねばならず、それが特別剰余価値の実体にほかならぬというのである。

これは直接的には、特別剰余価値の実体的根拠をあきらかにすることによって、価値法則の一般的規定を補完し、かついわゆる流通費用と価値規定との関連の基礎を解明したものであり、間接的には、それによって差額地代の性格、とくに「虚偽の社会的価値」をめぐるさまざまな理解にたいして独自の解釈を準備したものといえよう。しかしここで示された宇野の価値規定にたいする理解は、すでにたんなる労働価値説の解説にとどまらず、さらに価値法則自体の歴史的根拠を立ち入ってあきらかにしたものであって、このように『資本論』をつらぬく価値法則の歴史的意義が確認されることによって、同時に、『資本論』体系の資本主義的生産様式にたいする理論的意義が確定されたことを意味した。すなわち、価値規定が「有らゆる社会的生産に共通なるもの」を根拠としてその法則的規制を確立しうるとすれば、この価値法則の純粋な支配を前提とする『資本論』は、「有らゆる社会的生産に共通なるもの」を商品経済がいかにしてその特殊な運動のうちに完全に実現しうるかをあきらかにするものであり、いいかえれば純粋な資本主義社会の運動機構を理論的にあきらかにするものであるということになる。そして、『資本論』が純粋な資本主義の理論的解明を与えるものとすれば、資本主義の歴史的発生・確立・爛熟の過程は『資本論』とは分離して、別個の経済学的究明の対象とされねばならないであろう。かくて宇野の経済政策にかんする研究は、まさにこの資本主義の発展段階を対象として遂行されることになり、『資本論』の理論的研究の深化は、同時に反作用的に段階論としての経済政策論の研究の進展を促すことになったのである。*

＊　一九三六年度一年間講義担当者の都合により、宇野は東北帝大で経済原論の講義をおこなっている。そのさいの講義プランは『資本論』にもとづきつつ、これを独自の解釈によって編成しなおしたものであって、すでに流通論、生産論、分配論という後年の『経済原論』と同じ構成がとられている。これは岩波書店から出版される予定であったが、のちにふれる教授グループ事件の発生によって、その実現は不可能となった。

四　段階論の形成

この時期の宇野の『資本論』研究の諸論文が、『資本論』の体系的構成におけるいわば結節点をつぎつぎとあきらかにしつつ、その理論的純化の総括として、独自の原理論の形成を必然的にみちびいたように、同じ時期の経済政策をめぐる諸論稿も、資本主義社会における経済政策の成立と変化の根拠をあきらかにしつつ、終局的に『経済政策論』を構成する独自の方法を明確化するという意義をになった。「フリードリヒ・リストの『経済学』――『経済学の国民的体系』――」（東北帝大法文学部十周年記念『経済論集』、一九三四年、所収、のちに『社会科学の根本問題』に収録）、「ブレンターノとディール――穀物関税に関する彼等の論争について――」（『東北帝大『経済学』1、一九三四年、所収）、「ドイツ社会政策学会の関税論――一九〇一年の大会に於ける報告並に討議――」（『経済学』2、一九三五年、所収）、「社会党の関税論――一八九八年ドイツ社会民主党大会に於ける論議を中心として――」（『経済学』4、一九三六年、所収、のちに『農業問題序論』に収録）が、資本主義の発展と経済政策との関連をめぐるモノグラフであり、その総括が『経済政策論・上』（一九三六年）であった。

ここでもこの問題にかんする第一論文「フリードリヒ・リストの『経済学』」において、すでに宇野の方法の基本的骨組みは示されている。そして「ブレンターノとディール」および「ドイツ社会政策学会の関税論」では、ドイツの経済学者の政策論争への批判的検討のうちに、また「社会党の関税論」では、ドイツ社会民主党の政策論争の内在的検討のうちに、宇野の歴史と理論と政策との関連にたいする独自の見解が具体的に展開され、『経済政策論』の方法が形成されてゆくのである。

まず「フリードリヒ・リストの『経済学』」では、宇野は、「経済関係の理論的分析」と経済政策との一般的関係について考察する。ここでリストを対象したのは、リストの理論や政策にかんする主張それ自体が重要だからではなく、リストによって代表される「経済政策の要求から経済学の理論が展開される」とする多くの経済学者の採用する方法を検討するためであった。リストの場合、『経済学の国民的体系』を書いた根本的動機は、先進国イギリスにたいする後進国ドイツの経済的発展のための政策を学問的に基礎づけるという点にあった。かれはその具体的提言として、自由貿易を排し保護貿易を主張する。つまり「『自由通商』なる標語は最強諸国民が弱小諸国民の商工業を益々確実に奴隷状態に陥れる手段として利用するものである」というのである。したがってかれは、自由貿易の主張に理論的根拠を与えた古典経済学の「価値の理論」にたいして、それを否定するために「生産力の理論」を主張することになる。宇野は、この「生産力の理論」にたつリストの経済学の内容に立ち入って、そこではいかに資本主義の理論が、非科学的な常識論へと解消されているかを、「資本」や「価値」や「地代」などの諸概念規定を例にとってあきらかにする。たとえば、リストの主張の典型ともいうべき「豚を飼育するものはそれ（経済学）によると社会の生産的なる成員であり、人間を教育するものは不生産的なる者である」というかれの価値論批判をもって、「正に人を豚にするものである」とし、また「地主も亦その消費によって芸術と科学と工芸とを支持する等の理由によって生産的である」とするリストの見地を、「全く混乱という外はない」と判定する。

だが宇野にとって根本的に問題なのは、たんにこのようなリストの経済理論の混乱をつくることではない。イギリスにたいする後進国ドイツの経済的発展を目標として保護政策を主張し、しかもそれを独自の経済理論によって基礎づけようとすることによって、リストにあっては、自由主義と古典経済学との資本主義にたいする基本的関係が見失われたことこそが問題なのであった。

もちろん宇野は、一般的に「政策論から出発した経済学を否定しようというのでは決してない」のであるが、「しかし、理論が政策を有力に根拠づけるということは、政策自体が已に世界史的に必然的なるものとして主張せられることを前提とするのであって、如何なる政策も理論的体系によって直ちにかかる効果を与えられるというわけではない。いいかえれば理論的に基礎づけられるべき政策は、社会的に一般的なる利害関係を代表するものでなければならない」というのである。

宇野がこのように、リストにたいして古典経済学の科学性を主張する場合、もちろんかれは、古典経済学を経済学の唯一の科学的立場としているわけではない。それはつづいてつぎのようにいうことからもあきらかである。「古典経済学が自由主義の理論をなしたのは歴史的に全くかかる意味を有していたためであって、之を批判するものは当然古典経済学の代表した利害関係よりも更に一般的進歩をなしたる立場にあることを必要とするのである」。古典経済学とその自由主義の立場とを、歴史的に位置づけ批判しうる「古典経済学の代表した利害関係より更に一般的進歩をなしたる立場」とは、宇野にあっては、古典経済学の批判的継承者としてのマルクス経済学以外のなにものでもないことはいうまでもない。「元来資本家社会の経済的分析を目的とする経済学の理論が資本家社会の発生に対して適用せられるためには、資本家的立場に立つ限り、越ゆべからざる障害がある。資本を歴史的に見なければならないからである」。その意味では古典経済学も、その「資本家的立場」に制約されて、「資本を歴史的に見」ることはできなかった。重商主義をたんに誤れる政策として否定するだけで、その歴史的意義をあきらかにしえなかったという点にこの古典派の限界は明確にあらわれている。しかし古典経済学は「資本主義が元来その生産力の発展に独特の効力を有」

し、「その為の政治的保護を必然的に不必要とすることとな」り、それがまさに「資本家的商品経済の完成に外ならないこと」をあきらかにした。したがって、この古典経済学にたいする真の批判的立場とは、リストのように古典経済学の「価値の理論」にたいして「生産力の理論」を主張し、イギリスにたいしてドイツの利益を代弁する立場ではなくて、このような古典経済学の歴史的意義を評価しつつ、さらにその絶対的前提をなす「資本家的立場」をも「歴史的」に位置づけうる立場でなくてはならない。マルクス経済学をこのような意味で古典経済学の批判的継承として把握することは、同時にまた、経済理論と経済政策との関連についても、リストのごとき常識的見解をこえた新たな科学的立場を準備するものであった。もちろんここではまだ古典経済学が「世界史的に資本主義の発展を代表する」ことによって、「政策自体が已に世界史的に必然的なるものとして主張せられる」という、特有な理論と政策との関連が指摘されているにすぎないが、これはさらに資本主義の発生・確立・爛熟の各発展段階と経済政策との具体的関連を究明するための基本的方法を示唆するものであった。このような意味において、資本主義の帝国主義段階への転化を基礎とし、とくにドイツにおいて先鋭にあらわれた政策論争を検討することによって、一般に資本主義の発展段階と経済政策との具体的関連をあきらかにするという意図のもとに書かれたのが、つづく二つの論文「ブレンターノとディール」、「ドイツ社会政策学会の関税論」であった。

ドイツの一八七〇年代にはじまった関税政策は、一九〇二年の関税改正をもって、その総括的結論が与えられた。しかしカルテル関税と併用された農業関税は、その理論的基礎の不明確さと現実的利害関係の対立とが錯綜して、異常な論議をよびおこした。まず一九〇一年九月のドイツ社会政策学会において、「現在の商業政策の効果およびその将来の目的」にかんして激しい論争がおこなわれ、ついでこの改正が一九〇六年に施行されて以後、さらにこれをめぐって諸学者の論争がつづけられた。後者では、一九一〇年アントワープの自由貿易会議に提出されたルヨ・ブレンターノの「ドイツの穀物関税」と、これにたいするカール・ディールの「穀物関税問題のために」とがその問題点を集約的に示している。

宇野は「ブレンターノとディール」で、まず自由貿易を主張するブレンターノと穀物関税を主張するディールの見解を詳細に検討して、両者が「重商主義、自由主義をその本来的な形でとるものではなく、その著しく歪曲されたる再生に過ぎない」ことをあきらかにする。穀物関税問題は、一八七〇年代以後急激に世界的規模において発達した交通機関による安い外国穀物の氾濫を契機とし、さらに根本的には、ドイツのいわゆる工業国化にともなう農業問題を基礎として発生したものであるが、しかも政策としては、資本主義の帝国主義段階への転化による帝国主義的政策と深くかかわりあいつつ主張されたのであった。したがって現実の利害に動かされて穀物関税を主張するディールの立場はもとより、自由貿易を農業問題の解決のための一般的手段として関税政策を否定するブレンターノの立場も、ともに経済政策にたいする科学的究明の道をとざすことになった。この考察をとおして宇野は、「農業問題の解決が資本主義自身の批判的分析を必要とすると同様に経済政策も亦資本主義的政策の批判として始めて理論的に可能となる」ことを確認したのである。

「ドイツ社会政策学会の関税論」では、これをさらにさかのぼって、この学会におけるカプリヴィ政策をめぐるワルター・ロッツ、シュウマッヘル、ポーレの報告、大会討議、およびシュモラーの総括的主張を仔細に分析し、これらの見解が結局重商主義、自由主義の歴史的意義をあきらかにすることに失敗し、すべて政治家によって「誤って乱用されて来た」政策という面で批判されるとともに、「ヨリ賢明なる合理的政策の適用」を要請するという常識論におちつくにすぎないことが指摘される。その結果は、「新重商主義」としての帝国主義的政策が「国民的本能」に帰せられるということになるのであった。

資本主義経済とその経済政策との関連は、したがって宇野によればつぎのような定式的把握のうちに総括されるべきであった。「一般的に商品経済に特に資本家的商品経済に特有なる経済政策は、かかる商品形態を有さない或は主要部分に於いて有さない社会の経済政策と明かに区別せられることが必要である。そこでは実際の事情によく通ずることと思慮分別とによってのみは決定せられないものがある。政治自体が又此の経済に特有なる形態を有するからである。先ず此の経済形態に特殊の法則を明かにして、之によって始めて重商主義に於けるシュモラーの所謂乱用も明かにせられる。又はそれはその乱用によって壊滅したのではない。重商主義自身に於いても資本主義の発展と共にその政策形式を変化して来て居るのであって、その自由主義による代位は決して重商主義自身がその政策を変更し得ない為めではない。政策の主体が代るのである。産業資本が自由主義を主張する場合にも亦当然その『乱用』を避けることはできない。それは資本主義社会の経済政策に特有なる形式である」。

「資本主義自身の批判的分析」を前提とし、さらにその歴史的発展にともなう「政策の主体」の変化をとおして、経済政策の歴史的意義が客観的に把握されねばならないとするこの宇野の主張は、いうまでもなくマルクス経済学による資本主義の歴史的分析を基礎とする以外に、経済政策の科学的究明はなしえないことを意味しているのである。

ではマルクス、エンゲルスにはじまるマルクス主義者自身の経済政策にたいする態度はいかなるものであったか。社会政策学会の論議と並行しておしすすめられた、ドイツ社会民主党の政策論争を対象として、この点をあきらかにするのが、宇野のつぎの課題となったのは当然といえよう。

かくて「社会党の関税論」において、宇野はまず、マルクスの『自由貿易問題』（一八四八年）とエンゲルスが一八八八年にそのアメリカ版につけた「序文」をとりあげ、マルクスとエンゲルスの経済政策にたいする基本的態度を確認する。すなわち、かれらにあっては、自由貿易か保護関税かという問題は、単純にそれ自身によって決定される問題ではなかった。「それはつねに社会主義的見地をとおして再考察せられなければならなかった」。といって、これらの政策的主張にただ反対するというのではなく、実際的問題としては、何れかに反対し、何れかに賛成しなければならない。その場合、これらの政策の資本主義的発展にたいする意義を確定し、さらにそれを前提として、党の発展のためにその取捨選択が決定せられるというのである。

ところが十九世紀末の資本主義の帝国主義段階への転化にともない、この関税問題は、いわゆる帝国主義的政策の一環としてあらわれるにおよんで、より複雑な様相をおびて、ドイツ社会民主党の解決すべき緊急課題となり、これを中心として激しい政策論争がひきおこされることとなった。

宇野はこの論文で、一八三四年から九二年以後にいたるドイツの関税政策の変遷を六期にわけ、これにたいする社会民主党の態度を一八七六年のゴータ大会、一八八〇年のウィデン大会、一八九八年のシユトゥットガルト大会、一九〇〇年のマインツ大会、一九〇一年のリュベック大会、一九〇四年のブレーメン大会での諸決議をとおして考察する。とくにその焦点は、シユトゥットガルト大会での報告者シッペルとカウツキーの所説にあわせられ、さらにシッペルの『商業政策綱要』(一九〇二年)をとりあげて、その補足的考察をおこなっている。この「社会党の関税論」は、「関税政策の研究に対して社会主義的方法」はいかにあるべきかを「明示」していると宇野は結論づける。つまり、社会党は、この問題を「つねにその党の勢力の伸張の立場においてこれを見る」のであり、「新たなる関税は党の発展にとっていかなる影響をおよぼすかということが第一の問題である」。ところがこの問題を解決するためには、「必ずまず関税が現在の社会関係の推移にいかなる変化影響をおよぼすかをあきらかにしなければならない」。つまり「その社会的機能が解剖され」ねばならない、具体的には「十九世紀末以来関税政策はドイツにおいてはすでにその帝国主義的政策の一要因として見られなければならなかった。それはもはや経済政策の唯一の中心的問題ではなかった。問題はすでに自由か保護かではない。関税も他の諸問題と関連してはじめてその性質を完全にあきらかにすべきであった」というのである。

社会党のシッペルに代表される関税論者はもとより、その批判者たるカウツキーにおいてさえ、この点についてはきわめて曖昧であった。この点を理論的に明確に把握するためには「ドイツの資本主義の発展とともに発展してきた社会党は、その自らの発展自身を批判しなければならなかった」とする宇野の主張の背後には、カウツキーの主張に代表される第二インターナショナルの理論的基礎にたいする強い批判的姿勢がうかがわれるであろう。

こうしてドイツ資本主義の歴史的変化と、それに対応する経済政策の変遷、およびそれらをめぐるリストにはじまってカウツキーにいたる経済学者や社会主義者たちの論争の過程にたいする批判的検討をとおして、宇野の資本主義の歴史過程にたいする独自の理論的把握の方法が、とくに経済政策の取り扱いを中心として、すでにその基本構造においてゆるぎないものとして確立した。『経済政策論・上』は、これらの諸研究の成果の具体的資料にもとづく総括であり、したがって『資本論』を基礎とした資本主義の歴史的過程とその政策とにかんする宇野の独自な把握の定式化であった。

その「序論」において宇野は、経済政策論の「対象の限定」を与えつつ、その「研究の基準」をあきらかにしている。すなわち資本主義社会における経済政策は「商品生産者乃至所有者としての行動を或る程度迄社会的に或は制限し或は拡張することによって客観的なる価格の運動法則を通して始めて実現せられるのであ」り、「茲に商品生産の社会に於ける経済政策はその可能性を与えられると同時にその特殊性を明かにし、経済学的研究の必然性を指示する」。ところが資本主義社会の「内部関係は一般資本家社会の発達と共に不断に変動し、資本も一定の段階に於いては異った性質を有する勢力としてその中心的地位にあらわれて来るのであって、資本家の政策も亦此の変動と共にその性質を変化する」。つまり重商主義、自由主義、帝国主義という政策の変化は、「全く此の性質の異った資本の中心的勢力の斯かる転換によるのである。経済政策の経済学的研究は、かくて此の資本主義社会に於ける政策の転化を経済的基礎に於いて解明するにある」。

しかし「種々なる政策をその歴史的関連の下に綜合的に観察するときには吾々は大体に於いて資本主義の発達に適応したる一定の経済政策を指摘することを得、而もそれは常にその経済的発達段階に応じてその中心となる資本の性質によって特徴付けることが出来るのである」としても、かかる把握は、一体どのような立場において可能となるのか。

宇野はこれにたいしつぎのように答える。古典経済学は、資本主義が自立的に発展しつつある過程を対象として、自由主義的立場にもとづいて、これを理論的に把握しようとした。これはその段階においては確かに「社会科学研究に於ける唯一の正しい立場」といえたが、他面その理論が「充分に自覚的に批判的となり得なかった」ということも必然的であった。この理論を批判的に克服するには、したがって資本主義の内在的矛盾の展開を前提として、資本主義自身を批判的に解明することを必要とする。かかる経済学は「いわば自己批判的態度」を要求するとともに、また資本主義的諸政策への批判的評価をも可能にする。つまりかかる「経済学批判の立場」にたつことによって、はじめてわれわれはこのような諸政策の歴史的意義を客観的にあきらかにしうるのである。そしてこのような立場からなしうる政策的主張は、「社会的発展の新なる動力としての社会運動のための政策」以外にはない。すなわち資本主義社会を真に科学的に解明しうる唯一の立場——「経済学批判の立場」——にたって、資本主義の歴史過程、経済的発展段階に応じた「その中心となる資本の性質」を把握し、かかる「歴史的基礎に於いて」「必然的なるものとして」経済政策の歴史的意義をあきらかにすること——これが宇野の経済政策論の基本的方法であった。宇野はこの方法にもとづき、重商主義段階、自由主義段階を、それぞれ発生期、成長期の資本主義と規定し、各段階の資本主義の典型的発展を「商人資本としてのイギリス羊毛工業」、「産業資本としてのイギリス綿工業」にもとめつつ、このような資本によって必然的に規定された政策として重商主義政策、自由主義政策の歴史的意義を解明したのである。

つづいて下巻において、帝国主義段階とその経済政策を取り扱うことによって、資本主義の全段階と経済政策の根拠を完全にあきらかにするという宇野の意図は、しかし一九三八（昭13）年二月、いわゆる労農派教授グループ事件に連座して検挙されることによって不可能となった。

他方、宇野は一九三六（昭11）年「原論担当の教授の差支えから一年間経済原論を講義したことがあ」り、「細目の点では兎も角、大綱は」すでにのちの『経済原論』と「同じ趣旨」の原理論体系ができあがっていた。その出版も予定されていたが、『経済政策論・下』と同様、「その後そういう出版は到底望めない事情となって、そのままになって」しまった。つまり、後年宇野の三段階論と称される経済学体系を構成する基本領域たる原理論と段階論とは、すでに一九三六年において実質的にその基礎構造を樹立していたとみてよいであろう。では残る領域——経済学研究の最終目標をなす現状分析としての日本資本主義分析についてはどうであったか。

五　現状分析の展開

戦前における宇野の現状分析に関連した論文はただ一篇、すなわち『資本主義の成立と農村分解の過程』（『中央公論』一九三五年一一月、のちに『農業問題序論』に収録）だけである。ここでは資本主義の成立期に焦点をあわせて、イギリスにみられる典型的な発展過程にたいする後進国の歴史過程の特殊性が考察されている。つまり段階論を基礎とした現状分析の方法論が取り扱われているといってよいであろう。もちろんただちに「ここで日本資本主義の特殊形態を究明しようというのではなかった」が、しかしイギリスにたいするドイツによって代表される後進国の資本主義化の特殊性を一般的にあきらかにすることによって、日本資本主義分析のための方法論の中心課題をとくというのが、宇野の意図したところであった。

日本資本主義論争の中心課題をなしたのは、いうまでもなく農業問題であったが、この資本主義の急速な発展にもかかわらず濃厚に残存する日本農村の封建的性格にかんする講座派・労農派のまったく相反する解釈にたいして、宇野は「これらの見解の対立を検討し理解するに必要と考えられる予備理論を明確にしておきたい」という観点から、つぎのような考察をおこなう。まずイギリスにみられる資本主義の発生の典型的過程と、機械制大工業の発展の労働者階級におよぼす影響を考察し、ついで後進国ドイツがこのイギリスの資本主義的発展を前提として資本主義化する場合の農村分解の特殊性をあきらかにする。こうして後進資本主義国にあっては、その資本主義化の過程において、とくに農村問題が異常に深刻な様相をとらざるをえない根拠をあきらかにし、「イギリスの発展と対極にある例えばわが国のごとき資本主義の分析にあたっては、この傾向の特に重要なることを指摘」するのである。「かくて後進資本主義国の資本主義の成立は、その必然的前提となるべき農村の分解を、一部的にはむしろその発展の結果として、種々なる形を通して、政策によってあるいは促進的にあるいは停滞的に一般的には慢性的過程として実現してゆく」

というのがこの論文における宇野の結論であった。

宇野はこの結論にたって、さらに労働運動におよぼすこの農村分解の特殊性の影響や、わが国における「農村の運動」にたいする「プロレタリアのいわゆるヘゲモニー」の問題にまでふれてゆくのであるが、すでにここにおいては、講座派はもちろん、資本主義の一元的な発展を前提とする労農派的立場にたいしても根本的に異質な、かれ独自の日本資本主義分析の基本方法がうかがわれる。

しかしさきにふれたように、教授グループ事件への連座は、『経済政策論・下』、『経済原論』の出版を不可能にするとともに、より以上の現状分析の研究を完全に中断せしめることになった。

この一九三八（昭13）年二月一日のいわゆる学者グループの検挙は、前年一二月一五日全国で四〇〇人の大検挙をみたいわゆる人民戦線運動の撲滅を補完する意味でおこなわれたものであった。東京の一六名をはじめ、全国で四一名の検挙者があったが、仙台では宇野やその研究室の副手茨木薫、高田富之、卒業生栗原百寿などの研究者達とともに、社会大衆党県聯委員長、市議佐々木更三をはじめとする若干の社大党員が検挙された。二月二日付『東京朝日新聞』宮城版は、宇野の検挙の模様をつぎのように伝えている。

「この日の大物仙台市米ガ袋東北帝大助教授宇野弘蔵氏宅へ二階堂予審判事、安達検事、佐藤警部の一行が出向いたのは丁度六時半であった。……唯一枚のガラス戸を境に玄関の戸が開いて女中が現れるや、『検事局、特高課からです』と一言の挨拶をしたきり一同つかつかと奥の寝室に入る。このただならぬ気配をそれとなく察した宇野氏は直に起きあがり廊下まで進んで来た一行に『どうぞお入り下さい』と落ついた言葉をかけたきり事の重大性を知っても動ずる模様もない。まり子夫人の扶けを借りて大島紬に着替えて二重廻しを着込みソフトを冠る間に一行は厳重な家宅捜索をなし自動車で仙台署へ――この間宇野氏は一言も発せずまり子夫人にも僅に『大したことはない』と言い残したきりでその態度には係官も敬服している」。

宇野がこの教授グループの仕事とは無関係であったことはすぐにわかったが、そうなると検察当局は、宇野の学問研究の内容へと問題をきりかえた。「お前の『資本論』の勉強も社会主義の実現のためにやっていることで天皇制廃止を窮極の目的としているだろうということになった。学生を指導しているとか論文を書いているとか、私の行動はすべてそういう目的を実現するためにやっているということになるというわけ」である。これにたいして宇野は「私はそういわれれば仕方がない。しかし自分の書いた論文にしても学生に対する指導にしても、そんなことには全然ふれてない。窮極において社会主義の実現を考えたということがいかんということになれば罰せられても仕方がない。そういう理論的に推定できても論証できないことを、実践的に主張するなら兎も角、実践活動はしないで考えていたということはよろしくなかった。今後はそういうことはしないようにしましょう」という以外になかった。

これでは裁判所側も、いかに治安維持法をもってしても有罪判決を下すことは不可能となり、一九三九（昭14）年、仙台地裁において第一審、翌年宮城控訴院において第二審何れも証拠不十分により無罪の判決をうけて、宇野は釈放された。治安維持法違反事件で最初の無罪判決であった。

宇野はこの間拘置監で、「春浅き隣は何をした人ぞ」という、後年桑原武夫の「第二芸術論」の発想に示唆を与えたという〝名句〟と、宿痾となった痔疾とをえたが、それとともにすでにこの国では社会科学の研究は不可能であり、研究のできない大学にはとどまりえないという固い決意を抱かざるをえなかった。したがって翌一九四一（昭16）年一月東北帝大法文学部教授会で復職の決定をみたが、これを辞退し、仙台を去った。

なおこの一年半の裁判のための休職の間に、バジョットの『ロンバード街』を翻訳して、岩波文庫の一冊として出版している。一八七〇年代のロンドン金融市場の具体的機構を叙述したこの本について、宇野はそのあとがきで原理的な信用ないし金融の規定を理解するための歴史的素材として、その意義を強調しているのであるが、このことから同時に、すでに宇野の信用についての原理的規定は整理され、さらにそれを基礎にして、金融資本にたいするイギリスの銀行やドイツの銀行のもつ意味の差異も明確に把握されていたことをうかがい知ることができるであろう。

さて宇野は、その年の三月以降、日本貿易振興会日本貿易研究所東京事務所に勤務することになる。ここには西田勲、斎藤晴造、細野武男、原田三郎らがはいり、外国貿易にかんして、外国の雑誌、論文の紹介をするという仕事が与えられていたが、宇野はかれらとともに、ナチスの興隆につれて注目されはじめた「広域経済論」を検討し、それとの関連で東南アジアにおける糖業の統制を具体的に分析するという仕事をうけもった。宇野が序論と結語とを書いてまとめた『糖業における広域経済』（一九四四年、栗田書店）がその成果であった。

またひきつづいて満州への日本の進出の実態を調査したが、同時に同研究所の大阪事務所でおこなっていた「輸出ブラシ工業の研究」を援助することになった。だがその研究成果の第一・二巻を出版し、第三巻の出版にとりかかる前に、大阪事務所のほぼ全員が検挙された。東京事務所にしろ、大阪事務所にしろ、凶暴な左翼弾圧の難をさけた若い研究者たちの隠れ場であり、大阪事務所の内田穣吉のいうように、外貨獲得をめざす輸出産業の実態調査の名目のもとに「ブラシ工業を通じて日本資本主義における中小企業の構造と地位とを科学的に明らかにする」ことが、かれらの真の目的だったのである。こうして、この研究の責任者たる宇野の「研究所における地位が非常にむずかしいことになって来た」。この間の事情を内田は、多少の感慨をまじえてつぎのように語っている。

「……後に私たちが検挙された時、ここの理事たちは文字通り腰を抜かしたのであるが、私たちがともかくもやり通すことができたのは、主として宇野弘蔵氏の庇護のおかげであった。さすがに宇野氏は万事を知っていた。宇野氏ならずとも、私たちの著作を一行も読まない理事たちも、これはチトおかしいと気付いていた。……私への圧力以上に、宇野氏には直接の重圧がかかり何度もこの研究が中断されそうな危機が来ていたようだ。宇野氏はそれを一言も私たちには洩らさずに圧力をささえてくれた。……そのころそれまではかなり尊敬していた年配のマルクス経済学者のある人たちは、侵略戦争にかなり積極的に協力しはじめていた。私たちは当時そのような事例を見ながらかなり幻滅を感じていた。この人たちにくらべ、宇野氏はみずからを売り出そうとか、積極的に何らかの地位を得ようとかの態度を全く示さなかった。……私たちが下手をすれば検挙されるくらいのことは、当時の情勢の成行から宇野氏ほどの人が勘付かないはずはなかった。その結果は私たちを擁護しつづけている宇野氏自身がどんな目にあうかは、すぐに見通されることであった。こんな芸当は軍部ファシズムに協力しつつおのれの安穏をはかっていたマルクス経済学者には、到底できることではなかった」(『日本読書新聞』第九五三号)。

宇野はなおしばらくこの研究所にとどまったが、一九四四(昭19)年、ここを辞し、三菱経済研究所に嘱託として勤務することになる。そこでは主として、研究所が調査研究動員本部から委嘱された日本産業の実態調査のうち、農業部門を担当して、日本農業にかんする論文、著作を読みあさった。すでに太平洋戦争も終末に近づき、連日空襲にさらされる東京であったが、宇野は「空襲中自家にいても安全ということはいえないし、どっちにいるほうがいいかわからないので毎日出かけて読んでいた」。

こうして終戦をむかえたのである。戦後約一年間、同研究所からだしていた経済分析の雑誌『経済情勢』の編集にあたったが、矢内原忠雄の慫慂にしたがって一九四七(昭22)年同研究所を辞し、新しく出来た東大の社会科学研究所に勤務することになった。

六　戦後の活動

戦後の宇野の経済学界での活躍は水を得た魚のようにめざましかった。すでに『資本論』の内在的検討をとおして自己の原理論を確立し、また帝国主義論を含む段階論の基本構成も完了し、さらに、農業問題の具体的究明をとおして日本資本主義分析についても、講座派・労農派とは異質な独自の方法的把握を準備していた宇野にとって、それらの見解の発表が戦争下の社会情勢と国家権力とによって不当に阻止ないし中断されていたという事情は、ますますその活躍に拍車をかけることになったのであろう。しかし注意すべきことは、社会情勢の変化にともなって、解禁されたジャーナリズムに歓呼してむかえられた左翼的風潮のブームとはまったく異質な地点において、宇野の主張ないし諸著作は発表されていったことである。当時東北大学時代からの弟子のひとりの言論の自由が与えられることを喜ぶ意味の手紙にたいして、宇野は「その自由を共に喜ぶとともに、しかし自由に書けるということは、自由に真理が把握できるということではない」と冷静にさとしている（『栗原百寿――その人と憶い出――』）。

戦後の二、三年間は、異常に宇野の時事的問題にたいする発言の多かった時期である。「自小作農形態の特殊性」（『大学新聞』一九四五年）にはじまる「資本主義の組織化と民主主義」（『世界』一九四六年四月）、「わが国農村の封建性」（『改造』一九四六年五月）、「経済学の任務」（『朝日評論』一九四六年七月）、「経済安定の概念」（『評論』一九四六年一〇月）、「経済民主化と産業社会化」（『新生』一九四六年一二月）、「所謂経済外強制について」（『思想』一九四七年一月）、「経済学に於ける科学と思想」（『世界文化』一九四七年五月）、「通貨の過剰と資金の不足」（『改造』一九四七年二月）などの諸論文および数多くの時事的座談会への出席は、おそらく戦後の革新的風潮が、一定の政治的ないし社会的影響を期待しつつ、宇野のマルクス経済学者としての発言をもとめたという事情による点が大きいであろう。しかし宇野はそれらの諸論文や発言において、けっして直接的な政治的主張や政策的提案をおこなったのではなかった。むしろ経済の再建や民主化などにたいする学者や政治家の安易な政策的主張や、さらにこのような直接的効果を研究者の発言にもとめる一般的傾向にたいして、真の意味での社会科学は、かかる要求に直接こたえうるものではなく、また社会科学者の任務もその点にあるのではないことをくりかえしといたのである。

「……経済学に吾々の期待するものは、差当っての経済問題の解決に役立つ政策乃至方策にあるのではない。政治にあたる者が斯かる方策を樹て得る基礎を明かにすることにある。経済問題はその基礎が分析解明されたからといって、それぞれの解決策が樹て得られる程に簡単なものではない。若しそんなことが出来るとすれば、政治運動は無用に帰するわけである。勿論、経済学による斯かる分析は如何なる政治運動にも役立つというのではない。科学的に分析したものが役立つのは真に歴史の発展を促進する政治運動である。それはしかし予め一定の政治目標にしたがった分析が役立つというようなものではない。経済学の客観的科学性もそこにあるわけである」（「経済学に求めるもの」、『東北学生新聞』一九四八年六月五日）。

したがって日本経済や農村問題についても、宇野はむしろその政策的主張の背後に横たわる経済学的把握についての方法的検討を精力的に展開した。しかし戦時中の国家主義的風潮をちょうど逆転したかたちの革新的風潮の激しい戦後の熱っぽいジャーナリズムの喧燥の中にあっては、宇野の地道な社会科学方法論の成果は、とくに人目をひくにいたらなかった。たんなる党派的主張やイデオロギー的裁断からはなれた客観的な社会科学の方法についての宇野の独自の主張が問題とされるには、なお激しすぎる政治的狂躁の季節であったといえよう。

ところで一九四六（昭21）年一〇月に雑誌『評論』のための資本論研究の座談会が開始された。向坂逸郎と宇野を世話役とし、大内兵衛、久留間鮫造、有沢広巳、土屋喬雄など一〇名がそのメンバーであった。この研究会の第二回「価値法則」において、宇野の冒頭の商品や抽象的労働についての理解が、他のメンバーのそれと相当異質なものであることが示唆されたが、第三回「価値形態」にいたって、この点は決定的にあらわれ、『資本論』の記述をそのままうけいれて、ローゼンベルクに代表されるような通説的理解にしたがう久留間たちとの間に激しい論争をひきおこし、「研究は速記ができないほどに混乱してしまった」。宇野「以外の全部の人がこれ〔宇野の主張〕に反対して非常な論戦になったわけである」。

現在これを記録した『資本論研究』には、「やり直しの二度目の会の速記」がのっているだけなので、この「混乱」ないし「論戦」の内容はそれから推測する以外にないが、この問題をめぐる宇野の主張はつぎのようであった。「……根本的な問題を提起して見たいと思う。リンネルが相対的価値形態にあって上衣が等価形態にあるという場合、リンネルは何故上衣を等価形態にとるに至ったか、それにはリンネルの所有者の欲望というものを前提しないでもよいだろうか。そういう関係を離れて斯ういう形があり得るだろうか。」この一見きわめて単純な問題提起が、じつはその展開において『資本論』全体についての従来の把握の根本的再検討を要求し、『資本論』のまったく新たな理解への道をひらく端緒としての重要な意味をもっていたということは、宇野以外のだれにも気づかれなかったようである。だが宇野がこの点をさらに展開して、「一商品が相対的価値形態にあるという場合、相対的価値形態と等価形態の対立的な関係を明確に考えてみたいと思う。これを何時でもひっくり返し得るのでは大した意味がない」という時、すでに拡大された価値形態から一般的価値形態への発展でとられている左辺と右辺の逆転という『資本論』の方法への批判の意味がこめられていたし、また「労働価値説も商品を単に対象的に向うにおいていたものとしてやっている間は、まだ本当に謎がつかめない。勿論簡単に個人的な主体というのでなしに、社会的にいって商品生産者主体として考えられなければならない。その意味で、社会主義者が労働価値説を完成したということは重要な意味がある、そうしないと労働価値説が生きて来ない。クラシックの経済学ではまだ向うにおいて説いているという感じが強い」とく時、『資本論』におけるクラシック的視点の残留の指摘と、その払拭をとおした『資本論』の純化完成の主張とが、その発言の背後に意図せられていたことはいうまでもない。しかしこの研究会全体をとおして、遂にこの宇野の問題提起の意味も、その底にある価値法則の独自な把握についても、他のメンバーの理解するところとならなかったようである。

したがって宇野は、自己の「疑問を軸にしながらマルクスの労働価値説を考えてみる」という作業を、その『価値論』(一九四七年)において全面的に遂行することになる。ここでは宇野は、『資本論』におけるように価値の実体を前提とするというのではなく、商品・貨幣・資本という価値の「形態規定の発展を媒介にして、『価値の実体』を『価値の本質』において把握しようと」する「試み」を与えている。この宇野の主張の核心は「資本の生産過程の中枢をなす労働力の商品化を基礎にして価値の実体は把握される」という点にあった。もちろんこのような「価値の実体を説かないで価値を論ずるという……常識に反する」宇野の主張は、容易にわが国マルクス経済学者の間で是認せられるものではなく、ただちに激しい論難をよびおこすことになった。宇野はさらにこれらの諸批判にたいして、詳細な反批判を展開し、それらを『価値論の研究』(一九五二年)としてまとめた。これと並行して『資本論』を要約しつつ解説する『資本論入門』(第一巻一九四八年、第二巻一九四九年)を書いたことは、宇野にとって、戦前すでにその基本構成において確立していた『資本論』の純化再構成としての独自の原理論の内容を、さらに決定的に確定するという役割をはたした。こうして、宇野の三段階論によって構成された経済学体系の基底部分をなす『経済原論』が完成することになる（上巻一九五〇年、下巻一九五二年）。ほぼ三〇年間にわたる宇野の『資本論』研究の総決算であった。それ以後に発表された『資本論』の各領域における諸問題にかんするかれの論文や著作は、すべてこの『経済原論』の内容のふえんであり、またその具体的説明であって、それをさらに圧縮改訂した岩波全書版『経済原論』（一九六四年）においても、旧原論の基本内容はほとんど変更されていない。

そしてこれについで、その上巻だけで未完のままだった『経済政策論』が、圧縮された上巻の内容（序論、第一篇重商主義、第二篇自由主義）に、下巻となるはずだった第三篇帝国主義をつけくわえて、一冊本として刊行された（一九五四年）。これはいうまでもなく、『資本論』研究と同時に着手された宇野の『帝国主義論』を中心とする経済政策論研究の総括であり、ここに原理論および政策論を中心とする段階論の――つまりいわゆる三段階論の――基本領域の壮大にして精緻な構造が全面的に提示されたのであった。

ここで示された宇野の帝国主義論の特徴は、一九世紀末における先進国イギリスにたいする後進国ドイツの資本主義の発展のうちに、その典型的規定がとらえられたという点にある。すなわち基幹産業の重工業化による固定資本の巨大化と資本集積の増大を前提として、この段階における株式会社と銀行の特殊な役割が指摘せられ、それによって金融資本の蓄積様式がとかれるのであるが、帝国主義は資本主義諸国の対立にその根拠をもっているがゆえに、たんにドイツ重工業のみをもって金融資本の具体的発現とすることはできず、それにたいするイギリス金融資本の特殊性と、アメリカにおける独占体の形成をもって、つまりかかる金融資本の異なったタイプの対立のうちにその具体的様相は解明せられたのである。このような宇野の帝国主義論は、一方において、株式会社についてとくにふれることなく競争から独占をといたレーニンの『帝国主義論』への、他方において、原理論的信用規定から株式会社をといたヒルファディングの『金融資本論』への、両面的批判を意図しつつ構成されたものであることはいうまでもない。これは、帝国主義を資本主義の歴史的発展の一段階とするレーニンの把握を徹底することによって、資本主義一般の原理論としての『資本論』との直接的関連をきりはなし、それによって『資本論』自体にふくまれていた論理的展開から逸脱した歴史的來雑物（たとえば絶対的窮乏化とか、資本の集中による競争から独占への転化についての指摘など）を払拭するとともに、帝国主義論を、十九世紀末から二十世紀初頭にかけての帝国主義的対立の経済的基礎としての金融資本のタイプ的規定のうちに再構成したものであった。そしてこのような把握はまた、レーニンのいわゆる「五つの標識」によりつつ、帝国主義をたんに独占資本の運動をとおしてのみ把握しようとする、一般的に採用されている平板な分析の欠陥を根本的に衝くことになり、この宇野の帝国主義論を方法的よりどころとして、ドイツ、アメリカ、日本などの金融資本分析や農業問題解明は飛躍的に発展せしめられ、幾つかの研究が相ついでうみだされることになった。宇野自身もまた社会科学研究所を中心として多くの共同研究を指導しつつ、主として農業問題をめぐる成果を発表した。『日本における農業と資本主義〈共同研究〉』（一九四八年）、「長野県西筑摩郡王滝村調査報告」（『社会科学研究』第三巻第二号・一九五一年）、『林業経営と林業労働』（一九五四年）、『地租改正の研究上・下』（一九五八年）、『日本資本主義と農業』（〔日本農業の全貌。第四巻〕一九五九年）などである。これらの諸研究では、その基本的方法として、日本農業の問題はまず日本資本主義の一環としてとらえられねばならず、日本資本主義はさらに世界的な資本主義本主義の発展段階に規定されたものとして理解されねばならぬ点が強調されている。もちろんこのように、資本主義の世界史的発展との関連で日本資本主義をとらえ、日本資本主義の展開に規制されるものとして日本農業を解明するといっても、それは必ず日本資本主義あるいは日本農業における具体的事実の資料的分析をとおしておこなわなければならない。たとえば、農村における異常に高率な小作料の原因についても、宇野は、これを講座派のように経済外強制で説明するのは論外であるとしても、労農派のように、たんに過剰人口を前提とする小作人の競争から説明するというだけでも不十分であるとして、独自の「自小作農論」を展開する、昭和一三年の『農家一斉調査』によれば、わが国の耕作面積中、純粋の小作農によって小作されているのは二割程度にすぎず、二割五分程度が自小作農によって小作されている。しかも戸数からしても、小作農家一四〇万にたいし、自小作農家は二四〇万にのぼる。自小作農が自家労力を十分に利用しうる経営面積を獲得しようとして小作料を高騰させ、純粋な小作農にとっては異常に高い小作料も、一部の自小作農にとってはなお堪えられうるものともなる。農村に特殊な潜在的過剰人口を有するわが国では、小作料の異常な高さという問題も、このような「自小作と小作農との歴史的な発展、推移の傾向、その兼業に対する関係」を具体的に検討することによって、その解答が準備されなくてはならないというのである（「自小作農形態の特殊性」一九四五年）。日本資本主義論争の中心課題の一つである高率小料作の問題にたいする、具体的資料を前提とした経済学的分析を企てる宇野の独自の接近方法の一面をここにみてとることができよう。

現状分析はいうまでもなく、とりあげる対象が具体化すればするほど無限に深化し、精密化してゆくものであり、完結することはありえない。原理論や段階論と異なって、宇野の現状分析の仕事がかれを中心とする共同研究としておこなわれてきたことは、この現状分析自体の性格によるものといってよいであろう。そしてその現状分析が、とくに日本農業の解明に集中されていたことは、宇野の関心がいわゆる日本資本主義論争の中心問題を念頭におきつつ、それを具体的資料の検討をとおして客観的にあきらかにしようという点にあったことを示している。このような宇野の現状分析の独自な手法の典型的な一例を、われわれは、『地租改正の研究上・下』のそれぞれの巻頭に収録された二論文「地租改正の土地制度」「秩禄処分について」（両者とものちに『増補農業問題序論』に再録）においてみることができる。

宇野はこの二つの論文で、地租改正と秩禄処分の具体的過程を検討することによって、明治維新をブルジョア革命と規定しなければならない理由を実証的にあきらかにした。すなわち、資本主義の成立は、農民からの土地の収奪を基軸とする資本の原始的蓄積を前提条件とすることはいうまでもないが、後進諸国では、先進国で完成された資本家的生産方法を輸入して資本主義化しうるため、多かれ少なかれその農業の資本主義化は不徹底となり、土地所有の近代化に種々な問題をのこすことになる。とくに金融資本の時代に資本主義化を完成したわが国では、農業はほとんど旧来の小生産者的経営をそのまま残し、極めて高度化した資本家的工業と著しい対照をなすため、それは明治維新の解明に根本的な疑問を投げかけたのであるが、しかし資本主義の世界的発展過程においてわが国が資本主義化した時期と位置との特殊性を考えれば、これはむしろ当然といわねばならない。元来土地の私有化は他の生産手段と異なって、資本自身が積極的に確立しうるものではない。土地にたいする近代的私有制が、イギリスにおけるように農業での資本主義の発展を基礎にして完成されたということは、その形式的・法制的規定が実質的な内容を与えられることによって、純粋の近代的土地所有を近似的に実現したことを示すものであるが、このイギリスから資本家的生産方法を輸入して、その資本主義化を農業の資本主義的経営を必要としないで実現した後進資本主義諸国では、形式的な近代的土地所有は輸入しながら、資本主義的土地所有は完成しないということになる。いいかえれば、後進国の資本主義化の確立のためには、農業における資本主義的土地所有は必要としないとしても、土地所有の形式的な近代化は絶対に必要とするのである。そしてこの場合、封建的権力から自由な私的土地所有は、もはやたんなる形式的近代化ではなく、資本主義社会確立のための絶対的条件なのである。かかる観点から宇野は、具体的に地租改正の進展過程を考察することによって、一面では、地租改正が「旧幕藩体制下の封建的貢租をそのまま平均的に、ただ統一的規模で継承したものにすぎぬ」とする講座派の基本的主張の不当なる理由を実証的にあきらかにし、他面では、かくして実現した土地所有の近代化にもかかわらず、いわゆる地主小作関係の下における旧来の諸慣行の残存の歴史的根拠を、わが国の資本主義化の特殊な性格をとおしてあきらかにしたのである。

さらに、明治維新の後進国のブルジョア革命としての性格をもっともよく示すものとして、いわば地租改正によるブルジョア的体制の形成過程の裏面をなすものとして、「秩禄処分」がとりあげられた。秩禄処分は、きわめて紆余曲折した過程をとって実現され、その当事者においても、けっして明確なる歴史的意義が自覚されたわけではなかった。しかしこれは一般にブルジョア革命の基本的性格をなすものであって、そのように時と場合によってその主体を異にし、あるいは闘争の主力を異にしつつ、その歴史的意義を明確にせずにおこなわれる点が、プロレタリア革命と決定的に異なるのである。しかもそれで十分に資本主義社会への発展の障害物を除くという変革が可能となり、当事者の意図如何にかかわらず資本主義社会が客観的に実現されるという点にブルジョア革命の基本的特色がある。この点を理解できないところに、明治維新をブルジョア的変革として認識しえなかった講座派的俗見の発生根拠があった。このような観点のもとに、宇野は秩禄処分の具体的資料分析をとおして、それがきわめて曲折した妥協的過程のうちに進行しつつも、その結果商品経済の発展を阻止する諸障害を解消し、ブルジョア的変革を達成したものであることをあきらかにする。この妥協的に新たな体制の内に旧体制を解消してゆく大政奉還・版籍奉還の過程において、明治政府の採用した方策が紙幣と公債の発行であったことは、この変革のブルジョア革命としての性格を端的に示すものであった。とくに公債の発行は、マルクスのいうように「原始的蓄積の最も精力的な槓杆の一つ」であって、わが国のように、すでに国内的商品流通の極度の発達をともないつつ、国際的に先進国の発達した資本主義を輸入しうる場合には、決定的な意義をもつ。かくて公債発行にささえられた秩禄処分の展開は、まさに後進国の資本主義化の特殊性を典型的に示す、わが国のブルジョア革命の基本的側面にほかならなかったというのである。ここに、日本資本主義論争の中心課題をなした明治維新の歴史的性格規定について、地租改正と秩禄処分をめぐる具体的資料の経済学的分析をとおしてあざやかな科学的解明が与えられるとともに、原理論を基礎とし、段階論を媒介としつつ、現状分析を遂行するという宇野の三段階論の具体的成果の一つの実例が提供されている。

宇野は社研にはいるにあたって、このような方法論のもとに、たんに経済学ばかりでなく、政治学・法律学・歴史学などの研究者の広い協力をえて、共同研究のうちに現状分析を遂行してゆくという希望をもっていたのであるが、かれの在職中にはこの期待はあまりかなえられなかったようである。それは、研究所の中においても、科学的判断よりもイデオロギー的裁断が先行するという、とくにこの国の進歩派的知識人に著しい弊風や、研究所の機関としての運営のむずかしさなどからくるさまざまな理由によるものであろうが、宇野は研究所を去るにあたって「社研は学部と違って、経済、法律、政治の各分野の専門家が一しょにいるのだから、そういう面の共同研究や討議もやろうと思えばやれるという、いわばめぐまれたところなので、それを充分に活用してもらいたいと思う。私自身はどうもそれがうまくやれなかったことを非常に残念に思っているのです」と述懐している。

一九五八（昭33）年、宇野は停年で東大を辞し、法政大学に勤務することになる。そのさい、以後の「研究計画」について、「……現状分析的研究も最近は相当進んできているし、段階論的研究も大分進歩しているので、そういう研究を利用しながら原理論を今一度やり直してみたいと思っています。そしてできれば経済学の方法論をもっと明確にしたいものだと思う」といっているが、この期間に執筆されたものは、原理論、方法論関係のものが多い。『〈資本論〉と社会主義』（一九五八年）、『マルクス経済学原理論の研究』（一九五九年）、『経済学方法論』（一九六二年）、『経済学ゼミナール』⑴経済学の方法、⑵価値論の問題点、⑶恐慌論・商業利潤論の問題点。一九六六年）、『経済原論』（岩波全書版、一九六四年）、『社会科学の根本問題』（一九六六年）などである。

『マルクス経済学原理論の研究』や『経済学ゼミナール』は、主として宇野の原理論への批判にたいして反批判をくわえつつ、原理論におけるさまざまな問題点をさらに掘りさげて究明したものであり、『経済学方法論』は、いわゆる三段階論の基本構造をあきらかにしつつ、経済学と唯物史観との関連、『資本論』の方法上の問題点を検討したものである。これにたいして『〈資本論〉と社会主義』および『社会科学の根本問題』は、経済学の唯物史観および社会主義にたいする基本的関係をあきらかにしつつ、もっぱら科学的社会主義のめざす実践にたいし社会科学はいかなる点で、いかなる意味において寄与しうるかをといたものである。すでにここでは、たんに経済学にとどまることなく、法律学や国家論の領域にまで問題範囲を拡大し、さらに科学的理論にたいする社会主義政党の実践的理論と組織運動にまでときおよぶのであり、要するにマルクス主義における理論と実践の問題が、その基本的関連において全面的な解明を与えられている。かくて「社会主義を理論的に根拠づけるという『資本論』が読めるようになりたいという、ただそれだけ」の念願をもって開始された宇野の経済学研究は、五〇年にわたる地道な、そして一見いかにも迂遠な、しかし倦むことのない歩みのはてに、ついに原理論・段階論・現状分析という方法的体系を基軸として、理論と実践、論理と歴史とを科学的に位置づけ、統一的に展望するゆるぎないコスモスへと到達したのである。まさに

『社会科学の根本問題』にたいする全面的な解決の方法的提示にほかならなかった。

七　宇野理論の核心

宇野の経済学研究の過程も、その達成も、結局『資本論』にはじまって『資本論』に終わるといってよい。たんにその原理論ばかりでなく、段階論も、現状分析も、そしてまた理論と実践、科学とイデオロギーについての独自の主張も、すべてかれによって把握された『資本論』を中核として放射状に展開する緻密な論理の網の目のなかに包摂され、整然たる編成のうちに位置づけられている。そしてこの独自の『資本論』把握を、一点において支える核心は、資本主義の根本矛盾の基礎を「労働力の商品化」に求める視点にほかならなかった。

宇野の『資本論』解釈の出発点をなしたのは、価値論における形態論の論理とその実体的根拠の把握との関連の問題であった。初期の『資本論』研究の諸論文は、この点を中心として『資本論』の各部分における具体的難問に解決を与えようとする「悪戦苦闘の産物」であった。その結果『資本論』を、価値法則を基軸として純粋な資本主義の理論的解明を与える三部編成の理論体系として把握するという、宇野の独自の視点が形成されてくることになったが、このことは同時に、資本主義の発生・確立・爛熟の歴史的段階の考察は、この『資本論』体系と分離して、各段階に支配的な資本の蓄積様式を基準にしておこなわれなければならないことを、さらにまた、各資本主義国の現状分析は、この世界的な資本主義の発展段階論を媒介にして、具体的な資料の検討のうち遂行されねばならぬことを、つまり経済学研究はいわゆる三段階論への分化をとおして実現されねばならぬことを意味したのである。

しかし初期論文のうち、とくに価値形態を扱った「貨幣の必然性」と、恐慌論を扱った「資本制社会に於ける恐慌の必然性」および「貨幣資本と現実資本」とは、その斬新な問題提起と対照的に、著しく難解な印象をうける。宇野自身この点について「『資本論の研究』というのは、なるべく『資本論』によって『資本論』をこわさないで理解するように最大の努力をしたために、ずい分六ケ敷しいものになった」(「経済学四十年」)といっている。この「なるべく……『資本論』をこわさないで理解するように最大の努力をした」ことの背後には、「『資本論』のどこを読んでも、読むごとに新しく目を開かれる思いをしながらも、理解しえない個所にもぶつかる度に、まだまだ自分の思想の浅薄さによるものと考え」、そしてまた「当時の社会主義運動に対する理不尽なる弾圧を見ては、マルクスに対するそういう疑問を問題にする気にはどうしてもなれなかった」(『朝日新聞』一九六三年九月八日)という、宇野のマルクスにたいする深い畏敬の念と当時の社会情勢にたいする激しい憤慨とがないまぜになった屈折した感情が強く流れていたことは否定できない。そしてかかる宇野の主体的姿勢が、結果的には『資本論』を純粋な資本主義の論理的体系として首尾一貫したものに再編成するというかれの基本的な研究過程を、なお不十分なものにおしとどめ、その成果を「ずい分六ケ敷いもの」にしてしまったのであった。

たとえば「貨幣の必然性」において、宇野は、価値形態論の展開こそヒルフアディングによって見落とされた、マルクスの貨幣の必然性の論証にほかならないと指摘する。そしてヒルファディンクにあっては交換過程の規定のうちに埋没されていた価値形態を、純粋にとりだし、その理論的意義をあきらかにした。しかも、その場合も「『資本論』をこわさない」ように「努力」したため、宇野は、この価値形態の展開をもって、同時に商品に投下された具体的労働が一般的な人間労働に抽象化される過程であるとし、さらにまた同時に交換過程における商品関係の発展であるとした。つまり宇野による価値形態の強論は、冒頭における価値の実体規定と、そしてまた価値形態と別に規定された第二章「交換過程」と照応する限界内でなされたにすぎなかった。したがってヒルフアデイングの貨幣の必然性は、「商品生産社会の本質」からとかれ、マルクスは「これを交換過程が商品の二重性を展開する」という点からみるという、両者の根本的相違にふれながら、なおこれを「両者共に同一の事実」をたんに「観点の相違」において把握したにすぎぬと結論することになるのである。折角価値形態論の独自な意義を強調しながら、いかにも歯ぎれの悪い結論といわねばならない、価値形態論を価値の実体の前提なしに展開し、価値の実体規定や交換過程論は、むしろこの商品論からはまったく排除すべきであるという明快な主張がなされるには、なお宇野自身にとっても長い思索の過程を必要としたのであった。

そして恐慌をめぐる二論文についても、同様の事態が指摘できる。二論文の前者では、恐慌の必然性の「前提的規定」を、生産力の増進にもとづく利潤率の低下にもとめながら、しかし現実的な資本家的蓄積の過程においては、有機的構成の増大も、原則的には不況によって外部から強制されないかぎりおこなわれえないという点が把握されていない。したがって「資本の一定の発展は、資本の機能を尽くし得ない生産諸条件の過剰を惹き起し、それと同時に労働者の人口をも過剰にする」という一般的指摘のうちに、恐慌の説明は解消され、この「資本の一定の発展」が、何故一定の時期に、しかも周期的に、労働力と生産諸条件の絶対的過剰をひきおこすのか、という恐慌にいたる資本の具体的運動機構は不明確とならざるをえなかった。この恐慌の現実的条件をなす「資本の過充」を考察した後者においては、資本の現実的蓄積と対応した貨幣資本の運動が追跡され、一応信用によって資本家的蓄積の制限が突破されつつも、資本の生産力の過度の発展は、最終的に信用恐慌としてその限界を露呈せざるをえないことがあきらかにされている。しかしこの繁栄から恐慌への旋回は、「『労働者たちの消費能力は、一部分には賃銀の法則に依って、一部分にはまた資本家階級のため利潤をもたらすように充用され得る間だけしか労働者たちは雇傭されないという事実によって制限される』という原則」で説明される。つまり「全生産過程の極度の活動は、『この社会の消費力』によって制限されなければならない」として、ここに生産の拡大によってもたらされる「困難」をみるのである。この制限された「社会の消費力」という把握と対応して、繁栄期における価格の騰貴にかんしても、「労働者の賃銀の騰貴に対しても、物価の騰貴が利潤の減退を償うことになれば、それは労働者の消費能力を減ずることになる」とするために、「この時期に於いては、労働人口を相対的に過剰ならしめるような技術的進歩を伴っては行われないのであって、結局は労働者に対する需要増加による賃銀の騰貴が利潤率の急激なる低下を通して、資本の過剰をもたらすことになるのである」とする、この論文の基本的視角が著しく不明確にされてしまっている。

このような一連の初期論文にみられる不明確さを完全に払拭し、一方で価値の形態規定を流通形態論として純化するとともに、その実体的根拠を生産過程論において把握し、他方で、資本蓄積の異なった二つの方法が不況末期と好況期とのそれぞれに区別して採用される特殊な過程をあきらかにすることによって、「社会の消費力」や「固定的収入による階級の消費能力」の「制限」から恐慌を説明するという方法から完全に脱脚するのには、戦後の『資本論研究』の座談会に端を発する宇野の一連の価値論研究を媒介としなければならなかった。

この『資本論研究』で、宇野は、商品・貨幣の理論的展開では、労働を価値の実体として最初から規定してとくべきではないことを初めて明確に主張したのであるが、それは具体的にはつぎのように考えられていたのであった。「価値形態を労働に抽象して考えないでも、価値と使用価値との対立の関係として、そうしてその過程の間に、此等の商品の生産に要する労働も次第に社会的な労働量として抽象される基礎が出来る。だから、勿論最初からこれを抽象して社会的な平均労働と有用労働の対立という風に、考えるよりも、そのプロセスの間にそういう対立が明らかになってくるのだ、という風に考えた方が、これから後の叙述を理解する上にも、寧ろマルクスがいっている意味にそって理解出来るのじゃないか」。「貨幣が出て来、資本が出て来る過程の中に労働の二重性もはっきりする基礎が出来て来る、使用価値の抽象ということも段々はっきりして来る、最初は使用価値と価値といったものが対立してあるとしてもその価値はまだ明確な全面的な規定を与えられていない。漸次明確な規定を与えられて行って、始めてその実態を明らかにするという様に考えるのです」。

つまり価値の実体を抽象的人間労働として、価値形態や貨幣の規定に先行してとくことはしりぞけられているが、労働の抽象化が商品・貨幣の形態規定の発展と並行しておこなわれると理解することによって、マルクスによる冒頭の実体規定を救済しようというのであった。

この点は、この座談会を契機として書かれた『価値論』でも同様であって、商品・貨幣の規定は、実体論によらず形態論として展開され、価値法則の論証は、労働=生産過程を根拠として価値形成=増殖過程でおこなわれるという構成がとられているが、やはりここでも労働の抽象化は、価値形態や貨幣の規定の展開と並行して進展するものとされている。

「貨幣の必然性」に始まる、宇野のマルクス価値論にたいする独自の把握は、二〇年に近い長い思索の結果、ここまで煮つめられながら、なお実体規定と並行させつつ形態論をとくという点において、『資本論』の課した古い枠組みを完全に脱けることはできなかったのである。この制約を決定的に打開し、宇野の独自の価値論把握を前提として原理論を首尾一貫した体系として構築するための最後の点睛を与えたのは「労働力なる商品の特殊性について」（『唯物史観』一九四八年四月、後に『価値論の研究』に収録）なる一文であった。

これも極めて難解な論文であるが、その難解さは初期論文のそれとは異なる。それは宇野の問題提起とその解決とが、これまでのあらゆる『資本論』研究にみられなかった、まったく新たな視点から遂行されたことに由来する難解さというべきであろう。

この論文は、形式的には商品売買にすぎない労働力の商品化が実質的には社会的階級関係をふくむという点を中心として、「W—G—W′」なる過程の意義を解明しようとしたものである。労働力の商品化はW—G—W′としてあらわれる。しかしこのWはそれ自身価値ではなく、資本にとっての使用価値にすぎない。したがって資本は価値としてのGを渡し、労働者はこのGで生活資料を買ってこれを消費する。W′もすでにたんなる使用価値にすぎない。つまりW—G—W′は価値の運動体ではない。ところがかかるW—G—W′を媒介として、資本ははじめて「自ら運動する価値として、商品、貨幣、生産資本の形態転化の内に運動体」たりうるのである。このように労働力なる商品によって、W—G—W′を理解しようとする時、われわれは始めてこの形式の抽象性を理解しうることになり、商品の流通形式の意味もあきらかとなる。単純な商品交換において、全面的な商品経済を想定しようとするのは、じつはかかるW—G—W′形式に資本の流通形式を類推移入して理解するところからくる。そうするとW—G—W′の抽象性が理解できなくなるとともに、資本主義社会の根本矛盾が労働力の商品化にある点が見失われて、たんなる商品の矛盾に解消せられることになる。つまり各種産業部門間の均衡さえとれれば、資本主義社会は無限に発展する可能性をもつものとして理解されることになるのである、W—G—W′の意義を正しく把握すれば、この過程をとおして、労働者が自ら生産した生活資料を資本の生産物たる商品として買い戻すものであること、そしてそれは、資本自身が労働者の労働によって生産されるという事実の反面にほかならないことがわかる。W—G—W′をかかる抽象性において理解すること、あるいは単純なる流通形式としてはこの程度においてしか理解せられないとすること——これによって、いわゆる単純なる商品流通の限度も明確となり、かつ資本家的商品形態も、あらゆる社会存立の基準である年々の労働にたいする特殊な支配形態にほかならず、労働力の商品化はまさにかかる形態を基礎づけるものであることが明確となる。結論として宇野は、「労働力の商品化は、物としてあらわれる人間関係の極点をなすものであ」り、「而もそれは、元来人間の生活が如何なる社会においても労働の対象化を通して物質的に再生産せられざるを得ないという、根本的原則の歴史的形態なることを明らかにするもの」であるというのである。

この論文からひきだされる帰結はつぎのようになろう。まず労働力の商品化をとおして、資本主義の基本法則である価値法則が一般社会的経済原則を根拠として確立する。したがって資本の産業資本としての確立をあきらかにするための前提たる、商品・貨幣・資本の規定は、価値の実体を前提とすることなく、それ自体において流通形態として展開されねばならない。さらに資本主義の根本矛盾の発現と解決の過程である、恐慌に媒介された景気循環過程は、労働力商品の特殊性を基礎としてあきらかにされねばならない。すなわち基本的には資本主義に特有な相対的過剰人口の運動としてあらわれる人口法則との関連において、具体的には固定資本の資本蓄積にたいする関連のうちに、利潤率の運動をとおして解明されねばならない。

このような把握は、確かに宇野のこれまでの原理論研究においても随所で提示されていた、いわばその研究の基底を貫く主調音だったといってよい。しかしそれがはじめて自覚的に一点に凝結せしめられたのが、まさにこの労働力商品化の特殊性の把握であり、この一点を中心として、あらためてかれの原理論把握が、ゆるぎない統一的体系としてその論理の完結を与えられることになったのである。その成果が『経済原論』および『恐慌論』だったことはいうまでもない。ここにわれわれは宇野の経済学体系の方法的完成をみてよいであろう。

原理論研究の第一作「貨幣の必然性」が、『資本論』の価値形態論の論理を純粋にとりだすことによって、ヒルファディング貨幣論の欠陥をあきらかにするという方法をとったことに象徴されているように、『資本論』自体の内在的検討においても、宇野はつねにマルクスが『資本論』で確立した方法的成果を確認することによって、逆になお『資本論』に残存する古典派的残滓や、理論自身によっては解明しえない不純な要素ないし社会主義的イデオロギーの過剰から生じた論理の逸脱を指摘し、払拭していった。かれによって把握された『資本論』の方法とは、資本主義の歴史的純化過程を前提として、純粋な資本主義の経済的運動法則を、論理的一貫性をもって体系的にあきらかにするという点にあり、これがまた『資本論』の科学性を保証する唯一の根拠なのであった。資本主義の歴史的発展過程を段階論として、原理論を基礎としつつも、直接的にはこれときりはなしてタイプ論として構成するという方法も、もちろんかかる『資本論』把握から直接みちびきだされた方法的帰結であった。そしてまた資本主義社会における経済政策も、つねにこの資本主義の歴史的発展段階に規定されてたてられ、たんなる個人的価値判断によって決定されるものでない以上、その科学的究明も、段階論的規定にもとづいてその歴史的意義をあきらかにするという点になければならないことになる。かくて経済学研究の究極目標である現状分析は、この資本主義の世界史的発展段階を前提としつつ、個々の国の具体的関係の分析としておこなわれなければならないのであり、また全体として、経済学的研究がかかる三段階の過程をとおして遂行されねばならない以上、実践活動にたいする理論の意義もおのずからあきらかとなる。それは自然科学と違って、まったく技術的に利用することはできない。原理論は、資本主義社会の運動法則を完全にあきらかにすることによって、この社会の特殊歴史的性格を暴露し、それによって社会主義的主張を科学的に根拠づけ、科学的社会主義を成立せしめる点に、したがってまた現状分析は、社会主義の実践運動にたいして、情勢判断の基礎資料を与え、その行動に科学的基準を与える点に、根本的意義をもつのである。

理論と実践との統一、論理と歴史の対応、科学の階級性などのスローガンのもとに、マルクス経済学の科学的根拠を曖昧にし、これをブルジョア経済学にたいする社会主義経済学として理解しようとする通説的＝通俗的見解にたいして、宇野は徹頭徹尾『資本論』にもとづきつつ、『資本論』の方法を自己の方法として内在化し発展せしめることによって、完全な批判を与えた。

いわゆる「スターリン論文」における経済法則の理解はマルクス経済学のそれとは全く異質なものであり、『資本論』によって与えられた資本主義経済法則の把握は、「たといソヴェトのような偉大なる経験をもってしても修正されなければならぬというものではない」（「経済法則と社会主義――スターリンの所説に対する疑問――」一九五三年）として、そのスターリンの主張の科学的正当性を否定しさったことは、たしかに宇野が『実践』の名の下にマルクス主義を歪曲し」さる世界的潮流の中にあって「アカデミズムに立籠ることによって」マルクス経済学の科学的発展をなしとげた証明として評価されてよいであろう。そしてまた「社会主義における自由」をめぐる討論（『思想』第三二九号）で、宇野が「マルクス主義の科学的基礎とその実践運動におけるイデオロギーの役割を区別しないと、そのイデオロギーから来る誤謬は非常に大きくなる」として、ソビエトにおける「無用な自由の弾圧」についても「それをすべて社会主義の自由は資本主義の自由と異るものだといって片付けることは勿論のこと、過渡期の現象として認めることも誤っていると思う」とのべたのにたいして、現在にいたって漸く「あまりに原理的といえば原理的、迂遠といえば迂遠な指摘であるともいえるが、いまだスターリン健在の時代であり、一般にソヴィエト・マルクス主義が唯一の正統性を――少なくともわが国では――認められていた当時にあって、このような原理的考察があとから見て有効であったことは意味深いし、原理的な考察がかえってリアルな認識と結びつく証左として考えさせられるものをもっている」（中村雄二郎「『思想』の思想史㈣」、『思想』第五〇七号）という評価が下されている。たしかにこれらの宇野の発言のなされたのは、たとえば進歩派知識人のひとり南博が「スターリンは合理主義者だから、科学の法則を信じ、それを愛した。理論を大事にしたから、実践においても誤らなかった」（『思想』第三四六号）と断言し、またたとえば経済学者平野義太郎が、スターリン論文にたいして「マルクス主義の全体系を把握したスターリンがみずからもレーニンとともに革命に従事し、レーニン主義をさらに発展させ、しかも現に社会主義の建設を指導しつつあるのであるから、その一言一句のなかにも、上述の全史にわたる蘊蓄がふかく細かく織りこまれ、こもっている。たしかに創造的マルクス主義の立派なお手本であり、資本論から現在までのマルクス主義の総括である」（季刊『理論』第二〇号、一九五三年）という評価を与えていた時代においてであったということは、十分注意しておいてよいであろう。

しかし宇野のこれらのスターリン批判も、かれのマルクス経済学理解を前提とすれば、ほとんどあらためて問題とするにもたらない自明の基本命題の適用にすぎなかったのである。

経済学が科学として成立しうるためには、対象とする経済関係を、あらゆるイデオロギー的規制から離れて客観的に考察することを必要とするが、このような客観的立場はそう容易に獲得されうるものではない。いかに客観的であろうとしても、何人もその社会の基礎過程によって規定されたイデオロギー的支配からの影響をさけるわけにはいかないからである。たしかに社会主義的イデオロギーは、それによってブルジョア的ないしプチ・ブル的イデオロギーを消し去り、社会認識におけるブルジョア的イデオロギーの作用から人間を自由にするという重要な意味をもつものであるが、それだけによってはなお、社会にたいする客観的な科学的認識が保証されることにはならない。資本主義の発生とともに開始され、古典経済学において頂点に達した経済学的成果と、この社会主義的イデオロギーによるブルジョア・イデオロギーの払拭とが結びつくことによって、はじめて資本主義にたいする客観的な科学的把握が可能となるのである。いわゆるマルクス主義における三つの源泉のうちの、フランス社会主義とイギリス古典経済学という二つの契機の結びつきは、この点から評価されなければならない。つまり商品経済が外部から徐々に社会関係の基本的部分に浸透してゆき、これをとらえることによって、商品経済によって完全に規制された社会を実現する過程である資本主義の発生・確立の歴史的展開を対象として、この展開に規制されながらも、その科学的把握をめざしたのが、ペティにはじまってリカードにいたる経済学の正統な流れであった。これは商品経済が、人間と人間との関係を、あらゆる上部構造的規制から離れたいわゆるゲゼルシャフト的関係として実現するという客観的事実を前提として、社会関係が商品経済的過程において、客観的に把握されつつあったことをしめすものである。

しかしこの古典経済学における社会関係の客観的把握も、なお商品経済社会としての資本主義を理想的な人間社会一般の実現として、それ以外のたとえば封建社会などを、人間性の未発達に由来する悪しき人為的社会として排撃するかぎり、根本的にこの社会を科学的に把握したことにはならなかった。それではこの社会自身のもつ歴史性を客観的に説明することはできないからである。このことは、古典経済学においてもなお基本的にはこの社会自体からするイデオロギー的制約から脱脚することはできず、その枠内での商品経済的合理性を人間社会一般の客観的合理性として認識したにとどまることを示している。このブルジョア・イデオロギーからの脱脚は、資本主義社会にたいする全体制的批判としての社会主義的イデオロギーによる以外にはおこなわれえないのである。マルクスによる社会主義イデオロギーを媒介とする古典経済学の批判的摂取は、その意味で、経済学による資本主義社会の客観的な解明に最後の完結性を与えたものであった。その具体的結実が『資本論』にほかならなかったのである。

『ドイツ・イデオロギー』で提示され、『経済学批判』の序文において公式的に概括された唯物史観も、それ自体としてはなお、歴史過程を整理するためのひとつの史観にとどまるのであるが、資本主義社会の経済過程が、いかなる上部構造からの規制からも離れて自立的な完結的経済機構として理論的に解明されたとき、はじめてこの唯物史観も、その基礎構造において理論的に証明された科学的史観として確認されることになり、社会科学的研究の真の「導きの糸」としての役割をはたしうることになる。

以上の点において経済学の科学としての確立にはたす社会主義イデオロギーの意義を認めるならば、このようにして形成された『資本論』を基軸とする経済学および社会科学の理論体系にたいする社会主義イデオロギーのもつ限度もまたあきらかとなろう。すなわちそれは、『資本論』の理論的展開自体にたいしてはもとより、資本主義の歴史的発展段階論や現状分析にたいしても、直接にその論理構造を規制するものとして作用するものではないし、またそういうものであってはならない。論理的展開や分析は、あくまで現実の具体的対象に資料的に依存しつつ、一貫した客観的過程のうちに遂行されなければならない。そしてまた科学的な現状分析が、このように現実の具体的社会過程を客観的に解明するものであるがゆえに、社会主義イデオロギーにもとづく実践運動は、その組織的行動の戦略・戦術のための基準としてこれを利用しうることにもなるのである。いわゆる理論と実践との統一の問題は、このような科学的理論の組織的実践運動における利用の問題として扱われなければならない。

宇野の以上のような、『資本論』を基軸とする社会科学の科学的根拠とその現状分析にいたる理論構造の解明、および社会主義イデオロギーあるいは実践との関連におけるマルクス経済学の位置づけは、マルクス以後にのこされたマルクス主義における根本問題を、ほぼその全領域にわたって基本的に解決したものといってよいであろう。明治末期に輸入され、多くの曲折の過程をとおして発展してきた日本のマルクス経済学は、ここにおいて『資本論』を中核とする独自の方法的体系として結晶した。かくてわれわれは、宇野の三段階論において、日本のマルクス経済学の方法的完成をみるのである。

Ⅱ　マルクス経済学の三段階論的形成

概説

流通形態論と生産過程論

宇野は一九三六年度に、東北大学で、原論担当者の代講として、一年間経済原論を講義した。その講義プリントは『宇野弘蔵著作集別巻』に収録されている。それによると、すでに原論を、流通論・生産論・分配論という三篇編成で構成するという基本的方法は確立している。

その流通論の冒頭で次のようにいう。

「資本主義社会は先ず第一に商品流通を、その普遍的基礎とするものとして特徴づけられる。資本主義が商品生産の社会であるということは、この商品流通自体が、社会的基礎を確立するために必然的に展開するものである。それは資本主義自身を他の社会形態から根本的に区別せんとするものでなく、むしろその共通の基礎を指示するものに外ならない。勿論流通過程自身もやがては生産過程とともに資本主義の二要因たることを明らかにするのであって、既に最初からこの社会的基礎と遊離してあるものではない。反対にこの基礎によって自らその形態を転化し商品生産社会を確立する形態を展開するのである。我々は先ず資本主義のかかる規定を与えるものとしての商品自身の考察から出発する。」（『著』〈別〉四九四）

ここではきわめて簡潔に原論の三篇構成の意味が語られている。商品流通は資本主義社会の普遍的基礎であって（流通論）、この商品流通がその必然的展開をとおして商品生産として社会的基礎を確立し（生産論）、最後に、流通過程もこの基礎によってみずからその形態を転化し、商品生産社会を確立する形態を展開する（分配論）というのである。

しかしこの原論では、宇野独自の三篇構成は確立されているものの（流通形態が生産過程を包摂するという構造から、のちに流通浸透視角とよばれる）、なお恐慌、景気循環、資本の回転循環などについてはほとんどふれられていない点が特徴的である。つまり流通浸透視角とならぶ宇野のもう一つの視角――資本主義の根本矛盾を労働力の商品化の無理に求める視角――は、未確立だったのである。

後者は、戦後の論文「労働力なる商品の特殊性について」（一九四八年）によって、はじめて自覚的に明示された。この論文では、労働力商品の特殊性が、それがW―G―W形式であらわれざるをえないという特有の視点から説明される。このような把握こそ「労働力の商品化は、物としてあらわれる人間関係の極点をなすもの」であり、「しかもそれは、元来人間の生活が如何なる社会においても労働の対象化をとおして物質的に再生産せられざるを得ないという、根本的原則の歴史的形態なることを明らかにするもの」だ、というのである。このような労働力商品の特殊性の把握を媒介として、宇野の原論は、純粋資本主義論としてほぼ全面的な体系的確立をみる。

『経済原論　上・下』（一九五〇年、五二年）では、とくに商品経済の流通形態論としての徹底、価値形成＝増殖過程における価値法則の論証、資本蓄積論・景気循環論の整備、利子論の純化などをとおして、宇野の原論体系は、『資本論』を前提としつつも、その全面的な純化・再構成を実現したのであった。

つまり、①商品・貨幣・資本の流通形態としての純粋な把握、②資本の生産過程を媒介とする価値法則の論証、③資本蓄積論と利子論の整備を媒介とした景気循環論の確立――以上三点が『経済原論』によってはじめて達成された資本主義の原理論の核心部分の解明といえよう。これらはすべて、マルクスによって示唆され、あるいは中途まで展開されながら、結局『資本論』では十分な解明を与えられることに失敗した領域であった。

宇野は、価値法則、人口法則、利潤率均等化法則をもって、資本主義の三大経済法則と規定した。あらゆる社会に共通する経済原則が、商品経済をとおして発現するのが価値法則であり、とくに労働力商品における価値法則の貫徹過程が人口法則であり、価値法則の諸資本の競争に媒介された具体的展開が利潤率均等化法則としてあらわれるというのである。

こうして資本主義の原理が、純粋資本主義の構造と運動として体系化されることによって、資本主義の世界史的発展過程はこれと分離され、段階論として明らかにされることになる。

段階論の整理と金融資本概念の確立

『経済政策論上』で約束されていた、帝国主義段階を対象とする『経済政策論下』の刊行は実現されなかったが、上巻をアブリッジして下巻とあわせ、『経済政策論』(『経済学全集』Ⅳ巻)として一九五四年に刊行された。

ここではまず、資本主義の発展段階の基礎に、資本に対する労働力の存在形態の変化があることが示される。すなわち重商主義段階は「生産手段と直接的に結合されていた農民経済を、農業と工業との商品経済的分離過程を通して分解し、労働力の商品化を国民的に一般化してゆく歴史過程」(1)三二)であり、自由主義段階は周期的恐慌をとおして「労働力の商品化という資本主義の根本矛盾を現実的に解決しつつ発展する」(同、六八)過程であり、それによって「資本主義は生産労働者の無産者化とそれに対応する生産手段の資本化とを前提として、外部的なる政治的勢力にたよることなく、この蓄積を自立的に増進することになる」(同、七〇)のに対して、帝国主義段階には、資本の価値増殖の根拠は「一般的にいえば不断の過剰人口を基礎とする労働力の商品化による」(同、一八四)ことになるのである。

つまり、資本主義の根本的矛盾が労働力の商品化に根拠をもつということが原理的に解明されたことを前提として、資本主義の歴史的発展過程は、この資本による労働力商品化機構の変遷によって段階として画されることになる。労働力商品の創出過程、景気循環による労働力のたえざる商品としての維持過程、不断の過剰人口を基礎とする労働力の商品化過程であり、これはそれぞれ支配的資本をして商人資本、産業資本、金融資本という類型をとることを必然化する。

ここまでは、戦前の『経済政策論　上』ですでに達成された方法の確認であり、その帝国主義段階への適用にすぎなかった。しかし戦後の『経済政策論』における帝国主義段階論の内容には、それ以上のものがふくまれていた。各段階における典型的な資本の蓄積様式は、重商主義段階では「商人資本としてのイギリスの羊毛工業」、自由主義段階では「産業資本としてのイギリスの綿工業」だったのに対して、帝国主義段階では「金融資本の諸相」として「ドイツにおける重工業を中心とする独占的組織の発展」「イギリスにおける海外投資」「アメリカにおけるトラスト運動」の三つがあげられているのである。つまり各段階の経済政策の基本的傾向は、その段階の支配的資本によって規定され、帝国主義段階では、それはドイツ重工業に具体化された金融資本とされているが、しかし帝国主義の典型的展開は、たんに一国に代表されるというのではなく、「ドイツの進出的役割に対して、イギリスが防衛的立場に立つという、資本主義国の対立にその根拠をもっている」（同、一六九）として、積極型と消極型の二つの類型があげられている（アメリカのトラストもあげられているが、これは証券を利用した急速な独占形成という点で、金融資本的組織化の一つの類型を示しながら、アメリカ経済が第一次大戦前はなお列強の帝国主義的対立に積極的な影響を与えるまでにいたっていなかったという点で、帝国主義的政策の根拠としては付随的に述べられているにすぎない）。

　つまり重商主義段階や自由主義段階では、それぞれ一つの資本類型、その最も典型的な発展を示した代表的な資本主義国によって基礎構造が明らかにされたのに対して、帝国主義段階は、資本主義的発展の爛熟期、過大な生産力を商品経済的自律性をもって処理しきれなくなった段階として、必然的に相対立する二類型の資本蓄積様式、それを前提とした帝国主義諸国の対立として、その基本構造は解明されざるをえないというのである。

　宇野は、原論ではG—W—G′とG…G′とG—W…P…W′—G′という三つの資本形式が流通論の最後に説かれるが、「資本主義の発展段階においては、先ず商人資本が歴史的に支配的なる形態となり、次いで産業資本がこれに代り、最後にG…G′が金融資本として出現する」（同、一六六）という。このことは、原論における資本の三形式が、ただちに歴史的な商人資本、産業資本、金融資本の発展と対応するというのではない。「与えられたる歴史的前提によって、その論理が具体化したものとでもいうべき」（同上）だ、というのである。むしろ宇野は「歴史的発展過程をもすべて論理的展開に解消することは正しい方法ではない」として「歴史的過程を把握する論理も或る程度抽象的に展開されざるをえないのであって、あらゆる具体的歴史的過程を包含しうるわけではない」(1)一六七)とするのである。

しかし資本主義の発展は、資本形式の弁証法的展開によるものではないとしても、資本主義の各段階を支配する資本形態は、G—W—G´、G…G´、G—W…P…W´—G´という三形式以外の形式をとりえないことも事実である、したがって、G…G´形式をとる金融資本の支配を、最高の、かつ最後の発展段階として資本主義の歴史的発展は完結することになる。

このG…G´が、具体的には、イギリスにおける海外投資と、ドイツにおける重工業独占体としてあらわれ、両者の資本輸出を中核とする勢力圏の拡張が、帝国主義的対立を激化せしめることになるのである。

現状分析の方法と政治的実践

戦前における宇野の現状分析論文は「資本主義の成立と農村分解の過程」(一九三五年、のちに『農業問題序論』に収録)だけである。

日本資本主義論争のなかで最も激しくあらそわれたのは、資本主義の急速な発展にもかかわらず強く残存した日本農村の封建的性格をめぐってであった。講座派・労農派のまったく相反する見解に対して宇野は直接立ち入ることなく、「これらの見解の対立を検討し理解するに必要と考えられる予備理論を明確にしておきたい」(『著』⑧一二)という立場から、次のような考察を展開した。

イギリスの資本主義の発生過程における暴力的な農村の分解過程は、資本主義的生産にとっては「この上もない予定調和」を示した。「羊毛の輸出を目的として拡大されたる牧場は、国内羊毛工業の原料を供するものとなり、この同じ過程によって追放されたる農民は、手工業的に経営されたる羊毛工業とその他の中世紀的工業を資本家的工業化するための無産労働者となる」(同、一一四〜五)からである。そして重商主義政策は商人資本の立場から政策的に、つまり商品経済の法則をとおして、この過程を援助しようとするものであった。最初は暴力的手段で行なわれたこの生産手段と生産労働者の分離の過程も、のちになるほど隠蔽されたかたちで行なわれるようになり、最後にはこの政策も不要となるにいたったのである。

これに対して後進国の本源的蓄積の過程は、イギリスで産業革命をとおして確立された資本主義を輸入して行なわれるから、当然イギリスとは異なった様相をとる。したがって後進国の資本主義化の分析は、イギリスの過程を基礎として、さらに機械制大工業の生産的労働者に及ぼす影響を考慮して行なわれねばならない。

ドイツのような後進国が、機械制大工業としての資本主義を輸入する場合には、工業部面では急速に資本主義化を実現しながら、農業部面では、旧来の生産・経営方法と土地所有関係を根強くのこすことになる。つまり機械制大工業をもって本源的蓄積を展開する後進資本主義国では、きわめて特殊な様相で人口法則が発現することになるのである。

「かくしてわが国のごとき後進国の資本主義の発展が、その出発点においては原始的蓄積の、その発展過程においては産業革命の過程を著しく異った形態において経過するという事実は、まさに上述のごとき後進国に特有なる形態の極端なる表現に外ならないのである。」（同、三七）

しかも後進諸国がイギリス資本主義に追いつくためにとった手段は、株式会社制度を利用する資本の集中であり、これは資本自体を金融資本へと変質させた。金融資本はあらたなナショナリズムの中核となり、資本主義の下に農業と工業とを統一するという経済的には国民国家にとって不可能な問題を政治的には絶対的に要請することにさえなるのである。

かくて宇野は、日本資本主義分析における諸難問を、帝国主義段階における後進国の資本主義化に伴う必然的現象として把握することによって解決するというまったく新しい視角をきりひらいた。これが同時に、宇野における原理論・段階論・現状分析といういわゆる三段階論の確立をも意味したことはいうまでもない。

そしてまた、このような政治的実践における緊急課題を、社会科学的に扱いうる範囲内において、実証的・理論的に解明するという作業は、宇野をして、理論と実践、社会科学と政治についての独自の方法的認識を可能ならしめることになった。すなわちマルクスのいわゆる上部構造から科学を排除して、人間の対象認識を科学とイデオロギーの二つの異なった分野に峻別するという立場である。これはおそらく、自然科学における加藤正（一九〇六〜四九年、主著『弁証法の探究』一九四九年）の主張などに示唆を得、それと共鳴することによって、宇野において徐々に形成されてきた方法的認識であったと思われるが、戦時中にはまったく発表されることなく、戦後はじめて〝思想の自由と学問の自由〟〝インテリゲンチャ論〟〝理論と実践〟などのテーマをとおして、積極的に展開されることになった。

〈引用文献〉

(1)　宇野弘蔵（経済政策論）弘文堂、一九五四年。

第一章　純粋資本主義の理論体系

1　『資本論』と純粋資本主義論

イギリス資本主義と純粋資本主義

マルクスは『資本論』第一版の「序文」で、かれの経済学の方法について次のように書いている。

「物理学者は、自然過程を観察するにさいしては、それが最も内容の充実した形態で、しかも攪乱的な影響によって不純にされることが最も少ない状態で観察するか、または、もし可能ならば、過程の純粋な進行を保証する諸条件のもとで実験を行なう。この著作で私が研究しなければならないのは、資本主義的生産様式であり、これに対応する生産関係と交易関係である。……これこそは、イギリスが私の理論的展開の主要な例解として役立つことの理由なのである。」（『資』①二三）

この短い文章のなかに、『資本論』の方法の核心が示されており、宇野は、ここからかれの原理論の方法の基本部分をつかみとったといってよい。この文章の内容は、大きく二つにわかれる。第一は、自然科学と実験についてであり、第二は、イギリス資本主義の発展と経済理論との関係についてである。宇野はこれを次のように理解した。

(1)　物理学者が自然を対象にして科学的認識を獲得するという場合、決定的基準は、実験である。自然に対する学問的認識は、近代自然科学とともに始まったのではない。アリストテレス以来の自然学が、精緻な論理と包括的な体系をもって、この役割を果たしてきた。しかしそれが、結局自然哲学であって、自然科学たりえなかったのは、根本的には理論形成における実験の位置づけにある。つまりアリストテレスの自然学も、近代の自然哲学も、それが科学たりえなかったというのは、自然の一部分を実証的に解明しながらも、まだ多くの未知の部分をのこしている対象を全体的に把握しようとして、結局それを実証の裏づけのない空想的な世界像に解消してしまっていたからである。これに対して、経験科学としての近代科学は、個々の分野の個々の過程や事物を実証的に把握しうるかぎりにおいて明らかにし、かつそれらの関連をたどろうとしたのであって、決してその限界を踏みこえて直観的に全体の把握におもむこうとはしなかった。エンゲルスは『フォイエルバッハ論』第四章において「われわれは、空想的な連関においてでなく、それ自身の連関において把握された諸事実と一致しないあらゆる観念論的幻想を、容赦なく犠牲にしようと決心した。一般に唯物論とはこれ以上の意味をもっていない」(1)六〇)といっているが、この唯物論的立場こそ、近代自然科学の立場にほかならない。

このことを認識論的側面からみれば、こういうことである。自然であれ、社会であれ、それを対象にして、その構造や運動を客観的に認識しようとしても、だれでも多かれ少なかれさまざまな社会的立場からの制約をまぬかれない。イデオロギー的制約ないし歪曲である。イギリス唯物論の祖、フランシス・ベーコンは、実験とは、自然を拷問にかけて、その正体を自白させることだ、といった。これは認識において、あらゆる偏見、習慣、主観、独断を克服する方法は実験しかない、要するにイデオロギー的歪曲からの脱却は実験をとおす以外にない、ということである。

マルクスは基本的に、近代唯物論の具体化としての、この自然科学の立場を継承しながら、これをさらに社会(あるいは歴史)にまで拡大しようとした。しかし直接実験によって仮説を検証することのできない社会(あるいは歴史)を対象にして、いかにしてこの唯物論的認識をつらぬけるか。つまり唯物史観はいかに社会科学(あるいは歴史科学)として具体的に実現されうるか。

(2) マルクスはこれに対して、こう答える、たしかに社会を対象にして、任意に実験を試みることはできない。しかし、もしも社会が、それ自体で「過程の純粋な進行」をたどる場合があるとすれば、その過程を対象として、社会の構造と運動を客観的に把握することができるはずである。その場合には、社会はその運動法則を純粋に示すはずであり、われわれは、ただそれをありのままにとらえれば、あらゆるイデオロギー的偏見から解放された、社会に対する科学的認識を獲得しうるはずである。ところでわれわれが研究しなければならないのは「資本主義的生産様式であり、これに対応する生産関係と交易関係」である。とすれば、資本主義的生産様式が一つの社会をとらえて、攪乱的影響を徐々に少なくしながら、その全面的な支配を確立しつつある時と所とをえらんで考察の対象としなければならない。それはイギリス資本主義の発展過程をおいてほかにない。こうしてわれわれは、イギリス資本主義を主要な例解として、資本主義の純粋な理論を展開しうることになる。

純粋資本主義の自立性

マルクスの主張から汲みとれる社会科学の方法の特徴をほぼこのように理解しつつ、宇野は、さらにすすんで、この方法の内容を具体的に解明した。すなわち、①資本主義の発展における「過程の純粋な進行」とは何を意味するか。②なぜその「典型的な場所」がイギリスであるといえるのか。③そして、このイギリス資本主義の実態が理論的展開に対する「例解」とされてよいか、という諸点についてである。順次みていこう。

(1) 資本主義は、他のあらゆる社会形態と異なり、完全に共同体を解体し、人間と人間とを商品経済で結びつける社会である。そして人間の歴史において、本源的なのは共同体であって、「商品交換は、共同体の果てるところで」(『資』①一六二) 始まる二次的社会関係である。つまりこれまで人間を社会的に結合してきた二つの基本的形式、共同体と商品経済とはまったく対立した性格をもち、前者は血縁・地縁などによる比較的狭い範囲の自足的再生産圏を基礎とする特有の宗教・権威・権力などで結合された集団であるのに対して、後者はあらゆる共同体規制から解放された個人の自由で平等な結合関係である。後者の特徴は、人間の経済関係を、政治・法律・宗教その他あらゆる上部構造的規制から切り離し、商品の価格関係という等質の量的関係に還元するところにある。しかもこの商品の売買関係は、原則的にはもっぱら販売者・購買者の自由な利害判断によって実現されるから、この売買関係そのものには、特殊なイデオロギー規制は働かない。商品経済はその意味で、唯一の上部構造的規制からまぬかれた純粋な経済関係といえる。

＊ もちろん商品経済には法的関係が伴うが、それは経済過程自体が生みだした法的関係であって、法的規制を前提として商品経済が存在しうるのではない。マルクスは、この点を「契約をその形態とするこの法的関係は、法律的に発展していてもいなくても、経済的関係がそこに反映している一つの意志関係である。この法的関係、または意志関係の内容は、経済的関係そのものによって与えられている」(同、一五五)という。

だからヨーロッパを中心として、一五世紀から始まった、商品経済の世界的拡大と共同体の解体の進行、その結果としての資本主義的生産様式の発生・確立の過程は、経済過程がさまざまなイデオロギー規制から解放されて、商品経済として自立・純化していく過程とみることができる。マルクスのいわゆる「過程の純粋な進行」を「典型的」に示す「場所」としてのイギリスというのは、この観点からとらえられなくてはならない。つまり、イギリスで最も先進的かつ徹底的に資本主義の発展がみられたというだけのことではない。そのことが同時に、人類史上はじめて、経済過程が純粋に経済過程として自立化し、かつその純粋な経済過程によって一社会を全面的に支配する過程が進行したという点が重要なのであり、この実験室的に純粋な経済過程の自立化過程を対象として、われわれははじめて、経済過程をそれ自体として独立に、かつ体系的に認識しうる方法的根拠を獲得したのである。

(2) エンゲルスは、任意な時と所で実験可能な自然科学と比べて、社会科学では、その運動法則の把握が困難であることを指摘したのち、次のようにいう。

「……しかし以前のあらゆる時代には、歴史のこうした起動的原因の研究は、結果との連関がこみいり、かくされていたので、ほとんど不可能であったが、現代はこの連関を単純化したので、謎がとけるようになった。大工業の成立以来、したがって少くとも一八一五年のヨーロッパの平和以来、イギリスに住む人ならだれにでも、この国のすべての政治闘争が、地主貴族とブルジョアジーという二大階級のあいだの支配権要求をめぐっておこなわれたということは、もはや秘密ではなかった。……そして一八三〇年以来、この二つの国（イギリスとフランス）では、労働者階級すなわちプロレタリアートが、支配権をめぐる第三の闘争者として認められるようになった。このように事情が非常に単純化されていたので、人は、ことさら目をつぶらないかぎり、これら三大階級の闘争とそれらの利害の衝突のうちに――少くともこの二つの先進国では――近代の歴史の起動力をみないわけにはいかなくなった。」(1)七一～二)

この意味するところは明瞭であろう。歴史における政治闘争はすべて経済的対立に基礎をもつとはいえ、資本主義より前の時代には、この根拠を明確に把握することは困難であった。政治過程と経済過程とは相互に規制しあい、前者から後者を分離することは不可能だったからである。ところが資本主義の発展とともに、経済過程は商品経済によって支配され、この経済過程における階級対立を根拠として政治闘争が行なわれるようになった。初期にはブルジョアジーと土地貴族が対立し、資本主義の確立とともにプロレタリアートがそれに加わる。つまり資本主義の発展とともに地主・資本家・労働者という三大階級によって階級関係が構成されてくるのと対応して、政治闘争もこの三大階級の間でたたかわれるようになり、誰でもあえて目をつぶらないかぎり、イギリス（あるいはフランス）社会では、三大階級の対立を軸として歴史が進行していることを認識するにいたるというのである。

自由主義政策の意味

だが宇野は、このようなマルクス・エンゲルスの三大階級への分化を軸とした資本主義発展の典型論に対して、もう一つ重大な要因を指摘した。それはイギリス資本主義の確立とともに採用された自由主義政策の意義をめぐってである。自由主義政策とはいうまでもなく、経済の一定局面に対して保護を与えようとする重商主義政策の撤廃を要求するものであり、要するに経済に対する政治的規制の排除をめざす政策である。資本主義的生産様式の確立とともに、イギリスで自由主義政策が採用されるようになったということは、当時のイギリスにおける経済的発展の自律性、いいかえれば、あらゆる社会で必要とされる経済の原則的関係が商品経済のみによって充足されつつあること、つまり純粋な資本主義的生産の法則的発展が実現されつつあることの側面からする証明であった。その意味で、三大階級への純化と自由主義政策の採用とは、同じ社会的発展の異なったあらわれといってよい。というのは、三大階級とは、土地・資本・労働という資本主義的経済過程の基本要因に基礎づけられた階級であり、この階級のみによって社会が構成されるということは、経済過程があらゆる上部構造からの規制・援助を必要としなくなったということであり、それは政治的にまったく政策を必要としないという政策、自由主義政策の採用を意味するからである。かくて、三大階級への純化と自由主義政策の採用という両面において、産業革命後のイギリス資本主義が、純粋な資本主義的発展の検証のための「典型的な場所」となったのである。

(3) しかしこのように考えると、イギリスが純粋資本主義の理論的展開の「主要な例解」となるということも、さらに検討を必要とすることになる。たしかにイギリス資本主義において、最も先進的かつ典型的に資本主義の純粋な発展が実現されたが、しかしこの発展は、イギリスが「世界の工場」となり、他の後進諸国を農業国とするような世界的分業関係のうちに実現されたのである。ということは、イギリス以外の諸国は、多かれ少なかれイギリスの経済的発展を側圧とし、一面ではその発展と連動し、他面ではそれと対抗しつつ、独自の資本主義的自立化の途をたどったことを意味する。したがって旧来の社会構造から資本主義への典型的な発展は、イギリスにのみみられるのであって、対外政策ひとつといっても、他の後進諸国は保護政策からの脱却は困難であった。これは、イギリス資本主義の発展は、マルクスのいうように、理論形成の「主要な例解」というよりも、唯一の例解であり、むしろイギリス資本主義の発展過程の理論的反映こそが資本主義の純粋な理論形成の過程をなすことを示している。しかしイギリス資本主義が理論形成の唯一の素材をなすといっても、その発展過程が、そのまま経済学体系の論理展開と照応するわけではない。一方で旧社会の解体を前提とし、他方で国家権力の庇護のもとに強行された資本主義の発生過程や、自己を「世界の工場」とする発展過程を、そのまま純粋資本主義の論理体系に反映させることはできない。

この点は、イギリス資本主義の発展過程を対象として、重商主義から古典派にいたる多くの経済学者が構成してきた諸経済学体系を批判的に摂取することによって、新たな体系として構築する以外にない。実際また、重商主義から古典派にいたるイギリスの経済学の歴史は、一方で当面するイギリス資本主義の実態を対象とする分析を展開しながら、他方では先行する学説の諸概念を継承・整備しつつそれぞれの体系構築を試みた過程でもあった。マルクスもまた主として古典経済学を対象としながら、その概念と体系を批判的に摂取して自己の体系を形成したのである。かくて、イギリス資本主義の自立的発展が示す純化傾向を素材として、重商主義から古典派にいたる経済学体系と概念構成の遺産を継承しつつ、首尾一貫した経済学体系を完成させること――これが宇野が学びとったマルクス経済学の方法的核心となった。しかしまた、このような方法的認識に立つかぎり、次のようなマルクスの主張は、そのまま採用することができないことになる。

「資本主義的生産の自然法則から生ずる社会的な敵対関係の発展度の高低が、それ自体として問題となるのではない。この法則そのもの、鉄の必然性をもって作用し自分をつらぬくこの傾向、これが問題なのである。産業の発展のより高い国は、その発展のより低い国に、ただこの国自身の未来の姿を示しているだけである。」(『資』①二二)

ここでは明らかに、マルクスは、資本主義的生産様式の全面的支配と純化にむかって、イギリス資本主義が発展しつつあるのみならず、ドイツ、アメリカなどの後進諸国も、一定のタイム・ラグをもちつつこのあとを正確にたどっており、結局あらゆる国において資本主義的生産の全面的支配は実現されるとしている。その意味で、「資本主義的生産の自然法則」は、この生産様式の構造を規定する運動法則であると同時に、歴史的進行を支配する法則でもあるとしているのである。しかし後進国の資本主義は、イギリス資本主義に規定されつつ異質な過程をたどり、結局世界的に均質な資本主義が実現されることがないとすれば——帝国主義段階はそれを現実に立証した——、このマルクスの「自然法則」理解は否定されねばならない。

資本主義の構造を支配する運動法則と、その歴史的発展過程を規定する法則とは分離され、『資本論』はもっぱら前者を解明する体系として純化され、後者は後進国をもふくめた資本主義の世界史的発展段階論として構築されねばならないことになる。つまり宇野の方法的主張の帰結は、マルクスのいわゆる「資本主義的生産の自然法則」の解明は、純粋資本主義を対象とする原理論と、資本主義の発展段階論とに二分して行なわれることになり、両者を前提とする現状分析とをあわせて、経済学は三段階の論理構造をもって体系化されねばならない、ということになる。

2　流通形態論の自立化

抽象的人間労働の導きだし方

『資本論』は、第一巻「資本の生産過程」、第二巻「資本の流通過程」、第三巻「資本主義的生産の総過程」の三部編成となっている。これは一見、まず資本の生産過程を考察し、ついで流通過程をもって補足し、最後に両者の統一として総過程を把握するという構成のようにみえる。しかしマルクスは第三巻の冒頭で、このようなとらえ方を否定し、資本の生産過程と流通過程の統一は、第二巻第三篇の再生産過程表式論で与えられ、第三巻は資本の運動の具体化としての競争過程の考察である、としている。しかしこの説明にもまだいくつかの疑問がのこる。まず第一巻では「それ自体としてみられた資本主義的生産過程が直接的生産過程として示している諸現象」（『資』⑥五三）を扱うとしながら、実際には直接的生産過程の考察は、ようやくその第三篇から始まるのであって、第一・二篇は「商品と貨幣」「貨幣の資本への転化」という生産過程とは直接かかわりのない諸現象の解明にあてられている。このことはたんなる篇別構成の形式上の問題というにとどまらず、第一・二篇の議論の内容にまで影響をおよぼしている。

たとえば、商品の価値規定について。『資本論』は冒頭で、資本主義社会における「富の基本形態」が商品だから、商品の分析から始めるとしながら、直ちに、1クォーターの小麦＝aツェントネルの鉄、という二商品の等置関係から、両者に共通なものとして抽象的人間労働を導きだし、これを価値の実体と規定している。この「富の基本形態」としての商品という規定と、二商品の等置関係から価値の実体として労働を導きだす操作との間には、明らかに方法上の断絶がある。なぜなら「富の基本形態」としての商品の分析だけからは、商品の価値の実体は明らかにならないからである。この点は、宇野の原理論の方法の根幹にふれる問題だから、立ち入って考察しておこう。

商品形態と価値実体

もともと商品とは、何らかの「使用対象」が一定の社会関係においてとる形態である。つまり人間は、生存のためには、どんな社会においても一定の「使用対象」を必要とするが、それは特定の社会では商品というかたちを与えられる。商品交換においては、人間は相互に独立した人格としてあらわれ、交換されるべき商品の私的所有者として相対しなければならない。ところが「このように互いに他人であるという関係は、自然発生的な共同体の成員にとっては存在しない」（『資』①一六二）のである。だから商品は共同体の内部からは絶対にあらわれない。共同体と共同体との間からあらわれる以外にないのである。商品交換は一定の量的比率で行なわれ、これは商品の交換価値―価格をなすが、この価格は、その商品を生産するのに必要な労働量とは直接関係はない。価格はさしあたり商品に対する需給関係によってきまるといえるだけである。たとえ資本主義社会の商品をとりあげたとしても、それを商品形態として分析するかぎり、この事情に変りはない。

ところがマルクスは、ある使用価値と他の使用価値との交換比率―交換価値に対して「内在的な交換価値」を対置し、それを共通の第三者へと還元し、さらにこの第三者を両者に共通な社会的実体の結晶としての抽象的人間労働へと帰着せしめる。だがこれは二商品の等置関係だけからひきだしうる結論ではない。「商品世界の諸価値となって現われる社会の総労働力は、無数の個別労働力から成っているのではあるが、ここでは一つの同じ人間労働力とみなされる」（同、七八）とマルクスは、同じ箇所で述べているが、このような商品世界に対する労働編成の対応を想定しないかぎり、さきの推論の正当性は保証されえない。だが社会的需要の変動に応じて、あらゆる商品の社会的供給が、直ちに流動的に対応しうるような総労働力の編成は、実は資本主義的生産様式としてしか実現されえないのである。たとえば小商品生産者の商品交換においては、職人的手工業の狭隘な技術的基礎のゆえに、需要の変動に対して直ちに供給量を変動させることができない。また生産過程が資本で包摂されたとしても、いわゆるマニュファクチュア段階では、資本は社会の全生産領域を支配することができず、商人資本の介入と収奪を排除しえなかった。つまり産業革命をとおして、資本主義が確立するまでは、社会的需要の変動に応じて直ちに商品の供給が伸縮し、労働力が特定の生産過程には無関心に「一つの同じ人間労働力」の可除部分として自由に移動しうるような社会構造は存在しなかったのである。これは、資本主義的生産過程と結合しないかぎり、商品の価値の実体として抽象的人間労働を把握することは不可能だ、ということを意味する。

では資本主義社会で生産された商品なら、この価値実体としての労働の抽象は可能ではないか、という反問がなされるかもしれない。しかしそれも不可能である。『資本論』では、資本主義的生産様式を対象としつつも、そこから資本形態を、さらにW—G—W´を、またそこから商品形態を抽象し、これを分析の出発点としているのであって、この抽象過程において直接的生産過程は捨象されてしまっているからである。

もちろん、この商品形態抽象の過程における生産過程の捨象は、たんなる生産過程の無視ないし度外視ではない。資本の産業資本形式への発展とともに、資本の生産過程として、当然考察の対象として導入されることになる。しかし商品形態それ自体においては、生産過程はまったく捨象されているのであって、商品形態をどうひねくりまわしても、生産過程は、したがって投下労働の質と量の問題は、考察の対象に入りようがないのである。

純粋な流通形態

マルクスは、『資本論』の冒頭で、明確に対象を商品形態に限定しながら、その背後に抽象的に生産過程を想定している。商品概念の発展をとおして資本形式を導き、この資本形式に包摂されたものとして直接的生産過程を考察の対象とするのとは違って、この商品形態と生産過程の無媒介的結合ないし併存は、それ自体いくつかの難点をもたらす。

第一に、商品形態と抽象的な生産過程との結合は、必然的に、小商品生産社会の想定に導く。小商品生産者が全面的に支配する単一の社会は、歴史的には存在しえない状況を想定することであり、古典派のいわゆる初期未開の社会に通ずるユートピア的設定といえよう。ここから価値法則の支配は、単純商品生産社会に限られ、資本主義社会では修正されて生産価格の法則が支配するという、古典派的価値法則理解へと堕す傾向が生じた。

第二に、商品・貨幣を扱う単純流通の考察で、価値の実体を抽象的人間労働に求めることは、純粋な形態規定の解明をさまたげることになる。たとえば、『資本論』で商品から貨幣の生成を説くさい、価値形態の論理と交換過程の論理という二つの異質な論証が共存せしめられることになったのも、ここに原因がある。また貨幣の価値尺度機能が、たんなる貨幣による観念的な価格表示に解消されてしまって独立に把握されえなかったのも、同じ原因による。

第三に、『資本論』第一巻第二篇において「貨幣の資本への転化」を扱いながら、貨幣からいかにして資本G—W—G′が生成するかはまったく説かれていない。等量の抽象的人間労働の体化物の交換としてW—G—W′を設定すれば、当然ここからG—W—G′形式を導きだすことは不可能となる。この篇は、G—W—G′が存在しうるとすれば、G—W…W′—G′として以外にありえないという論証——つまり資本の産業資本形式としての存立の必然性を明らかにしているだけであって、表題の「貨幣の資本への転化」についてはまったくふれるところがないという奇妙な結果に終わっている。

これらの難点は、すべて商品・貨幣・資本という諸規定を、価値の実体規定と分離して、純粋に流通形態として把握することによって、全面的に解決することができる。

つまりマルクスが『資本論』第一巻を「資本の生産過程」としながら、その第一・二篇で、商品・貨幣・資本という直接生産過程とはかかわらない形態規定を扱おうとしたという方法を、さらに一歩すすめて、第一・二篇を流通形態論として自立化させ、資本の生産過程は、この流通形態による生産過程の包摂の結果として、第三篇以下で明らかにすればよい、ということになる。そして第二巻「資本の流通過程」は、むしろ直接資本の生産過程を補足し、あわせて資本の再生産過程を解明する領域として、第一巻第三篇以下と一括して生産過程論として統合されるべき関係にある。

宇野はこうして、『資本論』の三部編成を大きく組みかえることになった。流通形態論、生産過程論、分配関係論の三篇編成である。ただしこの分配関係論だけは、資本の競争による剰余価値の配分機構の解明として『資本論』第三巻と同じ範囲を扱う。

3　価値法則の論証

原論の三篇編成

『資本論』の価値法則論において多くの批判をまねいたのは、いわゆる「蒸留法」とされる価値実体の抽出方法と価値から生産価格への「転化問題」の二点であった。批判のなかにはかなり見当はずれの主張もふくまれていたが、『資本論』における論証手続きにも問題があったことは否めない。冒頭の商品における価値実体の抽出手続きの難点とその原因についてはすでにふれたが、「転化問題」についても同じことがいえる。

諸資本の競争をとおして、商品は生産価格を基準にして売買されるとすれば、価値どおりの交換はたんなるフィクションだったことになる、という批判に対して、マルクス擁護者たちの多くは、単純商品生産社会では価値どおりの交換が現実に行なわれており、この社会が資本主義社会に移行するとともに、生産価格による交換に転化した、と反論した。「この解釈はしかし悪く取られると価値論争の中心問題を回避するための手段とも解せられなくない」（『著』

③二〇七）のであって、むしろ『資本論』体系と価値法則との根本的関連を見失ったものというべきである。

価値法則を資本主義社会の基本法則として確認しつつ、価値実体の抽出手続きと「転化問題」とにふくまれた方法的難点をとりのぞくこと――これが宇野の『資本論』体系再構成の中心課題をなした。そして宇野は、流通論、生産論、分配論という三篇構成をもって、これにこたえた。つまり商品の考察を生産過程論からきりはなし、流通形態論として純化することによって、二商品の等置関係から価値の実体を抽出するという無理な方法を排除したのである。

ここでは、商品から貨幣、貨幣から資本という流通形態の展開をとおして、価値法則を容れうる商品経済の特殊な機構が明らかにされるにとどまる。

これに対して、資本が生産過程を包摂し、産業資本の支配が確立すると、資本は購買した労働力に対してその再生産に必要な生活資料を買い戻しうる賃金を与えねばならないという関係を軸として、価値法則は全商品生産を規制することになる。というのは、あらゆる商品が、その生産に投下された労働量を基準にして売買されないかぎり、労働力もその再生産を保証されず、かつ資本はその投下量に応じて剰余価値をうけることができないからである。*

＊　資本と賃労働の関係に焦点をあてて、価値法則の根拠を明らかにしようとするこの段階では、各種部門への資本投下における有機的構成や回転の差異などの具体的条件は捨象して考察される。総資本対総労働の考察においては、資本相互の差異は捨象されるとしてもいいし、マルクスのいうように、この段階では、不変資本部分は化学実験におけるレトルトや触媒と同様に処理されうるとしてもいい。

これは、資本主義的生産において、労働力の再生産が保証され、資本による全産業分野の支配が継続するかぎり、価値法則は必然的に貫徹するということを意味する。宇野はこのように、産業資本の価値形成・増殖過程において、労働価値説による価値法則の論証が完全に行なわれるとしたが、これをいいかえれば、あらゆる社会に共通な経済原則が資本主義社会において貫徹する特殊な形式が価値法則だ、ということにほかならない。

経済原則、つまり人間の労働を媒介とした自然との物質代謝の過程は、いわば人間社会の永遠の自然法則であり、これが商品経済の形態においてあらわれ、かつ貫徹する様式が価値法則にほかならないという理解においては、マルクスも宇野も共通だったといえよう。[*]両者の違いは、マルクスがこの経済原則を商品経済一般と結びつけて、その法則的展開を説こうとしたのに対して、宇野は、経済原則は資本主義的生産様式においてはじめて価値法則として貫徹しうるとした点にある。そして宇野は、この経済原則の経済法則としての発現の基本回路を労働力の再生産過程に求めた。

＊　ちなみに古典経済学は、この経済法則を逆に経済原則に還元して理解した。労働は自然に対する人間の本源的購買手段だ、とするA・スミスの主張は、この点を端的に表明している。

労働力の価値どおりの売買

労働力はあらゆる社会をつうじて経済過程の主体的要因であり、最も単純化していえば、経済とは、人間が自然に働きかけて生産物を獲得し、これによって労働力を再生産する過程の繰返しと規定することができる。商品経済は、資本主義経済としてしか一社会を完全にとらええないのだが、それはあらゆる社会における経済過程の主体である労働力を商品化することによってしか、商品経済は一社会をとらえきることはできないという単純な事実に由来する。そして労働力の商品化とは、具体的には資本による労働力の購買であり、その代価としての賃金を媒介とした労働力の再生産─再販売の繰返しである。労働力はどんな社会においても、自己の生産物の一定部分──必要労働部分──を消費して、自己を再生産する以外にないのであるが、この関係が、資本主義社会では、労働者の賃金に媒介された自己の生産物の必要労働部分の買戻しの関係として貫徹することになるのである。つまり資本は、自己の支払う賃金を媒介として、この労働力の再生産を実現しうるかぎり、剰余労働を剰余価値として獲得でき、社会的再生産を支配しつづけることができる。そのための根本条件が、商品の投下労働量に応じた価値どおりの売買ということになる。もちろん個別資本が、社会的再生産の継続のために価値どおりの売買をめざすのではない。個別資本は、できるだけ安く買い、高く売り、剰余価値を最大限にすることをめざすだけである。そのような個別資本の運動の総和が、社会的再生産の継続を実現しているとすれば、その前提に商品の価値どおりの交換がなくてはならないというのである。

　このようにして、労働力の価値どおりの売買をとおしてあらゆる商品の価値どおりの売買の必然性が論証されるとすれば、価値法則は当然資本主義社会の基本的経済法則ということになるが、この場合には、価値の生産価格への転化問題は、次のように整理されることになる。

価値から生産価格への転化

　価値から生産価格への転化とは、価値での売買から生産価格での売買へと、現実の経済機構が転化することを意味するものではない。同じ資本主義経済過程において、資本と賃労働を軸として価値関係を把握すると、価値どおりの売買となり、これを資本と資本との競争関係において見直すと、生産価格による売買としてあらわれるというにすぎない。『資本論』では、この「一般的利潤率の形成と商品価値の生産価格への転化」の説明において、資本を五部門にわけ、剰余価値を投下資本額に比例して分配することによって、各資本に均等な利潤が与えられるとしている。ただこの場合、費用価格部分は価値で表示されていたが、生産価格で全商品が売買されるとすれば、当然費用価格にも生産価格への転化は反映されなければならないはずである。マルクスもこれについて言及はしたが、「われわれの当面の研究については、この点にこれ以上詳しく立入る必要はない」（『資』⑥二七六）として、考察をうちきってしまっていた。

　「転化問題」とは、この費用価格の生産価格表示を前提として、総価値＝総生産価格、総剰余価値＝総利潤という命題をなりたたせる数学的処理としてうけとめられ、ボルトキヴィッツに始まって、ドッブ、スウィージー、ミーク、サムエルソンなどにいたるまで、これをめぐる研究や論争が行なわれてきた。いわゆる「転形論争」である。

　しかしこの問題の処理の仕方には、マルクス擁護者、批判者を問わず、共通の難点があった。それは、ある部門の生産物が他の部門の生産手段となる関係を確定しないかぎり、この問題は数式的に処理できないが、そのために再生産表式が使われたことである。

再生産表式はいうまでもなく、全生産物を生産手段生産部門、消費資料生産部門の二部門の生産物にわけ、両者の再生産における関連を明らかにした流通表式である。これを転化問題に利用するために、ボルトキヴィッツ以来の論者は、一般に総資本を生産手段生産部門、労働者の消費財生産部門、資本家の奢侈財生産部門の三部門にわけ、総価値＝総生産価格あるいは総剰余価値＝総利潤という条件をみたすための転化の解法を求めた。その結果、この転化が成立しうるためには、たとえば第三部門の資本の有機的構成が社会的平均構成に等しくなくてはならないというような、きわめて制限されたモデルを必要とするということ——逆にいえば、そのようなモデルでないかぎり、価値の生産価格への転化は整合的には解けないということが判明しただけである。これは転化問題の論証の失敗といってよい。

なぜそうなったかは明らかである。再生産の表式が生産価格の表式に転用しうるという設定がそもそも誤りなのである。資本主義的生産においては、個別資本が生産価格を基準にして商品を売買しあうことによって表式的均衡が達成されるのであって、後者から前者へと移行ないし転化するのではない。

では価値から生産価格への転化を解くことは不可能であり、問題設定として無意味であるかといえば、決してそうではない。個別資本の競争によって、あらゆる資本はその商品を価値からずれた生産価格で売買しあい、その結果、剰余価値から乖離した平均利潤が与えられることになるという関係は明らかにされなくてはならない。しかしその数量的説明は、マルクスもそうしているように、たんなる例解にすぎず、再生産の価値表式から生産価格表式への転化として明らかにすることは不可能である。再生産表式における資本区分は生産手段生産部門と消費資料生産部門という生産物の使用区分による分類であり、生産価格を問題とするさいの資本区分は、有機的構成と回転の差に基づく資本分類であることを考えただけで、その理由は明らかであろう。では、生産価格は価値から偏倚し、利潤は剰余価値から乖離したとしても、結局生産価格は価値を根拠とし、平均利潤は総剰余価値の資本への均等配分にすぎぬということは、どうして論証したらよいか。

これも労働力商品を基準にして論証する以外にない。つまり労働力以外のあらゆる商品は資本の生産物であり、したがって剰余価値の平均利潤への転化とともに、価値から離れた生産価格で売買されるが、労働力だけはいわゆる単純商品であって、つねに価値を基準として売買される以外にない。商品の価格変動いかんにかかわらず、労働者がその労働力を再生産しうる生活資料を賃金で買い戻すことができないならば、資本主義社会は成立しえない。したがって労働力の価値によって賃金が規定されるという法則は、他商品の価値の生産価格への転化によっては、まったく影響をうけない。このことはまた、この転化によって、総体としての資本のうけとる利潤は剰余価値の総和であり、価値の生産価格への転化とは、要するに個別資本が剰余価値を競争を媒介として再配分する形式にすぎぬことを示しているのである。価値の生産価格への転化をとおしても、資本と労働の関係は、つまり資本主義的生産の基本的関係における価値法則の支配には何の変化もないことが証明されれば、転化問題は全面的に片づいたことになる。労働力商品の特殊性さえ明確に把握されれば、『資本論』における価値論の問題点は、その実体の論証から「転化問題」にいたるまで、全面的に解決を与えられるのである。しかしこの労働力商品概念の特殊性は、それにとどまらず、『資本論』の別の難点にも照明を与える。恐慌論ないし景気循環論に対してである。

4　恐慌論の構造

『資本論』における恐慌論の扱い方には、二つの側面がある。その第一は、恐慌を世界市場と結びつけて理解し、これらは資本主義の「内的構造」を解明する『資本論』の範囲外にあるとする把握である。『経済学批判要綱』に始まり、いわゆる「経済学批判体系プラン」として構想された『資本論』執筆段階で、このプランには相当の修正が与えられたものの、依然「世界市場と恐慌」に関しては、この基本視角は維持された。

第二は、それにもかかわらず展開された恐慌についての若干の規定である。これは大きく三つにわけられる。一つは、資本主義的生産の無政府性に由来する恐慌の可能性である。貨幣論や再生産表式論、さらには信用論などで説かれるが、要するに販売と購買ないし支払いの一致は、商品経済ではたえず破られる可能性があり、そこに恐慌の形式的可能性が示されている、というのである。その二つは、大衆の狭い消費限界ないし資本家の蓄積衝動に基づく個人的消費の限界によって、商品価値の実現が制約されているとするものであり、三つは、利潤率の低落によって生ずる資本の絶対的過剰生産である。

これに対して宇野は、一と二とは問題にならないとする。資本主義の無政府性は無法則性ではない。販売と購買との不一致に対しては、商品経済は、価格変動や資本移動をとおして調整する機構をもっているからである。また賃金の低さは利潤の高さ、高蓄積の可能性を意味するだけであって、それ自体恐慌の原因となることはない。それらに対して、利潤率の低落に基づく資本の絶対的過剰は、恐慌論にとって十分意味をもちうる。しかしマルクスは、これを景気循環の一局面として解明することに失敗している。その理由は、根本的には、マルクスにおける労働力商品のとらえ方の欠陥に由来する相対的過剰人口の形成機構の解明の不備にあり、具体的には、資本蓄積と資本の有機的構成の変化との関連を正しく把握しえなかった点にある。すでにみたように、資本の絶対的過剰に対しては、恐慌によって資本は自己破壊を強制されつつも、有機的構成の高度化によって積極的に相対的過剰人口を形成することによって、労賃を低落させ、利潤率の回復をはかる。つまり労働力は、資本によって直接生産されえない特殊な商品であるため、資本がこれを相対的過剰人口の形成によって間接的に生産する以外になく、この労働力商品再生産のための資本主義的機構こそが、恐慌を伴う資本蓄積の特有の進行過程にほかならない。

要するに『資本論』でも、労働力商品の特殊性が正しく規定されていれば、資本蓄積と相対的過剰人口の運動との関連をとおして、明確に資本主義的生産における景気循環、つまり恐慌の必然性の論理が把握できたはずである。恐慌を結節点とする景気循環過程こそ、資本主義的生産の歴史的限界を原理的に明らかにする局面であるが、それは根本的には、本来商品たりえない人間の主体的力能・労働力に対して資本が商品化を強制するという、この体制の無理の全機構的表現にほかならないからである。

5　信用論と原理論体系の完結性

『資本論』第三部のなかで、利潤論と地代論とは基本的に完成しているといってよい。これに対して利子論はきわめて混乱している。労働力商品概念の不備から恐慌論を構築する基本視角が未確立であったという点が、信用論の構成にも大きく影響しているが、それだけではなく、ここでは『資本論』体系の前提である純粋資本主義の枠組みが崩れてしまっているのである。

マルクスは、貨幣を貸し付けるだけの貨幣資本家と、資本家の機能をもつだけの機能資本家との間での貨幣の貸借を資本の貸借と規定し、利子生み資本の概念をここから導こうとした。信用の基礎となる社会的有休資金の成立根拠が、産業資本の運動と無関係に設定されているため、信用による再生産拡大の限度が確定されえず、利子率の運動や利子率による利潤率の規制機構など、信用論の基本問題がまったく未解決のままのこされたのである。

これに対して宇野は、この信用論の領域でも純粋資本主義の枠組みを堅持して諸概念の整理にあたった。具体的には、信用の基礎を産業資本の流通過程で生ずる遊休貨幣資本に求め、信用関係を再生産にたずさわる資本家の相互関係に限定し、銀行信用もこの遊休貨幣資本の銀行への集中による信用の社会的拡大として把握するということである。

これによって宇野は、景気循環過程における現実資本と貨幣資本の蓄積の関連、具体的には、利潤率と利子率との関連を明確にし、信用を媒介とする個別資本の競争過程を全面的に解明しえたが、より重要なのは、それとともに『資本論』の体系的完結性が確定されたことである。

『資本論』第三巻は、利潤論―利子論―地代論の三つの部分から構成され、最後は未完の篇「諸収入とそれらの源泉」で終わっている。宇野はこの篇別を利潤論―地代論―利子論とかえた。剰余価値が資本に対して利潤として分配されることは、資本ではない生産手段、土地に対して、剰余価値の地代としての配分を必然化し、これはまた資本家自体にも反作用して、資本所有に対する所得として利子をもたらすことになり、ここに資本—利子、土地—地代、労働—賃金という形式をもって、資本主義社会の商品形態による包摂、つまり階級関係の隠蔽が完成されるというのである。商品の分析に始まった原理論の体系は、商品形態による全社会関係の支配をもって完結を与えられる。『資本論』では利子論がまだ未確立であり、しかもその利子論が地代論に先行していたため、「諸収入とそれらの源泉」も、たんなる原稿の中断による終篇なのか、あるいは実質的な体系の完結を意味するのかもはっきりしなかった。宇野はこれに対して、大きくは流通論—生産論—分配論という体系構成において、また分配論内部では利潤論—地代論—利子論という編成において、体系の完結性を主張した。

資本主義の原理論が純粋資本主義の論理として体系的に完結するということは、資本主義の歴史的発展過程の究明は、この原理論体系とは別の次元において与えられねばならぬことを示している。いわゆる論理と歴史との一致は、そのかぎりではありえないことになる。すでに資本主義の帝国主義段階への発展を前提として、レーニンの『帝国主義論』(一九一七年)は、これを段階論として構築する視角を示していたが、他面レーニンは、資本蓄積論を媒介として、この段階論を『資本論』の論理の発展として理解しようとする視角も併存させていた。原理論の体系的完成は、このレーニン的方法の不明確さに対して徹底的な批判的視角を提供し、段階論構築に対して消極的ではあるが、根本的な手がかりを与えたのである。

〈引用文献〉

(1) エンゲルス(松村一人訳)『フォイエルバッハ論』岩波文庫版。

第二章　資本主義発展段階論の構造

1　経済学における段階論の意味

マルクスと段階論

資本主義を発展段階において把握するという認識は、マルクスにはなかったといってよい。[*] イギリスにおいて、資本主義的生産様式の完全な支配が貫徹するばかりでなく、後進国も、それぞれタイム・ラグは伴いつつも、その後を追い、世界的に資本主義体制の全面的支配が実現されるという視点にあっては、資本主義の段階的発展という認識は成立しようがない。資本主義は、世界的に支配を拡大し純化するという、いわば直線的な歴史的進行が表象されざるをえないからである。この場合、本源的蓄積を内容とする資本主義社会の形成過程は、前資本主義期ないし封建社会から資本主義への過渡期として把握され、産業革命による労働力の商品化の実質的確立によって、資本主義ははじめて出発点を与えられることになる。つまり資本主義の初期段階として重商主義期を規定することはできなくなるのである。またたとえば大塚久雄のように、いわゆる「中産的生産者層」の発展のうちに資本主義の「社会的系譜」を求める場合も、資本主義の初期段階という認識は消失する。「中産的生産者層」はまだ資本家でもプロレタリアートでもなく、その発展は資本主義の発展とは考えられないからである。

＊　マルクスの「体制内的段階論」を説く大塚久雄さえも「彼〔マルクス〕自身が〈体制内的段階論〉に関する段階規定

を、どこかで、また何らかの明断な用語をもって定式化しているわけではな〔い〕」(①三四〇)という。定式化されない規定は、存在しない規定とみてよいだろう。

資本主義が、量的にはその支配を拡大しつつも、もはや体制的に純化した自立的運動をもって、その生産力を処理しえなくなったとき、この体制は、自立的発展段階から、爛熟ないし解体段階へと移行したことが明確となり、それとの対比において、本源的蓄積過程を資本主義の初期段階として規定する視点も確立されるのである。要するに帝国主義段階への移行が明確とならないかぎり、重商主義段階も概念的に明確とならない。

たとえばマルクスにおける資本主義の前段階の説明の仕方はこうであった。

かれは「資本に対する生産様式の前史」つまり「資本関係を創造する過程」を、「一方では社会の生活手段と生産手段を資本に転化させ、他方では直接生産者を賃銀労働者に転化させる過程」とし、端的に「生産者と生産手段との歴史的分離過程」(『資』③三五九)と規定している。そして「農村の生産者すなわち農民からの土地収奪」を「全過程の基礎」(同、三六一)として、この収奪の歴史を、イギリスを典型としながら説明している。ここでとりあげられているのは「無保護なプロレタリアの暴力的創出、彼らを賃銀労働者に転化させる流血的訓練、労働の搾取度とともに資本の蓄積を警察力によって増進する君主や国家の卑劣な行為」(同、四〇五)である。要するに無産労働者の暴力的創出過程としていいだろう。

これに対応する資本家階級の出現は、「資本家的借地農業者の生成」として説明される。「自分自身も農奴だったベーリフ」(同、四〇五)が借地農業者となり、農業革命を媒介として「賃銀労働者と地主とを同時に犠牲にして、富をなし」、「富裕な『資本家借地農業者』」(同、四〇七)になり上がるというのである。そして農業生産力の上昇と農業労働者の減少の結果、遊離した穀物は、同じく遊離した農民の転化した結果である都市労働者に対する可変資本(生活資料)として対応することになる。

「農村民の一部分を収奪し追い出すことは、労働者と一緒に彼らの生活手段や労働材料をも産業資本のために遊離させるだけではなく、それはまた国内市場をつくりだす。……このようにして、以前の自営農民の収奪や彼らの生産手段からの分離と並んで、農村副業の破壊、マニュファクチュアと農業との分離過程が進行する。そして、ただ農村家内工業の破壊だけが、一国の国内市場に、資本主義的生産様式の必要とする広さと強固なる存立とを与えることができるのである。」（同、四二一〜三）

もっとも、だからといってマニュファクチュアによって資本主義が確立するのではない。それどころか「本来のマニュファクチュア時代には根本的な変化はなにも現れない。……この時代は国民的生産を非常に断片的に征服するだけで、つねに都市の手工業と家内的・農村的副業とを広い背景としてこれに支えられているのである」（同、四一四）。マニュファクチュア時代に、徐々に資本の支配は拡大するが、産業革命による生産過程の機械化と、労働力の単純労働力化をとおして、はじめてその全面的支配の基礎が確立する。

「大工業がはじめて機械によって資本主義的農業の恒常的基礎を与え、巨大な数の農村民を徹底的に収奪し、家内的・農村的工業――紡績と織物――の根を引き抜いて、それと農業との分離を完成するのである。」（同、四一五）

つまりマルクスにおいては、資本主義の成立は、もっぱら小農民からの暴力的土地収奪の過程を基軸として考察されており、農民の暴力的追放→農業生産力の上昇→都市における近代的プロレタリアートと生活資料の可変資本としての供給→マニュファクチュア→機械的大工業→農民の徹底的収奪と農村的家内工業の完全な分離→資本の全国内市場の制圧→資本主義の確立、という脈絡において、資本主義の発生過程がとらえられている。

このような把握は、のちにレーニンにおいてさらに純化されて、「六人の生産者から成る共同体の経済制度における逐次的変化を示す表式」(7)九三）としてまとめられた。そこでは六人の構成員から成る共同体が、まったく対外関係ないし商人資本の媒介なしに、分業の進展によって、現物経済から商品経済へ、商品経済から資本主義へと、内在的に発展するとされ、共同体の自己分解によって、資本主義の発生、大衆の貧困化、および市場の発展が帰結せしめられている。

もちろんマルクスは、ここまで極端ではなかった。「第六節産業資本家の生成」においては、小生産者や賃労働者の資本家への転化は「蝸牛の歩み」であって、世界市場の商業要求に応じえず、中世ですでに形成されていた資本一般の二つの形態——高利貸資本と商人資本——の産業資本への転化をもって、資本主義成立の主軸とみるべきであるとする視点を打ち出している。しかしそれはなお「アメリカの金銀産地の発見、原住民の掃滅と奴隷化と鉱山への埋没、東インドの征服と略奪との開始、アフリカの商業的黒人狩猟場への転化」さらには「植民制度、国債制度、近代的租税制度、保護貿易制度」などの「社会の集中され組織された暴力を利用して、封建的生産様式から資本主義的生産様式への転化過程を温室的に促進して過渡期を短縮しようとする」（『資』③四一八〜九）方法と並べてあげられているにすぎない。

以上の叙述が意味するのは、産業資本の生成に対する、無産労働力の創出、商人資本・高利貸資本の役割、国家権力の意義という三者の相互関係が、なおマルクスにおいては、正確に位置づけられていなかったということであろう。

そしてこれは、第三巻第四篇商人資本の「商人資本に関する歴史的事実」の章において、さらに重大な方法的問題をあらわにすることになる。

商人資本と資本主義

この章では「資本主義社会以前の諸段階では商業が産業を支配している。近代社会では、それとは逆である」（『資』⑦三二一）という命題が示すように、商人資本の役割ないし位置を、発展した資本主義社会と、それ以前の社会との対比において明らかにしている。「商人資本の独立的発展は資本主義的生産の発展度に反比例するという法則」（同、二二九）が、その考察の帰結であった。したがって、商人資本の発展と資本主義的生産様式の発生との関連は次のように把握されることになる。

「商業と商業資本との発展は、どこでも、交換価値を指向する生産を発展させ、その範囲を拡大し、それを多様化するとともに世界化し、貨幣を世界貨幣に発展させた。それゆえ、どこでも商業は既存の生産組織にたいしては、すなわち形態はいろいろに違っていてもみな主として使用価値に向けられている既存の生産組織にたいしては、多かれ少なかれ分解的に作用するのである。しかし、どの程度まで商業が古い生産様式の分解をひき起すかは、まず第一に、その生産様式の堅固さと内部構成とにかかっている。また、この分解過程がどこに行き着くか、すなわち古い生産様式に代わってどんな新しい生産様式が現われるかということは、商業によってではなく、古い生産様式そのものの性格によって定まる。」（同、三三四）

ここでは体制の変革をひき起こす要因として、商人資本と旧体制の内部構成の二つが指摘され、前者はもっぱら旧体制の分解をひき起こし、新しい体制の形成因は後者に限られるとされている。この認識をさらに純化して、資本主義の発生にとって、商人資本の発展はもっぱら阻止要因であり、促進要因は中産的生産者層の発展であるとしたのが大塚久雄であった。ここまでくれば、この歴史認識の誤りは、純化拡大されて誰の目にも明らかとなる。かかる命題は「商品生産と発達した商品流通すなわち商業とは、資本が成立するための歴史的な前提をなしている。世界貿易と世界市場とは、一六世紀に資本の近代的生活史を開く」（『資』①二五七）とするマルクスの基本視角と相容れないからである。

つまり体制の変革に対する商人資本の役割を、古代世界まで一括して歴史貫通的に把握しようとするこの第四篇第二〇章の方法的視角が問題なのである。なぜなら、旧社会の商人資本による分解という点では共通だとしても、それを前提とする新しい社会形態が全面的に商品経済に媒介される場合は、資本主義社会以外にはありえず、したがって商人資本と社会体制との関係は、中世や古代の場合とは異なるからである。

資本主義社会の発生過程では、商人資本は、一方では旧社会を解体せしめつつ、他方で新社会の前提を積極的に形成する。つまり商人資本は「古い生産様式の分解」をひき起こしつつ、この分解の成果を積極的に結合して、新たな生産様式を形成することになるのである。

もちろんマルクスも、商人資本の役割に言及はする。「一六世紀および一七世紀には、地理上の諸発見に伴って商業に大きな革命が起きて、商人資本の発展を急速に推進し、これらの革命が封建的生産様式から資本主義的生産様式への移行の促進において一つの主要な契機をなしている。」(『資』⑦三五) しかしここでいう商人資本は「世界市場の突然の拡大、流通する商品の非常な増加、アジアの生産物やアメリカの財宝をわがものにしようとするヨーロッパの国々の競争、植民制度」(同上) との関係における商人資本、つまり世界商業の担当者としての商人資本であって、したがってそれは、資本主義発生の主要契機の一つとされているにすぎないのである。ここでは、決して商人資本自身の産業資本への転化が説かれているわけではない。

この点が最も明瞭に示されるのは、いわゆる封建的生産様式から資本主義への移行の「二つの過程」の指摘においてである。

「封建的生産様式からの移行は二重の仕方で行われる。生産者が商人や資本家になって、農村の現物経済にたいしても、中世都市工業の同職組合的に拘束された手工業にたいしても、対立するようになる。これが真に革命的な道である。あるいはまた、商人が直接に生産をわがものにする。あとの方の道が歴史的に移行として作用するにしても……この道はそれ自体としては、古い生産様式を変革するまでには至らないのであって、むしろ古い生産様式を保存して、それを自分の前提として維持するのである。……このやり方はどこでも真の資本主義的生産様式の歩みを妨げるのであって、この生産様式の発展につれて没落して行くのである。」(『資』⑦三八〜九)

このマルクスの命題は大塚久雄によって、「みずから生産者である農民・手工業者たちのあいだの直接の商品交換」(「局地的市場圏」) と「封建的支配者層の利害に結びついて遠隔地間の商業にたずさわってきた旧来の商人層」(⑵一七) の対抗関係、前者からの資本主義の発生と、それに伴う後者の衰退という図式に仕上げられたのは周知のとおりである。この大塚の解釈に対しては、矢口孝次郎の的確な批判 ⑹ があるが、マルクスの命題に大塚のような解釈を容れうる余地があることも否定できないであろう。つまりこの「商人資本に関する歴史的事実」の章の根本的欠陥は、商人資本の非商品経済的生産様式に対する一般的関係と、資本主義の発生期における商人資本の役割との間に概念的区別が与えられていないということである。

封建社会の解体とともに、商人資本は徐々に小生産者を従属させ、間接的にではあるが、生産過程に対する支配を確立していくのであって、ここでは矢口がいうように、商人が「〈彼が見出すところの価格差に基く純然たる投機的利益のみ〉を目的とする場合――乃至そのような商人――と、〈生産への或る程度の支配を意味する生産費の引き下げによる利潤〉を目的とする場合（ドッブ『資本主義発展の研究』）――乃至商人――と同一範疇で処することは史実の解釈において妥当ではない」(6)一〇二）のである。この封建的社会から資本主義への移行期における商人が、いわゆる merchant-manufacturer であって、ドッブがいうように「買手としての商人が生産者に加える統制……がある段階に達すると、それは生産それ自体の性格をかえはじめる。すなわち、merchant-manufacturer はもはや単に既存の生産様式に寄生して生産者への経済的圧迫を強めるのでなく、生産様式を変えることによってその内在的な生産力を高めたのである」(3)一八七）。

封建社会の崩壊過程とともに、商人資本もたんに体制の外的解体要因たるにとどまらず、積極的な新しい経済体制の形成主体へと転化するのであるが、この「商人資本に関する歴史的事実」の章では、この視点がまだ未確立であって、そのために、本源的蓄積や資本主義的生産の発展との関係における商人資本の「歴史的事実」がほとんど論及されないことになっているのである。

資本概念の欠陥

では、なぜ資本主義発生期における商人資本の歴史的意義が正確に把握できなかったか。

それは根本的には、マルクスにおける資本概念の把握にある。マルクスは一方では、G―W―G′を「資本の一般的定式」と規定しながら、この資本形式は「商品交換の法則の侵害」（『資』①二七八）によってしか成立しえず、概念と一致した資本はＧ—Ｗ…Ｐ…Ｗ′—Ｇ′でしかありえないとした。このことは、資本主義の一般理論体系としての『資本論』からＧ—Ｗ—Ｇ′やＧ…Ｇ′といった資本形式についての理論的考察を放逐するとともに、資本主義社会はＧ—Ｗ…Ｐ…Ｗ′—Ｇ′形式の資本の支配のもとでしか成立しえないとする認識をもたらした。すなわち歴史的には、Ｇ—Ｗ…Ｐ…Ｗ′—Ｇ′の成立をもって資本主義は始まり、この資本形式の全世界的な支配をもって、この体制は完成するという把握となる。

しかし資本主義の現実の歴史過程はそうではなかった。共同体と共同体の間から始まった商品経済は、Ｇ—Ｗ—Ｇ′形式をもって旧来の社会関係を分解させつつ、労働力を商品化することによってＧ—Ｗ…Ｐ…Ｗ′—Ｇ′形式を確立するが、しかしこの形式も、一九世紀中葉、綿工業を中核としてイギリス資本主義の発展を支配しただけであって、世紀末には、金融資本を支配形態とし、ドイツ、アメリカを主軸とする発展傾向へと転化した。つまり資本による生産過程の支配（それが資本主義社会の意味であるが）は、Ｇ—Ｗ…Ｐ—Ｗ′—Ｇ′において最も典型的に実現され、資本の法則的運動が根拠づけられるとしても、それは資本の支配の現実の歴史過程においては、きわめて局部的・一時的な現象にすぎなかったのである。

資本主義の一般理論は、このＧ—Ｗ…Ｐ…Ｗ′—Ｇ′の法則的運動とともに、その歴史的特質をも体系的概念構成のうちに明らかにしなければならない。宇野はまず、Ｇ—Ｗ—Ｇ′、Ｇ…Ｇ′形式の資本の形態規定を、Ｇ—Ｗ—Ｐ…Ｗ′—Ｇ′の規定に先だって与えることによって、またさらに、諸資本の競争をとおしてそれ自身に利子を生む資本という特有の規定が成立し、資本の商品化をとおしてこれが形式的に実現されることを示すことによって、この課題を解いたのである。

「資本は……元来、商品、貨幣、資本と発展してあらわれた流通形態である。それは生産過程を把握したとしても、いい換えれば生産過程が資本の形態をもって行われたとしても、この性格を脱するものではない。」（『著』①三六一）

宇野はこのような資本概念を手がかりとして、生産価格の成立や地代・利子範疇の必然性を説くのであるが、このような資本概念の把握はまた資本主義の歴史過程の理解に対しても大きな影響を与える。G—W…P…W′—G′でなくとも、G—W—G′ないしG…G′形式による生産過程の間接的支配は、資本主義的生産様式の成立を意味することになるからである。資本主義的生産様式の内部に、支配的資本形態の差異があり、その歴史過程は、蓄積様式の差をもつ異なった発展段階をもって構成されることになる。旧社会の解体と資本の本源的蓄積の進行期は商人資本の支配と結びつけられて重商主義段階とされ、重工業的生産力を株式会社形態で処理する発展段階は帝国主義段階として把握されることになる。こうして資本主義の歴史的発展に対する段階論的認識が成立した。つまり『資本論』の論理の延長線上に一九世紀末以後の資本主義の発展を位置づけるという、永くマルクス主義者を封じこめてきた不毛の思考（カウツキーやルクセンブルクはもとより、レーニン『帝国主義論』もこの範囲にはいる）から、宇野を解放したのは、この資本概念の明確化だった。

2　一国資本主義と世界資本主義

マルクスとレーニン

資本主義が発生期、発展期、爛熟期の歴史的三段階区分をもつとして、次に問題となるのは、この発展段階が一国資本主義の発展段階区分なのか、世界資本主義のそれなのかという点である。

マルクスの場合、この点は単純だった。いうまでもなく直接にはイギリス資本主義の発展なのであるが、イギリスの発展はある程度のタイム・ラグを伴いながらも、あらゆる後進資本主義国をまきこみ、同質化していくのであるから、同時に世界資本主義の発展をも意味した。要するに一国資本主義の発展と世界資本主義の発展との間に根本的区別はなく、イギリス資本主義の発展が世界資本主義の発展を代表しうるのであった。

この点はレーニンの場合も同じである。自由競争は生産の高度の集積とともに独占に転化する。これらはあらゆる国の資本主義にとって適合する必然的発展法則であって、具体的には、カルテル、シンジケート、トラストといった資本家の独占団体の支配の強化を意味する。「そしてカルテル化の道での第一歩は、高率の保護関係をもつ国々（ドイツ、アメリカ）でまずふみだされたとはいえ、自由貿易制度のイギリスも、わずかばかりおくれただけで、生産の集積からの独占の発展という、おなじ基本的事実を示した」(8)三四六）というのである。そのかぎりでは帝国主義化は、ドイツ、アメリカ、イギリスなどあらゆる資本主義国に共通にあらわれる一般的歴史法則とされていたとみてよい。

他面レーニンは「帝国主義とは、独占と金融資本との支配が成立し、資本の輸出が顕著な意義を獲得し、国際トラストによる世界の分割がはじまり、最大の資本主義諸国による地球上の全領土の分割が完了したという発展段階における資本主義である」（同、三〇八）と定義し、いわゆる五つの基本的標識をあげる。この場合には、帝国主義は世界資本主義的現象とされているとみるべきであろう。つまり、ある資本主義国がこれらの標識のいくつかを欠いていたとしても、世界的な帝国主義的支配構造の一環を形成するかぎり、帝国主義国とみなされるというのである。レーニンの帝国主義規定は、一国概念か世界概念かをめぐって、後年いくつかの論争を生むことになるが、その原因はレーニン自身の把握に起因していた。つまりレーニン自身、その点あまり明確でなかったのである。

宇野がレーニンの帝国主義規定に疑念をもったのは、その点とも関連するが、しかし直接には、組織的独占体の形成と資本主義の腐朽化という帝国主義の特質の現実的基礎をめぐってであった。すなわち組織的独占体の形成はドイツ、アメリカで顕著に進行するが、イギリスではきわめて立ち遅れ、逆に資本輸出を前提とした「金利生活者国家」化という特質はイギリス、フランスで著しかったが、ドイツ、アメリカではこの傾向はきわめて弱かった。それはたんに後者が前者に「わずかばかりおくれただけ」といった量的差異にとどまらない、いわば質的対照性をみせていた。つまり生産力の重工業段階的高度化と組織的独占体の支配とが実現された帝国主義国では、寄生化はほとんど目立たず、逆に「金利生活者国家」では、生産力の上昇と組織的独占体の形成はきわめて立ち遅れたという対照性である。これはまた、帝国主義概念は一国的か世界的かという点とも密接に関連する問題でもあった。

ヒルファーディングの二つの方法

宇野は、この問題を、ヒルファーディング『金融資本論』における資本主義に対する独自の把握を手がかりとして解決しようとした。実際、宇野の金融資本概念と帝国主義規定の核心的部分は、ヒルファアーディングのそれに負っている――もちろん宇野の帝国主義規定は、ヒルファーディングのそれをそのままとったのではなく、宇野自身の方法と体系から徹底的に批判的訂正を加えたものであったが。

ヒルファーディングの『金融資本論』は、多くの研究者の指摘するように、必ずしも一貫した方法を採用しているわけではない。*大まかにいって二つの方法が認められる。一つは、ヒルファーディング自身が述べているように、ペティからマルクスにいたる古典経済学の延長線上に最近の資本主義的発展の諸現象を組み入れて体系化しようというものであり、もう一つは、とくに第五篇「金融資本の経済政策」で強調されている、後進国ドイツ、アメリカの飛躍的発展をもって、この段階の典型を規定しようとする方法である。

＊さしあたり、降旗節雄『帝国主義論の史的展開』社会評論社、一九七二年、第四章「金融資本と帝国主義論」、藤村幸雄「金融資本概念と帝国主義把握――ヒルファーディング」（入江・星野編著『帝国主義研究Ⅱ』御茶の水書房、一九七七年）などを参照。

ここでは後者が問題となるが、ここでヒルファーディングは次のようにいう。

「資本主義の発展は、それぞれの国で土着的におこなわれたのではなく、むしろ資本といっしょに資本主義的な生産および搾取関係が輸入されたのであり、しかも最先進国で到達された段階においていつも輸入されたのである。それは、ちょうど今日あらたにうまれる産業が、かならずしも手工業から出発し、手工業的技術をへて近代的大経営に発展するのではなく、最初から高度資本主義的企業として創立されるのと同様に、資本主義もまた今日では、そのときどきの完成された段階において、あらたな国に輸入されるのであり、したがって、それは例えばオランダやイギリスの資本主義的発展が必要としたよりもはるかに大きな重圧をもって、はるかに短い期間において、その革命的作用を展開する。」(4)八五)

ここで示されている資本主義の発展についての理解は、マルクスの資本主義認識にはまったくなかったものである。マルクスの場合、後進国はつねに先進国の後をおうにすぎなかったのに対して、ヒルファーディングにあっては関係は逆転する。

「はじめはドイツ資本主義発展のたちおくれにもとづいた一事情が、けっきょくはイギリス産業に対するドイツ産業の組織上の優越の一原因ともなったわけである。イギリスの産業はいわば有機的に小さな始まりから、しだいに発展して後に大きくなった協業とマニュファクチュアとから工場がうまれ、工場はまず主として紡績業という比較的小資本しかいらない産業で発展した。それは組織の点では主として個人経営にとどまった。株式会社ではなくて個人資本家が支配権をにぎり、資本主義的には個別産業資本家の手にとどまった。……そこ〔ドイツ〕では、もとより資本主義の発展はイギリスのそれを後から一々追ってゆくことはできなかった。むしろ先進国のすでに到達した段階を、技術的にも、経済的にも、できるだけ自国の到達点にしようとの努力がなされざるをえなかった。とはいえ、最高度に発展した諸産業で生産をイギリスのすでに到達した規模でおこなうには、企業が個人企業であるかぎり、個々人の手における資本の蓄積が必要だったが、そのような蓄積はドイツにはなかった。そこで、ドイツでは株式会社は、ドイツの形態にもイギリスの形態にも共通な機能のほかに、所要の資本を調達する機関となるという新たな機能をもった。……産業で株式形態を有利にした同じ原因が、銀行をもまた株式銀行として発生させた。だから、ドイツの諸銀行は、はじめからドイツの産業株式会社に所要の資本を融通するという任務、したがって流通信用だけでなく資本信用をも扱うという任務をもっていた。だからはじめから産業に対する銀行の関係は、ドイツでは、そして――部分的に、ちがった形態で――アメリカでも、イギリスとはまるでちがわざるをえなかった。この相違は、なかんずくドイツの後進的な、おくれて形成された資本主義的発展に由来するが、逆に、産業資本と銀行資本とのこうした内面的むすびつきは、ドイツおよびアメリカにおけるヨリ高い資本主義的組織形態への発展において重要な一契機となった。」（同、五一～二）

このヒルファーディングの文章に示されているのは、資本主義的発展における先進国と後進国の逆転の論理である。一九世紀末葉、最大限の個人企業的発展をとげたイギリスと、資本蓄積のきわめて遅れたアメリカ、ドイツという二つの類型の資本主義国家において、「最高度に発展した諸産業」つまり固定資本の巨大化した重工業部門を基幹産業として定着せしめざるをえないという状況が発生した。この解決は、いかにスムースに株式会社形式を産業企業に普及させるかにかかっていた。イギリスにおける個人企業の全面的発展は、株式会社形式の採用に阻止的に働き、アメリカ、ドイツでは、その資本蓄積の後進性がかえって促進的に作用した。こうして生産力の発展における逆転が生じたというのである。宇野は、このヒルファーディングの把握を、かれの段階論的認識の前提として採用した。*

＊　宇野が、このヒルファーディングの特殊な歴史認識に注目し、自己の段階論および現状分析の方法的基準として採用したのはかなり早かった。一九三五年に発表された「資本主義の成立と農村分解の過程」では、イギリスにおける資本の本源的蓄積を説明した後に「後進諸国は多かれ少なかれイギリスがかかる過程を基礎として、またこの過程をも完成するものとして実現した、いわゆる産業革命の展開したる資本主義を、完成したる形において輸入した」（『著』⑧二六）という観点から、後進国に独白な資本主義の発生過程の特殊性を明らかにしている。これはヒルファーディングの歴史理解の応用とみてよいであろう。なお、一九三五年五月発行の『東北帝国大学経済学会会報』において、宇野は「目下の研究テーマ」というアンケート調査に答えて「所謂〈原始的蓄積〉の後進国型」と書いている。この時期に宇野の関心が、段階論ないし現状分析をめぐる先進国と後進国の関連に集中していたことが知られる。

世界的発展における典型国

資本主義の発展における段階規定の根拠が、それ自体前段階で過大に成長しつつある生産力を新しい資本蓄積形式で包摂するところにあるとすれば、この金融資本的蓄積における先進国と後進国との逆転現象、つまり「発展の立ちおくれ」が「産業の組織上の優越」の原因となるという関係は、決して偶然的な状況ではなく、帝国主義段階の本質的規定とみなければならない。そしてまたこのことは一般に段階規定につうずる基本的特質でもあった。つまり新しい段階を典型的に示す資本主義国は、自国・他国を問わず前段階で形成された生産力を内包しつつ培養せざるをえないという点において、資本主義的発展は、世界的に共通の根拠をもっている。つまり発展段階は世界史的であり、その意味で世界資本主義の発展段階といってよい。しかし資本主義的生産様式では、この生産力は、あらゆる資本主義国において一様に実現されるというものではなく、最も適合的な歴史的条件をそなえた国によって典型的に発展せしめられるにすぎない。その意味では、資本主義の発展段階は、一国資本主義において規定される以外にないのである。

この段階規定における世界資本主義と一国資本主義との関連を、宇野は次のように表現した。

「資本主義は、世界資本主義として発生し、発展し、没落するものといってよいのであるが、それは一体としてかかる歴史的過程を示すものではなく、特定の国が指導的地位にあって、資本主義の世界史的発展を示すにすぎない。他の諸国もこれに影響されて資本主義化するのである。」（『著』⑨四九）

この場合、後進資本主義国の資本が、すべて先進国の支配的資本の形態へと同質化するというのではない。先進国の資本主義の発展に根本的に影響されつつ、すべての後進国は、それぞれの国内的歴史事情に規定されて、資本主義的発展をたどるのであって、先進国の支配的資本は、この世界史的動向の基本的起動因をなすものとして、典型とされるのである。

資本主義の発展段階をめぐる一国資本主義か、世界資本主義がという問題は、これで一応片づくとして、なおのこる二点がある。一つは、この段階規定を前提として、後進資本主義国の現状分析は具体的にいかに扱われるべきか、もう一つは、段階論は原理論といかなる論理的ないし方法的関連にたつか、という問題である。前者は章をあらためて検討することにして、次に後者について考察しておこう。

3　原理論と段階論

マルクス、エンゲルス、レーニン

マルクスの場合、構想としては、歴史的発展規定は原理論体系の内にふくまれていた。『経済学批判序説』などで示された「商品と貨幣」から「世界市場と恐慌」にいたる、いわゆる「経済学批判体系プラン」がそれにあたる。とはいっても、これには直ちにいくつかの留保を加えねばならない。

まずマルクスにあっては、厳密な意味での資本主義の発展段階規定は、まだ認識されていなかった。これについてはすでにふれた。また『資本論』は未完であるとはいえ、諸階級の規定をもって、実質的には、商品から始まる資本主義の原理的体系を完結せしめていた。その意味では、この『資本論』体系の実質的完成とともに、マルクスのプランも廃棄ないし変質せしめられたものとみるべきであろう。

にもかかわらず、『資本論』のなかには、「いわゆる本源的蓄積」の章における「資本主義的蓄積の歴史的傾向」の節のように、資本の集中による収奪の強化と資本主義的生産様式の崩壊についての記述も存在する。資本主義の運動過程の理想的平均を示す原理的規定（価値法則、利潤率均等化法則など）と、この崩壊過程との関連は不明確のままのこされており、そのかぎりでは、『資本論』全体をとおして、原理論と発展過程論の両規定が混在し、両者は方法的に未整理のままだったというほかかない。

マルクスの理論的後継者のほとんどは、基本的に、『資本論』の法則的概念規定の延長線上に、直接資本主義の歴史的発展過程を継ぎ木するという方法をえらんだ。『資本論』をそれ自体で完結した論理体系とし、これと資本主義の発展段階とを区別するという方法はとらなかったということである。

この方向にまず道を拓いたのはエンゲルスであった。かれは、小規模な個人的生産から出発して、単純協業とマニュファクチュアをへて、資本主義的大工業に達し、そこでの生産様式と交換形態の矛盾が、生産力の社会的性格の部分的承認をとおして――具体的には、株式会社、トラスト、国家による大規模生産と交通機構の取得によって――ブルジョアジーの社会的存在理由の喪失にいたり、プロレタリアートの公的権力の掌握によって、社会主義社会の形成される過程を、商品生産の法則をもって一貫して説明しようとした（『空想から科学へ――社会主義の発達』）。生産力と生産関係の矛盾、具体的には無政府的生産と社会的生産力との矛盾を、商品経済の根本的動力とし、資本主義社会の原理も、その発展・転化過程も、この矛盾によって同時に明らかにしようとしたのである。

レーニンも、このエンゲルスの系譜をつぐが、かれはマルクスが『資本論』で「自由競争が産業の集積をうみだし、この集積はその一定の発展段階では独占をもたらすことを論証した」とし、この「生産の集積による独占の発生」をもって「資本主義の発展の現在の段階の一般的かつ根本的な法則」（⑧一二九～一三〇）と確認したうえで、この独占の歴史と現状の考察にうつるのである。その意味で段階論としての『帝国主義論』は、いわば『資本論』の続編であり、『資本論』と『帝国主義論』は、同じ資本主義的生産の発展の自由主義段階と帝国主義段階に対応すると考えられていたのである。

ヒルファーディングとスターリンの定式化

ヒルファーディングの場合、この点やや複雑であった。かれは『資本論』と、現代資本主義論としての『金融資本論』とを結ぶ共通の論理を利潤率低下法則に求める。すなわち資本主義の発展とともに、マルクスの指摘するように、利潤率は傾向的に低下する、しかし利子率の低下傾向は生じない。結果は、総利潤における利子の増大と企業者利得の減少、つまり機能資本家を犠牲とする銀行の勢力と意義の増大である。ここに資本の金融資本への転化の重要なテコがあるというのである。一方、生産力の上昇は固定資本の増大をもたらし、固定資本の増大は利潤率の均等化を阻害することになる。この利潤率の均等化を実現するために、資本は、その流動化を株式会社形式の採用によって促進する。産業における個人企業の株式会社化とともに、銀行業における株式資本化も進行し、ここに株式会社形式を媒介とする産業と銀行との癒着が帰結される。利潤率の傾向的低下法則、利潤率均等化法則はともに、『資本論』で明らかにされた資本主義の原理的法則であるから、ヒルファーディングの場合、生産力の増大とともに、原理的法則を媒介にして、資本の金融資本への転化は論証されたことになるのである。

もちろん、すでにふれたように、『金融資本論』第五篇では、ドイツ資本主義のイギリス資本主義に対する後進性がかえって株式会社形式による重工業の急速な発展を可能にしたという、きわめて歴史的な視角から金融資本の必然性が説かれていた。したがって、この第一・二篇における原理的法則を根拠とした金融資本の必然性論と、第五篇における歴史的視角からするそれとは、まったく異質な論証であって、『金融資本論』には両者が併存せしめられていたといってよい。宇野は前者をしりぞけて、後者をとったのである。

しかし、エンゲルスやレーニン、またかれらとは異なった手法ではあるがローザ・ルクセンブルクもふくめ、すべて『資本論』の直接の適用ないし展開として、資本主義の帝国主義的発展を説こうとした。これらマルクス主義理論家の見解にほぼ共通する欠陥は、資本主義の一般理論たるべき『資本論』が、たんなる資本主義の自由主義段階の理論へと矮小化されてしまうという点にある。こうした見解は、最終的には、価値法則は商品生産の法則であり、資本主義の基本的経済法則は剰余価値の法則であり、現代資本主義の基本的経済法則は最大限利潤の法則であるという、例のスターリンの定式化（『ソ同盟における社会主義の経済的諸問題』七「現代資本主義と社会主義との基本的経済法則の問題」参照）にまで通俗化されるにいたる。『資本論』の冒頭における商品の等価交換を単純商品生産の法則と理解し、労働力の商品化による資本の剰余価値の取得を、それとは区別された資本主義の法則とみるのである。そしてこの平均利潤の法則の崩壊・最大限利潤の獲得をもって現代資本主義の基本的経済法則とみれば、価値法則の成立・展開・崩壊をもって、資本主義の歴史過程が一貫してとらえられることになろう。成立と展開が『資本論』で扱われ、崩壊が帝国主義論ないし現代資本主義論で扱われるとすれば、奇妙な構造ではあるが、資本主義の歴史過程は『資本論』を基準として法則的にたどられたことになる。価値法則と剰余価値の法則を分離することは、『資本論』の解釈としても誤りであり、さらに帝国主義段階と現代資本主義との区別も不明となる誤った解釈という以外にないが、『資本論』から直接帝国主義段階論ないし現代資本主義論を展開しようとすれば、必ずこうした理論的混乱に陥らざるをえないのである。

宇野は、したがって、『資本論』を資本主義の原理論、純粋資本主義論の体系として完結せしめるとともに、この体系から直接、段階論ないし現代資本主義論を展開することを峻拒した。同じ資本主義を対象としても、その一般理論と発展段階論とでは、理論の基礎となる歴史的根拠がまったく異なるからである。

理論段階の区別と関連

これに対しては、直ちに多くの批判が集中した。共通していたのは、宇野の主張によれば、『資本論』と段階論ないし現代資本主義論との論理的関連が切断されてしまう、という点であった。切断はわかりきったことだが、切断を前提としての結合こそが明らかにさるべきである、といった手のこんだ批判もあった。しかし宇野の主張以前には、エンゲルス、レーニン、スターリン的理解が支配的であって、決して一般理論と発展段階論との区別、さらにさかのぼって科学とイデオロギーを根本的に区別すべきだとする主張は存在しなかった。

宇野の主張を批判して丸山真男はいう。「科学的認識とイデオロギーを区別しろというだけでは、そんなことはこちらがとっくに承知で、それから先の、両者の関係づけが問題なんだといい返したくなる。」(5)二八一〜二)

ブルジョア政治学者らしく丸山は、区別と関係づけをそれぞれまったく別のものと理解し、いったん区別されたものは次に関係づけられねばならぬとする悟性的明快さをもって、宇野の主張を裁断しえたものと錯覚している。実は区別することこそが、それ自体関連づけを意味するのであるが、弁証法的認識は近代政治学の守備範囲を超えているのだから、その点までも丸山にのぞむのは無理であろう。

資本主義の原理論は、マルクスのいうように、一九世紀中葉のイギリス資本主義の発展によって典型的に示された歴史過程を素材として、理論的に構築された純粋資本主義の理論体系である。したがってこのような純粋資本主義の体系が、それ自体のうちに、あるいはその直接的な延長のうえに、資本主義の歴史的発展規定をふくみうるはずがない。というのは、資本主義の歴史的発展とは、現実的には、共同体的社会関係の分解と包摂、資本主義経済の後進地域への浸透と支配をとおして進行するものだからである。

「……注意しなければならないのは、商人資本から産業資本、産業資本から金融資本への発展は、資本がそれ自身に展開するものではない。資本主義的発展の諸条件の変化とともに変化してきたのである。発生期の商人資本は、それだけでは発展期の産業資本に転化するものではない。しかし新かる転化の準備をなすものではあった。産業資本はまたたしかに原理論で想定する純粋の資本主義社会における資本の一般的な規定に、ますます近似するものといってよいのである。ところがこの産業資本の支配する資本主義は金融資本によって、もはや斯かる発展をつづけるものとはいえなくなる。しかもそれは産業資本自身の内的な要因だけで斯かる転化をなすわけではない。資本主義の発展の動力をなす生産方法の変化と、その発展の基盤をなす社会―多かれ少なかれ小生産者的な非資本主義的経済を含む社会――との関係によって、産業資本は金融資本に転化するのである。ここでもまた産業資本はそれ自身で金融資本に発展するわけではない。」（『著』⑨五一）

とはいえ、資本主義の歴史的発展の解明に対して、原理論がまったく無関係だというのではない。いかに非資本主義社会との関連をとおして進行するとはいえ、資本主義の歴史的発展の中心をなすのは資本の利害関係であり、要するに資本・労働関係である。

「……資本は、その利益を求めて、あらゆる自然的・社会的条件を利用する。そしてまたかかる条件の利用の手段を拡充しつつ、条件自身をも変えてゆくのである。しかしその点で決定的意義をもつのは、資本の唯一の直接的目的をなす価値増殖の源泉をなす、労働者人口に対する関係である。すでに屡々繰返えし述べてきたように、資本主義発展の各段階を特徴づける資本形態も、生産方法の変化とともに変化する労働人口の形成の過程に対応するものといってよい。それはまさに資本主義に特有なる人口法則が、その実現に際しては、資本主義自身の発展段階に応じて、種々なる事情によって変容されてあらわれるということを示すものである。段階論的規定は、この点を基軸として、この種々なる事情を解明するものにほかならない。」（同、五二一〜二）

資本主義の原理の中心は、宇野がつねに強調するように、労働力の商品化である。つまり資本が価値増殖の根拠をいかに確保するかということであり、具体的には資本にとっての「労働人口の形成」状況を意味する。原理論は、この資本主義の核心構造を体系的構成のうちに理論的に解明した。資本主義の歴史的発展状況は、したがってこの資本と労働との関係を基準にして、その特殊性が尺度され、比較され、位置づけられねばならない。商人資本、産業資本、金融資本という資本のタイプは、労働力商品の本源的形成過程、景気循環によるその商品経済的維持過程、慢性的過剰の過程と対応した支配的資本の形式である。その意味において、原理論は、段階論の概念に対して理論的基準を与えることになっている。

「かくて資本主義の発展の段階規定は、各段階において指導的地位にある先進資本主義国における、支配的なる産業の、支配的なる資本形態を中心とする資本家的商品経済の構造を、いわゆる〈ブルジョア社会の国家形態での総括〉としても、世界史的に典型的なるものとして、その国家形態自身も、また〈国際関係〉も、この発展段階に応じて変化するものとして、解明するものとなる。」（同、五二二）

資本主義の発展は、世界史的過程として、かつ特定の資本主義国を指導的地位におきつつ、実現される。これは、資本主義が、商品経済の世界市場的展開を前提とし、かつ統一的近代国家の形成に媒介されて、はじめて確立する特殊な社会体制であることの必然的帰結である。したがって、一定の時期の資本主義の、いわゆる生産力と生産関係の関連は、この指導的資本主義国における生産力と生産関係との関連において表現され、具体的には、この国における支配的な資本と労働力との関連、つまり支配的資本の蓄積様式において把握されることになる。特殊な資本の蓄積様式は、それと対応する上部構造の変化、対内的・対外的関係における特有な政策的対応を必然化する。したがって資本の蓄積様式と対応する経済政策、財政、金融などの特有の構造が、その段階の基本的な経済的機構として形成され、さらにこれと対応して特有の政治的・法的・諸イデオロギー的上部構造がそびえたつことになる。段階論としては、指導的資本主義国の政策、財政、金融、政治、法律、諸イデオロギーの変化をとって、この段階に典型的なものとして明らかにすることによって、「ブルジョア社会の国家形態での総括」を与えるのである。原理論はそのさい、基本的な資本・賃労働関係、つまり支配的資本の蓄積様式が、各発展段階の構造分析の焦点であり、出発点であることを指示することによって、段階論に対する方法的基準を与えているのである。

〈引用文献〉

(1)　『大塚久雄著作集』第九巻、岩波書店、一九六九年。
(2)　大塚久雄編『西洋経済史』（『経済学全集』11）筑摩書房、一九六八年。
(3)　ドッブ（京大近代史研究会訳）『資本主義発展の研究』Ⅰ、岩波書店、一九五四年。
(4)　ヒルファーディンク（岡崎次郎訳）『金融資本論』下、岩波文庫版。
(5)　丸山真男ほか『現代日本の革新思想』河出書房、一九六六年。
(6)　矢口孝次郎『資本主義成立期の研究』有斐閣、一九五二年。
(7)　レーニン「いわゆる市場問題について」（『レーニン全集』第一巻）大月書店版。
(8)　レーニン『帝国主義論』（『レーニン全集』第二二巻）大月書店版。

第三章　日本資本主義分析の方法

1　日本資本主義論争の意味

現状分析とは何か

宇野は、経済学研究は原理論・段階論・現状分析に分化して行なわれねばならぬと主張した。もちろん経済学の究極目標は現状分析にあり、原理論も段階論も、そのための準備をなす。この三者の関係を、宇野は次のように集約した。

「……マルクスの時代に当然想定されたように、資本主義の発展は、理論的に想定されなければならない純粋の資本主義社会に益々近接するというのであれば、問題は簡単であるが、すでに屢々述べてきたように実際はそうでない。国々によって種々異るのである。後進国のように、多かれ少かれ発達した資本主義的生産方法を輸入する国々は勿論のこと、資本主義の世界史的発展に永く指導的地位にあったイギリスにしても、その現状分析は直ちに原理をもって片付けうるわけではない。いずれの国も、先進国は先進国で、また後進国は後進国で、資本主義の世界史的発展の段階を規定しながら、あるいはまたそれに規定されながら、その歴史的過程をそれぞれに特有な具体的関係のもとに展開するのである。一方に体系的に完結される原理論と、他方に無限に複雑なる具体的な過程を解明しようとする、したがってまた決して完結することのない現状分析と、この両者の間に入って原理を現状分析にその一般的基準として使用する場合の媒介をなすものとしての段階論の規定を要するのである。それは歴史的過程を理論的に解明する特殊の方法をなすのである。」（『著』⑨六〇）

この主張で特徴的なのは、原理論の体系的完結性に対して、現状分析は「無限に複雑なる具体的な過程」の解明とされていることである。宇野はまた「現状分析における無限に複雑なる個別的具体性は、決して理論的に解明し尽しえないものである」（同、六三）ともいう。しかし現状分析が「無限に複雑なる個別的具体性」を対象とするというのは、決して誤りではないが、それだけではあまり意味のある主張とは思えない、これをそのままうけとるかぎり、現状に属するものは、どんな局面のどんな経済現象でも、すべて現状分析の対象となることになり、たんなる統計データの羅列や時事経済的知識と、宇野のいわゆる原理論を前提とし段階論を媒介とした科学的な現状分析との区別もはっきりしなくなるであろう。

体系的完結性をもった原理論、タイプ論としての段階論と対比した場合、現状分析の特徴を「無限に複雑なる具体的な過程の解明」といって誤りではないであろう。しかしそれだけでは三段階論の一環としての現状分析の特質が見失われることも事実である。実際、宇野の現状分析論の特質は、このような原理論ないし段階論との形式的比較によっては把握されにくい。その本当の意味は、宇野が、どんな時代環境のもとで、何を明らかにしようとして、現状分析を試みたかを考察しないかぎり理解されえないであろう。

「講座派」対「労農派」

戦前の宇野の経済学研究の経歴は、「Ⅰ宇野理論の形成」でみたように、いわゆる日本資本主義論争の発生・展開の過程と並行している。大正末期から、河上肇や櫛田民蔵の論文から多く学びながら『資本論』の研究を深めていった宇野は、資本主義論争の発生とともに、徐々に講座派批判の立場を確立することになる。

「東北でも学生は大部分講座派です。私のところへ出入りした学生もみなそうです。私が検挙される前の最後の演習には十五人ばかりの学生が参加していましたが、全部といっていいほど講座派でした。山田盛太郎君の例の書物（『日本資本主義分析』）を使ってやったのですが、私が一人で学生十五人を相手にしてやったわけです。みなあれを擁護しなければならないと思い込んでいたから、大変だったのです。そのせいで私も山田君の書物をだいぶ勉強しました。それが逆に私を労農派にしたかもしれない。労農派というわけではないのだが……。」(2)二八）

自己の立場が反講座派であり、したがって一応労農派とみなされたが、実際には「労農派というわけではない」という、この宇野の釈明には多くの意味がこめられている。その点を立ち入ってみていこう。

いわゆる日本資本主義論争は、一九二七年、高橋亀吉の論文「日本資本主義の帝国主義的地位」に対する猪俣津南雄や野呂栄太郎の批判から始まったが、それが本格化したのは、「三二年テーゼ」の発表と『日本資本主義発達史講座』（一九三二～三三年）の刊行以後である。とくに講座収録論文をまとめて一本とした山田盛太郎の『日本資本主義分析』（一九三四年）は、この『講座』の特質を最もよく示すものとして、講座派のバイブルとされた。その主張の基本は次の三点であった。

(1)『資本論』第二巻第三篇の、いわゆる再生産表式論をマルクスの再生産論として、日本資本主義の構造分析に適用した。

(2) 明治三〇～四〇年の間に、日本資本主義の「軍事的半農奴制的性質」は終局的に決定せられた。

(3) 日本資本主義の基本的規定は「半封建的土地所有制＝半農奴制的零細農耕」という基底の上に構築された「軍事的半農奴制的日本資本主義」である。

この山田の主張に対しては、多くの労農派論客から批判が集中したが、それを代表するものは、向坂逸郎の「〈日本資本主義分析〉における方法論」(4)所収）であった。要点は次のとおりである。

(1) 日本資本主義の「半封建的半農奴制的基抵」がいったん確立すると不変であるとすることは誤りである。

(2) 綿糸一単位当りの工費の比較から、日本の労賃をインド以下的とすることは経済学の初歩的誤りである。

(3) 小作農の現物年貢が高額だから半農奴制であると規定するのも誤り。近代的過小農においても、場合によっては、地代は労賃にくいこむほど高くなりうる。
(4) 山田のあげている実例はすべて「全封建的」「全農奴制的」であって、「半封建的」「半農奴制的」の「半」が意味をなしていない。

以上の批判をとおして向坂は、山田の日本資本主義分析における固定的・非発展的把握を衝き、その発展の側面、つまりその発展とともに封建遺制としての「半封建的半農奴制的」性格は徐々に払拭されて、ますます資本主義的階級対立によって規定されることになると主張するのである。論争は日本資本主義や農業問題ばかりでなく、労働者階級の貧困化、明治維新の性格、さらには革命の戦略規定をめぐって、両派とも多くの論客を動員して行なわれたが、議論の核心は、この山田と向坂の主張によって示されていた。

宇野の立場

宇野はこの状況に対してこういう。

「……私はいわゆる講座派の諸君の著作は何としても論証になっていないと思っていました。しかし、労農派の諸君があれを反駁するのも十分ではないと思っていた。しかし私は積極的に主張し得るようなものは何も研究していないので、発言はしませんでした。」(2)四七

この時期の宇野は、一方では原理論の首尾一貫した体系的整備をすすめるとともに(「貨幣の必然性」〔一九三〇年〕、「マルクス再生産論の基本的考察」〔一九三二年〕、「資本制社会に於ける恐慌の必然性」〔一九三五年〕および『資本論体系中』〔一九三一年〕における第二巻第一・二篇の解説など)、イギリスに対する後進資本主義国の政策的対応や帝国主義段階における政策変化(「フリードリッヒ・リストの『経済学』」〔一九三四年〕、「ブレンターノとディール」〔同〕、「ドイツ社会政策学会の関税論」〔一九三五年〕など)を研究の中心においていた。つまり一方で原理論の純化と体系化をすすめるとともに、資本主義の歴史的発展を原理論とは分離された段階論として構成するという作業にとりかかっていた時期

であった。こうした宇野の視点からすれば、講座派の主張が「論証になっていない」と思われたのは当然であろう。何よりもまず、それは『資本論』の抽象的な再生産表式論の現状分析への直接的適用という意味で根本的に誤っている。しかしこれに対する労農派の反駁が「十分ではない」というのは、向坂論文でも、日本資本主義の発展とともに「封建的残滓の分解は刻々行われる。強力にも拘らず進行する。一定の期間をへだててみると、社会の階級的構造に一定の変化が生じている」(4)二九)とされているからである。ここでは、日本資本主義の特殊性を規定する農業における封建的性格はたんに「封建的残滓」とされ、資本主義の発展とともに分解されていくのであって、その意味では日本資本主義もますます純粋な資本主義に接近しつつあるものと想定されているのである。その点では、講座派・労農派ともに、原理論の現状分析への直接的適用を試みているのであって段階論的認識を完全に欠落させていた。

もっとも労農派のなかでも、猪俣津南雄は、講座派批判において、日本資本主義にとっては封建遺制も重要だが、それ以上に帝国主義の世界史的環境と資本自らがつくりだした新しい諸関係こそが決定的だ、と主張した(1)。つまり『資本論』を基準として、資本主義か、非資本主義かを議論するよりも、帝国主義という資本主義の世界史的規定のなかにおける日本資本主義の位置を確定することこそ先決であるとしたのである。しかし猪俣の主張はそれ以上に具体的な分析で裏づけられていないし、ヒルファーディングの『金融資本論』によって帝国主義の経済理論を展開していた猪俣にとっては、まだ帝国主義も『資本論』の直接的継続として理解されていたのであって、宇野におけるような原理論と段階論の方法的区別を前提としての帝国主義段階の強調ではなく、またそのような視点からする講座派批判でもなかった。

これに対して宇野にあっては、講座派における「半封建的」規定と、労農派における全面的資本主義化の視角とを、ともに批判しつつ、ともに克服しうる理論的立場が構築されつつあった。原理論と段階論とを区別しつつ、両者を結合することによって、日本資本主義の特殊性は全面的に理論的に解明されうるとする立場である。そしてこれを宇野は、論文「資本主義の成立と農村分解の過程」(一九三五年)で果たした。

2　後進国資本主義成立過程の分析視角

日本資本主義分析と三段階論

宇野はこの「資本主義の成立と農村分解の過程」を、戦後に書いた農業問題についての五つの論文（「農業問題序論」〔一九四七年〕、「自小作農形態の特殊性」〔一九四五年〕、「『型』を永久化するな」〔一九四七年〕、「我が国農村の封建性」〔一九四六年〕、「所謂経済外強制について」〔一九四七年〕）とともに、「社会党の関税論」（一九三六年）を付録としてつけて『農業問題序論』（一九四七年）として刊行した。これはさらに、地租改正などを扱った三つの論文（「地租改正の土地制度」〔一九五七年〕、「秩禄処分について」〔一九五八年〕、「日本資本主義の特殊構造と農業問題」〔一九五九年〕）を追加して、『増補・農業問題序論』（一九六五年）として再刊された。

この増補版の序文の冒頭で宇野はいう。

「経済学の研究は、原理論と段階論と現状分析とに明確に分けられねばならないという、私の提唱は、他の機会にも述べたことであるが、直接には戦前のいわゆる日本資本主義論争に対する私の考えから出発したものである。この小論集に収めた旧論文〈資本主義の成立と農村分解の過程〉は、その論争に参加したものではないが、そしてまた今から見ると不明確な点を多分に残してはいるが、その意図を示していると思う。」（『著』⑧三一）

いまわれわれは、宇野三段階論における現状分析の意義を、日本資本主義分析としての具体化によって考察しようとしている。しかしこの序文のとおり、実は事態は逆であって、宇野は日本資本主義論争に触発されつつ、日本資本主義の特殊性を追究する過程で経済学の三段階的分離の方法に到達したのである。具体的には「日本資本主義論争の中心問題をなしたわが国農村の特殊性も、わが国に限られるというものではなく、イギリスに後れて資本主義化した諸国がそれぞれ有している特殊性の一つとして、段階論的規定を通してなされる現状分析によって始めて解明されるものと考える」（同上）というのである。そこでここでは、日本資本主義の特殊性、とくにその農業問題の追究が、結局資本主義の三段階論的研究、つまり原理的法則性の段階規定を媒介とした各国資本主義における具体的貫徹の様相の究明へと導かれざるをえなかつたみちすじをたどることにしたい。

後進国の資本主義化

この論文「資本主義の成立と農村分解の過程」は次のような構成をもっている。①イギリスにおける本源的蓄積の進行状況、②機械制大工業の確立と労働力への影響、③後進国の機械制大工業による本源的蓄積の実現、④後進国の資本主義化の特殊性——蓄積様式と農業問題。その論理をたどろう。

(1) イギリスにおける本源的蓄積の進行状況——『資本論』は、イギリスの資本主義の発展を典型的な素材として、経済学の一般論を展開しているが、資本主義の発生過程についてもイギリスを材料としている。一五世紀末から一六世紀にかけての第一次エンクロージュアに伴う農民からの土地の強権的没収、農民の暴力的追放が、資本主義の発生の出発点を与えたが一八世紀にはついに共同地の囲込みを議会の法令によって認めるにいたった。

「旧社会の基礎をなしたる農村がかくのごとくして暴力的に分解されるということは、しかし資本家的生産にとっては実にこの上もない予定調和を示現するものであった。羊毛の輸出を目的として拡大されたる牧場は、国内羊毛工業の原料を供するものとなり、この同じ過程によって追放されたる農民は、手工業的に経営されたる羊毛工業その他の中世紀的工業を資本家的工業化するための無産労働者となるのであった。少くとも従来の手工業者を資本の下に隷属せしめるために有力なる圧力を与えるものとして作用した。生産手段と生活資料とが生産労働者と分離され、彼らに対立して個人的に独占されるとき、生産手段と生活資料とはこれらの無産労働者を雇用して利潤を獲得せしめる手段となり、資本となることは今日ではほとんど常識的にも認められているのであるが、これがしかしいわゆる諸国民の富の形成にほかならなかったということは、なお注意しておいてよいであろう」（『著』⑧二四〜五）

この発生期の資本主義が、家内工業を基礎とするマニュファクチュアで代表され、しかも農村の家内手工業をまったく排除しうるものでなかった以上、農村の分解も決して徹底的に行なわれたわけではない。しかし、この農民と土地との分離を促進する商業・財政・植民などの諸政策も、初期はきわめて暴力的・直接的であったのに、だんだん国民的性格を濃厚にし、ついに不要とされる過程が示しているように、イギリスの経済過程は、三世紀にわたる経過のうちに、ほぼこの土地と農民との分離、資本家的「生産方法の要求を自明の自然律と認めるところの労働者階級」の陶冶に成功したのである。

(2)　機械制大工業の確立と労働力への影響――イギリスでは、以上のように資本主義の発生過程が進行したが、後進国が資本主義化する場合には、直ちに同様の過程をたどるとはいえない。イギリスですでに産業革命をとおして確立した資本家的機械制大工業を、後進国では完成したかたちで輸入・移植することができるからである。「したがってわれわれはこれら後進諸国の資本主義の発生とその発展の過程とに対する分析にあたっては、当然イギリスにおける機械的大工業の生産労働者の地位に及ぼす影響の分析をもまた共々に考慮しなければならない」(同、二六～七)。つまりイギリスでは商人資本に支配されつつ、家内工業ないしそれに伴うマニュファクチュアによって資本主義の発生過程が実現されたのに対して、ドイツに代表される後進諸国では、イギリスから輸入された機械制大工業によって本源的蓄積が遂行されるため、資本・労働関係がまったく変わってくる。それを理解するためにはまず、イギリスにおける機械制大工業の支配下における労働者の地位を把握しておかねばならないというのである。この機械制大工業の労働者に対する影響は二点に集約される。

第一に、機械はマニュファクチュアによって無産労働者化した手工業者から、体力と熟練とを奪って完全に近代的プロレタリアとする。

第二に、機械は労働者を駆逐する手段となる。

「資本家的産業の発展が従業労働者の絶対数を著しく増加することは事実である。そしてまた資本家的産業の発達による剰余価値の消費量の増大もさらに産業の多様化をもたらし、これらの部面の労働者をも増加する。しかしながらかかる発展による従業労働者の増加は決して前述の機械による労働者の駆逐の原則を否定することにならない。それはただ労働者が〈より容易に接近し得る所のあらゆる産業部門に流入して〉ゆく過程に外ならない。いい換えればそれは機械的大工業に基礎を置く資本主義がかかる発展に対して労働者をみずから準備する手段を供するものであった。

「機械的大工業によって資本主義の発展を実現した社会は、むしろ一般的に資本の蓄積の異常なる増進にもかかわらず、その価値増殖欲に対して相対的に過剰なる人口を有することになるのであった。……かくてイギリスの資本主義が世界的に最もその隆盛を誇った一九世紀中葉において、われわれの労働人口の構成に極めて奇妙なる現象を見ることになるのであった。一八六一年の国勢調査からマルクスの引用するところによると、農業労働者の約百万人と木綿、毛織物等の繊維工業従業者の六十四万人、炭坑その他の鉱山従業者の五十六万五千余人、金属工業の三十九万六千余人に対して、実に僕婢階級は百二十万人を越える多数に上るという。……全くマルクスのいう通り〈資本主義に充用されたる機械の何という素晴しい結果であろう！〉」（同、一二九）

つまり機械制大工業と農業の近代化を両極とするイギリスにおける典型的な資本主義の発展は、一方では労働者のプロレタリア化を完成しながら、他方では多数の僕婢と家内労働者をのこしたが、これは相対的過剰人口の一つの形態とみてよい。このことは、機械制大工業による資本主義の発展が必然的に膨大な相対的過剰人口を堆積するものであることを示している。

(3) 後進国の機械制大工業による本源的蓄積の実現――さてイギリスが一九世紀中葉、その自由貿易の主張をもって世界市場の支配者の地位を確保しつつあったとき、後進国ドイツは資本主義化を開始した。しかしこの場合、後進国の資本主義化はたんに先進国の発展のあとをたどることではなく、先進国ですでに達成された機械制大工業を直接輸入することによって実現される。後進国が直ちに機械制大工業によって本源的蓄積を実現するということが、これらの国に自由貿易を否定して保護政策を主張させる根拠をなすが、「これを極端な形でいえば、新しく農村分解の強行手段を採ることなくしても資本主義的生産方法を輸入し得る」ことを示している。資本主義の発生過程であるかぎり、農村の分解は不可欠である。しかしこのような機械制大工業を輸入しつつ本源的蓄積を実現する後進国では、その分解過程がきわめて異常なかたちで進行する。

「〈多数の民衆を突如として強行的に生活資料から分離しこれを放たれたるプロレタリアとして労働市場に投ぜしめる〉過程の代償として、これらの国々はそのまま残されたる旧生産経営方法と土地所有関係との漸次的なる跛行的関係の発展として現われる資本主義経済の侵入によって苦しまなければならない」し、また「財政経済の諸政策は、この過程を促進するものとして作用する」（同、三四～五）ことになるのである。

「かくて農業におけるかかる状態は、後進諸国の工業における資本主義の単なる未発達の問題ではない。機械的大工業をもって始まる資本主義は、それ自身に特有なる人口法則を展開するものであって、農村の強力的分解による過剰人口を工業に吸収するという典型的機構を有していない。勿論、資本主義の発展による農村分解は、工業都市への人口の集中をもたらし、工業部門の多様なる発展はこれを必要とするのであるが、これは〈工業国たるイングランドにおいては、工業上の予備軍は農村で補充される〉という形式とは多かれ少なかれ異なったものである。農村において行われるこの予備軍の形成がその性質を異にするからである。その最も著しい形態は、農村の子女が代表的産業への労働者として供給される点に現われている。」（同、三三五）

しかもこのような機械制大工業の急速な普及、生産力の急上昇とその反面における農村の分解の不徹底という事態は、対外関係においても特殊な構造を必然化する。

「……資本家的生産の発展はその生産能力の増進によって国内の需要をも非常に増大せしめるのであるが、農村の分解の不徹底はその制限として作用し、これらの産業の発展はかくして直ちに外国市場を必要とすることとなる。そして外国市場における競争能力は結局その発展の程度に従ってまた労働者の吸収能力を制限するのであ

る。」（同、三六〜七）

急速な機械制大工業の発展と農村分解の不徹底、相対的過剰人口の重圧による旧来の生産方法や小生産の広汎な残存、国内需要の不足による対外進出圧力の強化など、典型的な資本主義の発展と比較すると、きわめて奇形的な構造が、後進国には必然的に定着するというのである。この側面が講座派によって日本資本主義の「半封建的半農奴制的基柢」として把握されたのであり、労農派にとってはたんなる「封建的残滓」として処理されることになった。だが宇野によると、それは後進資本主義国に一般的な傾向にすぎず、とくにわが国においては、その傾向が著しく顕著にあらわれたにすぎない。

「かくしてわが国のごとき後進国の資本主義の発展が、その出発点においては原始的蓄積の、その発展過程においては産業革命の過程を著しく異った形態において経過するという事実は、まさに上述のごとき後進国に特有なる形態の極端なる表現に外ならないのである。それは一方においては資本主義の顕著なる発展を見ながら、他方においては旧社会形態の分解を比較的緩慢に実現してゆくことの必然性を示すのである。」（同、四七）

(4)　後進国の資本主義化の特殊性（蓄積様式と農業問題）――だが後進国の資本主義化に伴う特有の問題はそれにつきない。資本形態と政策的対応における変質ないし転換という二点がつけ加わる。株式会社形式の採用と農業保護政策の発動である。

「後進諸国が資本家的生産方法を採用した方法は、保護政策の背後に行われた株式制度を利用する資本の集中によってイギリス資本主義に追付くことにあった。この方法がもたらした資本主義はしかしたちまちにして資本の形態そのものを変質せしめることとなった。いわゆる金融資本は産業的にはむしろこれらの後進諸国にとってその資本主義確立の最も有力なる手段となったのであるが――このことが資本主義発展の必然的結果としての金融資本を否定するものではないことはいうまでもない――この新たなる資本形態は各国の資本主義勢力の各々の集中によって政治的には国民国家に新たなる中心点を形成するのであった。国家主義が新たなる内容をもって主張されねばならなかった。分解の過程にあった農村は政治的に極めて重要なる意義をもつと同時にこの分解過程はいかにかして阻止されなければならなかった。資本主義の下に農業と工業とを国家的に統一するという経済的にはかかる国民国家にとってほとんど不可能なる問題が政治的には絶対的に必要なるものになって来たのである。それは植民地の獲得によって償い得る以上のものを有していた。」（同、三九）

かくて後進国の資本主義化の過程は、たんに資本主義的発展の各国における特殊性を示すだけではない。それは実は産業資本から金融資本へと支配的資本の形態を転換させ、かつ農村の政治的獲得を目標として自由貿易から保護関税へと政策的基調の転換を必然化ならしめたのである。しかも重要なことは、以上の資本形態の変質と政策基調における転換は、たんにドイツの特殊性にのみよるのではなく、一九世紀後半に資本主義国として自立した後進国の一般的傾向であって、ドイツ資本主義がそれを典型的に示したというにとどまる。その意味では、日本資本主義の特殊性と考えられた資本・農村・政策などにおける特質も、むしろこの一九世紀中葉以後の後進資本主義国の一般的傾向のわが国における具体化としてうけとめられるべきものだったのである。

「もっともドイツはなお六十年代より七十年代へかけての資本主義の異常の発展によって実質的にこの転換の基礎が与えられたのに反して、わが国のごとき場合にはこの転換と資本主義の成立自身とがある程度まで重り合い、いわばかかる転換の内部準備なくしてこれを最初から強制されることとなるのであって、いわゆる低賃銀を利用して外国市場における競争にその発展を求めなければならなかった。」（同、四〇）

かくて後進国の資本主義化についての宇野の結論は次のようである。

「……後進諸国の資本主義の成立は、その必然的前提となるべき農村の分解を、一部的にはむしろその発展の結果として、種々なる形を通して、政策によってあるいは促進的にあるいは停滞的に一般的には慢性的過程として実現してゆく。勿論それぞれ特殊の国においてのこの過程自身は特殊の形態をとるのであるが、しかしそれは資本主義そのものがおのおの特殊の法則によって発展するという意味にとってはならない。資本主義はイギリスにおいても戦前のロシア、ドイツにおいてもまた日本においても同様なる発展の法則をもって発展するのであって、それが阻害され歪曲されるところに各国の特殊性があるに過ぎない。また実際かくなければ、これを経済学的に分析することは不可能であり無益であるであろう。」（同、四一）

三段階論の方法的区分

一九世紀中葉までのイギリスにおける「資本主義の典型的な発展」を「資料」とする「経済学の理論」の成立、「イギリスに対して後進諸国の尖端に立つものとして多かれ少なかれ他の諸国の政策の意義を明らかにするのに役立つ」（『著』⑧五〇）一九世紀末葉のドイツにおける金融資本の支配を基礎とする特殊な農業政策の転換、さらに「かかる転換の内部的準備なくしてこれを最初から強制される」わが国の場合——この三つの異なった歴史過程の対比は、明らかにのちに原理論・段階論・現状分析として整理される宇野の三段階論的経済学区分を実質的に指示している。その意味で、この論文は、現状分析における三段階論的方法の適用を提唱した最初の労作だったのである。

3　現状分析論の意義と限界

原理論と発展段階論

宇野三段階論確立への道程という視点からは、この論文「資本主義の成立と農村分解の過程」の重要性を認めつつも、佐伯尚美は「三段階論の根拠についての論点が、まだ論理的には未整理」⑶一三二）だとして、この論文の欠陥を次のように指摘している。

「第一に、原理論と発展段階論の区別が必ずしも明確には固まっていない。……第二に、発展段階論と現状分析論の区別もほとんど意識されていない。……第三に、資本主義の金融資本段階への推転にともなう変化についても、主として政策過程における農業保護政策の強化という面が強調されるにとどまり、基礎的な蓄積様式の変

化が農民層分解にどのような影響をおよぼすかという問題はまったくふれられていない。」(同上)

原理論と段階論、段階論と現状分析の区別が明確でなく、金融資本的蓄積と農業問題との関連がまったく扱われていないとすれば、三段階論との関係ではこの論文はほとんど意味をなさないことになると思われるが、果たしてそうであろうか。この佐伯の主張には根本的な疑念をもつ。以下立ち入って考察しよう。

まず第一に、原理論と段階論の区別が明確でないという佐伯の主張の理由は次のようである。「先進国と後進国とを区別しつつ、資本論の理論は先進国であるイギリスにおいて妥当するといっているところなどから判断すると、むしろ逆に原理論と先進資本主義国論とを重ねあわせて考えている形跡が強い。」(同上)

たしかに宇野は、『資本論』の理論がイギリスにおいて最も妥当し、後進諸国ではそのままあてはまるものでないとしている。しかし注意すべきは、宇野のいう「資本論の理論」には二つの内容がふくまれていたことである。宇野はいう。「マルクスは周知のごとくその経済学の理論を大体資本主義の典型的なる発展をなしたるイギリスに見出される資料と理論とによって展開するのであるが、資本主義の発生に関する理論もまたイギリスを基礎としている。」(『著』⑧一二三)この場合、「経済学の理論」が原理論を意味し、「資本主義の発生に関する理論」は本源的蓄積過程ないし商人資本の蓄積様式についての理論、つまりのちの重商主義段階論を指すことはいうまでもない。宇野は、この二つの「理論」を厳密に区別しているが、この論文でイギリスにおける典型的展開を検証しているのは後者についてだけなのである。つまり佐伯が、宇野にあっては「資本論の理論は先進国であるイギリスにおいて妥当する」とされているという場合の「資本論の理論」は、原蓄論であって、原理論ではないのだ。とすると、宇野が「原理論と先進資本主義国論とを重ねあわせて考えている」という佐伯の非難は見当違いであって、正確には「重商主義段階論と先進資本主義国論とを重ねあわせて考えている」と訂正されるべきであろう。そして重商主義段階論が正確には先進資本主義国、つまりイギリスにしか妥当しないというのはまったく正しい。

さらにまた宇野のいわゆる「機械制大工業の生産労働者の地位に及ぼす影響の分析」においても、イギリスの現状と対比させられている「理論」は、決して厳密な意味での原理論ではなく、自由主義段階論としての産業資本的蓄積様式論とみるべきであろう。一九世紀中葉のイギリス資本主義の労働人口構成において、織物業や炭鉱業労働者を合算したよりも非プロレタリア階級としての僕婢階級の方が量的に上回るという点を強調する結論がそれを示している。

かくて、この宇野論文では、原理論と発展段階論の区別が明確でないとする佐伯の批判は、まったく誤りである。宇野は両者を厳密に区別しつつ、段階論を「先進資本主義国論と重ねあわせて」いたのである。原理論と現状分析との関連については、この論文では、ほとんど論及がないが、主題が後進国の資本主義化に伴う農民層分解である以上、当然であろう。

要するに、原理論と発展段階論の区別は、宇野においては、この時期にきわめて明確となっていた。「経済学の理論」と区別された「資本主義の発生に関する理論」「イギリスに対して後進諸国の尖端に立つものとして多かれ少なかれ他の諸国の政策の意義を明らかにするのに役立つ」「ドイツの政策的転換」などの規定がそれを示している。これらはのちに重商主義段階、自由主義段階、帝国主義段階の諸規定として概念化されることになった。

発展段階論と現状分析論

第二に、「発展段階論と現状分析論の区別もほとんど意識されていない」という批判はどうであろうか。佐伯はその理由として「後進資本主義国という名で宇野が主として考えているのは、イギリスに対するドイツの関係であり、日本については後者に付随して言及されているにすぎない」(③一三二)から、という。

しかしこの理由づけも不可解である。この論文ではたしかに、イギリスに対するドイツの関係が主として扱われて、日本については付随的に言及されているにすぎないが、これは宇野自身言明しているように「われわれはここで日本資本主義の特殊形態を究明しようというのではなかった。むしろその前提として一般に後進国としての規定を明らかにすることが目的であった」(『著』⑧四二)からである。後進国の資本主義化といっても、具体的には世界的な帝国主義段階への転換期における後進資本主義国の自立化の過程を対象とするのだから、ドイツが基本的対象となることは当然であり、一九世紀から二〇世紀の交にようやく自立化を達成した日本は、それらの諸国の最後尾に位置するのだから、ここでは「付随して言及されている」のも当然であろう。このことがなぜ「発展段階論と現状分析論の区別」を「意識」しなかった根拠となるのだろうか。

むしろ後進資本主義の成立過程を考察する場合、「イギリスに対するドイツの関係」を中心とし、日本については「付随して」ふれるというのは、宇野が、この過程を厳密に段階論とそれを前提とする現状分析として区別して扱おうとしていたことを示している。

実際、一九世紀後半におけるイギリスに対するドイツの資本主義的発展の特質の考察において、宇野は、まず機械制大工業の輸入をあげ、ついで「株式制度を利用する資本の集中」すなわち「金融資本」的蓄積様式をあげ、最後に、九〇年代以後の政策的転換を可能にした「六〇年代より七〇年代へかけての資本主義の異常の発展」をあげる。後進国が先進国の発展した生産力を移入する場合に、これに適合した新しい資本形態が採用され、かつこの高度な生産力を受け入れるのに十分な基礎条件がととのっているとき、はじめて新しい生産力段階を世界史的に代表しうる典型的発展が実現されるというのである。そしてこのような基礎条件の準備なくして、帝国主義的な経済構造への転換を外的に強制されたわが国の場合には、「低賃銀を利用して外国市場における競争にその発展を求め」るという異常な展開をとげる以外にないことになる。

この日本資本主義の異常性の検出は、ここでは明らかに、後進国の資本主義化の典型としてのドイツ金融資本の構造を基準として行なわれている。後者が段階論的規定であり、前者がそれを前提とする現状分析であることはいうまでもない。その意味では、この論文では、すでに発展段階論と現状分析論とは明確に区別されていたばかりでなく、両者の方法的関連も意識されていた。段階論、現状分析という言葉が使われていないだけで、二つの概念は内容的には十分に整備されていたのである。

第三に、金融資本的蓄積様式がいかに農民層分解に影響を及ぼしたかが扱われていないというのが、佐伯の批判の最後のものであった。

これはある程度までは正しい。たしかにこの論文では、金融資本という新しい資本形態が「各国の資本主義勢力の各々の集中によって政治的には国民国家に新たなる中心点を形成する」ことを必然化するという点から、一方で農村を分解しながら、他方でこの分解を阻止しつつ、資本主義体制のもとでの農業と工業との国家的統一という、もとと資本主義経済においては不可能な問題が政策的には絶対に必要となると説かれていた。これは佐伯によると、金融資本の「政策過程における農業保護政策の強化という面」にすぎないのであって、金融資本の蓄積が農民層分解に及ぼす影響への言及はまったくないというのである。

しかしここまでくると、帝国主義段階における農業攻策の基礎をどこに求めるかという方法的な論議に移らざるをえない。つまり金融資本的蓄積は、労働力のたえざる過剰化を必然化するのであって、これを根拠とする組織労働者の反体制化、社会主義運動の拡大に対して、新たな高度な国家的統合が要請され、そのためには農民の体制内化を目標とする農民保護政策が必然化するというのが宇野の見解であった。この観点からすれば、金融資本的蓄積が直接農民層分解に及ぼす影響は、なお二次的・三次的問題となろう。さしあたりは、重工業の株式資本形態のもとでの発展によって、農民層分解は進行しつつも、きわめて不徹底に終わるという点が指摘されれば十分だったのである。佐伯は、農業政策転換の原因に農業部面内部での変質を求めようとしているのであるが、宇野にはもともとそういう視点はなかった。

しかしここで何より重要なのは、この佐伯の第三の批判を容認したとしても、それはたかだか宇野における金融資本と農業問題との関連についての把握の不備を指摘しているだけであって、ここでとりあげられている「三段階論の根拠」への疑問とは無関係だ、ということである。そして宇野における三段階論の方法が、すでにこの論文において確立していたことは、これまでの佐伯の批判第一、第二に対する反論から明瞭に読みとることができよう。

原論・政策論・日本資本主義論

この「資本主義の成立と農村分解の過程」は一九三五年に発表されたが、翌三六年の『講義プリント経済原論』で、宇野は、流通論・生産論・分配論という三部構成をもつ純粋資本主義の理論体系を明らかにし、また同年『経済政策論　上』*を刊行して、重商主義段階と自由主義段階の構造を基本的に解明した。原論にしろ政策論にしろ、細部の点はともかく、その基本構成は（原論、第二篇第二章を除き）戦後のものとまったく変わっていない。

＊　佐伯は『経済政策論上』の刊行年を一九三七年としているが（3）一三三）、これは誤り。

この点からしても、ほぼ一九三五年頃には、宇野の三段階論の構造、したがって段階論を媒介とする現状分析論の方法は確立していたとみてよいであろう。

しかしこれまでみてきたように、宇野における現状分析論の形成が、日本資本主義論争に触発され、とくに日本農村の封建的性格の解明に焦点をあわせて実現されたことから、その現状分析論の方法は多くの制約を課されることになった。

すなわち段階論を基準にして現状分析を行なうという場合、資本主義の発展に伴う農民層分解の問題は比較的処理しやすい。商品経済の浸透、資本主義的生産の拡大とともに、いずれにせよ旧来の農村は解体され、農民層は分解されざるをえないのであって、そのさい資本主義の発展の差異は、この分解・解体の速度や範囲に異なった影響を及ぼす。現状分析はその点を確認し、比較し、類型化すればたりる。これに対して、金融資本的蓄積自体の分析は厄介である。まず金融資本自体、のちに宇野が明らかにしたように、ドイツ型、イギリス型というまったく異なった資本類型にわかれる。しかもわが国では一方で財閥、他方で綿業独占体といった異質な類型の資本が支配し、そのいずれも典型的な金融資本とは大きくへだたっていた。宇野の現状分析論の方法には、この金融資本分析への視角がほとんど欠落していたのである。

それぱかりではない。明治維新の性格規定だったらともかく、一九二〇年代以降の現状分析となると、もはや世界史的に帝国主義段階とはいえぬ時期に入っているのである。段階論を媒介とする現状分析という通常の方法に対して、段階規定を欠落した場合の現状分析の方法が問われることになる。

宇野は太平洋戦争末期には、一方で農業問題の研究をふかめつつも、この二〇年代以降の現状分析の方法について検討を開始した。手がかりは二〇年代から発生した世界農業危機であり、また三〇年代から支配的となったファシズムないしニュー・ディールという形態での国家による経済管理の潮流であった。戦後これは、論文「資本主義の組織化と民主主義」（一九四六年）および「世界経済論の方法と目標」（一九五〇年）として結実した。帝国主義段階論を直接前提としえない二〇年代以降においては、世界経済論の焦点として世界農業問題を置き、他面資本の組織化を超えた国家による経済の組織化を現代社会の基本構造としておさえることによって、現状分析の枠組みを設定するというのが、この二つの論文を貫く方法的提案といえよう。〈これについては第Ⅲ部第3章で立ち入って考察される〉。

〈引用文献〉

(1) 猪俣津南雄「封建遺制論争に寄せて」（『中央公論』一九三六年一〇月号）。
(2) 宇野弘蔵『経済学を語る』東京大学出版会、一九六七年。
(3) 大内秀明ほか『宇野弘蔵著作と思想』有斐閣新書、一九七九年。
(4) 向坂逸郎『日本資本主義の諸問題』育生社、一九三七年（一九四七年に黄土社から再刊。引用は後者から）。

Ⅲ　宇野理論の解明

第一章　唯物史観と経済学

第一節　「一般理論」と「特殊理論」

宇野理論は、これまでマルクス主義者の間では自明のこととされてきた、マルクス主義理論の基本的命題に対して、いくつかの根本的な疑問を投じ、しかもこれらの問題を、エンゲルスやレーニンやスターリンなどのマルクス主義の正系*を継ぐとされる理論家たちの解釈から離れて、マルクス自身の原典にそくしつつ解答を与えようとした点に、その方法上の最大の特質をもつ。

＊　マルクス主義理論陣営にあっては、一時、マルクス、エンゲルス、レーニン、スターリン、毛沢東という系列が不動の正系とされていた。例えば『季刊・理論』第二〇号、「スターリン論文――われわれの反省と問題点」（一九五三年）における山田勝次郎「偉大なスターリンの新論文に導かれて」に始まり、梅本克己「毛沢東哲学の理解のために」に至る一連の論文を参照。その後スターリン批判によって、まずスターリンがこの正系から消え、中ソ対立によって、毛沢東の位置が不明となったが、その政治的評価はともかくとして、マルクス主義理論の発展系列におけるスターリンや毛沢東の意義が、根本的にマルクス主義陣営において検討され、その欠陥が克服されたとはいえないようである。例えば、マルクス主義哲学者・芝田進午氏も次のように述べている。「いうまでもなく、スターリンの『弁証法的唯物論と史的唯物論』に代表されるマルクス主義の哲学体系は、ながいあいだ、マルクス主義哲学の唯一の体系として不動のものとみられていた。たしかに〈スターリン批判〉以後、ソ連の哲学者たちは、スターリンの哲学体系に若干の批判をくわえ、

たとえば弁証法の特徴づけの単純化、〈否定の否定の法則〉の無視、理論と方法の区別などについて正しい訂正をおこなった。しかし、フルシチョフらがスターリン理論の他の側面について基本的な検討をくわえず、むしろスターリン自身における修正主義的諸命題を保存し、さらに拡大したように、ソ連の哲学者たちは、スターリンの哲学体系に基本的な検討をくわえず、むしろなしくずし的に継承してきたということができる。」（芝田編訳『現代のマルクス主義哲学論争』一九七〇年、三一〇頁）事態は経済学においてもそれほど変っていない。

例えば、唯物史観が『資本論』、つまりマルクス経済学の基礎だとする命題に対しては、宇野教授は、逆に、『資本論』が唯物史観を科学的に基礎づけると主張し、唯物史観でいう生産力と生産関係の矛盾の展開も、直ちに資本主義の変革過程としてではなく、恐慌論において科学的に解明されうると主張する（『社会科学の根本問題』一八一頁参照）。さらに教授は、唯物史観の発見と剰余価値による資本家的生産の秘密の暴露とによって「社会主義は一つの科学となった」というエンゲルスの著名な規定をしりぞけ、『資本論』によって社会主義は科学的根拠を与えられたとはいえ、それ自体科学となったわけではなく（『経済学の効用』一九九頁参照）、したがってまた「革命の必然性」も、経済学的分析によって直ちに論証できると考えるのは誤りである（『〈資本論〉と社会主義』五九頁参照）というのである。このような理論と歴史、科学とイデオロギー、認識と実践などにかんする教授の独自の把握は、当然『資本論』やレーニン『帝国主義論』などの公式的解釈への批判はもとより、『資本論』『帝国主義論』それ自体の論理や構成への根底的検討にまでいたらざるをえない。事実、教授のいわゆる『資本論』や『帝国主義論』「から学んだものを私自身の考えとして述べた」『経済原論』や『経済政策論』は、それらに対する公式的理解とはもとより、『資本論』や『帝国主義論』自身とも、相当異った論理構成をとることになった。したがって、このような教授の方法論と、その成果である『経済原論』『経済政策論』を基軸とする、いわゆる三段階論に対して、マルクス主義の正系を自認する流派から激しい論難がまきおこったことはけだし当然であろう。*

＊　最近におけるこれらの正統派を自認する流派からする宇野理論批判の内容については、見田石介他監修『マルクス主

義経済学講座』上・下（一九七一年）、および見田他編著『マルクス主義経済学の擁護―宇野弘蔵氏の学説の検討』（一九七一年）を参照。

ところでまず注意を要するのは、これら批判者たちが一様に前提としている、「わたしたちの考え」――「かつてマルクスが創造し、その後レーニンをはじめとしてマルクス主義者たちが継承し発展させてきているような、史的唯物論を理論的＝方法論的基礎とする経済学、つまりマルクス主義経済学」（『擁護』六〇～一頁）という考え――なるものについてである。秋間実氏は、これをさらに次のように表現している。「史的唯物論は……経済学をはじめとするマルクス主義社会諸科学全体の理論的基礎かつ一般的方法論にほかならない。史的唯物論と個々の個別諸社会科学との関係は、つまり、一般理論と、それが特殊な個別領域にかんして具体的に展開された形態としての特殊理論、この両者の関係であり、簡単に言えば、一般と特殊との関係である。」（同、五八頁）つまり「史的唯物論」という「一般理論」を、資本家的経済過程という「特殊な個別領域」に適用すると、『資本論』という「特殊理論」がえられるという「考え」である。

これはおそらく、レーニンがその論文「カール・マルクス」において、まず唯物史観を説明し、それにつづけて「マルクスの理論の最も深遠な・最も包括的な・かつ微細をきわめた・確証と適用とは、かれの経済学説において見られる」（『資本論』①四五頁）として『資本論』の解説にはいっていることによるものであろう。だが唯物史観の「確証と適用」とが『資本論』においてみられるという文章は、唯物史観を「一般理論」とし、『資本論』をその「特殊な個別領域」への適用による「特殊理論」とする解釈の正当性を保証するものではない。何故なら「確証と適用」とは、明らかに二つの異った論理操作であり、したがって両者の関連こそが問題なのであるが、レーニンの文章ではそれ以上の説明は与えられていないからである。さらにまた「確証」という側面にかぎれば、『資本論』が「唯物史観にいわゆる上部構造に対して、その現実の土台をなす経済的過程を、それ自身に運動するものとして解明することによって、唯物史観を科学的に基礎づけた」（『社会科学の根本問題』一八一頁）とする宇野教授の理解とも一致するものであることは明らかであろう。

では、レーニンが、その唯物史観や弁証法の把握においてほぼ全面的に依拠したエンゲルスにあってはどうか。かれにおいても、両者を「一般理論」と「特殊理論」として把える見解が容認されているとは到底考えられない。むしろエンゲルスは、この両者を二つの性格と対象を異にする理論分野とした。すなわち、かれによれば、唯物史観は「これまでのすべての歴史は、原始社会を除けば階級闘争の歴史であったということ、これらのあいたたかう社会の諸階級はつねにその時代の生産諸関係と交換諸関係との、一言でいえば、経済的諸関係の産物であるということ」（『空想から科学へ』八二〜三頁）を明らかにする歴史観であり、したがってそれは「資本制的生産様式をその歴史的関連において示し、それが一定の歴史的時代にとって必然であること、したがってその没落もまた必然であることを示す」（同、八四頁）ことになるのであるが、これに対して、資本家的生産様式の「なお隠されていたその内的性格を暴露すること」、つまり「剰余価値の暴露」は唯物史観によってははたされず、経済学によってはじめて実現されることになる、というのである。それゆえエンゲルスは、「唯物史観と剰余価値による資本制的生産の秘密の暴露」とを「われわれがマルクスに負う」「二つの偉大な発見」（同）として明確に区別したのであった。

ではマルクス自身にあってはどうか。

いわゆる唯物史観の公式を与えた『経済学批判』の「序言」において、周知のように、かれは、唯物史観をもって自己の経済学研究に対する「導きの糸」と規定しており、しかも両者にかんするそれ以上の具体的説明は遂に与えなかった。だが「導きの糸」という言葉は論理的概念としてはきわめて不明確である。これをもって、秋間氏のいわゆる「一般理論」と「特殊理論」との関連を示す規定と断定することは到底できないであろう。

以上が、マルクス、エンゲルス、レーニンにおける唯物史観と経済学との関連についての基本的発言である。とすれば、われわれは唯物史観を「一般理論」、『資本論』をその「特殊な個別領域」に対して適用された「特殊理論」とし、したがって、唯物史観は『資本論』によって「科学的に基礎づけ」られたとする宇野教授の主張は「マルクス自身およびマルクス主義者たちの見解」と真向から対立すると批判する秋間氏の所説を、氏独自の解釈ないし主張としてはともかく、「史的唯物論と経済学との関係についてのマルクス主義者の見解」(『擁護』五八〜九頁)として、一般的に容認する必要は毫もないであろう。むしろ逆に、以上の考察は、マルクスがたんに「導きの糸」と規定した、唯物史観の経済学研究に対する関連について、唯物史観および『資本論』の両者に対する立入った検討を前提としつつ、われわれが「自分自身の頭」でより明確に把握しなおすことを要請しているといえる。そしてまた、宇野教授のこの点に対する独自の主張は、実は教授自身のかかる作業をとおして獲得された、その方法的認識の結論をなすものであった。したがってわれわれは、今や秋間氏において無条件的に前提とされた「マルクス主義者の見解」なるものから離れて、唯物史観の公式自体を直接対象としつつ、その『資本論』体系との特有の関連を探らねばならない。「観念論的および形而上学的な物の見かた考えかた」(同、六一頁)に立っているのは、はたして宇野教授であるか秋間氏的「マルクス主義者」であるかは、その過程をとおして自ら明らかとなろう。

第二節　「導きの糸」とは何か

まず説明の便宜上「序言」における唯物史観の公式を引用しておこう。(①②などの段落分けは、宇野『資本論の経済学』のそれにしたがう。なお秋間氏の論文でも、この段落分けはそのまま使われている。)

「①　人間は、彼らの生活の社会的生産において、一定の・必然的の・彼らの意志から独立した・諸関係を、すなわち彼らの物質的生産諸力のある一定の発展段階に照応する生産諸関係を、むすぶ。これらの生産諸関係の総体は、その社会の経済的構造を、すなわち法制上および政治上の上層建築がそのうえにそびえ立ち・一定の社会的意識諸形態がそれに照応するところの・現実の土台を形成する。物質的生活の生産様式は、社会的の・政治的の・および精神的の・生活諸過程一般を制約する。人間の意識が彼らの存在を規定するのではなくて、むしろ逆に、人間の社会的存在が彼らの意識を規定するのである。

②　社会の物質的生産諸力は、その発展のある一定の段階において、そのときまでそれがそのうちで運動してきたところの現存の生産諸関係と・あるいはただその法的表現にすぎない所有諸関係と・矛盾するようになる。これらの諸関係は、生産諸力の発展諸形態からその桎梏に転化する。その時社会革命の時代がはじまる。経済的基礎が変動するにつれて、巨大な上層建築のすべては、あるいは徐々に、あるいは急速に、変革する。かかる変革を観察するにあたっては、われわれはつねに、経済上の生産諸条件に起った物質的の・自然科学的に確証されうる・変革と、人間がかかる衝突を意識するようになりかつこれを戦い決するところの法律的の・政治的の・宗教的の・芸術的の・あるいは哲学的の・簡単にいえばイデオロギー的の・諸形態とを区別しなければならぬ。かかる変革時代をその時代の意識から判断することは、ちょうどある個人が自分自身のことをどう考えているかによってその人を判断しようとするのと同じで、たんに不可能であるだけでなく、むしろこの意識が、物質生活の諸矛盾から、社会的生産諸力と生産諸関係とのあいだに現存する衝突から、説明されなげればならないのである。

③　ひとつの社会構成は、そのうちで発展しうるすべての生産諸力が発展してからでなくては、けっして没落せず、また新たな・より高度の・生産諸関係は、その物質的な実存諸条件が旧社会そのものの母胎内で孵化しおわるまでは、けっして従来のものに取ってかわりはしない。だから人間はつねにみずから解決しうる問題のみを問題とする。なぜというに、よく正確に観察するならば、問題はつねに、その解決の物質的諸条件がすでに存在しているか・あるいは少なくともその生成の過程にあるか・のばあいにのみ、はじめて発生するものだから。

④　ごく大づかみには、アジア的の・古代的の・封建的の・および近代ブルジョア的の・生産様式が、経済的社会構成の進歩の諸時期として特徴づけられうる。ブルジョア的生産諸関係は、社会的生産過程の最後の敵対的形態である。ここに敵対的というのは、個人的敵対の意味ではなくて、諸個人の社会的生産諸条件から生ずる敵対の意味であ

るが、しかしブルジョア社会の母体内に発展しつつある生産諸力は、同時にこの敵対の解決のための物質的諸条件をつくりだす。それゆえ人類社会の前史は、この社会構成をもって終りをつげるのである。」(『経済学批判』一九〜二一頁)

要約すれば、

①は、土台としての生産関係の独立性(上部構造に対する制約性)、

②は、生産力と生産関係との矛盾にもとづく、社会体制の変革の必然性、

③は、変革の条件と時期、

④は、経済的社会構成の発展段階(四段階)と、ブルジョア的生産様式の特殊性(人間社会の前史の最終段階)、を示しているといってよい。

マルクスは、この史観を、かれの「ヘーゲル法律哲学の批判的検討」にはじまって、「ブルジョア社会の解剖学」としての経済学の研究に至る過程の中で獲得し、以後かれの研究の「導きの糸」として役だった、と述べているのであるが、ここでの問題は、『資本論』体系の形成と、この体系の構成とにとって、この「導きの糸」のはたした役割と機能、したがってまたその限度を具体的に確定することである。

そのためには、われわれは、まずこの公式のもつ基本的性格を確認しておかねばならない。

(1) この公式は、生産力と生産関係、土台と上部構造、土台自体の変化にもとづく社会体制の変革、歴史の発展段階区分などについてのいくつかの命題からなりたっているが、それらの命題は、何れもそれ自体として証明を与えられていない。むしろそれは、今後の社会科学的研究によって証明を与えられるべき仮説といわねばならない。つまり、この「一般的結論」は、それまでの社会科学的研究成果の総括ではなく、社会科学的研究の前提をなす作業仮説であり、そこに、この「一般的結論」がマルクスの経済学研究にとっての「導きの糸」となった理由も求められる。

(2) とはいえ、この仮説は、一般に自然科学研究における作業仮説——つまり、実験をとおして実証されることに

よって、その客観的真理性が検証され、この検証をパスするかぎりにおいて、実証科学の内容となるところの作業仮説――とは根本的な点において異なる。エンゲルスは、あらゆる観念論に対する、唯物論としての「経験科学」ないし「実証科学」の真理性の根拠を「実験」にもとめ、「もしわれわれが、ある自然事象を自分の手でつくりだし、それを自然事象の諸条件に則って、発生させ、その上にわれわれの目的に役立たせることによって、その事象にたいするわれわれの見解の正しさを証明することができるならば、カントの不可知な〈物自体〉はおしまいである」（『フォイエルバッハ論』三〇頁）といった。つまり仮説を証明するためには、自然科学においては、マルクスのいわゆる「過程の純粋な経過を保証するような諸条件のもとで実験をする」（『資本論』①七一頁）必要があり、したがって、このような「純粋な」場を「自分の手」で設定する必要がある。自然科学の場合は、対象たる自然が人間の意志や行動から切離されうる客体的過程であるために、かかる「実験」が可能となるのであり、ここに仮説―実験―客観的真理という一連の自然科学的対象認識の成立しうる現実的根拠があった。ところが歴史を対象とする社会科学の場合は、事情は、これと全く異なる。目的と意識とをもって行動する人間から切離された、客体的過程は存在せず、むしろこれら主観的な人間の行動の総和が歴史過程を形成しているのである。すなわち、エンゲルスはいう。

「社会の発展史は、一つの点で自然の発展史とは本質的に異っている。自然においては、相互に作用するものは――自然にたいする人間の反作用を度外視すれば――全く無意識的な・盲目的な作用力であって、それらの相互作用のうちに一般法則が行なわれているのである。自然においては、起ってくる一切のものは――それが表面に現われてくる無数の外見的偶然性であろうと、この偶然性の内部に存する法則性を確証する窮極的な結果であろうと――欲求され・意識された目的として起ったものは一つもない。これに反して、社会の歴史においては、行動するものはじつに意識を与えられ、思慮分別または熱情をもって行動するのであり、一定の目的にむかって努力する人間である。だから、意識された意図なしには、意欲された目的なしには何事も起らない。」（『フォイエルバッハ論』六四～五頁）

つまり自然を動かすのは「全く無意識的な・盲目的な作用力」なのだから、この「作用力」を「過程の純粋な経過」

のうちにおくことができ（＝実験）、したがってこの「作用力」をそれ自体として「純粋」に、客観的に認識することが可能となるのに対して、歴史ないし社会関係においては、そのような意味で、「作用力」を「過程の純粋な経過」のうちにおくことができず（＝「実験」の不可能性）、したがってこれを、自然科学におけるような意味で「純粋」に、客観的に把握することはできないというのである。

(3) では歴史においては、その進行を規定する「内的一般法則」は存在しないのであろうか。エンゲルスはしかし「歴史の領域における無数の個人意志と個人行為の衝突は、無意識的自然を支配している状態と全く似通った状態をもたらす」のであって、「表面上は偶然が支配している場合でも、この偶然は内部に隠されている法則によって常に支配を受けており、したがってこの法則を発見することだけが問題なのである」（同、六五頁）という。

だがこのエンゲルスの主張は、自然は「無意識的」であるがゆえに法則性が支配するとともに、これを客観的に認識することが可能となるのに対して、歴史においては、あらゆる行動は人間の「意識された意図」「意欲された目的」によって導かれるという点でその構造を「本質的に異」にする、というさきの認識とは明らかに背馳する。何故なら「無数の個人意志と個人行為の衝突」は、たしかにこれらの「意志」や「行為」とは異なる結果をもたらすとはいえ、この結果そのものがつねに何らかの「法則」によって支配されていると判断しうる保証は与えられていないからである。つまり「無意識的な自然」に対して「意識的な」人間の行為の総和としての歴史を一般的に対置するかぎり、この問題は解決しえない。この問題を解決するためには、歴史一般ではなく、まず資本主義社会の特有な歴史構造に焦点を合せなければたらないのである。

実際エンゲルスも「これまでのあらゆる時代は、原因と結果との相互関連が錯綜し、隠蔽されていたために、この歴史の起動的原因を探求することがほとんど不可能であったのに対して、現代はかかる相互関連が極めて単純化されていて、この謎を解きうるようになった」（同、六八頁）と主張する。つまりイギリスでは産業革命以後、フランスでは「ブルボン家の復帰」とともに、すべての政治闘争は、地主貴族とブルジョアジーとの二階級の支配権の要求をめぐって行なわれ、一八三〇年以後はこれにプロレタリアートを加えた三大階級の闘争となり、「この三大階級闘争の中に、またこれらの階級の利害の衝突の中に、近代史の起動力を見ようとしないためには、意識的に目をつぶらねばならなかった。」（同、六九頁）この三大階級、とくにブルジョアジーとプロレタリアートの起源と発展は、「純経済的原因」にもとづくということは「火をみるよりも明らか」であって、すでに「チェリーからギゾー、ミニェー、チェールにいたる王制復古期の歴史家達」でさえ「階級闘争の事実を中世以降のフランス史を理解するための鍵と説いている」（同、六八頁）というのである。したがって、近代史においては、あらゆる政治闘争は階級闘争であり、階級闘争には結局経済的解放をめぐって行なわれることが、歴史的発展過程自体によって示されるとともに、国家と国法がさらは私法までもが、経済的関係によって規定され、哲学や宗教という「一層高度化されたイデオロギー」さえも、その「物質的諸条件との関連」がより「複雑」となり「不明瞭」となるとはいえ、しかし結局はこれと「関連」づけられるということが明らかとなってくる、というのである。

このエンゲルスの主張は、歴史に対する唯物論的把握が、決して古代から現代にいたる人間の歴史過程一般の考察の結果としてみちびきだされたものではなく、むしろ、近代における資本主義の発展過程とともに、イギリスやフランスにおいては、「意識的に目をつぶらない」かぎり、何人にとっても否定し難い明瞭な歴史的事実認識として成立してきたものであり、唯物史観の公式は、かかる認識を、土台と上部構造、生産力と生産関係という概念に純化して、これを人類の歴史過程一般に拡大することによってえられた「一般的結論」にほかならないことを示唆している。

かくて、この公式を「導きの糸」として、マルクスがまず「資本家的生産様式、およびこれに照応する生産諸関係ならびに交易諸関係」の研究に専念したのは必然的であった。それは、マルクスが資本主義社会に生きていたということによるのでもなければ、資本主義社会の科学的解明がかれのイデオロギー的立場から緊急の課題をなした、というためでもない。土台の自立的運動ないし土台による上部構造の規定性、要するにエンゲルスのいわゆる「歴史の起動的原因」の理論的把握は、資本主義社会をのぞいて、「これまでのあらゆる時代は原因と結果との相互連関が錯綜し隠蔽されていたために……ほとんど不可能であった」からである。

だがこういったからとて、われわれは秋間氏が批判されるように、「資本主義以前のすべての社会では、商品経済が貫徹されることができず、土台と上部構造とが未分化であって、イデオロギーが経済を支配していたのであるから、〈いわゆる下部構造としての経済過程が自立的過程をなすという、唯物史観の基本的規定〉は、こうした社会にはあてはまらない」（『擁護』八〇頁）と主張しているのではない。

唯物史観で定式化された歴史の基本的構造はあらゆる社会体制に貫かれるとはいえ、その現実的存在様式は、資本主義社会とそれ以外の社会においては決定的に異なり、したがってわれわれは、まず資本主義社会の、しかもその原理的把握において、唯物史観の構造を科学的に証明し、かかる把握を前提として、さらに他の社会関係における唯物史観の基本的規定の具体的な貫徹様式を明らかにせねばならない、というのである。

かくて問題は、何故資本主義社会では、エンゲルスのいうように「かかる相互連関が極めて単純化されていて、この謎を解きうるようになった」のか、という点にうつる。エンゲルスは、この注目すべき事実は指摘したが、その理由については立入った考察を加えていない。宇野教授の唯物史観解釈の特異性は、この問題に対して独自の理論的解明を与え、秋間氏に代表されるごとき、たんに唯物史観を「特殊理論」としての社会科学に対する「一般理論」とする平板な通説的理解を超えて、その資本主義社会との特殊な関連を明らかにした点にある。

第三節　資本主義と唯物史観

唯物史観は、まず①社会構成体における土台の独立性　②土台における生産力と生産関係の特有の関連を説き、かかる把握を前提として、③土台による上部構造への規定性、④生産力と生産関係（所有関係）の矛盾による社会革命の必然性、を主張している。

マルクスは、この唯物史観を「導きの糸」として、「資本制的生産様式、および、これに照応する生産諸関係ならびに交易諸関係」(『資本論』①七一頁)の研究にはいり、その成果として『資本論』体系を書き、この史観に科学的「確証」ないし根拠を与えた。

マルクスのこのような研究過程に対して、宇野教授は、人類の歴史の中で、土台が土台として独立性をもって運動するのは、確立・発展期の資本主義においてのみであり、そこに、この史観がマルクスをまず一九世紀中葉のイギリス資本主義の研究へと導かざるをえなかった必然的根拠があり、したがってまたその成果としての『資本論』体系における論証も、この史観の命題中の①と②をもって限度とする、といわれるのである。(『経済学方法論』の「Ⅰ、経済学と唯物史観」参照)

ここにおいて、われわれは、⑴歴史における科学的認識の成立根拠という問題と、⑵他のあらゆる歴史過程に対する資本主義社会の特殊性という問題に直面することになる。

順をおって考察しよう。

⑴　前節でみたように、エンゲルスによれば「社会の発展史」と「自然の発展史」との「本質的な違い」は、後者においては「相互に作用するものは、……全く無意識的な・盲目的な作用力」であるのに対して、前者では人間の「意識された意図、意欲された目的なしには何事も起らない」(『フォイエルバッハ論』六四～五頁)という点にあった。つまり、自然の運動を規定するのは、人間の意図や目的とは無関係な「全く無意識的な・盲目的な作用力」であるがゆえに、人間は、マルクスのいわゆる「過程の純粋な経過を保証するような諸条件」のもとで、この作用力の法則性を客観的に認識することが可能となるのである。対象の運動が、人間の意識的・熱情的行動と切離されて、しかもこれを「過程の純粋な経過」のうちに把握されうる場合に、はじめて科学的認識(唯物論的認識)が成立しうるとすれば、もともと人間の「意識された意図、意欲された目的なしには何事も起りえない」歴史においては、科学的認識ははじめから根本的なアポリアに立たされることになる。そして、このアポリアを解決するものこそ、特有な歴史的性格を

もった資本主義社会の確立と発展の過程にほかならなかった。

すなわち宇野教授によれば、資本主義社会の確立と発展のうちに、あらゆる上部構造的規制から解放された土台の自律的発展（人間の意図ないし目的からの歴史過程の切離し）とその純化（過程の純粋な経過）とが保証され、かかる発展過程を対象として、はじめて自然科学と同様な歴史に対する客観的（唯物論的）認識も成立しうるというのである。資本主義の確立・発展の過程こそ、いわば歴史自身によって実現された、歴史の法則的認識に対する壮大な実験室の構築を意味した、というわけである。

秋間氏は「このような議論は、しかし、ひとりよがりのまやかしにすぎない」として、①「〈抽象力〉は人間の頭脳の能力であって、客観的現実はこれを所有していない」②「〈純粋の資本主義社会〉を〈自然科学における実験室対象〉になぞらえるのは、正確でない」（『擁護』六六～六九頁）という二点において批判する。しかしその理由は、①「現実の資本主義自身が自分を抽象したり分析したりするわけではない」のであり、かつ②「純粋の資本主義」は現実には存在しない一つの「理念型」であって、自然科学の「実験室的対象」とは異なるというにとどまる。

現実の資本主義が自己を「分析」するなどという珍奇な主張をした論者は、かって存在しない。宇野教授は、資本主義の純化過程こそが、人間にこれを対象とする純粋な認識、すなわち抽象と分析とを可能とする客観的前提をなすというのである。もちろん、資本主義の純化過程が客観的に存在しても、これを対象として、純粋な資本主義の運動法則を認識しようとする意欲をもたない人間（例えば、近代経済学者や秋間氏など）にとっては、かかる認識の成立しうるはずがない。さらに、純粋な資本主義が「一つの理念型」にすぎないなどという批判は、M・ウェーバー以来、『資本論』の客観性を否定する常套句にすぎないが、これについてはのちに詳しくふれる。

(2) では資本主義の確立・発展過程は、何故エンゲルスのいわゆる「個人意志の動因」をこえた、その「背後」の歴史の「原動力」を、しかもこの社会の「一般的運動法則」として認識させることを可能にするのだろうか。

それは、人間の社会関係における商品経済の特殊性と、この商品経済の全面的支配過程としての、資本主義の確立・

発展過程の特殊性とによる。

すなわち第一に、商品経済は、人間のあらゆる社会的関係のうちで、人種的・民族的・国民的・宗教的・権威的・権力的・共同体的・階級的等々のすべての上部構造的ないし支配・服従的関係から切離された唯一の自由・平等な関係である。ブルジョアジーとプロレタリアートの関係は、階級的でしかも商品経済的関係ではないか、という疑問がもたれるかもしれないが、この場合でも、両者の商品経済的関係に限定するかぎり、プロレタリアートは労働力商品の自由な販売者であり、かつ生活資料としての商品の自由な購買者、ブルジョアジーも労働力商品の自由な購買者にして生産物の商品としての自由なる販売者であって、両者の売買関係には、原則的に自由意志以外の何ものも作用しない点が注意されねばならない。つまり法的には、いずれも商品の私的所有者であって、プロレタリアートの場合は、その商品の内容が労働力という特殊な商品である、というだけなのである。その再生産過程をとおして階級関係が維持・拡大されるとしても、両者の直接的関係はあくまで、私的所有者として自由かつ平等な商品の売買関係にすぎない。

とはいえ、このことは、商品経済では必ずいわゆる等価交換が実現される、といっているのではない。むしろ逆である。農民や小生産者などが商人との取引をつうじて収奪され、没落する過程は、とくに資本主義の発生期にはひろくみられた。だがその場合でも、商品売買の形式的関係にのみ限定すれば、当然両者（商人と農民ないし小生産者）は、平等な商品所有者（販売者ないし購買者）という立場にたって、自由な取引関係をむすぶのである。例えば農民は、その生産物を商品として売りたくなければ売らなくてもよいのであって、その点、生産物を領主に年貢として納めなければならぬ場合とは全く異なる。もちろん実際には、農民はその生産物を商品として売らざるをえないことになろうが、それは、この商品取引そのものの外部に横たわる農民の経済的・社会的事情に規定されて発生した事態なのである。そして資本主義社会であろうとなかろうと、また資本家であろうと小生産者であろうと、商品販売者はできるだけ高く売り、購買者はできるだけ安く買おうとする。さまざまな外的事情に規定されながらも、商品は両当事者の自由な意志決定にしたがって一定の価格で売買される。すると、他の事情とはかかわりなしに、この商品売買という経済過程の結果は、貨幣というものの中に集約されることになる。つまり、他の社会関係と異って、商品関係をとおして結ばれた経済的関係は、貨幣という、客体的なもののうちに質的に一元化されて集約され、したがってその量によって、この経済関係における量的関係も示されることになる。

わかり易くいえば、一万円の貨幣をもっているAは、百円の貨幣をもっているBと較べて百倍の経済力をもつのであって、両者の経済的関係は、貨幣の数量において、一元的にかつ客観的に表現されることになる。一般に人間の社会関係はもとより、その中の経済的関係さえ、このように客体的なものの量的関係によって一元的に把握されうるというのは商品経済をおいて他にはない。例えば、奴隷と貴族や、農奴と領主の経済関係は、権威や権力や軍事力や法的・政治的強制力や、その他諸々のイデオロギー的関係に媒介されつつ結ばれているのであって、この関係を一元的に、しかも客体的なものの量において表現することはできないのである。

では商品経済の存在するところでは、人間の経済関係は、すべて一元的に客観的に把握できるかといえば、そうはいえない。その社会構成の中において、商品経済自体がどの程度の支配力をもつかによって、過程はさまざまになりうる。例えば、商人が商品交換によって小商品生産者を収奪できる、つまり安く買って高く売ることができる、というのも、収奪の対象となる小商品生産者において、経済過程が完全に商品関係によって支配されていないから可能なのである。小商品生産者の生産物の生産過程は、なお商品経済の支配の外部にあり、したがって商人資本は、自由な売買をとおして小商品生産者を没落せしめるまでに収奪することも可能なのである。小商品生産者が完全に没落し、自己の労働力以外に売るものをもたなくなれば、生産物の生産過程は、資本が購買した労働力の使用をとおして実現される以外になく、この場合には、商品経済はたんに生産物の売買過程だけでなく、生産物の生産過程を、したがってその社会的再生産過程全体を支配しうることになる。そしてここにエンゲルスのいわゆる、資本主義社会における歴史の「原動力」の「一般的運動法則」としての認識の根拠が与えられることになる。

すなわち第二に、人間の経済関係のものへの一元化機構である商品経済が、たんに生産物の交換過程のみならず、その生産過程をも支配した社会において、はじめてこの社会の人間関係が全面的にものの関係のうちに把握されることになる。これが資本主義社会の、あらゆる他の社会構成体と区別された、本質的な特殊性にほかならない。

この点、章をあらためてさらに考察しよう。

第二章　資本主義社会の特殊性

第一節　商品経済と共同体

マルクスは「商品交換は、諸共同体の終るところで、諸共同体が他者たる諸共同体・または他者たる諸共同体の諸成員・と接触する点で、始まる」（『資本論』①一九六頁）といっているが、この短い文章の中にマルクスの歴史認識の核心が示されている。

第一に、人類の歴史は、まず共同体的構造をもって展開され、第二に、その一定の発展を前提として共同体と共同体のあいだから、はじめて商品交換は発生するということである。そして、第三に、以上の二点が資本主義的生産様式の特殊性を把握する基準を与えることになるのである。

共同体については、マルクスの『経済学批判要綱』の中の「資本制生産に先行する諸形態（資本関係の形成または本源的蓄積に先行する過程について）」で詳しく考察されている。「血統、言語、慣習等々における共同性」を内容とする「自然発生的な種族共同社会、またはそうよびたければ、群居体」の存在が「第一条件」であり、この共同体が「種々の外的、気候的、地理的、物理的その他の諸条件」に媒介されつつ、その「特殊な自然的素質」のもとに「彼らの生活の客体的諸条件を占取」する過程をとおして、さまざまな類型の「原始的共同社会」が成立する。その場合、いうまでもなく「土地が、労働手段とともに、労働材料を、そして住所をも供給する大きな仕事場・武器庫であり、共同体の基礎である。彼らは、土地に対して、素朴に共同体の所有に対するものとして、関係する。そして、生きた労働において自己を生産し再生産する共同体の所有に対するものとして、関係する。おのおのの個人は、ただ、この共同体の分肢としてのみ、成員としてのみ、所有者または占有者としてふるまうにすぎない。労働の過程を通じての現実の占取は、これらの前提のもとでおこなわれるのであって、これらの前提そのものは労働の所産ではなく、むしろ労働の自然的または神授的諸前提としてあらわれるのである。」（『資本制的生産に先行する諸形態』青木文庫版、八〜九頁）

共同体とその構成員との関係の仕方、したがって共同体の構造は、アジア的、古代ローマ的、ゲルマン的などさまざまな類型をとりうるが、一般的にいって「土地所有と農業とが経済的秩序の基礎をなし、したがって使用価値の生産が経済的目的であり、個人自身がその基礎をなすところの共同体に対する一定の諸関係のもとでの個人の再生産が経済的目的である」（同、一一七頁）とみてよいであろう。

経済過程が、このような共同体によって規定されているとすれば、その内部から商品交換があらわれうるはずがない。何故か。マルクスは、商品交換の成立の条件を次のように要約している。

「ある使用対象が可能性からみて交換価値である第一様式は、非使用価値としての・その所有者の直接的欲望をこえる分量の使用価値としての・その使用対象の定在である。諸物は絶対的に人間にとり外的なものであり、したがってまた譲渡されうるものである。この譲渡が相互的であるためには、人々はただ、黙って、かの譲渡されうる諸物の私的所有者として、また、まさにそれゆえに相互に独立する人格として、対応しあいさえすればよい。しかし、かかる相互的他者たる関係は、自然発生的共同体の構成員にとっては——その共同体が家父長制的家族の形態を有しようと、古代インド的共同体の形態を有しようと、インカ国などの形態を有しようと——実存しない。」（『資本論』①一九六頁）

すなわち、①人間にとって外的なものとしてある使用価値が、②人間の直接的欲望をみたす以上にあり、③しかも、人間が相互に独立する人格として（相互的他者たる関係において）相対する場合、はじめてこのものは商品となりうる、というのである。

　商品とは、販売によって他人に手渡されるものである以上、①②の条件は自明であろう。決定的な点は、むしろ③である。つまり、共同体内において、その構成員が直接的必要とする以上に、生産物を生産したところで、直ちにそれが商品化されることはない。商品交換とは、相互に他人同士として対立する二つの独立した人格の間での、自由な意志決定に媒介されて、はじめて実現されるものの特殊な配分関係だからである。ところが共同体内部においては、原則的にこのような独立した相互他者的関係は存在しない。人間同士の関係は、共同体という有機体の分肢と分肢との関係にほかならないからである。例えば、現代でも存在する家族という共同体内部の構成員間の関係を考えてみれば、この点はすぐわかるであろう。家庭のなかの使用価値としてのものが、毎日の生活の必要以上に存在するからといって、構成員同士が、これを相互に商品として売買しあうということはおこりえない。

　では、人間の歴史は自然発生的には共同体としてしかありえないとすれば、商品交換はどこから発生するのか。それは共同体と共同体のあいだ、具体的には、共同体代表者相互のあいだから発生する以外にはないであろう。共同体の支配する社会においては、相互に他者たる関係は、共同体と共同体との相互関係においてしかありえないからであり、したがって、この他者たる共同体の代表者は、また相互に他者として独立に相対しうるからである。

　そして「諸物がひとたび対外的共同生活において商品となるや否や、それらは反応的に、内部的共同生活においても商品となる。」（『資本論』①一九六頁）つまり、対外関係において発生した商品交換が、漸次共同体内部にも浸透することによって、はじめて共同体内の商品交換が成立する。ただこの場合注意しなければならないのは、商品交換の成立は、つねにその当事者が相互に他人として独立することを前提とせざるをえない以上、共同体内における商品交換の成立は、多かれ少なかれ、その共同体に対して分解的作用をおよぼさざるをえないことである。いわば共同体の原理としての構成員の有機的一体性と、商品経済の原理としての独立した個人の相互他人性とは、全く相反する性格をもち、したがって、共同体内における商品経済の拡大は、多かれ少なかれ共同体的規制の弛緩を意味するとともに、共同体も、その存立基礎が強固であるかぎり、かかる商品経済に対して対抗的に対応することになる。だから古代においても、中世においても、その基本的社会構造から疎外された民族が、仲介商業を専門的に担当し、諸共同体は、これらの民族の商業活動を共同体間の限定された範囲において容認しつつ、比較的長期かつ安定的に両者の併存をみる、という事態もありえたのである。*

＊「自己目的として富があらわれるのは、わずかばかりの商業民族――仲介商業の独占者――のばあいだけで、かれらは中世社会におけるユダヤ人のように、古代世界の気孔のなかで生きていたのである。」（『諸形態』三二頁）

いずれにしても、使用価値を目的とする共同体的生産に対して、富（より正確には価値）を自己目的とする商品経済の滲透は、その共同体の生産力の発展に異常な刺戟を与え、この生産力の発展は、旧来の共同体的秩序と矛盾することになろう。その結果、新たな編成をもつ共同体の成立（例えば、古代社会に対する中世社会の成立）をみるか、あるいは共同体的関係一般の崩壊となるかは、具体的歴史過程において個別的に確認される以外にない。ともかくも「世界商業および世界市場は、一八世紀において、資本の近代的生活史を開始」（『資本論』②二八三頁）し、ここに世界史は、共同体の一般的消滅と、それにかわる商品経済の全面的支配の歩みを開始したのである。

商品経済と共同体との関連についての以上のような理解を前提として、宇野教授は「一般に形態は実体あっての形態であって、先ず実体が明らかにされなければ、形態は展開されない――と考えられるのであるが、しかし商品論にあっては、したがってまた……経済学の原理論にあっては、それはむしろ本末顚倒といってよい。」何故なら「商品形態は、共同体と共同体との間に発生して、共同体の内部に滲透していって、それらの共同体を一社会に結合しつつ社会的実体を把握することになるのであって、形態自身はいわば外から実体を包摂し、収容する」（『方法論』二二七頁）からである、といわれる。

これに対して林直道氏は「この主張は完全にあやまっている。……およそ生産物が商品形態をとるためには、社会的分業の発展が前提される（社会的分業の網が人びとをたがいにむすびつける）が、それと同時に、生産手段の私的所有（および生産物の私的取得）（これは人びとを独立の私人としてたがいにきりはなす）という一定の所有関係が存在していなければならぬということである。これが商品経済関係の実存条件である」（『擁護』一五〇頁）と批判しつつ、「商品が共同体と共同体のあいだの生産物交換として発生したということは、なんらの実体的基礎もなしに純粋に形態だけのものとして商品がうまれたということを意味するだろうか？　けっしてそうではない」と主張される。

その理由はこうである。

「たしかに一つの共同体（その本源的形態）だけをとりあげてみれば、そこには生産手段の私有はないのだから商品形態の実体的基礎はない。しかし、一つの共同体がもう一つ別の共同体と接触したときには話がちがってくる。生産手段の共有はおのおのの共同体のわく内のことがらであって、共同体のわくをこえた他の共同体とのあいだにはたがいに生産手段の共有関係は存在しない。おのおの共同体そっくり全体があたかも独立の生産手段私有者として、他の共同体とむかいあうのである。だからここには商品形態の実体的基礎が厳然と存在したのである。以上によって、商品と生産関係が深い内面的つながりをもっていること、宇野氏の、〈商品形態＝生産過程にとって外的なもの〉という主張がまったくあやまっていることは明らかである。」（同、一五一〜二頁）

しかし『資本論』の著者や宇野教授が、価値形態に対してその実体というときには、必ずいわゆる「抽象的人間労働」をさしていた。したがって商品価値の「実体的基礎」という場合には、商品の価値の大きさはその商品に投下された「抽象的人間労働」の量的比率によって決定されるということを意味しているのであって、商品にはおよそ何らかの労働がふくまれているといった程度の問題ではなかった。では共同体と共同体との間に発生した商品に、かかる「実体的基礎」が認めうるであろうか。林氏とは反対に、宇野教授と同様マルクスもこれを否定している。

すなわち、共同体間に発生した商品、およびそれと反応的に共同体内に発生した商品においては「その量的な交換関係は、最初には全く偶然的である。」そして「時の経過とともに、労働生産物の少なくとも一部分は、意図的に交換の目的で生産されざるをえない」ことになるが、「この瞬間から、一方では直接的要求にたいする諸物の有用性と、交換のための諸物の有用性との間の、分離が確立される。諸物の使用価値が、それらの物の交換価値から分離する。他方では、それらの物が交換されあう量的関係は、それらの生産そのものに依存するようになる。慣習は、それらの物を、価値の大きさとして固定させる」（『資本論』①一九六～七頁）というのである。

その交換関係が「全く偶然的」ということは、この価値関係の基礎に「抽象的人間労働」の量による規定関係が「全く」機能していないことを示す。これを、宇野教授は、この価値形態はなお実体的基礎を欠くと表現しているわけである。マルクスにおいても、かかる「偶然的」な商品関係でなく、共同体内部に発展した商品生産において、しかも「時の経過とともに」、交換のための生産が確立するにつれて、徐々にその商品の交換比率は「生産そのもの」に依存するようになる。すなわち実体的基礎を確立する、としているのである。

林氏の主張にしたがえば、マルクスのいうかかる「時の経過」は全く不要であり、いかに「偶然的」な共同体間の商品でも、「厳然」として「実体的基礎」をもつことになる。その根拠は「共同体そっくり全体があたかも独立の生産手段私有者として、他の共同体とむかいあう」からだそうである。

つまり林氏は、生産手段の私的所有は必然的に商品交換をみちびくという命題を逆転して、商品交換は必然的に生産手段の私的所有を前提とするという命題をひきだした。そうすることによって、宇野教授の、価値形態は実体的基礎なしに成立するという主張に反論しようとしたのである。ところが共同体においては生産手段の私有は存在しないにもかかわらず、共同体間には商品交換は成立しうる。進退きわまった氏は、共同体といえども他の共同体に対しては生産手段の私有者である、という独創的な知見に到達した。かくて、生産手段の私的所有が存在する場合、当然商品生産があり、商品生産がある場合、商品の価値が労働によって規定されるとすれば、共同体も「あたかも独立の生産手段私有者」――「あたかも」は多少気になるが――であるかぎり、その間で交換される商品の価値は労働によって規定される、というみごとな三段論法が成立したわけである。

だがこの論証の欠陥は、第一に、生産手段の私的所有の存在は必然的に商品交換をみちびくとはいえ、その逆は必ずしも成立しないのであって、その意味で、まず初歩的な形式論理上の誤謬をおかしているということであり、第二に、共同体同士が「あたかも独立の生産手段私有者」として対立しあったとしても（かかる想定自体無理であるが）、その商品交換はなお「全く偶然的である」点をみのがしていることである。マルクスのいうように、商品価値が、抽象的人間労働という実体的基礎をもつためには、かかる商品交換から出発して、まず共同体内における商品交換の展開をみ、さらにそれが反復的交換によって恒常的商品生産として固定化され、それによる使用価値と交換価値との分離とともに、「慣習」をとおして、労働を基礎とする価値関係が固定化されてくるという、一連の長い過程を必要とするのであった。したがって林氏が以上のような「商品と生産関係が深い内面的つながりをもっている」という主張をもって、宇野教授の所説を批判されるのは自由であるが、そのさいには少なくとも「商品というものを歴史の一定の段階における必然的な産物としてとらえ」ず、「人間社会の外部」からみちびきだしたのは、「商品交換は、諸共同体の終るところで、諸共同体が他者たる諸共同体・または他者たる諸共同体の諸成員・と接触する点で、始まる」としたマルクスにほかならず、宇野教授の、商品は「元来、人間社会にとって必然的なものとはいえない」という所説も、このマルクスの命題の要約にほかならないという点は失念さるべきではなかった。

これら「マルクス主義経済学の擁護」者たちが、宇野理論批判をとおして、遂にマルクスの所説への批判に至る過程は、さらに以下の展開の中で、いくつかの事例をもって示されるであろう。たしかに、こういう「マルクス主義経済学の擁護」者たちの続出を前にしては、マルクスならずとも「自分はマルクス主義者ではない」と慨嘆したくなるのも無理ではないように思われる。

価値法則を、いま商品交換における交換比率がその商品を生産するのに必要な抽象的人間労働*の量によって決定されることである、とすれば、マルクスは、商品交換があればつねに価値法則が全面的に支配するとは考えていなかった。

＊　抽象的・人間労働とは何か、ということ自身が問題となりうるが、これは以下行論の中で扱われる。

第二節　経済原則と経済法則

前節でみたように、商品交換は、まず共同体と共同体との間で発生し、それが反作用して共同体内部でも商品の発生をみるのであるが、最初には「全く偶然的」であった交換比率も、交換のための「意図的」生産によって徐々に「生産そのもの」に依存するようになり、「慣習」はこれを「価値の大きさ」として固定化することになる、というのであった。

マルクスは、これをまた別の面からとらえて、「商品交換がそのまったく地方的な繫縛を打破」していくことは「商品価値が人間的労働一般の物質化にまで拡がってゆく」(『資本論』①一九八頁)ことである、とも表現している。では一体何故、商品交換が反復され、交換目的での生産が行なわれるようになり、また商品交換が「地方的な繫縛を打破」するにしたがって、交換価値は「生産そのものに依存」するようになり、「商品価値が人間的労働一般の物質化にまで拡がってゆく」ことになるのであろうか。つまり、商品交換ないし商品生産の発展と価値法則の支配とはどんな関連にあるのだろうか。

『資本論』の物神性論(第一巻、第一篇、第一章、第四節「商品の物神的性格とその秘密」)の中に、この問題をとく手がかりを求めることができる。

マルクスはまず、「商品の神秘的性格は、商品の使用価値から生ずるのではない」が、「それはまた価値規定の内容から生ずるのでもない」（『資本論』①一七一頁）のであり、したがって「商品生産の基礎上で労働生産物を霧づつみにする商品世界の全神秘、全魔法妖術は、われわれが他の生産諸形態のところに逃避するや否やただちに消失する」（同、一七八頁）として、商品交換に媒介されない諸生産形態の検討にはいっている。ロビンソン・クルーソー[*1]、中世社会における人的依存関係、農民家族における家父長制的勤労、社会主義社会という異なった生産形態において、一般的に共通していえることは「労働の自然的形態が……労働の直接に社会的な形態である」（同、一七九頁）ということである。つまりどんな社会においても、その経済過程は、その構成員のさまざまな欲望の存在と、これに対応したさまざまな有用な労働の遂行からなりたっており、これはまた、その社会の総労働の一定の比率における配分を意味する。いまその社会の総労働を、その社会の全構成員の人間労働（例えば各一〇労働時間）の集計とみれば、これら構成員の欲望の分布に応じて、この総労働は、具体的にさまざまな有用労働（例えば綿花をつくる労働、糸をつむぐ労働等）の形態で配分されつつ、支出されねばならないことになる。これが、どんな社会でも、経済的に存立しうるために絶対的条件をなす人間労働と有用労働[*2]との関係である。

＊1　ロビンソンの場合は、厳密には社会とはいえないが、これは、生産・分配・消費を共同体的に処理する一つの社会の、いわばミニアチュア、あるいはその構成員の代表単数としての表現と理解してもらえばよい。

＊2　つまり一つの社会構成体の構成員の個々の労働は、現実にはさまざまな形態で——例えば穀物をつくる労働、家畜を育てる労働、亜麻布を織る労働、衣服をつくる労働等の形態で——支出される。また一人の人間が日により、時によって、これらさまざまな労働を遂行する場合もある。その面からみれば、これはその具体的有用性において異なる労働、すなわち具体的有用労働である。他面、これらの労働は、それぞれこの社会構成体が自由にしうる総労働の一つの分割部分であり、そういうものとして抽象化してみれば、この社会の人間労働一般の構成要素、すなわち抽象的人間労働ということになる。

これら商品交換に媒介されない諸生産形態において、「労働の自然的形態が……労働の直接に社会的な形態である」というのは、労働の具体的有用労働としての実現が、そのまま同時に抽象的人間労働の適合的配分をなす、ということである。これは、それぞれの人間がはじめからその社会の有機的構成要素として規定されているということにもとづく、いわば一種の計画的生産の実現だからである。だがこれは、商品経済の無政府性と対比して、それ以外の生産諸形態の特色を総括したものであって、それら「生産有機体」の生産力の発展程度に応じて、この計画性の具体的あり方は異なることが注意されねばならない。例えば、古代社会においては、このような具体的有用労働と抽象的人間労働との関係は、「自然的種族関係」ないし「直接的な支配＝および隷属関係」(同、一八二頁) にもとづいて処理されており、その計画性は、かかる「偏狭な」人間関係によって制約されていた。これに対して、具体的有用労働と抽象的人間労働との関係が、本当に「すき透るような・理性的な」関係において実現されるためには、社会的生産過程が「自由に社会を構成する人々」の「意識的計画的統制」(同、一八三頁) のもとにおかれることが必要である。

さて、これら「社会的生産有機体」が、いかなる形態をとろうと、その存在のためには、抽象的人間労働として総括される社会的総労働が、その社会的需要に応じた比率において具体的有用労働として、支出されねばならないということは、不可欠な絶対的条件である。したがってこれを経済原則とよぼう。

資本主義社会は、それら共同体的社会と異って、計画性を欠くいわゆる無政府的生産の社会である。しかしこの社会も、ひとつの「社会的生産有機体」たるかぎり、経済原則を実現せずには存立しえない。しかしその実現は、それら共同体的関係を構成原理とする諸社会とは、正反対の方向でおこなわれる。共同体的関係においては、その構成員の個人的労働力ははじめから共同体的総労働力の諸器官として位置づけられており、したがって具体的有用労働は、そのまま社会的な人間労働としての意味をもつ。ところが、商品経済社会としての資本主義社会では、個人的労働力は共同体的紐帯からきりはなされ、いわゆるアトム化されてばらばらに存在しており、この労働力を商品として買入れる資本も、個別資本として、より多くの利潤をめざしつつその生産＝流通部面を選択するにすぎないのだから、具体的有用労働の生産物も、貨幣によって他人に買われないかぎり、その社会的有用性は立証されえない。買われることによって、はじめてその商品に投下された労働も、社会的に必要な人間労働たることが実証されるのである。したがってこの社会では、具体的有用労働の産物が、はたして社会的に意味のある人間労働の産物たりうるかどうか、またどの程度の量における人間労働の産物か、ということは、つねに商品交換を媒介として、事後的にあきらかにされるにすぎない。だがそれゆえにまた「偶然的でつねに動揺している私的諸労働の諸生産物の諸々の交換関係においては、それらの生産のため社会的に必要な労働時間が、たとえば家が頭上にくずれ落ちるばあいの重力の法則のように、規制的な自然法則として暴力的に自己を貫徹する」(『資本論』①一七六頁)と、マルクスがいった事態が成立する。つまり商品の生産者は、共同体社会と違って、その具体的有用労働が直接社会的労働たりえないのだから、自己の労働が一体どれくらいの社会的に必要な人間労働なのかを知ることはできない。その商品が他人によって貨幣で買われることによって、はじめて、その商品を生産するのに必要な人間労働も、社会的な承認をうけるのである。だから、実際にいかに労働を投下したといっても、その商品が売れないかぎり、社会的には、価値としては認められず、したがって、社会的には人間労働の体化物たりえないことになる。こうして商品経済は、個々の商品生産者の個別的事情から離れて——これら商品生産者の社会的関係を総括しつつ——商品の価値を客観的に、しかも貨幣というものの量的関係において尺度する独自の社会的機構を形成することになるのであるが、その場合、個々の商品交換において、「それらの生産のため社会的に必要な労働時間」が「規制的な自然法則として暴力的に自己を貫徹する」というのは何故であろうか。

それは、この個々の商品交換がその社会における経済原則実現の媒介過程をなすからである。マルクスが、価値法則の貫徹に対する「科学的洞見が経験そのものから生ずるためには、その前に、完全に発達した商品生産が必要である」(『資本論』①一七六頁)としたのもこれにかかわる。つまり商品交換があれば、かならず価値法則が貫徹するというのではなく、商品交換がその社会の物質代謝の全面的媒介過程をなす場合、個々の商品交換も、経済原則の実現過程の一分肢ないし構成要素となるため、その商品の生産に社会的に必要な人間労働の量が価値関係を「自然法則」的に規制することになるわけである。つまり商品経済によって全面的に支配された社会においては、経済原則は、価値法則という特有の形態をとって貫徹するということになる。

とすれば、問題はさらに発展する。商品経済が全面的に支配する社会とは、具体的にはどういう社会か、ということである。マルクスはこれに対して、明確に次のようにいう。「商品生産は、資本制的生産の基礎上で初めて、生産の正常的・支配的な性格として現象する。」（『資本論』⑤四八頁）つまり資本制的生産以外の、たとえば単純商品生産において、商品生産が「生産の正常的・支配的な性格」としてあらわれるということはありえない、というのである。そして商品生産が「生産の正常的・支配的な性格」たりえない社会においては、生産を規制する経済原則が商品交換を全面的に規制するということもありえないわけで、したがって、商品交換が価値法則によって完全に規制されることにもならないのである。

では、何故「資本制的生産の基礎上」以外では、たとえば単純商品生産では、商品生産は「生産の正常的・支配的な性格」としてあらわれえないのだろうか。この問題に答えるためには、経済原則と商品経済との関連についての、さらに立入った考察を必要とする。さきにわれわれは、どんな社会体制においても経済過程が繰返し社会的に維持されるためには、その生産過程における労働が抽象的人間労働と具体的有用労働という特有な関連において実現されねばならぬということをみた。だが実は、あらゆる社会に共通な経済原則は、この労働のいわば横断的な編成にとどまらない。労働のいわば縦断的関係を媒介にして、この横断的編成も実現されているのである。つまり人間は一般に、自己の維持に必要な生活資料を生産するための時間以上の労働をなしうる能力をもつ。いま一日の労働時間を一労働日とよぶとすれば、一労働日は必ず必要労働時間と剰余労働時間からなりたつ。これは歴史的事実であって、その社会が階級社会か否かとか、資本主義社会か否か、などという以前の問題である。

ところが「〔労働力商品〕の使用価値は労働として新しく価値を形成する。……しかも自分の商品としての価値以上の価値がその使用価値で生産される。それは人間の力だからです。人間は一日働けば一日の生活資料以上のものを生産し、しかも生活資料以外の種々のものを生産することができる。」(対談「社会科学と弁証法」『思想』一九六六年一月号、九一頁)という宇野教授の主張に対して、見田氏は「人間はたとえ自分のためにしろ剰余労働をおこなうためには、そこになんらかの強制が加わることが必要であるが、他人のために剰余労働をおこなうためには、なおさらそこに社会的な強制が必要である以上、剰余価値はけっして神秘的な人間の力によっては説明できない」(『擁護』一七頁)という観点から批判をおこなっている。

ここで見田氏は、J・S・ミルの「利潤が生まれる原因は、労働が、それの維持に必要とされるところのもの以上のものを生産する、ということである」という命題を引用し、これは宇野教授の主張と同一であり、これに対してマルクスは、「人間はたとえ……云々」と批判し、「剰余生産物を提供するということは人間労働の生まれつきの性質であるかのように思われやすいのである」とのべているが、「それはそっくり宇野氏の考えにたいして当てはまる」(『擁護』一七頁)と主張している。しかしこの見田氏の引用や主張には幾つかの問題がふくまれている。まず第一に、マルクスは、ミルの「利潤が生まれる原因は、労働が、それの維持に必要とされるところのもの以上のものを生産する、ということである」という命題に対して、氏の引用のごとき批判を与えたのではない。マルクスは、このミルの命題は「その限りでは旧説のままである。だがミルは自説もつけ加えようとする、——『あるいは、言い方を変えるならば、資本が利潤をもたらす理由は、食物や衣服や原料や労働手段はそれらの生産に必要な時間よりも長時間持続するということだ』」といって、この後者の見解に対して批判を与えているのである。つまり、「労働時間の持続をその生産物の持続と混同し」たミルは、「この根本真理を確立するや」「利潤は交換という偶然事から生ずるのではなく、労働の生産力から生ずる……分業が存在しなければ購買も販売も存在しないであろうが、利潤は相変らず存在するであろう」と結論するのであって、これに対してマルクスは「この場合には、資本家的生産の一般的条件たる交換すなわち売買は純粋な偶然事であって、利潤は労働力の売買なしにも相変らず存在するのだ」(『資本論』③八一四〜八一五頁）と批判しているのである。見田氏は、ミルの「この考え方」について、マルクスは「人間はたとえ自分のためにしろ……云々」と批判していると書いているが、少なくとも『資本論』の当該箇所においては、マルクスはそんな批判を与えてはいない。マルクスが述べているミル批判は右の引用のとおりであって（意識的か否か、見田氏はこの部分を引用から省いている）、これは見田氏の主張とは全く無関係である。第二に、氏はまた、このマルクスのミル批判につづけて、マルクスは「剰余生産物を提供するということは……云々」と述べている、としているが、このマルクスの言葉は、かれのミル批判とは全く無関係であり、ミル批判以前に書かれたものである。すなわちその前後をみればこうなっている。「自然的諸条件の恩恵は、つねに、剰余労働・つまり剰余価値または剰余生産物・の可能性を与えるのみであって、けっしてその現実性を与えない。労働の自然的諸条件が相異なる結果として、労働の分量は同じであっても、国が相異なれば充足される欲望量が相異なり、したがって、他の事情が類似しておれば必要労働時間が相異なる。剰余労働に対しては、自然的諸条件は自然的諸制限としてのみ、すなわち、他人のための労働が開始されうる時点を規定することによってのみ、影響する。産業が前進するのと同じ度合で、これらの自然的制限は後退する。労働者が自分自身の生存のために労働する許可を剰余労働によってのみ購っている西ヨーロッパ社会の只中では、剰余生産物を提供することは人間労働に固有な性質だと想像されやすい。だが、たとえば、サゴの樹が森林に野生しているアジア群島の東部諸島の住民を見よ。……かかる東アジアのパン伐採者は、彼のいっさいの欲望を充たすために毎週十二労働時間を要するとしよう。自然の恩恵が彼に直接与えるものは多大の暇な時間である。彼がこの時間を自分自身のために生産的に消費するためには、全一連の歴史的諸事情が必要であり、また、彼がそれを他人のための剰余労働に支出するためには、外的強制が必要である。もし資本制的生産が導き入れられたならば、その好漢はおそらく、一労働日の生産物を吾がものとするために毎週六日間労働せねばならぬであろう。なぜ彼が今や毎週六日間労働するか、あるいは、なぜ彼が五日分の剰余労働を提供するかということは、自然の恩恵によっては説明されない。それによって説明されるのは、なぜ彼の必要労働時間は毎週一日に制限されているかということだけである。いずれ

にしても、彼の剰余生産物は、人間労働に固有で幽玄な性質からは生じないであろう。」（『資本論』③八二一〜三頁）

つまりこの引用の前半では、資本家的生産様式の支配的な西欧社会では、剰余労働に対する「自然的制限」は著しく「後退」しているのであって、それゆえ「剰余生産物を提供することは人間労働に固有な性質だと想像されやすい」が、それは誤っている。剰余労働に対して自然的条件からする制限があることが忘れられている、というのである。後半では、これと逆に、「自然の恩恵」の豊かな地域が資本家的生産様式で支配された場合、それ以前と違って、資本は長時間の剰余労働を強制することになるが、この剰余労働の長さを「自然の恩恵」によって説明することはできない、というのである。かくて「いずれにしても、彼の剰余生産物は、人間労働に固有で幽玄な性質からは生じないであろう」というマルクスの結語の意味は自明であろう。それは見田氏の誤解されたような、宇野教授のいわゆる「人間はもともと剰余労働をなしうる」という命題を否定するものではなく、一方では、剰余労働の前提には自然的諸条件からする制限があり、他方では、資本主義社会の剰余労働時間の長さを「自然の恩恵」から説明すべきではない、という含意において与えられているのである。

人間は自分のためにしろ強制なしには剰余労働が不可能だとすれば、他律的強制なしに生産力の発展をみる社会主義社会など絶対に成立しうる筈がなく、この「マルクス主義」哲学者は、一体どんな社会を夢みて「マルクス主義経済学の擁護」に従事しているのか、不可解という以外にない。それはともかく、階級関係によって剰余労働が成立するのではなく、剰余労働の存在を基礎にして階級関係が成立するというのは唯物史観のＡＢＣと思われるが、念のためマルクス自身の言葉を引用しておこう。

「労働者が彼自身および彼の種族の維持に必要な生活手段を生産するために彼の全時間を用いるとすれば、彼が第三者のために無償で労働する時間は少しも残らない。労働の特定程度の生産性なしには、労働者にとりかかる自由処分のできる時間はないのであり、かかる余分な時間なしには、剰余労働もなく、したがって資本家もなく、しかも奴隷所有者、封建貴族、一言でいえば大所有者階級もないのである。」（『資本論』③八〇七頁）

人間における剰余労働の存在を前提として、はじめて支配階級の存在も可能になるのであり、支配階級の成立によってはじめて剰余労働がもたらされたのではないことは、多少とも論理的に思考すれば（支配階級の成立によって剰余労働が可能となるとすれば、そもそも支配階級は何を根拠として成立するかを考えよ）自明であろうが、これはしかし、剰余労働が「自然の賜物」であることを意味するのではない。もちろん歴史の、しかもマルクスによれば「幾十万年の歴史の賜物」なのである。

要するに剰余労働をなしうることが人間労働力の特質であるとすれば、人間の一労働日が必要労働と剰余労働とに区分されるということは、抽象的人間労働と具体的有用労働との関係とならぶ、人問の労働生産過程一般につうずる原則的関係としなければならない。そして剰余労働をなしうるのが経済原則であるとすれば、いわゆる単純商品生産者における商品交換では、投下労働時間に規制された等価交換が成立する必然的根拠がないことも当然であろう。単純商品生産者は、その全生産物を販売する場合でも――実際には、生活資料の一部を自給しつつ、生産物の一部を商品化するのが常態であろうが――その生産物を価値どおりに売らねばならぬ必然性はない。繰返し価値以下で売ることによって、剰余労働部分を収奪されたとしても、なお労働力の再生産は可能だからである。したがって現実には、かかる小商品生産者は、その取引をつうじてたえず商人の収奪の対象となり、結局は生産手段までも喪失して没落するとしても、かなり長期にわたって存続しうることにもなる。その他の、例えば領主が獲得した年貢の一部が商品化される場合、貴族が奴隷から収奪した生産物の一部が商品化される場合などでも、価値どおりの交換は必然的根拠をもちえない。むしろそれらの場合、一般的には不等価交換が原則であり、したがってこの取引をとおして商人資本が急速に資本蓄積をすることも可能となるのである。このような商品経済において、一般的にいえることは、その取引がそれ自体としては、形式的に平等な商品所有者同士の自由な売買としておこなわれ、内容的にはできるだけ安く買って高く売ることをめざす、ということだけである。

このように、小商品生産者は、商品経済の発展とともに収奪の対象とされ、没落過程をたどらざるをえないとすれば、かかる小生産者を基礎としては、商品生産が「生産の正常的・支配的性格」たりえないこと当然であろう。小商品生産者の社会なるものは、それがかなり広汎にみられる場合でも、社会体制としては、たかだか封建社会から資本主義社会への過渡期における部分的・一時的現象をなすにすぎない。

商品経済それ自体は、つねに法的形式的に自由・平等な商品所有者同士による、できるだけ安く買って高く売るという競争関係をとおして、実現される以外にない。したがってこのような商品経済において、商品交換が基本的に、その商品の生産に社会的に必要な人間労働の量によって規制される――つまり価値法則が貫徹する――かどうかは、この商品経済によって実現される社会的再生産の全構造にかかわるのである。商品経済が単純商品生産としておこなわれる程度では、なおかかる価値法則の貫徹は保証されえず、それが資本家的生産としておこなわれる場合に、はじめてその必然的根拠をえて貫徹することになる。何故であろうか。

それは資本家的生産が、労働力を商品として買入れて、これによって生産物を生産する、つまり商品によって商品を生産するという特殊な歴史的構造をもち、労働力という商品が絶対に価値どおりの売買によってしかその社会的再生産を保証されえぬ特殊な商品だからである。この労働力商品の特殊性を基軸として、マルクス経済学の基本的性格を明らかにしたという点が、宇野教授の理論的貢献の最大のものといってよい。つまり宇野理論は、労働力商品の特殊性に対する認識を媒介として、マルクス経済学の再構成と体系的完成をめざしたという点で、その他のあらゆるマルクス主義経済学と区別されうるのである。

では労働力商品の特殊性とは一体何か。

第三節　労働力商品の意義

マルクスは、それまで一般に労働という表象のうちに不明確に混同されていた労働と労働力という二つの異質な概念を、明確に区別し、これによって古典派経済学の限界を突破しつつ、かれらによって解きえなかった経済学上の根本問題に解答を与え、経済学の体系的完成に成功したといわれる。このこと自体は正しい。労働を労働力の使用価値とし、労働力の再生産に必要な生活資料の生産時間によって規定されるその価値と区別することによって、等価交換を媒介とした搾取関係の成立を理論的に証明しえたのである。だが問題はさらにその先にある。この労働と労働力との概念的区別だけでは、なお労働力商品の資本家的生産における決定的意義が、余すところなく解明されえたとはいいがたい。結論を先取りしていえば、『資本論』においては、一方では価値法則の貫徹と剰余価値の生産との関係がなお不明確であり、他方では恐慌論が理論的に完全に解かれえなかったという点に、それはあらわれているのである。後者についてはのちに立入ってふれる（第五章参照）ことにし、ここではとりあえず前者についてやや詳しく検討しておこう。

林直道氏は、宇野教授の労働力商品把握について次のように批判されている。

「……宇野氏のような、労働力商品によってはじめて価値法則が確立するかのような主張は正しくない。労働力の商品化されるはるか以前から、およそ商品経済があるところにはすでに価値法則が成立し、作用していたのである。もちろん資本主義以前の時代には、商品生産がじゅうぶんに成熟していなかったのに対応して、価値法則の作用範囲はせまかったし、また個々の交換比率でも偶然性の要素に左右されることが多かった。そのいみで価値法則がじゅうぶんな外延的・内包的成熟度をもってあらわれるのは資本主義だけである。これが一面の事実である。だが他方では、――このことは価値法則を資本主義にしかみとめない論者はみおとしているが――資本主義のもとでよりも資本主義以前の時期の方が価値法則が純粋に作用していたという面も同時に指摘しなくてはならない。というのは、資本主義のもとでは、できるだけ高い利潤率をもとめる資本の部門間移動をつうじて平均利潤率という（価値法則よりもいちだんと複雑な）新しい法則が成立するようになり、価値よりも複雑な生産価格が個々の商品の交換基準となる。これにくらべて、資本主義以前の商品経済のもとでは、そうした複雑な法則がまだあらわれておらず、交換の基準は（個々の偶然性の要素をのぞけば）、それぞれの商品の生産に社会的に必要な労働時間〔価値〕以外には存在しなかったからである。」（『擁護』一六一～二頁）

資本主義社会とそれ以前の社会とにおける価値法則の作用の仕方に対するこの林氏の主張を、論理整合的に理解できる頭脳は一体存在しうるであろうか。氏によれば、資本主義以前の社会では、価値法則の作用範囲は狭く、個々の交換比率でも偶然性の要素に左右されることが多いが、しかしこの時期にこそ価値法則は純粋に作用した。資本主義社会では、価値法則の作用範囲は広く、個々の交換比率は偶然的でなくなるが、この社会では価値法則とは異なる生産価格の法則という新しい法則が作用するようになる。つまり一つの社会法則が、その作用範囲が狭くかつ規制力の弱い時に純粋に作用し、それが「じゅうぶんな外延的・内包的成熟度をもってあらわれる」ようになれば、かえってそれは別の法則にとって代られることになるというのである。そして林氏は、エンゲルスの文章*を引用することによって、この「珍妙」な法則把握の正しさの立証にかえようとするのである。しかし、エンゲルスやマルクスの文章さえあれば、いかなる非論理をも承認しようというけなげな「マルクス主義経済学」者諸君と違って、その主張者の名前によってでなく、主張された内容によって、事柄の論理的妥当性を判定しようとするわれわれにとっては、これはほとんど効果をもたない。

＊「マルクスの価値法則は、およそ価値法則というものが妥当するかぎり、単純商品生産の全時代にわたって、すなわち資本主義的生産形態の出現によって単純商品生産が変化させられる時まで、一般的に妥当する。」（『資本論』⑧五六頁）

つまりわれわれは――林氏にとっては、その冒瀆、まさに恐懼にたえぬところであろうが――林説ばかりでなく、かかるエンゲルス的価値法則観自体誤りであり、マルクスにおける価値法則把握とは本質的に異質だと考えるのである。資本主義以前の社会においては、価値法則の作用範囲が狭く、かつ個々の交換比率が偶然性の要素に左右されるとすれば、われわれはこれを林氏とは逆に――つまり理性的判断にしたがって――価値法則がなお純粋に作用していない段階と考えよう。これに対して、資本主義社会で価値法則ははじめて「じゅうぶんな外延的・内包的な成熟度をもってあらわれる」とすれば、まさにこの歴史段階において、価値法則は「確立」したものと考える。したがって林氏が価値法則と区別して「新しい法則」とした生産価格の法則は、価値法則というこの社会の基本法則の、個別資本関係において発現する具体的展開法則にほかならないのであって、要するに両者は、同一法則の次元を異にした把握以外の何ものでもないのである。（この点についてはさらに第六章で立入って論ずる。）

だがここでの根本的な問題は、林氏流の「珍妙」な法則観の非合理性を衝くことではなく、何故、価値法則は、資本主義においてはじめて「じゅうぶんな外延的・内包的成熟度をもってあらわれる」ことになるか、その根拠を明らかにすることである。そしてこの点の解明にとってこそ、まさに宇野教授の示された労働力商品把握が不可欠の前提をなすのであった。

労働力商品の存在の歴史的前提は、いわゆる二重の意味での自由つまり封建的身分関係からの解放――「自由・平等・所有そしてベンタム」――と、生産手段の完全な喪失とである。だがかかる歴史的前提のもとに与えられる労働力商品は、それ自体の構造においても他の商品と決定的な相違をもつ。労働力は労働生産物ではなく、したがって資本主義社会ではたえず商品化されるとはいえ、資本の生産物たりえない、いわば唯一の単純商品であるということである。たしかに資本主義社会における「厖大な商品集聚」は、その大部分が労働生産物である。しかしこの社会の再生産にとって不可欠でありながら、それ自体労働生産物でない商品がある。それは土地と労働力である。ただし、前者はいわば絶対的に生産されえないのに対して、後者は労働者の生活過程をとおして再生産されうる。したがって『資本論』では、土地は商品化されうるとはいえ、資本家は一般的に土地を買うことなく、その用役を年々対価（地代）をはらって購入するのに対して、労働力は、それ自体商品として繰返し売買されることになっている。そして、この労働力の売買の繰返しをとおして、資本主義社会の自立的発展は、その根拠を与えられるのである。つまり、資本主義社会が資本主義社会たるかぎり、労働力は繰返し売買されねばならない。労働力が繰返し商品として売買されねばならぬということは、それが価値どおりに売買されねばならぬということを意味する。何故か。労働力の商品化が二重の意味での自由を前提とするかぎり、労働力は、もしたえずその価値以下に支払われるならば、その再生産は不可能となる。この点、価値以下に支払われてもなお剰余労働を保持しうる小商品生産者の場合とは、決定的に異なる。他面、労働力がたえずその価値以上に支払われるとすれば、労働者は、生産手段を集積して小生産者ないし資本家たりうるとまではいかないにしろ、少なくとも繰返しその労働力を売らざるをえない経済的強制からまぬがれることになる。したがって、労働力が価値以下に支払われるにせよ、価値以上に支払われるにせよ、一時的現象としてはともかく、たえず繰返されるならば、それは労働力商品化の基礎を破壊することになるのであって、結局資本主義社会の成立根拠がうしなわれることを意味する。

かくて、資本主義社会の存立を前提とするかぎり、理論的には、労働力は絶対的にその価値どおりに売買されるものとせざるをえないが、このことはまたあらゆる商品（生活資料および生産手段）の価値どおりの売買の必然的根拠をもなす。つまり労働力に対して価値どおりの賃銀が支払われたとしても、労働者がその賃銀で価値どおりに生活資料が買戻せない場合は、結局労働力は価値どおりに支払われたことにはならない。それ自体労働生産物ではない労働力商品は、労働生産物たる生活資料や生産手段の価値どおりの売買をぬきにしては、その価値どおりの売買を規定しえないのである。（この点については第四章および第五章でさらに立入って考察する。）

さて労働力が商品化されることによって、価値法則の全面的支配が確立するということは、いまみたように、労働力商品の価値どおりの売買を基準として、あらゆる商品の価値どおりの売買が実現されることにほかならないが、同時にこれはまた、その社会のあらゆる生産部門が資本によって完全に支配されることを意味する。つまり労働力は、生産過程における主体的力能であって、何でもつくれるものであり、労働力でつくれないものは、結局その社会にとってつくることのできないものである。労働力が商品化されるということは、このような何でもつくれる主体的力能が資本によって買われるということであって、この場合には、資本がなんでもつくれるものに転化することになる。

したがって、労働力の商品化によって、資本は一般的にどんな生産部門でも自由に選択することが可能となる。「商品生産は、資本制的生産の基礎上で初めて、生産の正常的・支配的な性格として現象する」というマルクスの主張も、これとかかわるのである。しかも資本による労働力の商品化は、たんに生産手段から切離された無産者の労働力を商品として買入れるというにとどまらず、それはまた現実的には、相対的剰余価値生産をめざす資本の運動の過程の中で推進される。そしてこれは、産業革命の過程で具体的に示されたように、労働者の小生産者的技術性の剝奪、生産過程の機械化、労働力の単純労働力への転化の強行の中に実現される。労働力の商品化とは、かくて内容的には、あらゆる労働力の単純労働力化、生産過程の機械制大工業化を媒介とする、資本家的生産の支配的生産様式としての確立以外の何ものでもないのである。

この点を見落すと、林氏のような、価値法則と資本主義社会との内的関連を切断し、「資本主義のもとでは、できるだけ高い利潤率をもとめる資本の部門間移動をつうじて平均利潤率という（価値法則よりもいちだんと複雑な）新しい法則が成立するようになり、価値よりも複雑な生産価格が個々の商品の交換基準となる」という理解が生ずることになる。このような理解の根本的欠陥は、「平均利潤率という……法則」に媒介されずには、「価値法則」自体が成立しえないこと、あるいは「価値法則」の個別資本間の競争に媒介された具体的貫徹が「平均利潤率という……法則」にほかならないことが忘れられていることである。林氏のいうように「資本主義以前の商品経済のもとでは、そうした〔平均利潤率という……引用者〕複雑な法則がまだあらわれておらず、交換の基準は（個々の偶然性の要素をのぞけば）、それぞれの商品の生産に社会的に必要な労働時間（価値）以外には存在しなかった」とすれば、この自由・平等・ベンタムの天国から、自己の労働力以外に失うべき何ものをも持たないプロレタリアートが、何故必然的に生みださざるをえなかったかは、ついに氏の理解を絶する歴史的アポリアとなろう。歴史的事実は、氏の理解されるところとまさに正反対であって、資本主義以前の商品経済では、「交換の基準」が「価値」におかれるのはむしろ例外的であり、安く買って高く売る商人資本によってたえず収奪されつつ、その生産手段までも喪失しつつあるのが、小商品生産者の一般的運命にほかならなかった。労働力の商品化とは、かかる収奪の最終的到達点、その総括的成果にほかならず、したがってそこでは、収奪によってではなく、等価交換による搾取以外に資本家的価値増殖の根拠は存在しえなくなるのである。その意味でわれわれは、労働力の商品化機構に焦点を合せっつ、さらに資本家的生産様式の発生・確立・爛熟という発展段階の意義の確定にむかわねばならない。

第三章　資本主義の世界史的発展段階

第一節　発展段階の区分基準

マルクス経済学においては、資本主義の歴史的発展段階区分という問題は、レーニンの『帝国主義論』にいたってはじめて明確に規定されたといってよい。周知のように『資本論』は、第一巻・第四篇の第一一章から第一三章までで、「協業」「分業とマニュファクチュア」「機械と大工業」という順序で、生産過程における労働の組織化を基準とする発展段階区分を与えており、また第七篇・第二四章「いわゆる本源的蓄積」の第七節「資本制的蓄積の歴史的傾向」では、「自分の労働を基礎とする個人的な私的所有」の否定としての「資本制的な私的所有」、その否定としての「社会的所有」という、いわゆる弁証法的発展の図式的説明を与えている。しかし前者は、相対的剰余価値の生産という観点から生産過程の発展を整理したものであって、資本家的生産様式自体の発展段階区分を与えたものではないし、後者では「資本制的生産そのものの内在的諸法則の作用」をとおした「少数の資本家による多数の資本家の収奪」、「生産手段の集中と労働の社会化」がのべられているが、これもまた資本主義の発展段階として明確に規定されているわけではない。

これに対して、資本主義の発展過程を段階的に整理しようとした最初の意識的試みは、エンゲルスの『反デューリング論』（『空想から科学へ』）であったといえよう。エンゲルスはまず「一、中世社会――小規模な個人的生産」、「二、資本主義革命――……社会的生産物の個々の資本家による取得」、「三、プロレタリア革命――諸矛盾の解決」と近代史を大きく三つに区分したうえで、資本主義社会自体を、さらに次のように細分している。「単純協業とマニュファクチュアによる工業の変革」――「プロレタリアートとブルジョアジーとの対立」(「個々の工場内における社会的組織と社会における生産全体の無政府性の矛盾」)――「生産諸力の社会的性格が部分的に承認される」(株式会社――トラスト――国家)(『空想から科学へ』一〇八～一一〇頁)。つまり資本主義自体は、①単純協業とマニュファクチュア段階、②産業資本段階、③株式会社、トラスト、国家による大規模生産と交通機構の取得の段階、とに区分されるわけである。[*]但し、ここでもエンゲルス自身は、この発展過程を「段階」という用語のもとに区分しているわけではない。ただ、この発展過程の区分が、いわゆる社会的生産と私的取得との矛盾を基準として与えられている点が注意されるべきであろう。

＊　したがってエンゲルスによれば、プロレタリア革命とは、プロレタリアートが「公権力を掌握し、この権力を使って、ブルジョアジーの手から離れつつある社会的生産手段を、公共の財産にかえる」(『空想から科学へ』一一〇頁)ことを意味する。

さてレーニンの『帝国主義論』における段階規定は、このエンゲルスの発展区分を継承しつつ、それを自由競争と独占という概念を基準として整理しなおすことによって与えられたものとみてよいであろう。すなわちレーニンの規定はこうであった。「……資本主義は、その発展の一定の、非常に高い段階において、すなわち資本主義の若干の基本的特質がその対立物に転化しはじめたとき、また、資本主義からより高度の社会経済制度への過渡期の特徴があらゆる面に形成され表面化したときに、はじめて資本主義的帝国主義となった。この過程で経済的に基本的なことは、資本主義的自由競争と資本主義的独占との交替である。自由競争は、資本主義および商品生産一般の基本的特質である。独占は自由競争の直接の対立物である……」。かくて「もし帝国主義のできるだけ簡単な定義をくださなければならないとすれば、帝国主義とは資本主義の独占段階である」(『帝国主義論』二五〜六頁)というのである。

この場合、エンゲルスのいわゆる産業資本の支配下での「無拘束な競争戦」の段階と、「生産諸力の社会的性格が部分的に承認される」段階とが、レーニンにあっては、それぞれ「自由競争」段階と「独占」段階としてとらえなおされている。そしてレーニンのいう「資本主義からより高度の社会経済制度への過渡期の特徴」とは、エンゲルスの「生産諸力の社会的性格の部分的承認」に対応することはいうまでもない。

したがってこのレーニンの区分方法が、マルクス主義経済学におけるもっとも明確な段階区分とみなされうるが、しかし、一見明快にみえる自由競争と独占とを基準とするこの段階規定も、立入って考察すればかなり面倒な問題を伏在させていることがわかる。それはこういうことである。

レーニンは「自由競争は、資本主義および商品生産一般の基本的特質」であるのに対し、「独占は、自由競争の直接の対立物である」としつつも、「独占は、自由競争から発生しながらも、自由競争を排除せず、自由競争のうえに、また自由競争とならんで存在し、それによって幾多のとくに鋭く激しい矛盾、軋轢、紛争を生みだす」という。だから、自由主義段階から帝国主義段階への転化の「過程で経済的に基本的なことは、資本主義的自由競争と資本主義的独占との交替である」といっても、これはたんに資本主義経済における自由競争が独占にとって代られたというような単純なものではない。つまり自由競争は資本主義の「基本的特質」であって、その全面的否定は資本主義自体の否定のうえにしか成立しえない。資本主義における独占とは、したがって、自由競争を前提とした、それとならぶ、いわば部分的独占としてしか成立しえないのである。かくて自由競争と独占とは、資本主義の歴史的発展に対してもつ意義を根本的に異にすることになる。自由競争は、たんに資本主義の一定の発達段階の特質というにとどまらず、「資本主義一般の基本的な諸特質」であり、これに対して、独占は、実際には自由競争を前提とした部分的独占として、資本主義の一定の発展段階のみの特質をなすにとどまる。二つの概念のこのような差異は、資本主義の理論的認識にとってても決定的に重要な意味をもつ。すなわち「資本主義的自由競争」の支配過程は、たんに資本主義の一定の発援段階というにとどまらず、「資本主義一般の基本的な諸特質」の展開過程をなし、この過程を対象とした資本主義の運動機構の解明が、まさに「資本主義一般」の原理的解明をなすのである。自由競争の全面的支配のもとにおける資本主義の純粋な運動法則を解明した『資本論』が、この意味で、資本主義の一定の発展段階とは区別された「資本主義一般」の理論体系*をなすことはいうまでもない。

＊　宇野教授にあっては「『資本論』体系は体系として評価されるとともに、資本主義一般に通ずる一般理論としてとりあげられて」いるとしながら、「しかし、事実はここでも、『資本論』体系はむしろ産業資本の断面においてしか説かれていないのではないかと考えられるのだ。いいかえれば、この議論においては帝国主義段階に対応する資本主義の一般論はむしろ否定されている」(鈴木鴻一郎編『マルクス経済学講義』二頁)とする批判がある。この見解においては、自由競争と独占との、あるいは自由主義と帝国主義との「資本主義一般」に対する根本的に異質な関係が見失われていることは明らかであろう。自由競争の全面的展開をみる資本主義の確立・発展過程において資本の運動をとらえることは、たんなる「産業資本の断面」において資本主義をとらえることを意味しはしない。この場合でも「断面」をとれば、非資本主義的領域(例えば商人資本の支配のもとでの小生産者や小農民・地主・小作関係の存在など)を相当に残していることはいうまでもない。しかし『資本論』は、この段階の発展傾向にそって、これらがすべて解消され、全面的な資本主義の支配が達成されたものとして、資本の運動法則を明らかにしたのである。ところが「巨大株式会社としての金融資本の確立」にしろ、「組織的独占」の成立にしろ(両者は結局同じものであるが)、帝国主義段階におけるあらゆる資本に一般的な発展傾向としてとらえられるものではない。それは必ず部分的独占を意味するのであって、非独占領域の存在を前提とする。したがって、ここではまさに「断面」として、この金融資本なり組織的独占なりの運動を把握する以外にないのであって、純粋資本主義を理論的に想定しえた産業資本の発展過程とは、その対象構造においても、また認識方法においても、決定的に異なるのである。帝国主義が必ず、ドイツあるいはイギリスという特定の国籍をもった資本を前提とした類型論となり、一般理論とはなりえないのも、このゆえである。いいかえれば、「帝国主義段階に対応する資本主義の一般論は……否定されている」のは当然のことであって、「帝国主義段階」とは、「資本主義の一般論」を前提としつつも、それが部分的に「否定」されざるをえないがゆえに成立するのであって、この部分的「否定」の構造を明らかにするのが、帝国主義段階論の任務をなすのである。帝国主義段階までもふくめた資本主義の一般理論を構築すべきであるという主張は、繰返しあらわれるマルクス主義経済学者に根強い要求であるが、それは根本的には、

このような資本主義の発展に対する自由競争と独占との決定的に異質な関係についての認識を欠き、両者をそれぞれ資本主義の一定の発展段階に対応する特質として並列せしめることに由来する。

かかる理解を前提とすれば、レーニンの『帝国主義論』における基本的命題――「帝国主義は、資本主義一般の基本的な諸特質の発展および直接の継続として発生した」―は、明らかに訂正されねばならないであろう。「資本主義一般の基本的諸特質」――自由競争に媒介された価値法則の貫徹、周期的恐慌に示される特有の人口法則の支配、個別資本間の競争を規定する利潤率均等化法則の存在等――は、資本主義が資本主義であるかぎり、「発展」しうるものでもなければ、その「直接の継続」をみちびきうるものではない。一九世紀末葉から、これらの法則とは異質な、あるいは対蹠的な現象が支配的となってきたということは、歴史の発展とともに、これら諸法則の純粋な発現を制約する障害が増大したことを意味するのであって、帝国主義論は、まさにかかる障害に規定されつつ展開される法則的運動の偏倚の特殊形態をこそ明らかにせねばならぬのである。

この問題を別の面から説明すればこうなる。共同体的経済過程と異なって、商品経済は、相互他人的で平等な私的所有者の自由な関係において結ばれる特殊な社会関係であって、もともと自由競争を基本的特質とする。しかし商品経済は、共同体と共同体の間からはじまり、徐々に共同体内部に滲透しつつ、終局的には共同体的関係を崩壊させることになるのであるが、共同体的関係の完全なる分解、したがって諸個人のアトム的存在を前提として、その完全な商品経済的支配が確立するのは、いうまでもなく一九世紀初頭の資本主義の確立によってである。したがって、それまでの歴史過程は、多かれ少なかれ、商品経済的関係と共同体的関係という異質な社会関係の並存ないし複合的関連として進行することになる。もちろん、この場合は共同体的経済過程を基本的構造とし、商品経済関係が、それを副次的に補足するという関連においてである。

さて、このように商品経済と共同体との関係を整理して把握するならば、いまやわれわれは、資本主義における自由競争と独占という当面の問題に対して、より根底的な判断を与えることができる。すなわち商品経済――その構成要素は商品（W）、貨幣（G）、資本（G―W―G´）であり、この三者はWを出発点とする必然的な論理展開のうちに位置づけられる概念規定をなすが、この点については第四章で具体的に考察する――は、自由競争を基本的特質とするが、一社会の経済過程において、商品経済がどの程度の拡がりと深さで共同体的経済と関係をもつかによって、商品経済における自由競争も多かれ少なかれ制約をうけることになる。崩壊過程にあるとはいえ、なおその社会の基本的経済過程が共同体的関係において処理されているかぎり、商品経済――具体的には、その運動主体としての商人資本――は、この共同体を基礎とする政治権力と一面では対立しつつ、他面では結びつかざるをえない。いわゆる初期独占の形成である。

しかし商人資本の活動によって、商品経済がだんだん生産過程をも支配してゆくのにつれて、この関係も変質する。「諸生産物が交換されあう量的関係は、さしあたり全く偶然的である。諸生産物は、それらが総じて交換されうるもの、すなわち同じ第三者の表現であるかぎりにおいて、商品形態をとる。連続的な交換、および交換のための規則正しい再生産は、この偶然性をだんだんに止揚する。といっても、さしあたり、生産者および消費者にとってではなく、両者のあいだの媒介者たる、諸々の貨幣価格を比較して差額を収得する商人にとってである。商人は彼の運動そのものによって、等価性を措定する」（『資本論』⑨四六八頁）

この「交換のための規則正しい再生産」、つまり再生産過程の商品経済による支配が完全に実現されるのは、いうまでもなく、資本主義的生産においてである。ここでは、たんなる生産物ではなく、労働力の商品化によって、生産物の生産過程そのものが商品経済的に実現されるために、価値法則が必然的根拠をもって貫徹するとともに、資本は完全に自由競争を展開することになる。ただ労働力だけは、他の商品と違って資本の生産物ではないため、資本は周期的恐慌を結節点とする景気循環過程をとおして、相対的過剰人口を形成しつつ、その商品化を確保することになる。資本はかくして、何ものにも制約されることなく、社会的再生産過程に対する完全なる支配を確立するのであって、商品経済の一般的特質である自由競争も、純粋な展開をみることになるのである。

ところが生産力のより一層の発展とともに、基幹産業部門における固定資本の巨大化は、一方において、資本の自由な移動を阻止するとともに、他方において、恐慌を媒介とする蓄積過程の律動的進行を困難にし、一般的に労働力の不断の過剰化をもたらすことになる。その場合資本は、その運動の基本的特質である自由競争をみずから制限し、部分的独占をもってその支配を維持する以外にないことになる。すなわち、帝国主義の経済的基礎をなす金融資本的独占体の形成である。

だから、レーニンがその段階区分の基準とした自由競争と独占とは、根本的には資本と生産過程との関連において、直接的には資本と労働力商品との関連において、把握されなおさなければならない。労働力の商品化によって社会的再生産過程を全面的に資本のもとに包摂することが、資本家的生産様式の確立を意味するのであるから、この生産様式の歴史的発展過程は、共同体的関係の解体による無産労働力の形成過程（いわゆる本源的蓄積過程）、労働力の商品化の一般的確保による資本家的生産様式の確立・発展過程、生産力のより一層の増大にもとづく、労働力商品の不断の過剰化傾向の過程として区分されうる。この各過程を資本の運動を基準としてみれば、初期独占の支配的な重商主義段階、自由競争の全面的展開をみる自由主義段階、金融資本的独占体の支配的な帝国主義段階として区分されることになる。

「資本主義発展の段階区分は、特殊の型の資本を中心とする経済過程に対応した上部構造の変化によってむしろ明確にされることになる。経済政策の変遷はそのことを端的に示しているのであって、重商主義・自由主義・帝国主義という周知の三段階をなすのである。その下部構造を決定的に支配する資本が、商人資本・産業資本・金融資本と区別せられるのであるが、しかしここで注意しなければならないのは、商人資本から産業資本、産業資本から金融資本への発展は、資本がそれ自身に展開するものではない」（『方法論』五一頁）という宇野教授の段階規定に対して、横山正彦氏は次のように批判している。「宇野博士の見解では、国家の政策がなく、生産諸関係の総体（経済構造）の運動法則が客観的に作用している限りでは、資本主義の諸段階は生まれないことになっている。国家の政策があって、土台である生産諸関係の総体（経済構造）の運動法則の作用を阻害する場合にはじめて資本主義の諸段階が生まれる、というのである。このように、国家の政策が、生産諸関係の総体（経済構造）の客観的な運動から切り放《ママ》されるとしたら、国家の政策は、まったく偶然的なものとなってしまい、資本主義の発展の歴史もまったく偶然の結果ということになってしまわなければならないであろう。」（『擁護』一三一頁）そしてこれが横山氏の、したがってまた「マルクス主義経済学」者諸君の『経済政策論』批判の眼目をなす。

しかし「資本主義発展の段階区分は、特殊の型の資本を中心とする経済過程に対応した上部構造の変化によってむしろ明確にされることになる」というのは、いうまでもたく、たんに宇野教授ひとりの見解ではない。マルクス経済学では一般に、資本主義の発展段階を、自由主義や帝国主義という政策基調の変化を基準にして区分してきた。例えば、自由競争から独占へという資本の運動過程の一般的変化を、資本主義の発展段階の差異としてとらえつつ、これを帝国主義段階となづけたのはレーニンではなかったか。政策基調の変化によって段階区分を明確化することが誤りであるとすれば、横山氏はまず『帝国主義論』の著者をこそ批判の対象とすべきであった。

また「特殊の型の資本を中心とする経済過程に対応した上部構造の変化」という宇野教授の規定から、いかにして「国家の政策があって、土台である生産諸関係の総体（経済構造）の運動法則の作用を阻害する場合にはじめて資本主義の諸段階が生まれる」という珍奇な結論をひきだすことができようか。ここまでくれば、問題は、経済学というよりも、論理学ないし初等国語学の領域に移るとみなすべきであろう（あえて精神病理学とまでいわないにしても）。ここで宇野教授が、「上部構造の変化」自体「経済過程に対応」してひきおこされるといっていることは、通常の文章読解力さえあれば誰にでも自明のことであろう。横山氏の表現にしたがえば、「生産諸関係の総体（経済構造）」の変動と「対応」して「国家の政策」における「変化」もひきおこされるというのである。だから「国家の政策がなく、生産諸関係の総体（経済構造）の運動法則が客観的に作用している限りでは、資本主義の諸段階は生まれないことになっている」というのは「宇野博士の見解」ではなく、横山氏の卓抜な国語理解力によって、横山氏の（しかも氏のみの）頭脳に映しだされた架空の「宇野博士の見解」なのである。

かくてわが横山氏は、勇敢にも、みずからつくりだしたこの「宇野博士の見解」の幻影にむかって、その鋭い批判の一撃を下す。「このように、国家の政策が、生産諸関係の総体（経済構造）の客観的な運動から切り放《ママ》されるとしたら、国家の政策は、全く偶然的なものとなってしまい、資本主義の発展の歴史もまったく偶然の結果ということになってしまわなければならないであろう。」いかにも「切り放《ママ》されるとしたら」そうなるのであろう。しかし宇野教授は「対応」するとしていたのであって、この「対応」を「切り放されるとした」のは、わが横山氏であった。つまりこのラマンチャの騎士が、多少の冷静さを取戻して『経済政策論』を読みかえしたならば、国家の政策も資本主義の歴史も「まったく偶然の結果ということになってしま」うというごとき驚くべき事態は決して発生しえなかったのである。

しかし、と「マルクス主義経済学の擁護」者を自任するこの現代の騎士は、なおも確信をもって主張する。「このように、資本主義の発展の諸段階が国家の経済政策によってつくり出されるというのは、それは、宇野博士が、経済過程を自然史的な客観的過程と見ないで、それを主観的・主体的な過程と見なしているところからきている。」それには傍証をあげうるのであって、「たとえば、宇野博士はこういっておられる。〈もともと経済法則は一面では自然法則のように、……個々の個人の行動を客観的に支配する法則をなすのであるが、他面では決して単なる客体的に作用する法則ではなく、個々の個人の主観的行動によって社会的に形成せられて客観的に作用する法則なのである。……一般に経済政策その他の政治的なる、経済的なる方策の可能性もそこにある。〉宇野博士の見解では、このように、経済過程は客観的なものではなく、主観的なものということになってくる。」（『擁護』二三一頁）というのである。宇野教授の主張は「経済法則は、一面では……個々の個人の行動を客観的に支配する法則をなすのであるが、他面では……個々の個人の主観的行動によって社会的に形成せられて客観的に作用する法則なのである」というのであった。

わが騎士の手にかかると、これは「経済過程は客観的なものではなく、主観的なもの」であるという主張だ、ということになる。批判対象への客観的認識能力の決定的欠如！　同じ「マルクス主義経済学の擁護」者の一人、平野喜一郎氏なら、さしずめ「それは根本的なところにおいて学問の資格を欠くものである。なぜなら、それにたいする賛否は別にしても、ましてそれを批判するばあいは、マルクスならマルクス〔宇野教授なら宇野教授―引用者〕のいうところをそのまま伝え紹介するのが学問研究の最低の条件だからである。」（『講座』上、一五六頁、または『擁護』二一九頁）と慨歎されるところであろう。「擁護」者たちと違って、対象の科学的究明を志すわれわれには、慨歎しているひまはない。検討をつづけよう。

要するに宇野教授においては、経済法則は客観的な法則であり、経済過程は客観的な過程だ、ということは自明の前提である。ただ問題は、同じ客観的な過程といっても、人間の意志いかんにかかわらず作用する自然法則と、人間の主観的行動の総括として形成せられる歴史法則とは区別されねばならぬ、というのである。だが事物の存在は、客観的か、主観的かの二通りしか考えられぬ、わが貧弱な騎士の頭脳においては、経済法則は「個人の主観的行動によって社会的に形成せられて客観的に作用する法則である」という主張は、理解を絶する命題となった。この主張の最初で「主観的」といったのだから、それが結局「客観的に作用する法則」となることなぞありえない。それゆえ宇野教授は、経済法則は「主観的」だと主張しており、要するに客観的でないと主張しているのだ、と結論したのであろう。弁証法的認識能力の徹底的欠落！　事柄が、主観的でなければ客観的、客観的でなければ主観的、と整理できたら、これほど気楽なはなしはない。だがそうなれば、およそ社会科学の成立の余地は存しないであろう。主観的な個人の行為の総括が客観的な法則となる――これがマルクスやエンゲルスがその生涯をかけてとかねばならなかった全問題――歴史の弁証法――の核心をなすアポリアなのであった。

「自然現象についても、社会現象についても、因果関係の法則性を探求し、発見しようとする点においては、自然科学も、社会科学も、両者が区別される理由はまったくないと考えている」（『擁護』二三三～四頁）天心爛漫なわが横山氏に対しては、次のエンゲルスの所説が、頂門の一針を与えるであろう。

「社会の発展史は、一つの点で自然の発展史とは本質的に異っている。自然においては、相互に作用するものは——自然にたいする人間の反作用を度外視すれば——全く無意識的な・盲目的な作用力であって、それらの相互作用のうちに一般法則が行なわれているのである。自然においては、起ってくる一切のものは——それが表面に現われてくる無数の外見的偶然性であろうと、この偶然性の内部に存する法則性を確証する窮極的た結果であろうと——欲求され・意識された目的として起ったものは一つもない。これに反して、社会の歴史性においては、行動するものはじつに意識を与えられ、思慮分別または熱情をもって行動するのであり、一定の目的にむかって努力する人間である。だから、意識された意図なしには、意欲された目的なしには何事も起らない。」（『フォイエルバッハ論』六四〜五頁）

第二節　論理的展開と歴史的発展

「マルクスの原理論としての『資本論』は資本主義の発生、発展、消滅の運動法則を明らかにするものであり、したがってそこでは資本の一般的理論——原理論は、その発展の理論、したがって発展諸段階の特殊的な理論と同じ一つのものとなっている」（『擁護』二二五頁）というのが、見田氏に代表される公式的マルクス主義者の一般的信条といってよいであろう。資本主義の一般理論が、同時に資本主義の「発展諸段階の特殊的な理論」と「同じ一つのもの」となっているとすれば、これほど便利なことはないし、またもしそうとすれば、エンゲルス以来現在に至るまで『資本論』と帝国主義段階との関連についてあれほどのおびただしい研究や論争が繰返されてきたというのも実に無意味なはなしであって、これまでのマルクス主義者が、すべて見田氏程度の頭脳も持ちあわせていなかった凡愚の集団にすぎなかったとでも考える以外に理解のしようがない奇妙な現象といわねばならない。では一般理論と特殊理論とが、「同じ一つのもの」となっているというのは、『資本論』のどの部分をさすのだろうか。見田氏はこういわれる。

『資本論』は資本主義の一般的な理論であり、原理論であるが、同時にそのうちに、資本主義の発展の理論、したがってまた発展諸段階の理論もふくんでいるのが、その特色である。その第一部でとりあつかわれている相対的剰余価値の理論は、明らかに資本主義の一つのよりすすんだ発展段階にかんする理論であり、そのうちのマニュファクチュアと大工業にかんする理論は、さらにその内部における二つの発展段階にかんする理論である。さらに第一部の最後にとりあつかわれている資本主義的蓄積の一般的法則は、資本主義は資本の集積・集中に向かってすすむこと、またその一定の発展段階においては産業予備軍を形成せざるをえないこと等々、その発展法則をとりあつかったものであるが、さらに本源的蓄積の項目のもとでは、簡単に資本主義的生産様式の発生から独占段階を経て死滅にいたるまでの全発展過程が総括的に示されている。第三部にはいってみると、平均利潤と生産価格とがとりあつかわれているが、これは価値どおりの交換を前提した第一・二部にたいしてみれば、資本主義のいっそう高い発展段階を示すものであり、またそこでは商業資本、利子つき資本がとりあつかわれているが、これはけっして産業資本と同時にうまれるものではなく、それらの資本が自立するのは、やはり資本主義の一定の発展を前提している。あるいはまたその平均利潤率の傾向的な低下の法則も、またけっして永遠にくりかえす法則ではなく、一つの発展法則である、等々。」（『擁護』二二五〜六頁）

要約すると、①第一巻・第四篇「相対的剰余価値の生産」が一つの発展段階論であり、かつその内部にさらにより具体的な段階論をふくむ、②同・第七篇・第二二章「資本制的蓄積の一般的法則」および第二四章「いわゆる本源的蓄積」で資本主義の発展法則および発展過程が扱われている。③第一・二巻に対し、第三巻は、資本主義のいっそう高い発展段階を示す。④利潤率の傾向的低下法則も発展法則である――以上の四点にしぼられよう。

『資本論』の中に資本主義の歴史的発展過程に対する叙述が与えられていることはいうまでもない。「いわゆる本源的蓄積」はその代表的な章であるが、そのほかにも例えば第三巻・第四篇・第二〇章「商人資本に関する歴史的考察」、同第五篇・第三六章「先資本制的なもの」、同第六篇・第四七章「資本制的地代の発生史」、などがある。だがこれは

『資本論』において、原理論と段階論とが「同じ一つのもの」として扱われていることを意味するものではない。むしろその逆であろう。つまり、資本主義の一般理論的解明が、同時に、その歴史的発展をも明らかにするのであれば、以上のように各篇の終りにわざわざ一章を設けて、その歴史的過程への考察を加える必要は全くない。むしろ両者が異なるからこそ、かかる取扱いが生じたのである。*

＊　皮肉なことに、この「いわゆる本源的蓄積」や「商人資本に関する歴史的考察」などの章について、「論理的展開の順序が現実の歴史の展開と一致しない場合、マルクスはつねに現実の歴史的展開を該当する論理的展開の終末に加えている」と説明している研究者もある（宮本義男『資本論の論理体系』四三頁参照）。もちろんこの解釈もゆきすぎであって、このような歴史的考察の存在しない場合には、論理的展開と現実の歴史の発展とは一致しているとは必ずしもいえない。

また論理的展開を扱う篇ないし章の中に、歴史的叙述のふくまれている場合（例えば「相対的剰余価値の生産」の篇における「協業」「分業とマニュファクチュア」「機械と大工業」などの諸章）にも、単純に論理的展開と歴史的発展との同一性を結論するわけにはいかない。協業、分業とマニュファクチュア、機械制大工業という序列は、決して資本主義の発生史そのものをなすわけではなく、「それはむしろ、〈資本主義的生産過程〉の、いわば抽象から具体への展開」（『経済原論』七四頁）である。つまり資本主義の発生過程は、商人資本を支配的資本とする本源的蓄積過程として実現され、これに対して以上の序列は、資本による相対的剰余価値の生産という観点から整理された「資本主義的生産過程」自体の構造的展開をなすのであり、それゆえかかる概念規定は「同時に、マニュファクチュアから機械を採用する工場への歴史的発展の過程を解明するものともなっている」（同）のであった。したがって、もしも協業、分業とマニュファクチュア、機械制大工業という展開系列を、そのまま資本主義の歴史的発展過程とみなすならば、マルクスの明らかにした、資本主義の発生段階における本源的蓄積の過程の意義を見失うことになろう。また利潤率の傾向的低落の法則は「一つの発展法則」である、といっても、これは「くりかえす法則」とは異なった、資本主義の歴史的発展段階の法則をなす、というのではない。つまり『資本論』では、資本蓄積の進展とともに、有機的構成も高度化し、したがって利潤率の低下傾向も貫かれるとしても、この場合、利潤率均等化法則も価値法則も貫徹されるものとして資本家的生産様式の一般的構造は想定されているのであって、利潤率の低下傾向の法則によって、資本主義のかかる構造自体に変化がひきおこされることはありえたい。その意味で、この「一つの発展法則」は、「くりかえす法則」自体の不純化を意味する資本主義の段階的発展とは無関係なのである。

最後に、『資本論』第一・二巻に対して第三巻は「資本主義のいっそう高い発展段階を示す」とか、「商業資本、利子つき資本……はけっして産業資本と同時にうまれるものではなく、それらの資本が自立するのは、やはり資本主義の一定の発展を前提している」というに至っては、『資本論』に対する完全な誤解という以外にない。この点については、『資本論』第三巻の冒頭で、マルクス自身次のように説明しているのである。

「第一部では、それ自体として取りあげられた資本制的生産過程が、直接的生産過程……として呈示する諸現象が研究された。……第二部では、殊に第三篇で、流通過程を社会的再生産過程の媒介として考察することにより、資本制的生産過程は全体として考察すれば、生産過程と流通過程との統一であること、が明らかにされた。この第三部で問題とするのは……全体として考察された資本の運動過程から生ずる具体的諸形態を発見して叙述することである。諸資本はその現実的運動では、具体的諸形態――「それらにとっては直接的生産過程における資本の姿態ならびに流通過程におけるその姿態が特殊的契機としてのみ現象するような、具体的諸形態で対応しあう。」(『資本論』⑧七三頁)

この方法的主張の意味は明白であろう。第一・二巻では、資本制的生産過程を、その現実的運動における諸資本の具体的諸形態から抽象して、直接的生産過程および流通過程において考察し、第三巻では、それを前提として、この資本の一般的運動が個別的資本の競争過程において具体的に展開する諸姿態を扱うというのである。つまり第一・二巻も、第三巻も、資本家的生産過程の一般的考察を与えるという点では全く差異はない。しかし第一・二巻は、個別資本間の競争を捨象した資本一般、わかり易くいえば、資本家階級と労働者階級の関係を基軸とした資本の運動を扱うのであり、第三巻は、かくして資本家階級によって獲得された剰余価値の資本家階級間における配分を基準として、具体的な個別資本の競争過程を扱うのである。第一・二巻では価値どおりの交換が基準とされ、第三巻では生産価格の支配が説かれるというのも、この理由による。この違いは、見田氏の主張されるような、「資本主義のいっそう高い発展段階を示す」ものではない。個別資本間で生産価格を基準として交換が行われることが、同時に、資本家階級と労働者階級との間では価値どおりの交換の実現を意味するのである。また商業資本、利子つき資本の成立が、産業資本のそれと同時ではなく、産業資本の自立とは区別された「資本主義の一定の発展を前提している」というのも誤りである。産業資本はたしかに資本家的生産様式の基本的資本形態ではあるが、たんに産業資本としてこの生産様式は自立しうるものではない。その流通過程が商業資本によって担われ、遊休貨幣資本の管理が商業銀行によって遂行されることによって、産業資本自身もはじめて社会的再生産過程を具体的に支配しつつ「自立」することになるのである。その意味で、『資本論』におけるこのような資本範疇の論理的麗開の序列は、けっしてこれら資本の歴史的成立の順序と一致するものではない。

だから、『資本論』の中に歴史的発展についての叙述があることは否定できないが、これをもって直ちに資本の一般理論がその発展段階論と「同じ一つのもの」とされている、と断定することはできない。具体的に見田氏の示された実例をみれば、①理論的展開と区別して（大抵はその篇の最終章において）歴史的過程への説明が与えられている場合（本源的蓄積や商人資本への歴史的考察など）、②理論的展開自体の内部で、歴史的発展についての叙述が与えられている場合（例えば、相対的剰余価値の生産の篇における資本家的生産方法の発展の規定など）、③資本家的生産様式の一般的考察における抽象から具体への理論的展開が、同時に、資本主義の歴史的発展過程を示す場合（例えば、第一・二巻と第三巻との関連）、とに分類しうる。①は問題ないであろう。これはむしろ論理的展開と歴史的発展との区別の例証たりうる。②は一定の理論的基準から、歴史現象を整理したものではあるが、これをもってただちに資本主義の歴史的発展過程ないし段階規定とするわけにはいかない。資本主義発生の基礎過程としての本源的蓄積に対するマニュファクチュアの意義を考えてみれば、この点は明瞭であろう。そして③は明らかに見田氏の誤解である。すでにみたように、これは第三巻冒頭におけるマルクス自身の言葉によって明確に示されている。こうみてくると、見田氏に代表されるような、『資本論』における歴史と論理の一致を説く見解は、完膚なきまでに粉砕されざるをえないことになる。では資本主義における一般理論と、その歴史的発展との関連は、正しくはどのように考えたらいいのだろうか。

第三節　純粋資本主義と段階規定

マルクスは、『資本論』で「研究せねばならぬのは、資本制的生産様式、および、これに照応する生産=ならびに交易関係である」（『資本論』①七一頁）としたうえで、「理論上では、資本制的生産の法則が純粋に展開するものと前提される。現実には常に近似のみが存する。だがこの近似は、資本制的生産様式が発展すればするほど、また、従来の経済状態の残滓をもってする資本制的生産様式の不純化と混合とが除去されればされるほど、ますます大きくなる」（同、⑨二六三頁）とのべている。この「理論上で……純粋に展開されるものと前提され」ている「資本制的生産の法則」、より具体的にいえば、そのような法則をもって貫徹される資本制的生産様式の統一的体系に対して、宇野教授は純粋資本主義と名づけたのである。

ところが、林直道氏は、この「純粋資本主義」に対して、ほぼ次のような批判を与えている。

「第一に、宇野氏の純粋資本主義は、現実に存在しないものである。およそ、この世のなかに『資本論』でのべられた概念や法則だけからなりたって、それ以外の要素はなにもふくまれていない、いわば純粋培養された資本主義というようなものが存在しないことはわかりきっている。現実の資本主義は、典型的に発達した一九世紀のイギリス資本主義でさえも、多かれ少なかれ、その国特有の歴史的特殊性をおびているからである。けれどもそうした特殊性とからみあいながら、そのなかをつらぬいて資本主義の一般的法則が現実に作用しているのであり、そのことは、時代をとわず、国をとわず、およそ資本主義であるかぎりあてはまることである。そのいみで、資本主義の一般的法則や概念は、現実の資本主義にふくまれている客観的関連そのものであり、客観的実在（そのもっとも重要な、本質的側面）の人間の頭脳への反映だといわなければならない。ところが宇野説はこのことをみとめようとしない。……現実の資本主義の発展は、原理とまったく次元を異にした世界（不純な世界）において、かの原理＝法則とまったくかかわりなしにおこなわれるというのである。…………こうして宇野氏の純粋資本主義は、資本主義の原理を現実の資本主義のもとで脈々と作用し貫徹している生きた現実的法則としてとらえず、これをたんなる思惟抽象物（マックス・ウェーバーの〈理想型〉のごときもの）にかえてしまうものである。」（『擁護』一四六〜七頁）

実に不正確な対象把握にもとづく、粗雑な批判の展開といわねばならない。宇野教授は、「資本主義の一般的法則や概念は……客観的実在……の人間の頭脳への反映だ」ということを「みとめようとしない」とか、「現実の資本主義の発展は、原理＝法則とまったくかかわりなしにおこなわれるという」などという認識を、林氏は一体宇野教授のどんな著作からえられたのだろうか。宇野教授は「経済学の原理論の体系は、……発展期の資本主義の純粋化の傾向を客観的基礎にして、商品経済が一社会を全面的に支配する論理としてのみ展開されうる」（『方法論』二六頁）というのである。つまり教授は、資本主義の一般法則は、資本主義自体の歴史的発展過程ときり離しては把握されえず、かかる客観的過程自身を根拠として理論的規定も確定されうるという点で、『資本論』の法則や概念は、ウェーバーの「理念型」とは根本的に異なるというのである。したがって、林氏は（引用文献や頁数の指示もないので）何によられたか全く不明であるが、この点では、宇野教授と正反対の見解をもって宇野説と誤解しつつ、これに対して熱心な反論を展開されているわけである。だが問題はむしろその先にある。宇野教授においても、資本主義の原理が「現実の資本主義にふくまれている客観的な連関そのもの」であり、したがって「現実の資本主義の発展」は「原理＝法則」とかかわりのあることは、通常の読解力をもって教授の諸著作を読むかぎり誰にでも自明のことである。重要なのは、両者のかかわりあいの仕方にある。教授はこの点について、次のようにいわれる。

「マルクスにとっては、資本主義は発達すればする程、理論的に想定せられる純粋の資本主義社会に近似するものとして、その経済学の原理論に客観的根拠を与えることになったのであるが、しかし、この資本主義の傾向が、一九世紀末には種々なる事情によって、必ずしもそういうように一面的には展開されなくなるということが明らかになってこないと、経済学の原理論の体系的純化は決して完成しえないのであった。……かくて『資本論』のような原理論が、恰も資本主義の発展段階としての産業資本の原理であるかのように考えられることにもなるのであるが、それでは原理論の体系的純化を完成するわけにはゆかない。原理論は、産業資本の時代の資本主義の発展傾向にその根拠を与えられるものではあるが、そしてまたその理論の原型は産業資本によるものであり、理論的に想定せられる純粋の資本主義社会でも産業資本の支配のもとに資本の機能は展開されるのであって、その意味では産業資本の原理といってもよいのであるが、資本主義の発展の一段階としての産業資本の時代の原理をなすわけではない。」「それは一七世紀以来の資本主義的商品経済の発展の過程の内に認められる、商品経済的純粋化の傾向に基いて抽象されるのであって、いわゆる産業資本の時代の商品経済的諸現象をとって、その攪乱的要素を除去した、いわば平均的なるものとしての原理をなすわけではない。」（『方法論』三七〜四一頁）

純粋資本主義は、資本主義の客観的発展過程を根拠として、理論的に想定されたものであり、したがってこの純粋資本主義に最も近い状態を示した一九世紀中葉のイギリスにおいてさえ、現実にかかる状態が完成されたわけではない、という点では「宇野説」は『資本論』と全く変らない。もしも林氏が「純粋資本主義は、現実に存在しない」点を、かかる文脈で批判しようと意図したのであれば、まず資本主義の全面的支配を想定しつつ、しかも「イギリスでは、経済的編制からみた近代社会が最も広汎・最も典型的に発展していることは争うべくもないとはいえ、この国ですら、この階級的編制は純粋には現われない」（『資本論』⑬二百五頁）としたマルクスをこそ、まずその攻撃対象にえらぶべきであった。

「宇野説」と『資本論』との違いは、そんなところにあるのではない。『資本論』は、一九世紀中葉のイギリスでもこの純粋資本主義は実際には達成されないことを認めつつ、しかし歴史的発展は究極的にはこの純粋資本主義へむかって発展しつつある、としていた。つまり資本主義の歴史過程を窮極的に規定する純粋資本主義と、「従来の経済状態の残滓」によるその「不純化と混合」としての現状との、いわば二段階論をもって、資本主義は理論的に把握されていたのである。ところが、七〇年代の大不況以後、九〇年代から二〇世紀初頭にかけて現実に展開された資本主義の発展は、かかる歴史的予測を完全に裏切った。世界資本主義は、自由主義段階から帝国主義段階へと決定的な変貌をとげたのである。自由貿易からカルテル関税を中心とする保護主義への転換は、最も明瞭な世界経済の基調における変質であったが、その背後には、主要資本主義国の内部における個別資本の自由競争から株式会社形式による独占的組織の形成への変化の過程があった。これは、資本主義の歴史過程自体が、マルクスの二段階論的資本主義把握に対して提起した異議申し立てとみなければならないであろう。しかし一八八三年、その生涯を閉じたマルクスにとっては、この点は当然まだ問題とならず[*1]、エンゲルスもこの点について理論的模索を繰返しつつも、決定的な結論をひきだす前に世を去った。[*2]

＊1　とはいえ、マルクスは、景気循環の変質などとの関連で、原理論としての『資本論』と、この歴史過程の変貌とをいかに結びつけるかについて疑問をもちはじめていたのは事実である。例えば、一八七九年四月一〇日付、マルクスのダニエルソン宛手紙参照。

＊2　拙稿「エンゲルスと帝国主義」(『帝国主義論の史的展開』所収）参照。

宇野教授は、『資本論』を前提としつつ、この問題に対して独自の解決を与えた。いわゆる三段階論である。したがってこの三段階論は一方では資本主義の原理論としての『資本論』について、他方では資本主義の歴史的発展過程の把握について、マルクスのそれとは異なった次のような認識を示すことになった。

「原理論を可能ならしめた資本主義自身の純化の傾向をある意味で逆転する金融資本の時代の出現は、原理論に対する段階論の展開を明確に区別せざるをえなくするのである。そしてそれはまた同時に原理論の体系の完結性を明確にする。〈商品〉から始まって〈諸階級〉に終る『資本論』の体系は、まさに原理論の体系のこの完結性を予定するものといってよいのである。それはそのまま延長されて、段階論的規定を与えるというものではない。商品形態をもって一社会の全経済を処理する、純粋の資本主義社会の運動法則を明らかにするものである。」（『方法論』四二頁）

すなわち、①資本主義の一般理論としての『資本論』体系は、資本主義の発生・発展・爛熟の歴史過程と分離されて、純粋資本主義の運動法則を明らかにする原理論として純化され、②資本主義の歴史的過程は、非資本主義ないし非商品経済的諸要素との関連において進行する発展段階として、この純粋資本主義の論理から直接にみちびきだしえない具体的過程として把握されることになる、というのである。要するに、マルクスにおいては終局的には一致するものとして予想されていた純粋資本主義の論理と、資本主義の歴史的発展傾向とを、截然と分離した点に、宇野理論の根本的特質がある、といってよいであろう。

しかし、マルクス以後の歴史的発展によって『資本論』の方法的反省を試みるよりは、つねにマルクスの書いたものを擁護することによって、マルクス主義理論家の任務と心得るわが林氏が、これに対して、直ちに次のような批判を展開したのもまた当然であった。

「第二、『資本論』は近代資本主義社会の内部構造とその経済的運動法則を純粋に研究し、この社会が生成・発展・消滅の必然をもっていることを解明した。すなわち資本主義はそれ自身の法則にしたがって必然的に消滅し、より高度な社会主義社会へ転化してゆかざるをえないことを立証したのであった。ところが宇野氏によれば、原理は、そうした生成・発展・消滅の契機（これもまた〈不純な〉もの）をぜんぶきりすてたものとして、純粋でなければならぬという。生成も消滅もない、はじめもなければおわりもない、永久に資本主義のわく内で同じ運動をくりかえすもの、これが氏の純粋資本主義なのである。……けれども永遠の反復こそが原理＝法則なのだと主張することは、ぎゃくに生成・発展・消滅は原理＝法則にもとづかない、非法則的、非必然的＝偶然的な現象にすぎぬと主張していることになる。こうして宇野氏の純粋資本主義論は、資本主義の生成・発展・消滅の必然性を否定する、きわめて保守的な立場に転落せざるをえないことになる。」（『擁護』一四七頁）

この林氏の批判のうち前半――つまり『資本論』は資本主義の「生成・発展・消滅の必然」を明らかにしようとした（その成否は別としても）が、宇野教授はかかる契機を捨象した純粋資本主義論をもって原理論の内容とした、という点――は正しい。しかし、それは宇野教授の意図したところであって、その点を指摘しても別に純粋資本主義論への批判にはならない。だが後半における林氏の批判――つまり資本主義の「生成・発展・消滅」の過程は直接「原理＝法則」にもとづかないとすれば、宇野教授はこの過程を「非法則的、非必然的＝偶然的な現象にすぎぬと主張していることになる」という批判――は誤りである。

原理論の内部では、例えば価値形態論によって貨幣生成の必然性が論証され、資本主義社会では労働＝生産過程が価値形成＝増殖過程となることが明らかにされることによって価値法則の必然的根拠が解明される。これに対して、資本家的生産様式の出発点たる本源的蓄積過程の基礎をなす農民からの土地収奪は、けっして商品経済的必然性において実現されるものではない。マルクスのいうように、それは「社会の集中的で組織的な暴力たる国家権力を利用」（『資本論』④二四四頁）しつつ「無慈悲きわまる蛮行」（同、二五八頁）として実現される。だからといって、この本源的蓄積の過程を、林氏のように「非法則的、非必然的＝偶然的な現象にすぎぬ」とするわけにはいかない。資本主義の発生過程として、歴史的に必然的な段階をなすのである。

つまり林氏の根本的欠陥は、歴史の必然性を、原理的必然性としてしか理解できない、あるいは逆に、原理論における法則はあらゆる歴史の必然的展開を解明できるものと信じこんでいる点にある。歴史一般の必然性はともかくとして、ことを資本主義の歴史的必然性に限定しても、問題はそう簡単ではない。あらゆる国の、あらゆる時代の資本主義の運動を支配する価値法則の必然性と、資本主義成立の一般的前提をなすものの、その時期と国際的環境とによっていちじるしくその実現形態を異にする本源的蓄積の必然性と、さらに例えば日本資本主義において財閥形態の資本が支配的となる必然性とは、同じ必然性という言葉で表現されながらいちじるしくその内容を異にする。宇野教授はこれを、いわば原理的必然性、段階的必然性、現状分析的必然性という必然性の次元の違いにおいて把握された。いまこれを帝国主義段階の資本主義において具体的に適用しようとすれば、恐慌の必然性、〔帝国主義〕戦争の必然性、革命の必然性としてとくに明確にあらわれることになる。人間の意志いかんにかかわらず貫徹する恐慌という経済過程と、国際政治の動向によって早めたり遅らせたりされうる戦争と、政治集団の主体的領導によって終始その過程が支配される革命とは、常識的にみても、その必然性に根本的差異のあることは明瞭であろう。社会科学としてのマルクス経済学の任務は、これら歴史的必然性におけるそれぞれの次元の相違と、その関連を明らかにすることにある。「原理＝法則にもとづかない」場合は、直ちに「非法則的、非必然的＝偶然的な現象にすぎぬ」と論断する「マルクス主義経済学」者の立場は、したがって自然科学的必然性以外はすべて偶然性、非法則性に帰する新カント派的思考にきわめて近いとみるべきであろう。かれらにおいては、恐慌も戦争も革命も、したがって商品売買も、政治的実践も、さらには学問研究さえも、ひとしく人間の実践として区別されえなくなるのは当然であった。「マルクス経済学」に「主義」を持ちこまざるをえないゆえんである。

さて、この資本主義の発展における三段階的必然性把握の内容については、以下当該章において立入って検討したいが、ここではさしあたり、純粋資本主義における法則的必然性と、資本主義の発展段階規定との差異について、これまでの考察を前提として簡単な要約を与えておこう。

純粋資本主義とは、その経済過程が商品経済によって完全に支配されている社会であり、実際にはいつの時代のどの資本主義もこのような社会関係を完全に実現したことはない。とはいえ、それはたんなる人間の恣意的な観念構築物ではない。一六世紀から一九世紀中葉にかけて実現されてきた、イギリス資本主義の生成・確立の過程は、歴史自身による純粋資本主義の形成過程であった。この過程の特色は、経済過程それ自身が上部構造的規制ないし援助から離れて自律的運動機構を形成するという点にあった。一九世紀初頭における唯物史観成立の現実的根拠も、実はかかる歴史過程の特殊性にあった。マルクスは、このような経済的発展過程の理論的反映の総括として、古典経済学を継承しつつ、価値法則を基軸とした自律的運動機構を、体系的に理論化したのである。

だがマルクスも、その歴史的制約のゆえに、この純粋資本主義が、同時に資本主義の歴史的発展の到達点であり、したがって、ここに理論的展開と歴史的発展とが直接的に統一されている、という認識から脱却できなかった。つまり、『資本論』を、資本主義の歴史的発展過程に対するその自律的運動の一般理論として純化しえぬまま、ここに同時に、資本主義の歴史的発展過程を直接に投影するという傾向をまぬがれえなかった。しかし、資本主義の帝国主義段階への移行によって、純粋資本主義は、資本主義の歴史的発展の到達点でありえないことが明らかになるとともに、この純粋資本主義論と、資本主義の発展段階論との分離は必然的に要請されることになった。宇野理論とは、かくて、帝国主義段階への突入とともに、マルクス経済学の内部でつづけられてきた、この問題をめぐる論争と試行錯誤の過程の科学的集約をなすものであった。純粋資本主義論としての原理論と分離された、資本主義の歴史的発展過程に対する認識は、まず資本主義の世界史的発展段階論として、各段階の支配的資本のもとでの経済政策の基本的動向のうちに解明されることになり、これを前提とする各国資本主義の現状分析とあわせて、資本主義の三段階論的認識の方法が確立された。マルクス以後のマルクス経済学の展開は、したがって、資本主義の二段階論的認識の三段階論的認識への発展の過程として総括することができるのである。

第四章　価値法則

第一節　価値論の根本問題

『資本論』は、第一巻の冒頭で、価値の実体が抽象的人間労働であり、商品交換はこの抽象的人間労働を基準とする等価交換であること、つまり価値法則を論証している。だがこの論証に対しては、すでに『資本論』発刊時からマルクス批判者によってさまざまな疑問ないし異論が提出され、マルクス主義経済学者との間で、活発な論争が繰返されてきた。

一クォーターの小麦＝ａツェントネルの鉄という等式を前提として、両者から使用価値を捨象し、残る第三者を一つの共通者、すなわち抽象的人間労働に還元するマルクスの方法は、批判者からは「蒸溜法」なる命名のもとにその非論理的性格を攻撃されたが、たんにそれにとどまらず、資本主義社会における商品は生産価格を基準にして交換され、したがってその意味で等価交換は一般的に成立しがたいとする、いわゆる第一巻と第三巻との矛盾という点に批判が拡大するにおよんで、マルクス主義経済学はさらに大きな難問にさらされることになった。つまり資本主義社会の商品交換を規制するのは現実には生産価格の法則であるとすれば、第一・二巻における価値法則は、この生産価格を説明するために観念的に構築された理論――たかだか「科学的な仮説」（『資本論』⑧四九頁）――にすぎないことになりはしないか、というのである。これに対しては、エンゲルスが、第三巻の「補遺」で与えた反論が、一般的にマルクス主義経済学者によって、正統的反批判として承認されてきた。すなわちエンゲルスは「価値法則は資本制的生産にとっては、単なる仮説――いわんや、必要ながらの虚構――よりも遙かに大きい決定的な意義をもつ」（同、五〇頁）として、一言でいえば、「マルクスの価値法則は、いやしくも経済学的法則が妥当するかぎり、単純な商品生産の全期間にわたり、つまり単純商品生産が資本制的生産形態の登場によって変更をこうむる時まで、一般的に妥当する」（同、五六頁）と主張するのである。このエンゲルスの主張*は、たんに価値法則についての一つの解釈を示したにとどまらず、資本家的生産様式の歴史的性格についての独自の認識を前提とした、きわめて特徴的な理論的把握の方法を内包していた。

＊　エンゲルスもふれているように、このような把握はかれの独創ではなく、すでにマルクスによって『資本論』第三巻の中で与えられていた（『資本論』⑧五一頁参照）。しかし「その価値またはほぼその価値での諸商品の交換は生産価格での交換――そのためには一定高度の資本制的発展が必要である――の場合よりもはるかに低い段階を要求する」という認識によって、マルクスは『資本論』を貫いていたわけではない。商品生産自体が、資本家的生産の基礎上ではじめて一般的に確立しうるのであり、それ以前においては不等価交換、商人資本による単純商品生産者の収奪が一般的であるとする把握の方が、むしろかれの基本的立場だったといってよい。いうまでもなく、かかる認識と、価値法則＝単純商品生産社会の法則という把握とは根本的に相容れない。エンゲルスは、マルクスにおいて併存せしめられていたこの二つの認識のうちから後者をとりだし、これを純化したものということができよう。

この点を明らかにするために、もう少しエンゲルスによる価値法則の現実性についての説明をたどってみよう。かれも、歴史はまず自然発生的な共同体からはじまり、この共同体間に生じた生産物交換が共同体内に滲透するにつれて、共同体の「大なり小なりの家族諸集団」への解体が進行するという。さて、この労働農民を家長とし、必需品の殆んどを家族の援助によって、自己の囲地《ホーフ》で生産しつつ、僅かな必需品を自己の超過生産物との交換によって入手する家族集団の支配する社会を対象として、エンゲルスは価値法則の現実的支配を証明しようとするのである。

「中世の農民は、自分が交換によって得る物の製造に必要な労働時間をかなり正確に知っていた。村の鍛冶屋や車師は農民の鼻先きで働いていた。また裁縫師や靴師も、まだ私の少年時代にはわがライン地方の農家につぎつぎと立寄って、自分の作った材料を衣類や靴に仕上げていた。農民も、農民に売った人々も、みずから労働者であり、交換された財貨は各人の自己生産物であった。これらの生産物の製造に彼等は何を充用したか？　労働であり、労働だけである。道具の塡補のためにも、原料を作るためにも、その加工のためにも、彼等は自分自身の労働力以外には何も支出しなかった。だから彼等は、彼等のかかる生産物を他の労働しつつある生産者の生産物と、それらの生産物に費された労働時間に比例させて交換する以外に仕方がありえようか？　これらの生産物に費された労働時間が、交換さるべき大いさの量的規定のための唯一の適当な度量基準だったばかりではない。総じてそれ以外の基準はありえなかった。さもなければ、ひとは、農民や手工業者は一方の一〇時間労働の生産物を他方のただの一時間労働の生産物と交換してやるほど馬鹿だったと信ずるか？　農民的自然経済の全時代にわたり、交換される諸商品量がそれらに体化された労働量によってますます度量される傾向をもつような、そのような交換以外の交換はありえない。」（『資本論』⑧五二一〜二二頁）

つまり、中世から一九世紀初葉に至るまでの自営農民達における商品交換にあっては、①原料や道具も自己労働によって作られ、かつ②相互にその生産物に必要な労働時間を正確に知りあっているがゆえに、等労働量交換以外の交換はありえなかった、というのである。だが価値法則がこのような根拠で成立するとすれば、①一般に生産手段を他人の生産物として、商品形態において購入し、しかも②生産過程を商品として購入した労働者の労働力によって実現する資本主義社会では、③商品販売者も購入者も、その商品に投下された労働時間を正確に把握することは不可能となり、したがって価値法則は成立しえないことになろう。じっさいエンゲルスは次のように明言するのである。

「一言でいえば、マルクスの価値法則は、いやしくも経済学的法則が妥当するかぎり、……単純商品生産が資本制的生産形態の登場によって変更をこうむる時まで、一般的に妥当する。……だからマルクスの価値法則は、生産物を商品に転化する交換の端初から紀元一五世紀までの期間にわたり、経済学的・一般的な妥当性を有する。」（同、五六六頁）

つまりエンゲルスによれば、価値法則は人類史において「五千年ないし六千年にわたって支配的に行なわれてきた」（同頁）が、資本主義の発生とともにその妥当性を失ってきた、ということになる。

このような価値法則の理解は、しかしそう奇異なものではない。むしろ古典経済学（A・スミス、D・リカード）において定式化され、経済学の世界をこえて、一八世紀から一九世紀にわたって（あるいは現在においてもなお）一般的常識にまで普遍化された標準的理解といってよい。周知のようにスミスは、労働価値説の純粋な支配を「資本の蓄積ならびに土地の私有に先き立つ初期未開の社会状態」（『国富論』上、東大出版会版、六三頁）にかぎり、資本蓄積開始後は「自然価格は賃銀、利潤および地代の自然率」とともに「変動する」（同、八五頁）ことを主張し、リカードも、この理解をうけついで「社会発達の初期」（『経済学および課税の原理』上、岩波文庫版、二九頁）において支配した「諸貨物の生産に投ぜられる労働の量が、その相対価値を左右するとの原則は、機械その他の固定且つ耐久的なる資本の使用のためによほどの修正を蒙る」（同、三二頁）と主張した。このような主張の背後には、「凡て物の真の価格、即ちそれを得たいと思う人がそのため真に費すところは、これを得る労苦煩労である。既に一物を得ており、これを売払いまたは何か他のものと交換したいと思う人にとって、この物は、本当にどれだけの値打があるかというに、それはこれがあるために自分は免れ、他人に課しうる労苦煩労だけの値打があるのである。貨幣または財を以て買われるものは、われわれが自分のからだの労苦によって取得するものと全く同様に、労働により賄われるわけである。」（『国富論』上、三九頁）という認識があり、しかも「資本の蓄積並に土地の私有に先立つ初期未開の社会状態」、つまり単純商品生産者の社会において、このような労働を基準とする交換が最も純粋に展開されると考えられていたのである。

この価値法則の貫徹する単純商品生産者の社会という認識は、スミスやリカードにとっては、たんに理論的仮説というのではなく、かれらの歴史認識の出発点ないし基軸をなした。つまり、資本主義社会は、労働者と資本家（および地主）という階級対立を内包するとはいえ、基本的には商品所有者同士の自由・平等な交換関係をもってむすばれる「文明社会」であり、このような関係が経済過程において最も徹底的かつ純粋に実現されたのは、資本蓄積に先だつ小商品生産者の社会であるという認識である。このような認識を前提とすれば、資本主義社会の成立過程は、自由にして平等な小商品生産者社会の分解過程、つまり生産手段を喪失した労働者階級と生産手段を集中した資本家階級とへの両極分解として把握され、そのような意味で小商品生産社会が資本主義社会の前提をなすのと並行して、価値法則は生産価格の前提をなすものと理解されることになるのである。すなわち、エンゲルスの価値法則理解、およびそれをささえる歴史認識は、基本的には古典経済学によって達成されたそれを継承し、精緻化したものにほかならなかった。

しかしかかるエンゲルス的把握は、『資本論』によって与えられているマルクスのこの点についての認識とは異質である。マルクスはすでに「経済学批判への序説」（一八五七年五月）において、次のようにかかる歴史認識を批判していた。

「スミスとリカードがそれをもってはじめたところのかの個々ばらばらな猟師や漁夫は、一八世紀のたんなる思いつきでない観念的産物にぞくする。それはロビンソン物語ではあるが、けっして文化史家の想像するように、たんに過度の文華にたいする反動と、誤解された自然生活への復帰とだけをあらわすものではない。……自由競争の支配するこの社会では、個々人は、それ以前の諸歴史時代において、彼を一定の局限された人間集団の所属員たらしめていた自然的紐帯などから、解放されて現われた。スミスとリカードがなおまったくその影響のもとにいた一八世紀の予言者たちは、一方では封建的社会諸形態の解体の・他方では一六世紀このかた新たに発達した生産諸力の・産物である一八世紀のかかる個人を、過去に実存した理想として、頭にうかべていたのである。歴史の結果としてでなく、むしろ歴史の出発点として。」（『経済学批判』二八七〜八頁）

マルクスは、このように独立した個人を歴史の出発点としてえがくのは、ひとつの「錯覚」にすぎず、歴史をさかのぼればさかのぼるほど、個人は共同体に属する非独立的な存在であって、「個別化された個人の立場」は、「ブルジヨア社会」においてはじめて成立しえたにすぎない、と主張する（同、二八八頁参照）。したがってかれは、資本主義の成立過程を、古典派やエンゲルスのように小商品生産者の両極分解としてではなく、「農村生産者・農民からの土地収奪」を「全過程の基礎」とする「いわゆる本源的蓄積」において解明したのである。「商品生産は、資本制的生産の基礎上で初めて、生産の正常的・支配的な性格として現象する」（『資本論』⑤四八頁）とするかれの基本的認識も、かかる歴史把握の必然的な産物であった。すなわち資本主義社会以前の社会体制は、一般的に共同体的経済構造を基礎として成立しているのであるから、商品経済の滲透によるその分解が極点にまで達したとき――具体的には、直接的生産者が生産手段としての土地から切離され、自己の労働力を売ることによってしか生活しえなくなったとき――はじめて、商品経済は「生産の正常的・支配的な性格」を獲得し、資本主義的生産として、自立的な社会構成体たりうることになる。そしてかかる把握にたてば、価値法則は小商品生産社会において支配的であって、資本主義社会の成立とともに変質ないし修正されるとする古典派的認識から完全に解放されることになろう。商品生産が、資本主義的生産においてはじめてその「正常的・支配的な性格」を獲得するとすれば、商品経済の規制法則としての価値法則も、資本主義的生産の基礎上ではじめてその全面的支配と純粋な貫徹をみることにならざるをえないのは当然であろう。

この意味で、『資本論』の価値規定への批判に対するエンゲルスの弁証は、古典派的限界をのりこえて達成された『資本論』の成果を評価しえず、むしろそれを古典派的水準へ逆行せしめるものでしかなかったのである。しかもかかる価値法則理解と資本主義把握とは、現在でもなおマルクス主義者の間で支配的であるといってよい。例えばスターリンはいう。

「価値法則は資本主義の基本的経済法則ではないだろうか？　いや、そうではない。価値法則は何よりもまず商品生産の法則である。それは資本主義以前にも存在していたし、また資本主義が打倒されたのちも、たとえばわが国において……商品生産と同様に存在しつづけている。……資本主義の基本的経済法則の概念に最もよく適しているのは、剰余価値の法則、資本主義的利潤の発生と増大の法則である。」(『ソ同盟における社会主義の経済的諸問題』青木文庫版、五三〜四頁)

『マルクス主義経済学の擁護』で示されている、わがマルクス主義経済学者たちの価値法則理解は、このエンゲルス＝スターリン的価値法則論の忠実な模倣にほかならない。林直道氏の次のような価値法則理解をみよ。「資本主義以前の商品経済のもとでは、……交換の基準は……それぞれの商品の生産に社会的に必要な労働時間以外には存在しなかった。」(『擁護』一六二頁)

かくて宇野教授の価値形態論を基軸とした価値法則の新たな把握は、凡百のマルクス主義者たちによって古典派的水準にひきもどされて理解されていたマルクスの価値規定を、その本来の正当な座にすえることをめざした、ということができる。

第二節　価値形態と価値実体

マルクス経済学における価値規定をめぐる以上のような論議に対して、宇野教授が与えた解答は、単純明快であるとともに、それまでに全く先例をみない斬新なものであった。結論的にいえば、『資本論』第一巻、第一篇「商品と貨幣」においては、価値は価値形態(または貨幣形態)としてのみ考察されるべきであって、価値実体の理論的解明は、第三篇「絶対的剰余価値の生産」、とくにその第五章「労働過程と価値増殖過程」でなされるべきである、というにつきる。

しかし、冒頭における価値実体の論証は、『資本論』体系の論理的展開の出発点ないし礎石をおくものと一般に考えられており、かつ常識的にも、形態とは実体を前提とするものであり、実体から抽象された形態などは不可解とされるであろうから、この宇野教授の主張に対して激しい論難がよびおこされたのは当然であろう。林直道氏の次のような批判は、その代表といえよう。

「商品とは実体ぬきの純粋の形態でなければならぬとする宇野氏の規定は、商品論から価値実体論をとりのぞけという、労働価値論を修正したおどろくべき主張へと発展する。『資本論』は、その冒頭の商品論において、商品価値を分析し、価値の実体は労働（対象化された労働）であることを明らかにした。ところが、宇野氏によればこれがまちがいだというのである。『〈商品〉からはじめた展開に、直に価値の実体を労働として説くことの方が無理なのである。』だがはたしてそうだろうか？　価値の実体としての対象化された労働（神経、筋肉、脳髄、手、足、感覚器官などなど、人間的労働力一般の生産的支出としての抽象的人間労働）という規定なしに、価値論・商品論を展開できるであろうか？」（『擁護』一五四頁）

しかし「商品とは実体ぬきの純粋の形態でなければならぬとする宇野氏の規定」という林氏の理解が、もともときわめて曖昧かつ不明確なものなので、以下の批判のすべてが的はずれとならざるをえない。宇野教授は「商品形態は共同体と共同体との間に発生して、共同体の内部に滲透していって、それらの共同体を一社会に結合しつつ社会的実体を把握することになるのであって、形態自身はいわば外から実体を包摂し、収容するのである」（『方法論』二二七頁）という見地から、原理論の冒頭で商品を規定する場合には、形態規定としての商品にとどめ、その実体については論及すべきでないし、また論及できないと主張したのである。だからもし林氏が、宇野教授の商品規定を批判しようとしたなら、その前提となっている、以上のような商品関係にかんする歴史的把握自体をまず批判すべきであった。だが残念ながら、商品関係は共同体と共同体の間に発生して、漸次共同体内部に滲透しつつ、資本主義社会においてついにその生産の正常かつ支配的な関係になるに至ったという把握は、マルクスによって与えられたものであった。したがって林氏の批判も、そこまでには及びえない。わずかに「商品が共同体と共同体のあいだの生産物交換として発生したということは、なんらの実体的基礎もなしに純粋に形態だけのものとして商品がうまれたということを意味するだろうか？　けっしてそうではない」として、すでにみたように「おのおの共同体そっくり全体があたかも独立の生産手段私有者として、他の共同体とむかいあうのである。だからここには商品形態の実体的基礎が厳然として存在したのである」（『擁護』一五一〜二頁）という奇妙な主張で結ぶのである。だが商品交換と共同体との経済的関係は、それほど単純なものではない。マルクスのいうように、共同体と共同体との間で剰余の生産物が交換される段階においては、「それらの物の量的な交換関係」は「全く偶然的である」（『資本論』①一九六頁）。ということは、そこではまだ投下労働量による価値関係の規制は必然性をもちえないということである。

これに対して中世紀のギルド的分業においては、「徒弟、職人としての修業は親方職人としての独立した地位に立つことを目的とするものであって、その労働はむしろ熟練労働として発達する、地域的、個人的特殊性を基準とするものにならざるをえない。」（宇野弘蔵『価値論』一一五頁）これは一面では、農村における自給自足経済の支配と、他面では、市場の局地性、ないしたかだか商人に媒介された国際性とを意味する。つまりこの場合、市場の変動や要求によって、商品生産が対応的に変化することが困難であって、その意味で、なお商品価値の基準として投下労働量が決定的支配を得るに至らないのである。

近世初期の世界市場の拡大に対応する商業の発展は、問屋制による職人の支配のもとに、このギルド的分業の基礎と決定的矛盾に陥ることになる。その結果は、ギルド的職人組織の解体と、資本家的生産としてのマニュファクチュアの支配とである。すなわち「作業場内分業」による「社会内分業」の変質である。そしてこの熟練労働の単純労働への転化、職人の単純労働者化は、産業革命による機械制大工業の創出によって、徹底的展開をみることになった。かくて「あらゆる発達した、商品交換によって媒介される分業の基礎は、都市と農村との分離である。社会の全経済史はこの対立の運動に概括される」（『資本論』③五八六頁）という、マルクスの把握は、機械制大工業の支配のもとでの全労働力の単純労働力化、抽象的人間労働と具体的有用労働との全面的分離・対立を内容とすることによって、はじめて十全な理解を与えられることになる。つまり、産業革命によって、その基礎を与えられた資本家的生産様式においては、「資本にとってはもちろんいかなる種類の産業・生産部面にそれが投ぜられるかには、なんらそれ自体の興味はないわけであるが、直接の生産者たる労働者にとっても、原則としてはいかなる生産に従事するかに関心を持ちえないものとなってくる。極言すれば〈労働需要の方向の変化に従って、ある時は、ある時は、人間労働の一定部分が、ある時は、裁縫の形で、またある時は機織の形で供給せられる〉といったものになるのである。資本にとっても労働者にとっても、労働の内容――使用価値をつくる労働そのものには直接興味を持ちえないことになる」（『価値論』一一七頁）のである。

『資本論』は、その冒頭で、商品価値の実体を抽象的人間労働に帰着せしめるのであるが、そのためには、商品を生産する労働が、抽象的人間労働と具体的有用労働とに明確に分化・対立していなければならない。ところが、かかる分化・対立は、資本家的生産の基礎上で、はじめて十全に展開されうるのであって、商品関係があれば、その生産過程がいかなる関係であっても常に存在するというものではない。だから価値実体の理論的確認のためには資本家的生産関係を前提とし、そこで生産され再生産される商品を対象とする以外にないのである。これを逆にいえば、商品形態の存在から、ただちに具体的有用労働と区別された抽象的人間労働を求め、これをもって価値の実体とすることは不可能である、ということになる。

だがこの説明に対しては、すぐ次のような疑問が提出されよう。すなわち、林氏のように、商品形態があればつねにその「実体的基礎が厳然として存在」するというのは誤りであるとしても、『資本論』は、その冒頭で「資本制的生産様式が支配的に行なわれる諸社会の富は、一の〈厖大な商品集聚〉として現象し、個々の商品はかかる富の原基形態として現象する。だから、われわれの研究は商品の分析をもって始まる」（『資本論』①一一三頁）とのべている。したがって、『資本論』で扱われている商品は、共同体間で交換される商品や、中世商業における商品ではなく、純然たる資本家的商品であろう。とすれば、この商品を対象として、その価値の実体的基礎に抽象的人間労働を求めることは誤りとはいえないのではないか、と。

だがこの点も、単純に、いわゆる冒頭の商品をもって、資本家的商品と断定するわけにはいかない。宇野教授自身、「［これを］資本主義的商品というのはおかしい。ぼくは資本家的商品を抽象した商品形態をいっているわけです」

（『資本論研究』①二三九頁）という発言にみられるように、これを資本主義的商品と規定しているわけではない。『資本論』でも、この点は同様であって、資本制的生産様式の「富の原基形態」としての「商品の分析」からはじめているのである。マルクスによれば、資本制的生産様式の「富の原基形態」としての商品、宇野教授の表現では、「歴史的には依然として資本家的生産関係に規定せられた商品であって、たんにその資本家的関係から抽象され、あるいは進んで貨幣形態自身からも抽象されたものにすぎない」（『価値論』三一頁）商品、ということになれば、いわゆる単純商品か資本家的商品かという二者択一において、後者をえらんだというものではない。たしかに原理論の前提におかれるのは発展した資本制的生産様式であるが、その出発点たるべきは、この資本家的商品から資本関係も、貨幣関係も捨象した、純粋な形態規定としての商品（マルクスの「原基形態」としての商品、宇野教授の「流通形態」としての商品）なのである。この商品が抽象的人間労働と具体的有用労働との統一において生産され、したがって、その価値の実体はそれに体化されている抽象的人間労働の量によって規定されるというがごとき関係は、かかる抽象的な形態規定としての商品に直接求めうべくもない。それは労働力の商品化を媒介とした、資本の生産過程の考察をとおしてしか理論的には確認しえない、より具体的な社会関係をなすのである。

しかし、以上の説明は、さらに次のような疑問をよびおこすかもしれない。すなわち、資本主義的商品を前提するといっても、そこから資本関係も貨幣関係も捨象しつつ、純粋な流通形態としての商品をとりだすならば、それは結果的には、共同体と共同体との間に発生した商品、あるいは中世商業における商品、さらには資本主義的商品を対象としつつ、それをたんに市場関係において抽象した場合と、同じものになりはしないか。つまり流通形態としての商品というからには、それが資本主義的商品からの抽象物であるかどうかなどは問題とならないのではないか、という疑問である。ここまでくれば、問題の次元はかなり高度であって、われわれは、「マルクス主義経済学の擁護」者たちから離れて、いわゆる宇野派内部の論争[*]にまで立入らざるをえない。

＊　例えば、大内秀明『価値論の形成』、鎌倉孝夫『資本論体系の方法』、同『資本論とマルクス主義』などの関係箇所を

みよ。

宇野教授はこの点について、次のようにのべている。

「商品経済は、これをその社会的基礎から抽象すると単純なる市場関係として現われ、あたかも資本主義以前の商品のごとき観を呈するのであるが、その場合には商品経済を動かす動力とでもいうべきものまで捨象されざるをえないことになる。もちろん、この動力自身は商品形態そのものにこれを求めることはできない。しかしかかる動力をも捨象された商品形態は、いかなる社会形態にも外的なるものとしてあるのであって、じつは古代、中世の商品にも具体的には適合しない完全な観念的抽象といわなければならない。……したがって資本家的商品から商品自身の規定だけを抽出したとしても、それはけっして資本家的生産以前のいわゆる単純なる商品となるわけではない。歴史的には依然として資本家的生産関係に規定せられた商品であって、たんにその資本家的関係から抽象され、あるいはまた進んで貨幣形態自身からも抽象されたものにすぎない。したがってまたあらゆる社会形態からも遊離したというような商品形態ではなく、むしろ資本主義的生産関係の中心基軸とでもいうべきものを純粋に表示するものとしてあるわけである。」（『価値論』二八～三二頁）

しかし、資本家的商品が「資本家的関係から抽象され、あるいはまた進んで貨幣形態自身からも抽象され」つつ、しかも「資本主義的生産関係の中心基軸とでもいうべきものを純粋に表示するものとしてある」というのは一体何を意味するのだろうか。教授は、これをより具体的に、「あたかも資本家社会の全商品を打って一丸となしたような商品」（同、三二頁）とか、あるいは「他の商品との関係を拡大するに従って、漸次に具体的な関係を展開せざるをえないものを、もっとも簡単なる関係においてもなお保有している」（同頁）商品と表現されている。しかしいずれも、この商品概念の特徴を、比喩的ないし間接的に説明されたものであって、その端的・直接的規定というには遠い。この概念をめぐって、なお議論のたえないゆえんであろう。

では端的にこれを規定すればどうなるか？

商品経済は、共同体と共同体との間に発生し、共同体の崩壊に至るまで、多かれ少なかれその経済過程を補足しつつ存続してきたのであるが、かかる商品経済を対象とするかぎり、純粋な流通形態としての商品（貨幣・資本）規定を抽出することは理論的に不可能なのである。商品経済が社会的再生産過程を全面的に支配するに至った資本家的生産様式を対象とし、そこから資本家的生産を捨象することによって、はじめて純粋な形態規定としての商品・貨幣・資本の概念は把握されうる。そういう意味で、原理論冒頭の商品は、資本家的生産様式を対象としつつ、これから抽象した商品形態であるとしなければならないのである。この問題について、宇野教授は次のように説明される。

「〔商品形態は共同体と共同体との〕間に出たということの関連で、生産関係と直接は関係なく入れ得る。そうすると、古代、中世にも近世資本主義社会にもみんな共通にあるんだ、そういうことは言える。しかしながらそういう抽象をするのはむずかしいんだ。資本主義社会の商品を抽象しないとかえって形態だけの抽象はできない。いわゆる単純商品には、かならず小生産者的生産が想定されることを考えてみたまえ。それはちょうど資本主義的生産によって始めて労働一般を考えうるということになるのと同様だと思う。」（筑摩版『資本論研究』①三三一頁）

だがもう一歩すすんで、それでは何故「資本主義社会の商品を抽象しないとかえって形態だけの抽象はできない」のであろうか。「いわゆる単純商品には、かならず小生産者的生産が想定されること」になるのであろうか。それはこう考えるべきであろう。商品関係は、それがいかに基本的社会的再生産過程にとって付随的にすぎぬとしても、つねに社会的物質代謝の一つの媒介局面として存在する。つまり商品化された生産物は、一定の社会関係のもとで生産され、かつ一定の社会関係において消費されるのであって、商品とは、この物質代謝の流通局面におけるあらわれに、ほかならない。したがって、この場合、商品関係だけをかかる物質代謝過程から切離して、理論的に抽象するわけにはいかない。自然を対象とする場合と異なり、歴史科学においては、対象の任意の一面を切取って理論化することは不可能だからである。もしこれを強行するとすれば、必ずその商品関係の背後に、何らかの生産関係を想定することにならざるをえない。それが単純商品生産者社会の規定なのである。マルクスの批判したように、このような単純商品生産者としての猟師や漁夫は、「一八世紀のたんなる思いつきでない観念的な産物」、つまり必然的根拠をもつとはいえ、それ自体非歴史的なイデオロギー的構築物たらざるをえないのである。資本主義社会においては、商品関係は、その内部に社会的生産過程を完全に包摂して、一つの自立的社会構成体を形成する。これを簡約して示せば、G—W……P……W′—G′である。ここでは生産過程は、すでに資本家によって買われたWがW′に転化する過程として、G—W—G′という商品経済的過程の一局面に転化している。したがってわれわれは、この社会過程を抽象してG—W—G′として把握することができる。だがさらに、このG—W—G′は、要するにGのG—W、W—Gを結合した運動過程をなすのであり、G—Wの過程自体、W自身のGとWへの分化を前提する関係として、結局Wに抽象ないし集約されうるのである。つまりマルクスのいわゆる「経済学の方法」における下向過程——「表象された具体的なものからますます稀薄な抽象的なものに進んでいき、ついにもっとも簡単な諸規定に到達する」過程（『経済学批判』三一一頁）——は、実は、このような商品経済の完全かつ全面的な支配にもとづく資本家的生産様式を対象としてはじめて可能な理論的抽象を意味するものであった。

『資本論』では、かかる観点から、資本の生産過程の解明にはいる前に、商品・貨幣・資本の形態規定を展開するという、卓抜した編別構成を確立しつつ、しかもなお他面、古典派的単純商品生産者的視角——したがって単純商品生産者同士の価値どおりの交換という価値法則把握——から脱却しえず、その結果、両者の交錯が、とくにその第一篇におけるいくつかの理論的混乱をもたらしたのであった。

したがって宇野教授が、この商品・貨幣・資本を流通形態として純化したことは、『資本論』体系から古典派的残滓を完全に払拭したことを意味したが、それは同時に、価値実体の把握、価値法則の論証を、『資本論』とは異って、たんなる商品交換においてでなく、資本家的生産過程自体の内部で与えねばならないことを意味した。事実、教授は、その『経済原論』において、この問題に対する独自の方法的解決を与えたのである。したがって、この価値法則論証の問題が、いわゆる宇野理論の核心をなすとともに、批判者たちの集中的論難の的となることになった。節を改めて、この点についてやや立入った考察を与えよう。

第三節　価値法則の論証

マルクスにあっても、いわゆる単純流通と資本家生産との歴史的差異にかんしては、きわめて明瞭であった。「もし吾々が、貨幣を考察するならば、それは、商品交換の特定高度を前提とする。特殊的な貨幣諸形態――単なる商品等価、または流通手段、または支払手段・蓄蔵貨幣・および世界貨幣――は、そのいずれかの機能の相異なる範囲と相対的優越とに応じて、社会的生産過程の極めて相異なる諸段階を示唆する。とはいえ、経験に徴すれば、これらすべての貨幣形態が形成されるためには、商品流通の比較的微弱な発展で充分である。資本については趣きが異なる。それの歴史的な実存諸条件は商品流通および貨幣流通とともには決して定在しない。資本は、生産=および生活手段の所有者が自分の労働力の販売者としての自由労働者を市場で見いだす場合にのみ成立するのであり、そしてこの歴史的条件は一の世界史を包括する。だから資本は、そもそもから、社会的生産過程の一時代を告知するのである。」（『資本論』②二一九頁）

ここでいう「資本」とは、商人資本や金貸資本ではなく、産業資本であることはいうまでもない。前者はなお、「商品流通および貨幣流通とともに」存立しうるのであって、その点からすれば、商品・貨幣・資本はいずれも商品流通の一定程度の発展のみを前提とするのに対して、産業資本存立の「歴史条件は一の世界史を包括する」とされねばならない。いいかえれば、産業資本の確立とともに、商品経済は一つの歴史的構成体として自立しうるのであって、それ以前においては「社会的生産過程の極めて相異なる諸段階」に対して、つねに共存する付随的経済過程をなすにすぎないということである。同じ商品経済といっても、このように資本主義的生産様式の確立後と、それ以前とでは、

「社会的生産過程」に対する関連の仕方が全く異なるとすれば、価値法則の作用ないし意義も、これに応じて異なるのは当然ではないか、というのが宇野教授の主張の出発点をなす。

すでにみたように、マルクスも、さまざまな社会における労働支出の共通原則的あり方についてふれていた。そして、さまざまな異なった分野への自己の労働の計画的配分を遂行するロビンソンに例をとって「ここに価値のいっさいの本質的な諸規定が含まれている」と指摘した。つまり、その社会の必要とする生産物生産諸部門への均衡のとれたその社会の総労働の配分はいかなる社会にあっても、その成立の根拠をなし、資本主義社会も一つの自立的社会構成体たるかぎり、これを商品経済的関連のうちに実現せざるをえないということになる。宇野教授は、前者をもってあらゆる社会に共通な経済原則とし、その商品経済的実現は、この原則を、経済法則という特殊歴史的な形態において発現せしめることになる、と主張する。したがって、労働力の商品化によって、商品経済の社会的再生産過程に対する支配も確立するものである以上、この価値法則も、理論的には、労働力商品を媒介とした資本の生産過程において証明される以外にない、というのである。

教授の具体的例解にそって、この点をみていこう。

「例えば今仮りに六キロの綿花と一台の機械とをもって六キロの綿糸を生産するのに六時間の労働を要するものとしよう。……この場合、六時間の紡績労働の生産物である六キロの綿糸は、単に六時間の労働の対象化されたものではない。六キロの綿花の生産自身に、例えば二〇時間の労働を要したものとし、また機械の生産にも一定の労働を要し、この綿糸の生産中に消耗せられた部分を、例えば四時間の労働の対象化されたものとすると、生産手段自身ですでに二四時間の労働を要しているわけである。したがって綿糸六キロは三〇時間の労働の生産物ということになる。……かくて紡績過程の労働は、一方では綿花を綿糸にかえ、綿花や機械等の生産手段の生産に要した労働時間を新生産物たる綿糸の生産に要する労働時間の一部分とする、マルクスのいわゆる有用労働として機能し、同時にまた紡績過程の労働時間をも綿花その他の生産手段の生産に要した労働時間と一様なるものとして、新生産物の生産に要する労働時間とする、マルクスのいわゆる抽象的人間労働として機能するという、二重の性質を有しているのである。」(『経済原論』五〇〜一頁)

これがあらゆる社会に共通な生産過程における労働の二重性をなすのであるが、資本主義社会においては、この労働=生産過程における積極的要因たる労働力自身も生産手段とともに商品として購入されることによって、この過程は「商品による商品の生産過程」として、次のような関係において実現されることになる。

「今、労働力の再生産に要する一日の生活資料が六時間の労働で生産され、その代価を三志《シリング》とすれば……綿糸の生産を資本家的に行う場合、その生産に二四時間を要した綿花、機械等の生産手段には一二志を支払い、その生産に三〇時間を要した六キロの綿糸は一五志の価格をもって販売されれば、いずれも商品として、その生産に要した労働時間を基準にして売買されることになるわけであるが、それは労働者がその労働力の代価としてうる三志が、綿糸の生産をなす紡績資本家にとっては、その生産物たる六キロの綿糸の代価の内、四・八キロの綿糸の販売によって生産手段の代価一二志が回収されるのと同様に、一・二キロの綿糸の販売によって回収され、労働者にとっては、自己の労働六時間の生産物を商品交換を通して生活資料として得る代価であるということによるのである。三志は、この生産過程を基礎にして展開される商品交換関係の媒介をなすものにすぎない。しかもこの労働者の紡績資本家に対する関係は、紡績資本家と生活資料の生産をなす資本家との間の売買関係をも規制せずにはおかない。例えば紡績資本家が六時間の労働生産物を三志で販売しているのに、生活資料の生産をなす資本家が五時間の労働生産物を三志で労働者に販売しているとすれば、それは労働者に対してその生活資料を十分に与えないことになるばかりでなく、紡績資本家に対しても彼よりもヨリ多くの利益をえていることになるのであって、紡績資本家としては綿糸の生産をこのまま続ける意義を失うことになる。勿論、資本家としては労働力と生産手段との購入に要した貨幣を、その生産物の販売によってできうる限りヨリ多くの貨幣として回収すればよいのであるが、労働者がその労働力の再生産に要する生活資料は必ずえなければならないという事情を基礎にして、資本は、その生産物をその生産に要する労働時間を基準として互に交換するということになる。それは資本家が生産手段と共に労働力をも商品として購入して任意の商品を生産しうるということを基礎にして、いいかえれば資本家と労働者との生産関係が商品形態をもって結ばれるということを基軸にして展開されるのである。例えば労働者は自己の六時間の労働生産物を、たとい自ら生産した生活資料にしても、直接には得ることができないのであって、三志なる労働力の代価を通して買戻すのである。それは単に労働生産物が商品として交換されるというのではなく、生産過程自身が商品形態をもって行われることを示すものにほかならない。かくしてまたあらゆる生産物がその生産に要する労働時間によってえられるという労働生産過程の一般的原則は、商品経済の下にあっては、その交換の基準としての価値法則としてあらわれるのである。」(同、五三〜五五頁)

この価値法則の論証の要点は次の諸点にある。

第一に、資本家的生産が繰返されることを前提とすれば、労働者はその労働力の代価として、必要労働時間(六時間)の生産物を買戻しうる金額(三志)を絶対にうけとらざるをえない。いま、もし労賃がたえずそれ以下にあるとすれば、労働力の再生産は不可能となり、資本家的生産は継続されえなくだろう。逆に、つねに労賃が必要労働時間以上に与えられるとすれば、労働者はその労働力を繰返し販売する必要はないことになる。この場合も、資本家的生産の継続性は保証されなくなる。

第二に、労働者がその労賃を価値どおりに支払われるということは、たんに、一日の労働力の代価として三志をえるというだけのことではなく、その三志をもって六時間の労働生産物を生活資料として買戻せることでなくてはならない。逆にいえば、生活資料を生産する資本家も六時間の生産物を三志で売らねばならないのである。

第三に、しかし労働力の商品化によって資本家的生産は社会的生産を全面的に支配するのであるから、この関係は生活資料であれ、生産手段であれ、あらゆる生産部門の資本家に強制されることになる。つまり資本は自由にその投資部面を選択できるのだから、六時間の生産物を三志以下でしか売りえない(供給過剰の)部面からは引上げられるし、それ以上で販売しうる(供給不足の)部面には流入する。結果は、あらゆる資本にとって、六時間の生産物が三志で売られるという関係が、商品交換の基準としてつらぬかれるということである。すなわち価値法則の貫徹である。

マルクスが『資本論』の冒頭で、一クォーターの小麦＝aツェントネルの鉄という等式を対象として与えた、いわゆる「蒸溜法」による価値実体の論証との相異は明白であろう。たんなる商品の交換関係を対象とするだけでは、その生産関係が明確でないため、等労働交換はもとより、その前提となる両商品に対象化された抽象的・人間労働の等質性も積極的に証明することはできない。したがって両者の等量性も、しいていえば、エンゲルスのように「ひとは農民や手工業者は一方の一〇時間労働の生産物を他方のただ一時間労働の生産物と交換してやるほど馬鹿だったと信ずるか？」という観点から、主張するにとどまるのである。だがわれわれは、小生産者が「馬鹿」であろうがなかろうが、必然的に商人的収奪の対象となり、没落せざるをえなかったことを、歴史的事実として知っている。その意味では、不等価交換が、資本主義社会以前の商品経済関係における支配的傾向であった。当事者の知的ないし道徳的水準如何にかかわらず、できるだけ安く買って高く売るのが商品経済における原則であるとすれば、この原則が、結果として、あらゆる商品の等価交換を法則的にみちびく特有の社会構造こそが問題なのである。それは資本家社会以外にはない。つまり資本家社会では、たんに生産物が商品化されているだけでなく、商品によって商品がつくられることによって、生産物の生産過程自体が商品経済化されている。このように生産過程が、エンゲルスのいわゆる「自分が交換によって得る物の製造に必要な労働時間をかなり正確に知ってい」る農民、鍛冶屋、車師、裁縫師、靴師などの小生産者のそれでなく、かえって全く他人の労働——購買した労働力商品の使用価値の実現としての労働——によって遂行される場合に、はじめて投下労働による価値関係の規制は全面的に支配的となり、法則的に貫徹することになるのである。農民や鍛冶屋等においては、その労働＝生産過程がなお主体的な自己の労働過程としておこなわれているため、交換関係で多少の不利益を蒙るとしても、生産過程を直ちにこれと対応して伸縮せしめる必然性は存在しない。実際、職人的技術性と強く結びついたその生産過程は、かかる商品経済的合理性の支配を全面的に受入れるには不適当であって、そこにまた商人資本による長期にわたる収奪の可能性の根拠も存在したのである。

労働力の商品化は、一面におけるその所有者の完全なる無産者化（本源的蓄積）と、他面におけるその職人的技術性の喪失（産業革命）とによって、かかる収奪を不可能とし、その価値どおりの売買による剰余労働の搾取を必然化する。そして、それはまた、生産過程における商品経済的合理性の全面的支配を意味する。生産過程の主体的要因たる労働力が、その客体的要因たる生産手段と同様に、商品として資本によって処理されうることを基礎として、資本の流通過程における得失が、直ちに生産過程における伸縮となって反作用する。そして、このように資本の生産過程が、労働力商品という客体化された商品の使用価値実現の過程であることが、農民や鍛冶屋のそれと違って、それを本質的に相互に無差別な抽象的・人間労働の投下過程たらしめることになるのであった。

かくて、宇野教授による、労働力商品を媒介とした資本の生産過程における価値法則の論証は、マルクスの価値法則の証明の不充分性を補いつつ、その歴史過程に対する理論的意義をはじめて完全に解明し、労働価値説に対するこれまでの多くの批判や論難を全面的にしりぞける科学的方法を確立したものといえる。

さきにふれたように、宇野教授の価値法則の論証に対する批判は数多いが、しかしこの教授の論証の意味を理解しつつ、この論証の具体的手続きに対して理論的検討を与えたというものは絶無といえる。例えば遊部久蔵氏の「批判」は次のようである。

「この〔宇野教授の〕解釈は価値法則や価値の諸規定の成立を歴史上の実在的単純商品について否定することによって、劈頭の商品をその歴史上の単純商品にたいして有する関係からきりはなすこととなるが、かりに労働力商品の流通における価値法則の作用の必然性はこれをみとめるにしても（じつはこの点に問題があるが、いまはふれない）、これが基礎となって一般商品がなぜ、いかにして価値法則の作用のもとに服するにいたるかがあきらかにされていないのである。このような展開法は一般商品から特殊な商品、労働力商品へという上向法的説明法に全く反するものであるが、労働者が自ら生産したものを買い戻すことによって価値の実体が労働であることが如実に示されるなどということは、なんのことか私にはわからない。」（『資本論講座』①二〇七頁）

冒頭の商品規定は、資本家的商品からその形態規定を抽象したものであって、流通形態という点では、資本家的商品にも単純商品にも共通するというのが、宇野教授による冒頭商品の把握であった。したがって、これが「劈頭の商品をその歴史上の単純商品にたいして有する関係からきりはなすことになる」という批判も誤りであるが、何よりも問題なのは、宇野教授にあっては、労働力商品の価値規定を基礎として「一般商品がなぜ、いかにして価値法則の作用のもとに服するに至るかがあきらかにされていない」という「批判」である。『済経原論』の第二篇、第一章、第二節「価値形成増殖過程」は、ほぼ全体がこの労働力商品を媒介とする価値法則の成立の論証にあてられていることは、誰の目にも明らかであろう。つまりこの問題は「あきらかにされていない」のではなく、「あきらかにされているにもかかわらず、遊部氏にとっては、「なんのことか私にはわからない」というにとどまる。しかしある理論ないし論証に対する批判は、少なくともその対象たる理論ないし論証を理解したうえで、その論理的展開の欠陥を明らかにするものでなくてはならたい。批判対象が、はじめから「なんのことか私にはわからない」ようでは、そもそも批判を展開する資格を欠落していることを自ら告白するに等しい。遊部氏の主張の中で、唯一の批判の論拠らしいのは、「このような展開法は……上向法的説明法に全く反する」という指摘であるが、これはおなじみの、『資本論』とは異なった展開をとっているがゆえに誤りである、という「批判」の典型であって問題とならない。宇野教授の主張の出発点が、『資本論』の価値法則の論証には欠陥があるという認識であった以上、その積極的提言は、『資本論』の展開と異なるのは当然のはなしである。

　では「マルクス主義経済学の擁護」者、林直道氏の「批判」はどうであろうか。この問題をめぐる氏の「批判」は次の二点に集約される。

①「〔宇野〕氏は、糸（生産物）のふくむ労働の分量をいきなり一括して問う『資本論』の商品分析の章の議論、すなわち、10斤の糸＝30時間　といういい方は、あやまりだとされる。そして労働過程の個々の成分ごとに分解し、10斤の糸＝紡績労働（生きた労働）6時間プラス消費された綿花と紡績機械をつくった労働（過去の労働）24時間＝合

計30時間というふうに労働過程の要素（労働力と生産手段）べつにわけていうべきだとされるわけである。読者のなかにはもう気がつかれた人があるかもしれないが、この説明はとんでもない自己矛盾をふくんでいる。氏の『資本論』批判の根本は、糸10斤＝30時間というような一括した扱い方がいけないというところにあった。そこで氏は糸のふくむ労働量を、労働力（生きた労働）と生産手段（過去の労働）とにわけて表示されたわけであるが、生産手段については綿花10斤＝20時間とか、紡績機械の消耗分＝4時間とかいうふうにいわざるをえない。これはその物のふくむ労働量を一括してあらわすという氏のさけた『資本論』的やり方ではないか。氏は〈仮に一〇斤の棉花に二〇時間の労働を要し、機械の生産にも幾時間かを要するものとして……〉と書いているが、じっはこんないい方をしてはいけないというのが氏の問題の出発点ではなかったか？　なんのことはない、もしこんないい方がゆるされるなら、はじめから、糸＝30時間といってよかったはずではないか。」（『擁護』一五七～八頁）

「読者のなかにはもう気がつかれた人があるかもしれないが」宇野教授の「『資本論』批判の根本は、10斤の糸＝30時間というような一括した扱い方がいけないというところ」になどありはしなかった。林氏には、宇野教授における「『資本論』批判の根本」が全く理解されていない。一クォーターの小麦＝aツェントネルの鉄　という単純な商品関係から、直ちに両者における等量の抽象的人間労働の存在を推論することはできない、というのである。教授は一〇斤の糸＝三〇時間という把握は誤りだから、労働力と生産手段とにわけて、その価値形成を考えるべきだ、と主張したことなどかつて一度もない。実際林氏も、この点については、宇野教授の主張なるものの出典を明示されていない。引用しようにも該当文章が見当らなかったからであろう。したがって氏は、架空の宇野教授の「『資本論』批判の根本」なるものをつくりあげ、これを検討することによって、「宇野教授のマルクス批判がなりたたぬことはあきらかとなった」（『擁護』一五八頁）と結論されたわけである。みごとな「マルクス主義経済学の擁護」ぶり、というべきであろう。

②次に林氏は、宇野教授の「この紡績過程で行なわれる労働は、かくして二重の性質をもっている。……」という

文章をあげ、「いうまでもなく、労働の二重性……とは、生きた労働も過去の労働も含めた商品に体化された労働の全体にかんする規定でなければならない。ところが氏は、この労働の二重性を〈紡績過程で行なわれる労働〉、すなわち綿糸生産過程内の生きた労働だけにかぎっている（すなわち綿糸にふくまれる三〇時間の労働のうち、わずか六時間分の労働だけの問題とされている）。これはとんでもない矮小化である。労働の二重性という場合は、綿糸の使用価値に対化《ママ》されている具体的有用労働と、綿糸の価値全体に体化されている抽象的人間労働（三〇時間全体）とのあいだの関係でなければならない。」（同、一五九〜一六〇頁）と「批判」されている。

これもまた、「読者のなかにはもう気がつかれた人があるかもしれないが」、きわめて珍奇な「批判」というべきであろう。というのは、引用からすでに自明なように、ここでの宇野教授の考察は、「この紡績過程で行なわれる労働」を対象として与えられているのである。つまり「紡績過程」では、紡績労働という有用労働と、六時間の人間労働とが遂行され、後者は二四時間の労働生産物たる生産手段と合して綿糸に体化されて、三〇時間の全労働の一部を構成しているというのである。このことは綿花の生産過程において、また紡績機械の生産過程において、それぞれ労働の二重性が存在することを否定するものでないことは、林氏以外の人にはあえて断るまでもないであろう。林氏は以上の「批判」を前提として、「労働の二重性とは……綿糸の価値に対象化されている抽象的人間労働と、綿糸の使用価値に体化されている具体的有用労働との、二重性でなければならない」（『擁護』一六〇頁）と教示されるのであるが、宇野教授の所説はもともとそういう点を問題にしたものではない。「紡績過程で行なわれる労働」という対象限定を明確に意識していれば、ここでの労働の二重性の考察が、もっぱら「紡績過程で行なわれる労働」によって与えられていることは当然であって、なんら「とんでもない矮小化」を意味しない。むしろ対象を「紡績過程で行なわれる労働」に限定しつつ、しかも綿花や紡績機械の生産過程における労働の二重性にまで言及するならば、その方が方法的混乱のそしりをまぬがれないであろう。

宇野教授の価値法則の論証に対する、「マルクス主義経済学の擁護」者を自任する理論家の「批判」が、以上のような内容と水準にとどまることは、遺憾という以外にないが、これは根本的には、かれらにおいて、労働力商品のもつ根本的意義が理解されていないことにもとづく。そしてその点は、マルクス経済学の理論的核心とでもいうべき恐慌論の解明において、より大きな規模において露呈することになった。したがって次章では、その点にかんして集中的検討を与えることにしたい。

第五章　恐慌と人口法則

第一節　「マルクス主義経済学」の恐慌論の欠陥

エンゲルスは、資本主義的生産様式の根本的な矛盾を「社会的生産と資本主義的取得との間の矛盾」（『空想から科学へ』九四頁）に求め、「恐慌においては、社会的生産と資本主義的取得との矛盾が強力に爆発する。商品流通はいちじ破壊され、流通手段である貨幣は流通の障害物となり、商品生産と商品流通とのいっさいの法則は、逆立ちする。経済的衝突は、その頂点に達したのである。生産様式は交換様式に対して反逆し、生産様式をのり越えて成長した生産力は生産様式に反逆する」（同、九八頁）と規定した。そしてマルクス主義済経学では、かかる恐慌の把握が、一般的に正統的認識として承認されている。

だがそうとすれば、「近代的社会の経済的運動法則を暴露すること」をもって、「最後の窮極目的」とした『資本論』において、この恐慌の解明のためのまとまった叙述が与えられていないことは、きわめて奇妙な事態といわねばならない。資本主義の根本矛盾の爆発と解決の過程としての恐慌こそ、この社会体制の「経済的運動法則」のいわば結節点をなすとしなければならないからである。この問題に対しては、これまで、いわゆる「経済学批判体系プラン」をもって答えられるのがつねであった。つまり、このプラン「資本、土地所有、賃労働。国家、外国貿易、世界市場」の最終項において、恐慌は「世界市場と恐慌」としてとりあげられることになっていた。しかし『資本論』は、このプランの全部を実現したものではなく（それが「資本」にとどまるか、「賃労働」にまで及ぶかは議論がわかれたが、「国家、外国貿易、世界市場」にまでは及んでいないことは、ほぼ一般的に認められていた）、したがって恐慌論も、積極的に解明の対象となるには至らなかった、というのである。

しかし、このような解釈にはいくつかの難点がある。第一に、このプランが『資本論』執筆段階においても変ることなく維持されたかどうか疑問であるが、もしそうであるとしても、資本主義の根本矛盾の爆発過程としての恐慌を、「国家」「外国貿易」のあとに、「世界市場と恐慌」として説くべきであるというのは、方法的に不可解な主張といわねばならぬ。というのは、『資本論』でも、価値法則の根拠や資本と賃労働の基本的関係、さらには総体としての社会的再生産の表式的総括などは、すべて国家や外国貿易の捨象のもとにその解明を与えられている。つまり、自立的生産様式としての資本主義の運動法則の解明は、当然経済過程それ自体においておこなわれねばならず、したがって資本主義の原理は、国家という上部構造の媒介をとおさずに展開されねばならないからである。その意味で、恐慌が資本主義経済の根本矛盾の爆発であるとするならば、まず「資本」においてその根拠が解明され、「国家、外国貿易、世界市場」などでは、かかる恐慌の及ぼす影響ないしその具体的形態が明らかにされるにとどまることになろう。

実際『資本論』は、次章でふれるように、第一巻での資本の生産過程、第二巻での資本の流通過程の考察を前提として、第三巻の終篇でその統一を説き、第三巻では「全体として考察された資本の運動過程から生ずる具体的諸形態」の叙述が与えられている。つまり、この商品から諸階級にいたる三巻構成をもって、資本家的生産様式の原理的解明は完了せしめられているのである。だから、このような内容と構成とをもつ『資本論』において、恐慌についての叙述が、断片的に与えられているにとどまるということは、何としても、その方法的欠陥としなければならないであろう。かくて、宇野教授の理論的貢献の最大の一つは、この恐慌論の体系的完成という点にあるとしなければならない。

しかしわれわれは、ここでは、宇野教授の恐慌論とそれに対する諸批判への考察にはいる前に、「マルクス主義経済学」者たちが、これまで、断片的な『資本論』の恐慌規定を前提として、どのような恐慌論を説いてきたかをみておこう。

P・スウィージィは、マルクス経済学の恐慌論を、利潤率低下傾向と関連する恐慌と実現恐慌とにわけ、後者をさらに、(1)不比例から生ずる恐慌と、(2)過少消費から生ずる恐慌とにわけている。(『資本主義発展の理論』新評論社版・都留重人訳、一八一〜二三四頁参照)ほぼ妥当な概括とみてよいであろう。

これに対して、『マルクス主義経済学講座』では、「恐慌を必然性たらしめる動因」は「まさに資本そのものである」として、次の三項目をあげる。(1)剰余価値の生産条件と実現条件との矛盾、(2)恐慌の究極の根拠、(3)商品の過剰生産と資本の過剰生産。

(1)では、『資本論』第三巻第三篇「利潤率の傾向的低下の法則」の第一五章「この法則の内的矛盾の展開」の「直接的搾取の諸条件と、この搾取の実現の諸条件とは同じではない。……」(『資本論』⑨三五五頁)という文章をあげ、「自己増殖的価値としての資本が、できるだけ多くの剰余価値を生産するために、市場の限界を顧慮することなき無制限的な拡張につきすすむこと、それが剰余価値の実現にたいして課せられた、生産諸部門間の均衡、および社会の消費力の狭隘な基礎という、剰余価値の実現にたいして課せられた制約を突破せざるをえないこと、――ここに恐慌の必然性があたえられている」(『講座』下、三五六頁)とする。

(2)では、「労働者たちの消費能力は、部分的には労賃の法則によって制限され、また部分的には、彼等は資本家階級のために有利に充用されうる限りでのみ充用されるということによって制限されている」(『資本論』⑪六八六頁)という文章を引用しつつ、「この生産の無制限拡大と対比した大衆の窮乏と消費制限こそ〈恐慌の窮極の根拠〉である」(『講座』下、三五八頁)と結論する。

(3)では、(1)と同様、第一五章の、しかし第二節の次のような命題――「矛盾は、まったく一般的に表現すれば、次の点、すなわち資本制的生産様式は生産諸力の絶対的発展への傾向を含む……が、他面ではそれは、実存する資本価値の維持およびその最高度の増殖……を目的とするという点にある」(『資本論』⑨三六二頁)――をあげ、マルクスはこれによって、「資本というものは、自分の目的(価値増殖)をたっしようとしてすすめばすすむほど(生産力発展―→資本構成高度化をふくむ資本増大―→利潤率低下）、みずからが自分にたいする障害物に転化する〈資本過剰〉という自己矛盾的存在である」ということから、「恐慌こそは〈既存の諸矛盾の一時的な暴力的な解決〉をあたえるものとして、資本主義に内在する不可避的手段であること、をあきらかにした」（『講座』下、三六〇頁）という。

さて、この「マルクス主義経済学」者諸君の最新の「恐慌の必然性」把握をみて、すぐ気のつくことは、それらがほとんどすべて『資本論』第三巻、第三篇「利潤率の傾向的低下の法則」の第一五章「法則の内的矛盾の展開」の中の章句に依存している、ということである。スウィージィも、この部分が多くのマルクス主義者によって、マルクスの恐慌に対する「主要な説明原理」とされていることは認めつつも、この部分の解釈の難しさを強調している。かれによれば、「〈この法則の内的な諸矛盾の展開〉の章が、おそらくは第三巻の大部分よりも、とりあげられた主題のその後の仕上げのための彼自身の手引として、マルクスが書きしるした仮の覚書という性格をいっそう強くもっており、それゆえに、決定的な判断を下すことは、おそらく論外であろう」（『資本主義発展の理論』一八三頁）というのである。したがってかれは、恐慌の説明としてこの部分を利用する場合にも、かなり慎重な配慮のもとに、その論理的整合性に留意しつつ、独自の観点から整理を与えたのであった。ところが、わが「マルクス主義経済学」者諸君には、その程度の学問的慎重さも欠如しているため、この部分から抜き出した三つの規定*――(1)「剰余価値の生産条件と実現条件との矛盾」(2)「恐慌の窮極の根拠」(3)「商品の過剰生産と資本の過剰生産」――が、一体どのような関連において「恐慌の必然性」の根拠を形成しているのか、一向に定かでない。のみならず、これらそれぞれの規定自体が、恐慌の理論的解明という意味では曖昧きわまる命題でしかない。

＊　但し(2)は、直接的には、第三巻第五篇第三〇章「貨幣資本と現実資本Ⅰ」から引用されている。

例えば(1)では、「社会的再生産が円滑に進行するためには、第一に、各種の財の生産諸部門間に一定の量的比例性がたもたれ」、第二に、「社会の消費力が一定の水準にたもたれていること」を必要とするにもかかわらず、資本主義社会では、「生産の無政府性」のゆえに前者が、また「社会の消費力の狭隘な基礎」のゆえに後者が、保持されえず、「ここに恐慌の必然性があたえられている」（『講座』下、三五五～六頁）という。第一の面と第二の面との関連も不明確であるが、この主張の根本的欠陥は、資本主義社会の「無政府性」を無法則性ととりちがえている点にある。資本主義社会では、無政府的生産にもかかわらず、価格や利潤や利子の変動を媒介にして、生産部門間の均衡が維持されるのであって、その意味で、「生産の無政府性」が恐慌を必然的にひきおこすとはいえない。また資本主義社会では、労賃は一般的に労働力の価値に限定され、したがって労働者の消費力も、この労賃水準の限界内にとどまるが、だからといってこのことが剰余価値の実現に制約を課すということにはならない。もしそうならば、資本主義は、不況―好況―ブームという過程をへて恐慌に至るのではなく、初めから剰余価値を実現できず、したがって慢性的な不況過程に停滞するにすぎないであろうし、この論理を徹底するかぎり、そもそも資本主義の自立的発展は不可能ということになろう。

この批判は、⑵の「大衆の窮乏と消費制限」をもって「恐慌の窮極の根拠」とする命題にも同様にあてはまる。「大衆の窮乏と消費制限」の意味するものが、いわゆる労賃の労働力の価値へのくぎ付けを指すとすれば、それが何故ほぼ一〇年周期をもって爆発する恐慌の根拠たりうるかが問題であろう。しかも一〇年間の「窮乏と消費制限」の累積が、周期的に爆発するとすれば、ここになお面倒な難問をかかえこむことになる。すなわち、かかる把握では、この「窮乏と消費制限」の累積が、何故恐慌と不況の過程――それは、厖大な産業予備軍の累積、したがってそれ以前より一層激化した「窮乏と消費制限」を意味する――をとおして解決され、あらたな好況の出発点を形成するかが、論理的に全く解決不能となるということである。

さらに⑶の「資本主義的生産の真の制限は資本そのもの」であり、具体的には、資本は「生産力発展―→資本構成高度化をふくむ資本増大―→利潤率低下」という運動を展開する「自己矛盾的存在」であるとする命題に至っては、ますます不可解という以外にない。「資本構成の高度化」は、一般的に生産物価値の低落をもたらし、最終的には生活資料の価値低下による労働力商品の価値下落をとおして剰余価値率の増大をもたらすはずである。この剰余価値率の増大と有機的構成の高度化という、利潤率決定への相反する要因が、結局利潤率低下をもたらすということは、それ自体証明を必要とする問題であろう。つまりここに前提されている与件だけからは、全く逆に「生産力発展━→資本構成高度化をふくむ資本増大━→利潤率増大」という図式をえがくことも可能なのである。

かくて、この⑴⑵⑶という規定のいずれをとっても、「恐慌を必然的たらしめる動因」――「それはまさに資本そのものである」という断定がくりかえされているだけであって、その「動因」自体の理論的解明は全く与えられていないといってよい。すなわち「マルクス主義経済学」者諸君による恐慌の必然性の理論的解明は、完全に失敗しているのである。

さて、このような「マルクス主義経済学」者による恐慌の理論的解明の失敗は、かれらにおいて、労働力商品の特殊性が充分に認識されておらず、したがって、これと関連した資本蓄積過程における固定資本の意義が軽視されていたということと、もう一つは、『資本論』における利子論の理論的未確立とによる。宇野教授は、恐慌論の基本的規定を『資本論』第三巻、第三篇「利潤率の傾向的低下の法則」にもとめつつ、しかも右の二点に対する根本的反省のうえに立って、恐慌論の基本的構造を明らかにされた。もともと資本家的生産様式の原理論として、体系的に完結すべき構造をもって展開されつつも、著者の死によって未完のまま残された『資本論』は、この恐慌論の確立をとおして、その基本構成における体系的完成を与えられることになったのである。

第二節　恐慌論の基本構造

宇野教授は、すでに戦前から、恐慌論をめぐるいくつかの論考を発表されていた。現在『資本論の研究』に収録されている「再生産表式論の基本的考察」（一九三二年）、「資本制社会における恐慌の必然性」（一九三五年）、「貨幣資本と現実資本」（一九三七年）がそれである。もちろん、この中で恐慌を直接に扱ったものは、第二論文であるが、第一論文は、再生産表式が「社会的再生産に一般的に共通なる基礎関係を、資本主義的特殊形態による数式として表現したものにすぎない」（『資本論の研究』一三三頁）ことを明らかにすることによって、この表式で社会的再生産の不均衡ないし恐慌を説こうとする方法を完全に否定したという点で、恐慌論と消極的ながら関連をもつ。第二論文は、「利潤率の傾向的低下法則」の解釈をとおして、恐慌論の構築をめざしたものであり、第三論文は、『資本論』第三巻、第五篇「利子うみ資本」の中の第三〇章ないし第三二章の「貨幣資本と現実資本」を対象として、資本家的信用関係への理論的整理を与えつつ、金融恐慌としてあらわれざるをえないその矛盾を追究したものである。

しかし、これらはなお教授自身もいわれるとおり、「出来得る限り『資本論』の方法に準拠しようとしたために極めて難解のものとならざるを得なかった。」（『恐慌論』一九八頁）いいかえれば、この段階では、まだ教授においても、労働力商品の特殊性を基軸として、資本蓄積と相対的過剰人口との関連、その利潤率の運動に及ぼす影響、そして信用関係を媒介とする利潤率と利子率との特有な対抗的変動、にまで及ぶ一連の理論的関係を、統一的に解明する視角はまだ確立されていなかった。それはなお、戦後における『経済原論・上・下』（一九五〇、一九五二年）および『恐慌論』（一九五三年）の刊行をまたねばならなかったのである。教授の恐慌論は、基本的には『資本論』第一巻、第七篇、第二三章「資本制的蓄積の一般的法則」、第三巻、第三篇、第一五章「〔利潤率の傾向的低落の〕法則の内的諸矛盾の展開」および、同第五篇「利子と企業者利得への利潤の分割。利子生み資本」（とくにその第三〇〜三二章「貨幣資本と現実資本」）を手がかりとして、その徹底的な理論的整理と再構成のうえに構築されたのである。

さて、資本の蓄積が、有機的構成の高度化とともに相対的過剰人口を形成しつつ進展するという、資本主義に特有な人口法則の解明が、マルクス経済学の最大の成果の一つであることはいうまでもないが、そこにはなお根本的な理論的欠陥が残されていた。すなわち「資本主義的蓄積の一般的法則」では、資本の有機的構成の高度化は、資本蓄積の増進と「歩調を同じくするのみではな」く、総資本の増加は「個別的要素の集中を伴い」、技術的に新しくなった資本の追加は「原資本の技術的変革を伴う」ため、蓄積の進行より「はるかに急速に」（『資本論』④九七六〜七頁）行なわれるとされている。*

＊ 第二三章では、第一節で「資本の構成が同等不変であれば、労働力に対する需要は蓄積につれて増加する」ことを明らかにし、ついで第二節で「蓄積とそれに伴う集積との進行中における可変資本部分の相対的減少」を説いている。ところが、この第一節と第二節との関連が明瞭でない。マルクスは第二節の冒頭で、「これまで吾々が考察したのは、この〔蓄積〕過程のうち、そこでは資本の技術的構成が同等不変で資本の増加が生ずるような、特殊段階のみである。だが、過程はこの段階をこえて進む。資本主義制度の一般的基礎がひとたび与えられておれば、蓄積の経過中には必ず、社会的労働の生産性の発展が蓄積の最有力な槓杆となる点が生ずる」（『資本論』④九六五頁）として、有機的構成の高度化を伴う蓄積の進行の説明にうつるのであって、この点からみれば、有機的構成が不変のままでの蓄積は、「資本主義制度の一般的基礎」がまだ与えられていない「特殊段階」にのみ生ずる事態である、とマルクスは考えていたようにもうけとれる。しかし他面、有機的構成不変のままでの蓄積の結果、労賃が騰貴し、「資本を養う剰余労働がもはや標準的分量で提供されなくなる点に触れると、一の反作用が生」じ、「賃銀の騰貴運動が反撃をこうむる」として、ここに「資本関係の恒常的再生産、および絶えず拡大される規模でのその再生産を切実に脅かしうるような、労働の搾取度のあらゆる減少または労働価格のあらゆる騰貴を排除する」「資本制的蓄積の本性」（同、九六四頁）をみている。この場合は明らかに、資本の有機的構成不変の蓄積を「資本主義制度の一般的基礎」上において考察しているのである。要するに、方法的に混乱しているという以外にないであろう。

そして、その結果「資本主義的蓄積は、しかもその精力とその大いさとに比例して、絶えず相対的な、すなわち資本の平均的価値増殖欲望にとって余分の、したがって過剰の労働者人口、または追加的な労働者人口を生産する」（『資本論』④九七七頁）ということになる。さらに、このような資本蓄積と比例した産業予備軍の不断の増大は、労働者階級自体にとっては、いわゆる「窮乏化法則」として作用せざるをえない。

「社会の富・機能資本・その増加の範囲および精力が、従ってまたプロレタリアートの絶対量および彼等の労働の生産力が、大きくなればなるほど、それだけ産業予備軍が大きくなる。自由にしうる労働力は資本の膨張力のばあいと同じ諸原因によって発展させられる。つまり産業予備軍の相対量は富の諸力能によって増加する。ところが、この予備軍が現役労働者軍に比較して大きくなればなるほど、固定的過剰人口、または、その労働苦に反比例して窮乏する労働者層がそれだけ大量的となる。最後に、労働者階級中の窮乏層と産業予備軍とが多くなればなるほど、公認の被救恤的窮民がそれだけ多くなる。これは資本制的蓄積の絶対的・一般的な法則である。この法則は他のあらゆる法則と同様に、その実現においては多様な諸事情によって修正されるのであるが、これらの事情の分析はここでの問題ではない。」(『資本論』④九九六〜七頁)

だが、以上のような、資本蓄積の増進――相対的過剰人口の累進――労働者階級の絶対的窮乏化、という把握のもたらす第一の欠陥は、「一〇年目ごとの循環という形態」をとる、「近代的産業の特徴的な生活経路」と「産業予備軍または過剰人口」の運動との間の内的関連を理論的に把握する道を閉ざすという点にある。つまり、マルクスのいうように、この一〇年周期の景気循環過程が「産業予備軍または過剰人口の不断の形成、あるいは多く、あるいは少ない吸収、及び再形成に基いている」(同、九八一頁)とすれば、資本蓄積の進行とともに、この相対的過剰人口が「形成」されるばかりでなく、それが一定の景気段階において現役軍へと「吸収」される必然性も明らかにされねばならない。そして、このような相対的過剰人口の運動における循環が解明されることによって、はじめて景気循環の根拠も明らかにされることになる。ところが、資本蓄積が相対的過剰人口の不断の形成、累進的増加を結果するにすぎないとすれば、みちびきだされるのは、労働者階級の窮乏化の不断の深化という結果でしかない。そしてここに第二の理論的欠陥があらわれる。すなわち、労働力商品の価値規定が不可能となる、ということである。近代的プロレタリアートは、労働力以外商品化すべき何ものをも持たず、したがってまたその代価としての労賃によって、その再生産に必要な生活資料を保障されねばならない。資本の蓄積過程においても、このような意味での労働力の再生産は前提となっている。そして、これは具体的にはマルクスのいうように、次のような過程をとる。

「概していえば、労賃の一般的運動は、もっぱら産業循環の周期的変動に照応する産業予備軍の膨張および収縮によって調整されている。だからそれは、労働者人口の絶対数の運動によって規定されているのではなく、労働者階級が現役軍と予備軍とに分裂する比率の変動によって、過剰人口の相対的大きさの増減によって、過剰人口が時には吸収され時には再び遊離される程度によって規定されているのである。」（同、九八七頁）

つまり、労賃は好況期には騰貴し、不況期には下落しつつも、この景気の一循環をとおして、労働者階級は、その再生産に必要な生活資料を供給されることになるのである。労働力の価値が、このような資本蓄積過程をとおして、つねにその再生産に必要な水準へと規制せしめられるという関係こそ、まさに資本主義的蓄積の一般的法則（労働力商品における価値法則の貫徹過程）をなすものである。ところが資本蓄積の進行とともに、必然的に「労働者階級中の窮乏層と産業予備軍とが多く」なり、「公認の被救恤的窮民がそれだけ多くなる」とすれば、そのもたらす結果は、やはり絶えざる労賃水準の下落、その労働力の価値以下への絶えざる下落でしかないであろう。もしも、これが「資本主義的蓄積の絶対的一般的法則」であるとすれば、労働力の価値規定は資本主義社会では一般に与えられないということになる。価格変動を規制する重心という点にこそ、価値の意義があるのであって、たえずそこから離れるのが価格の運動であるとすれば、価値規定は与えようがないからである。

宇野教授によれば、このようなマルクスの蓄積論（ないし相対的過剰人口論）における理論的欠陥の原因は、資本蓄積過程における固定資本の意義の過少評価にあった。機械制大工業としてのみ確立しうる資本家的生産では、資本の有機的構成の決定的要因たる固定資本部分は、一旦投下されたかぎり、簡単に変革されえないのであるが、また他面、一定の技術的革新が一部資本によって採用されると、他の資本は旧来の固定資本をそのままにしておけないのである。すなわち、この固定資本の性格からして、資本家的生産方法の技術的変革は、多かれ少なかれ一定の時期に集中される傾向をもつことになる。したがってマルクスも、第二巻では、固定資本の更新を恐慌の周期性の「物質的一基礎」として指摘しつつ、次のようにいうのである。

「なるほど、資本の投下期間は極めてさまざまで重なりあっている。とはいえ恐慌はつねに、一大投資の出発点をなす。だからまた──社会全体を考察するならば──多かれ少なかれ、つぎの回転循環のための一つの新たな物質的基礎をなす。」（『資本論』⑥三二八頁）

つまり、生産力の増大をそれ自体として目的とするのではなく、直接的には利潤の増大を起動力として運動する資本家的生産にあっては、価格が強含みで先行き見通しの明るい好況期に、わざわざ重大な損失（未償却部分の排棄による）を蒙りつつ、固定資本の改変にふみきる必要は全くない。それよりも、現存の固定資本を前提とする資本規模の量的拡大に努力するのが当然であろう。これとは逆に、物価も資本活動も沈滞し、先行きみこみの暗い不況期においては、既存固定資本の多少の損失は覚悟しつつも、いわば唯一の苦境脱出の方途として、固定資本の全面的変革による生産コストと販売価格の激しい切下げがもくろまれることになる。かくてマルクスのいうように、「恐慌（というより、正確にはそれに続く不況末期）は常に一大新投資の出発点をなす」とすれば、好況過程は、一般的にかかる一新された有機的構成を前提とするその量的拡張期として、これに対応することになる。そして、この資本蓄積における類型の差異は、それと対応する資本の労働力需要における類型の差異をもたらすことになる。すなわち、有機的構成不変のままでの量的拡大を支配的とする好況期においては、原則的に、資本はその蓄積量と比例した労働力を吸収し、不況期における有機的構成の高度化は、相対的過剰人口の急激な増大をもたらす。そして前者が一般に、労働力の価格騰貴─利潤率の下落を、後者が、労働力の価格低落─利潤率の上昇をもたらすことはいうまでもない。かくて「景気循環と人口法則とは資本の有機的構成の高度を決定する固定資本の更新を媒介にして、内面的な相互決定関係にある」（『方法論』二四一頁）ことは明らかであろう。この三者の「内面的な相互決定関係」において、その中枢に位置するのは、いうまでもなく人口法則であり、より端的にいえば労働力商品の価値規定である。つまり「労働力商品は、商品としては価値法則にしたがうものでなければならないが、しかし資本の生産物たる商品と異って、その生産を資本の移動によって調整せられるというものではなく、産業循環の過程において、生産方法の改善による相対的過剰人口の形成と資本の蓄積の増進によるその吸収とを基礎にして始めてその価値規定を与えられる。」（同、二二五六頁）資本は、自ら固定資本を全面的に革新することによって相対的過剰人口を形成し、これを前提として蓄積を推進しつつ、商品として労働力を支配しうる限界に達するや、再び既存の固定資本を廃棄し、全面的にこれを更新しつつ、新たな規模での相対的過剰人口の形成にむかうことになるが、この過程は同時に、労働力がその下限から上限までの価格変動をとおして、結局一循環全体として価値どおりに支払われる――階級としてプロレタリアートが再生産される――ことをも意味する。いいかえれば、相対的過剰人口の特有の運動としてあらわれる資本主義社会の人口法則とは、労働力商品の価値規定の貫徹する独自の形態とみてよいのである。

とはいえ、以上の説明ではなお資本主義の産業循環が、恐慌を媒介とするブームと不況のドラスティックな転換過程として展開する機構が解明されたことにはならない。つまり、好況――ブームの過程をとおして、賃銀が上昇し、利潤率が下落したとしても、この過程は抽象的には利潤率が零となるまで進行しうる筈であり、＊またたとえ零となったとしても、それが直ちに恐慌へと転化するとはいえない。投資の漸減をともなう長期停滞過程というのがここから推論されうるむしろ妥当な帰結であろう。

＊　マルクスは、「資本制的生産の目的のための追加資本が零となれば、資本の絶対的過剰生産が現存するであろう。しかるに、資本制的生産の目的は資本の増殖、すなわち剰余労働の取得であり、剰余価値・利潤・の生産である。だから、労働者人口に比して資本が増大しすぎて、この人口の提供する絶対的労働時間も拡張されえず、相対的剰余労働時間も拡大されえなくなれば（後者は、労働にたいする需要が強くて賃銀昂騰の傾向がある場合にはもともと拡大されえないであろう）、つまり増大した資本が増大前と同量またはむしろより少量の剰余価値しか生産しない場合には、資本の絶対的過剰生産が生ずるであろう。すなわち増大した資本C＋ΔCが生産する利潤は、資本CがΔCだけ増加する前に生産した利潤よりも多いどころかむしろ少ないであろう。どちらの場合にも一般的利潤率の強い突然の低落が生ずるであろうが、こんどの低落をもたらす資本構成の変動は、生産力の発展の結果ではなく、可変資本の貨幣価値の増大（賃銀昂騰による）の、および、これに照応する必要労働に対する剰余労働の比率的減少の、結果であろう」（『資本論』⑨三六五頁）という。しかし個別資本の無政府的競争をとおして展開される資本家的生産にあっては、「増大した資本が増大前と同量またはむしろより少量の剰余価値しか生産しない」としても、ここからただちに、「追加資本が零」となる「資

本の絶対的過剰生産」がもたらされるわけではない。個々の資本は利潤率の低落にもかかわらず、それを利潤量の増大で補おうとして、ますます激烈な追加投資競争を展開せざるをえない。だから抽象的にいえば、この競争は、全体の利潤率が零に至るまで続くとしなければならない。しかし現実にはそうはならない。必ずこの低落しつつある利潤率は、昂騰しつつある利子率と衝突せざるをえないのであって、そこに、この資本蓄積過程が、急激なブームから恐慌へと一挙に反転せざるをえない必然的根拠がある。以下でみるように、『資本論』では、信用論の欠陥からこの点について理論的に展開する道が閉されていたのである。

これは、『資本論』における信用論の理論的欠陥に由来する。この点の詳しい検討は次章にゆずるが、マルクスは、信用関係を、基本的に産業資本家同士の関係の外部にあるものとして扱っている。たとえば、再生産過程における貨幣資本と現実資本との関連を主題とする部分において、次のようにいう。

「全社会が産業資本家と賃労働者とだけから構成されていると仮定しよう。さらに、価格変動——総資本の大きな部分がその平均比率で塡補されることを妨げるような、また、殊に信用によって発展させられるがごとき全再生産過程の一般的関連のもとでは常に一時的な一般的停滞をもたらすに違いないような、価格変動——を度外視しよう。同様に信用業によって助長される空取引や機械的取引も度外視しよう。その場合には、恐慌はただ、種々の部門における生産の不均衡から、および、資本家たち自身の消費と彼等の蓄積との不均衡からのみ、説明されうるであろう。」(『資本論』⑪六八五頁)

このように、再生産過程における信用の介入は、たんに「一時的な」「価格変動」をもたらし、「空取引や投機的取引」を「助長」するにすぎないとするかぎり、たんなる一時的価格変動や偶然的投機に帰すことのできない周期的恐慌の考察において、信用を捨象するのは当然の方法といえよう。しかし他方ではまた、産業資本家同士の相互的前貸である商業信用が「信用の本来的基礎」をなし、「その流通用具たる手形が、本来的信用貨幣たる銀行券・等々の基礎をなす」(『資本論』⑩五六八〜九頁)とされていることからもわかるように、信用はけっして「産業資本家と賃労働者」の関係に対して、そのように外部にあるものではない。むしろそれは個々の資本家同士の間から形成され、それ自体銀行を媒介とする社会的貨幣資本の資本家的融通関係として自立化しつつ、いわば個別資本に対する社会的資本として、資本家的生産における価値増殖の社会的基準を与える特有の機構をなすのである。マルクスのいわゆる資本の絶対的過剰は、たんに下落した利潤率によってでなく、この利潤率の下落が上昇する利子率によって外的に規制されざるをえないという機構的関連をとおして明らかにされるのであり、それが資本主義的蓄積過程を必然的にドラスティックな周期的恐慌へとたたきこむ構造的根拠をなすのである。

さてこのように、まず蓄積論において、固定資本の存在を前提とした二類型の異なった蓄積の交替関係が区分され、その相対的過剰人口の形成と吸収とに及ぼす相反する規定性によって資本主義的人口法則が明確化されたうえで、資本主義的生産の自律的規制機構として信用論が整備されたならば、恐慌論は資本主義の原理論の内部で基本的に展開されうることになる。すなわち『資本論』において、断片的にその契機をあげられつつも、体系的把握は未完のままで残された「恐慌の基本的規定」ないし「固有の恐慌論」は、ここにその十全な理論的解明を与えられることになる。そしてその具体的達成が宇野教授の恐慌論にほかならなかったのである。

第三節　「マルクス主義経済学」の「階級的性格」

林直道氏は、宇野教授の恐慌論を、次の三点において批判している。

(1)好況期においても、(a)資本の有機的構成の高度化が進行し、(b)農村や後進国からの人口の流入、家庭婦人のパート復帰などによって、追加労働力の導入が行なわれ、(c)労働時間の延長や労働強化、熟練労働力の未熟練労働力によるおきかえなどで、「資本は人口の自然増加の制限を克服して、必要な労働力を調達する」。つまり、好況がいかに続こうが、「労働にたいする〈資本の専制〉が完成され維持される」(『擁護』一八六〜七頁)というのである。

(2)宇野教授は、好況期における物価騰貴は、賃銀騰貴をしばしば隠蔽し、さらには抑制するとしつつも、「しかしかかる物価騰貴による利潤率の維持は、実は幻想的なるものに過ぎない。投機的に想定せられる価格を目あてに累積される商品在荷は、その価格を実現され得るものではない。已に賃銀の騰貴によって低落すべき利潤率がかかる幻想的価格の下に高利潤率を想定されるにすぎない。これらの商品が現実に販売されるとすれば、賃銀の騰貴を実質的に削減するが如き価格を維持することは出来ないし、したがってまた利潤率の低落を暴露せずにはいないのである。」(『恐慌論』九六頁)

という。

林氏はこれに対して、

「物価がつり上がっていたのは商人による投機的買付けのせいであって、それらの商品在荷が〈現実に販売される〉段になると、たちまち価格が下落する。なぜなら、それらは〈販売しえない商品在荷〉つまり、市場で買い手をみつけえない、過剰な生産物にすぎなかったのだからであると。見られるとおり、〈販売しえない商品在荷〉という過剰生産物を、こっそりと論理のなかへもちこむことによって、困難が解決されている。……これは論理の破綻でなくてなんであろうか。」(『擁護』一九〇頁)

と批判を与えるのである。

(3)最好況期においては、利潤率の低落を前提としつつ、利子率が昂騰し、その衝突によって一挙に恐慌に転ずるという宇野教授の主張に対して、林氏は、「恐慌史の現実をみれば、利子の高騰が利潤をくいつぶし、それによって恐慌がひきおこされたのではなくて、逆に過剰生産=恐慌の徴候が出てきたのをみて、皆がいそいで貨幣をしまいこむ、それによって利子率が破局的に急上昇したとみるのが、事態適応的である」(『擁護』一九一頁)と反論する。そして宇野教授の次の説明――「しかしそれがために生ずる資金の需要増加は、現実に商品の販売によってその価値を実現せられて形成せられる資金の供給によって充足せられないために利子率を益々騰貴せしめずにはおかない。借入資金は勿論のこと、その利子の支払いさえまた借入資金をもってせられることになる。かくて商品の売却によってその支払いをなさざるを得なくなると、投機的に釣上げられた価格は反動的に急激に下落して、想定された利潤率は現実的に極度の低落を見ることになり、支払不能に陥らざるを得ない。そこに恐慌現象を生ずるのである。」（『恐慌論』九六～七頁）――をひいて、「見られるとおり、利子率急騰のキメ手は〈資金の需要増加〉が〈現実に商品の販売によってその価値を実現せられて形成せられる資金の供給によって充足せられない〉ということに求められている。ところで商品が現実に価値実現されないために貨幣が還流しないということは、とりもたおさず商品が過剰に生産されていることを意味する。」ところが宇野・恐慌論においては、この過剰生産は説明されていないのだから、以上の主張も成立しえない、というのである。（『擁護』一九二頁参照）

以上が林氏による宇野恐慌論批判の基本的論旨であるが、次にその批判的検討にうつろう。

⑴について。問題を資本主義の原理の範囲内で――つまり、マルクスのいう「資本制的生産様式の諸条件が……完全に成熟して現存する」（『資本論』⑫八六五頁）純粋資本主義を前提として――解こうとするかぎり、「農村人口や後進諸国の人口の流入」等を要因としてあげるわけにはいかない。また資本主義であるかぎり、「就業労働者の労働時間の延長」や労働強化などを資本はたえずめざすであろうが、問題は、それが不況期で厖大な相対的過剰人口の圧力によって労働条件の劣悪化傾向の著しい時期と、好況期で相対的過剰人口が減少し、労賃上昇傾向のうちに労働力の売手市場化しつつある時期との何れが実現し易いか、ということである。この点は、有機的構成の高度化の集中する時期という問題についても同様である。つまり林氏は、「宇野氏は、固定資本の更新＝新式技術の採用＝資本構成の高度化は、不況期に集中的に出つくしてしまい、好況期には、同じ資本構成による単なる量的拡大しか生じないかのような、事実に合わないドグマ」（『擁護』一八六頁）に陥っていると批判するのであるが、これは事実に反する。宇野教授は「勿論、好況期の出発点においても、あらゆる部門の、あらゆる資本が一様に改善せられた生産方法による新たなる蓄積を始めるというわけではない。不況期の価格の低落が何れかの部門でそういう生産方法の改善をなさし

めると、その部門では競争を通して固定資本の更新を――その更新期が実際上来ているか否かは或る程度無視して――行なわざるを得ないことになる。いい換えれば固定資本の更新はこの時期に集中せられて行なわれる傾向を生ずるのである」（『恐慌論』八〇～一頁、傍点引用者）というのである。したがって、好況期においても、更新期の来た資本は当然固定資本の更新をおこなうことになろうが、第一に、社会的には不況末期に更新が集中せられる「傾向」が生ずるのに対して、かかる好況期の更新は比較的少数の資本にとどまる「傾向」はおおいがたく、かつ第二に、この更新にさいしては、新技術の採用＝資本構成の高度化を必要ならしめる外的強制力は働かなくなる――少なくとも不況圧力のもとでよりは相当減退する――ことは否定できないであろう。このように、好況期と不況期とに対応する資本蓄積の一般的傾向を検出するという視点に立つならば、生産物の順調な販売と、したがって資本の順調な回転・蓄積が保証されている好況期において、未償却固定資本部分の廃棄をふくむ固定資本の更新が、しかも新技術の導入とともに全面的に行なわれると想定する方が、よほど非論理的な「ドグマ」に陥ることを意味しはしないだろうか。

しかも林氏自身、他方で「好況期に労働力が吸引され、過剰人口のプールが減水してゆくことはたしかに一般的な傾向」（『擁護』一八六頁）であることを承認しているのだから、なおさらである。この「一般的傾向」さえ確認されるならば、たとえ部分的に有機的構成を高度化する資本があらわれたとしても、宇野教授がこの一般的傾向を基礎として展開した一連の以後の論理は当然承認されざるをえないであろう。

(2)について。好況末期に「投機的に想定せられる価格を目あてに累積される商品在荷は、その価格を実現され得るものではない」とする宇野教授の主張に対して、林氏は、この論理においては「〈販売しえない商品在荷〉という過剰生産物」がこっそりともちこまれている。「恐慌論の最大の問題」である「市場の吸収しえない過剰生産」が「論理的に立証されるのではなく、たんに言葉としてもちこまれていた」（『擁護』一九〇頁）と批判した。しかしこの場合、「過剰生産」とか「市場の吸収しない過剰生産」という概念を、「たんに言葉として」「論理的に」規定することなく使っているのは、実は林氏の方である。いうまでもなく商品経済においては、価格関係を無視して「過剰生産」を語ることは無意味である。ある商品がたんに一定の価格で売れないというだけでは「過剰生産」かどうかわからない。価格をひき下げれば、当然売れる筈である。しかしその商品が資本の生産物である以上、いくら引下げてもよいということはない。必ず限度があるのであって、その販売によって資本にどれだけ利潤がもたらされるかが、具体的にこの限度を決定する。だから宇野教授の主張においても、この商品は「投機的に想定せられる価格」では販売されえず、したがって実際に売れるためには、予想よりも価格をひき下げねばならない、とされたのである。ところが、この実際に売れた価格では、資本にとって再生産が可能な利潤は確保されえない。何故なら、資本の生産過程においてすでに、賃銀騰貴によって利潤率は利子率と衝突するまでに下落しており、商品の現実の販売価格は、たんにこの事実を流通過程において暴露したにすぎないからである。

みられるとおり、宇野教授の恐慌論においては、資本の絶対的過剰（つまり再生産が不可能なまでの利潤率の減退）を基礎にして、市場における騰貴的商品価格の下落が説かれているのであって、林氏のいうように、たんなる商品価格下落をもって「市場の吸収しえない過剰生産」発生の徴表とし、ここから恐慌を説明しているわけではない。要するに、「恐慌論の最大の問題」は、資本の過剰生産の解明にあるのであって、たんに「市場の吸収しえない」過剰商品を説明する点にあるのではない、ということである。この点が理解できない頭脳にとってのみ、宇野教授の恐慌論が「論理の破綻」と映るのである。

(3)について。林氏は、好況末期における「利子率上昇を、利潤くいつぶしというような極端なところまで展開することが妥当であるとは考えられない」（『擁護』一九一頁）として、「逆に過剰生産＝恐慌の徴候が出てきたのをみて、皆がいそいで貨幣をしまいこむ、それによって利子率が破局的に急上昇したとみるのが、事態適応的である」といわれる。

もちろん、恐慌の徴候がでてくることによって、利子率がさらに急上昇するに至るという「恐慌史の現実」を否定しようとする者は誰もいないであろう。しかしこのことは、それ以前の利子率の上昇が利潤率と衝突するまでには至らないということの証明にはならない。林氏は、たんにそれは「妥当であるとは考えられない」というだけで、何ら根拠を示すことなく否定するのであるが、一般的には、恐慌は「貸付資金の回収不能が時を同じうして相当広汎に生ずるところに現われるものであって、現象的には必ず金融恐慌をなす」(『恐慌論』二四頁)という理解の方が「妥当である」と考えられているのではないであろうか。

だがここで林氏が「重要な点」としているのは、宇野教授にあっては、利子率上昇の「キメ手は〈資金の需要増加〉が〈現実に商品の販売によってその価値を実現せられて形成せられる資金の供給によって充足せられない〉ということに求められている」ということである。つまりここでも、利子率騰貴の原因は過剰生産に帰せられており、しかもこの過剰生産は何ら解明されていないから、この恐慌論はなりたたない、というのである。しかし宇野恐慌論においては、利子率騰貴の「キメ手」が過剰商品の販売不能に求められているとする林氏の理解そのものが誤りであろう。宇野教授は、好況期の賃銀騰貴による利潤率下落の反面として、資金形成力の減退による利子率騰貴の機構を明らかにし、この基本的構造を前提としつつ、投機的物価騰貴による賃銀騰貴の隠蔽の限度を明らかにするという意味で、以上の説明を与えたのである。つまり好況末期では、たんに商業資本の投機的買付ばかりでなく、「銀行を中心とするあらゆる金融機関の手に集中せられる資金の融通と、さらにまた生産規模の拡大によってその形成を予想される資金を目あてに行なわれる所謂信用の創造とによって、賃銀の実質的騰貴を最後まで阻止することになるのである」(『恐慌論』九六頁)が、しかしこのような生産過程の拡大は、さらに雇用量の増大、賃銀騰貴をもたらすことをさけることはできないのであって、その結果として当然利潤率の低落は進行せざるをえない。ところがここでの資金需要は、すでにより一層の騰貴を予想された商品価格を基準とする拡大再生産にもとづくものであって、この商品価格での実現が不可能となる(これは騰貴的予想価格だから、当然一定の時点で発生する事態であって、いわゆる過剰生産一般とは無関係である)や、価格をひき下げてでも売らざるをえないことは当然であろう。そしてその契機をなすものは、借入資金の利子の返済のために借入れた資金の利払い請求期限の到来である。その場合には、それ以上の資金借入れは不可能となるのであって、騰貴予想の在庫商品を、いかに下落した価格であれ、販売することによって切抜ける以外にない。そして、ここに、これまでの商品生産が、実は資本の再生産を維持拡大しうる利潤率の限度以下で行なわれていたことが暴露されることになるのである。だから宇野教授の説明にあっても、利子率の騰貴は、決してたんなる過剰生産から与えられているのではない。むしろ逆に、資本の再生産過程における絶対的過剰から商品の過剰がみちびきだされているのであり、ただ投機的資金形成によってこの関係が隠蔽されつつ進行するブームの頂点にあっては、この基本関係が商品の投機的予想価格での実現不可能というかたちで暴露されるというのである。

以上で、林氏による宇野恐慌論批判の基本項目に対しては、すべて反批判を与えたことになる。しかし最後にふれておかねばならないのは、以上の論点を前提としつつ林氏によって宣告されている「宇野氏恐慌論の階級的性格」なるものについてである。

林氏は次のようにいうのである。

「好況期の賃銀騰貴による利潤くいつぶしを恐慌の根本原因だとする宇野氏の恐慌論は、逆にいえば好況期に賃銀が上昇しなければ恐慌はおこらないと主張していることを意味する（氏自身がこう主張されているわけではないが）。そこでこの理論を実生活へ適用するならば、もしも労働者が心をあわせて好況期の賃上げを辞退ないし自粛すれば、恐慌はさけられるという珍妙な結論にみちびかざるをえない。……もしも宇野氏の理論が真理だとするならば、そのときには〈自覚ある〉労働者はより大なる階級的利益のために、本気になって仲間を説得し、利潤を侵蝕して恐慌をひきおこすことのないように〈賃上げ辞退〉の決然たる階級的行動をとるであろうと。もしも、この運動が成功したなら、恐慌をふせぐことは本当に可能となるのであろうか？　――だが、そんなことはありえないことである。資本家は、ほくそえみながら、この本来ならば労働者に支払われねばならなかったはずの、そして今や宇野説にみちびかれて労働者が資本家に返上したところの資金を、利潤として取得し、一部は資本家個人の消費フォンドに加えていっそうぜいたくな生活をし、他の一部を資本へくりこんでいっそう〈蓄積のための蓄積〉、〈生産のための生産〉に熱中するであろう。――その結果、市場の吸収しえないぼう大な過剰生産物と、過剰資本とをうみだすことは必至である。」（『擁護』一九三～四頁）

林氏のような「マルクス主義経済学」者たちが、宇野説に恐怖し、修正主義、トロツキズムその他ありとあらゆる悪質な傾向の代表としてこれを罵倒する根本的理由が、はしなくもここに告白されている、とみるべきであろう。もしも好況期における賃銀上昇の結果、恐慌が必然化されるという理論が普及したならば、「自覚ある」労働者は「〈賃上げ辞退〉の決然たる階級的行動をとるであろう」ことを、かれらはおそれたのであった。だが「社会の運動をば、諸法則――すなわち、ただに人々の意志・意識および意図から独立しているばかりでなく、むしろ逆に人々の意志・意識および意図を規定するところの諸法則――によって支配される一つの自然史的な過程と考え」（『資本論』①八三～四頁）るのがマルクスの基本的立場であり、この立場を継承し精密化しつつ、宇野教授は「経済学で明らかにされる法則性というのは、実はその法則に支配せられて行動する者が、その行動によってその法則自身を形成するという関係にある」のであり、したがって「法則の謂わば外部にあってこれを利用し得るという関係にはないのである」（『社会科学の根本問題』一三六～七頁）ことを明らかにしたのである。このような立場において展開された恐慌論を「実生活へ適用」しようと考える「〈自覚ある〉労働者」なるものは、林氏の観念の内以外に果して実在しうるものであろうか。つまり、林氏のいわゆる「〈自覚ある〉労働者」とは、「恐慌によって賃下げにな」（『擁護』一九三頁）るよりは、資本主義の順調なる発展をのぞむというイデオロギーの所有者であり、鉄の必然性をもって貫徹する資本主義の法則的運動が理論的に解明されると、資本主義体制はそのままにしたうえで、その法則の発現を「心をあわせて」阻止することができると考えるていの頭脳の所有者でしかないのであった。なるほど、そういう「〈自覚ある〉労働者」も、またそういう「〈自覚ある〉労働者」を組織した「マルクス主義政党」も、そして宇野理論を「実生活へ適用する」ことが「〈賃上げ辞退〉の決然たる階級的行動をとること」であると信じている「マルクス主義経済学」者も、あるいはどこかの国には存在しているかもしれない。しかしわれわれは、そういう労働者を自覚なき労働者と考えるし、そういう「前衛党」を体制内反対派とよぶし、そういう「マルクス主義経済学者」を右翼日和見主義のイデオローグとみなす。

宇野恐慌論は、恐慌をたんに「生産の無政府性」や「生産と消費との矛盾」に解消することなく（その程度の困難は、価格と利潤の変動を前提とする資本移動をとおして解決する機能を資本主義的生産様式は具備しており、そうでないかぎり到底資本主義は自立した生産様式として人類史の一時代を画することは不可能であった）、それを労働力の商品化を基礎とする蓄積過程における資本自体の矛盾の発現としてとらえるのである。つまり、労働力の商品化を廃絶しないかぎり（ということは、資本主義社会を体制として全面的に廃棄しないかぎり）、恐慌過程を、労働者同士の「説得」や「自粛」によって阻止することはできない、としているのである。そして、宇野恐慌論を「実生活へ適用」しようとする場合、本当に「自覚ある」労働者ならば、当然このような思考過程をとおして、その「階級的利益」のための実践の方向を探求することになろう。

宇野恐慌論が与えられれば、それを「好況期に賃銀が上昇しなければ恐慌はおこらないと主張していることを意味する」ものと解釈して、「〈賃上げ辞退〉の決然たる階級的行動をとる」ような労働者をもって、「自覚ある」労働者と評価する林氏の思考様式は、まさに「マルクス主義経済学」者諸君の知的水準とともに、その「階級的性格」をも暴露してあまりあるというべきであろう。

第六章『資本論』体系の構成と意義

第一節　流通論・生産論・分配論

『資本論』全三巻は、それぞれ「資本の生産過程」「資本の流通過程」「資本家的生産の総過程」というタイトルをもつ。だがこの三つの領域は、それぞれどのような論理的関連で展開されているのだろうか。

普通マルクス経済学の方法といえば、ただちに「経済学批判への序説」における「経済学の方法」が念頭におかれ、分析的にえられた抽象的な・簡単な概念から「後方への旅」をとおして「一個の豊富な総体としての人口」（『経済学批判』三二一頁）に至る、いわゆる上向法があげられる。そして、生産にはじまって流通、総過程へと至る『資本論』の構成は、まさにその具体化としてひきあいにだされる。*

＊　例えば『擁護』三二一～五頁、『講座・上』二四頁参照。

しかし、具体的に『資本論』の内容に立入ってみるならば、これはそれほど単純な問題ではないことがすぐわかるであろう。例えば、第一巻は「資本の生産過程」という表題を与えられながら、実際に「資本の生産過程」を取扱うのは、第三篇「絶対的剰余価値の生産」以後であって、第一・二篇は、直接には資本の生産過程とかかわりのない「商品と貨幣」「貨幣の資本への転化」の考察にあてられている。

また第一巻と第二巻との関係、およびそれらと第三巻との関係も、たんに抽象から具体へという上向法をもっては処理しきれない複雑な性格をもっている。これについては、マルクス自身が第三巻の冒頭で次のようにのべているのである。

「第一巻では、それ自体として取りあげられた資本制的生産過程が、直接的生産過程……として呈示する諸現象が研究された。だが、この直接的生産過程は資本の生涯の全部ではない。それは、現実世界では流通過程によって補足されるのであって、この後者は第二巻の研究対象をなした。第二巻では、殊に第三篇で、流通過程を社会的再生産過程の媒介として考察することにより、資本制的生産過程は全体として考察すれば生産過程と流通過程との統一であることが明らかにされた。この第三巻で問題とするのは、この統一について一般的反省を試みることではありえない。問題はむしろ、全体として考察された資本の運動過程から生ずる具体的諸形態を発見して叙述することである。……だから資本の諸姿容は、われわれがこの第三巻で展開するように、社会の表面で種々の資本の相互的行動たる競争中および生産当事者たち自身の普通の意識中に現われる形態に、一歩一歩近づく。」（『資本論』⑧七三～四頁）

つまり資本制的生産は、生産過程と流通過程とからなり、両者は補足関係にあるのであって、その統一は第二巻第三篇で与えられる。その意味では、第一・二巻はあわせて資本制的生産過程の考察として、第三巻と対置せしめられるべきである。すなわち、第一・二巻で対象とされているのは、「資本一般」と労働者一般との基本的関係であって、それによって「資本制的生産様式の内在的諸法則」が明らかにされる。そして、それを前提として、第三巻では「自由競争が資本制的生産の内在的諸法則を、個々の資本家にたいし外的な強制法則として有効ならしめる」（『資本論』②四六五頁）具体的機構が解明されることになる、というのである。

いまこの第一・二巻（資本制的生産過程）に対する第三巻（諸資本の競争過程）の特有な関連を念頭におきつつ、さらにさきにふれた第一巻第一・二篇と同第三篇以降との異質な内容をこれに対置するならば、われわれは『資本論』の三巻構成を、次のように再編成せざるをえないことは明らかであろう。

すなわち、①第一巻第一・二篇は、資本家的生産過程考察の前提として、商品経済の一般的構成要素である商品・貨幣・資本の論理的関連を明らかにする領域をなす。これに対して、②第一巻第三篇以降第二巻第三篇までは、全体として資本家的生産過程を対象とし、これを資本の生産過程、資本の流通過程、その統一として考察する。③第三巻は、全体としての資本関係が、個別資本に分化しつつ、その相互的競争関係をとおして資本家的生産を具体的に実現する機構が解明される。

かくて①は流通形態としての商品・貨幣・資本の考察として流通（形態）論、②は資本家的生産過程の考察としての生産（過程）論、③は個別資本の競争を媒介とする、剰余価値の資本家同士における配分関係の考察としての分配（関係）論として位置づけられることになる。

以上が宇野教授によって再構成された『資本論』体系の新たな編成であるが、これはたんに『資本論』全三巻の区分と標題の若干の変更というにとどまらない。内容上ないし方法上の重要な転回をも意味した。

すなわち第一に、第一・二篇の流通論としての確定は、これをいわゆる単純商品生産の発展と対応して把握する傾向から完全に離脱せしめ、かつ商品経済の流通関係をそれ自体として純粋に把握することを可能ならしめた。ここから価値形態、価値尺度、貨幣の資本への転化、資本形態などに対する『資本論』の規定の純化ないし訂正が生まれてくることになった。

第二に、第一巻第三篇から第二巻第三篇に至る部分を生産論として統一することによって、この部分が全体として資本家と労働者との一般的関係、つまり剰余価値の生産関係にほかならぬことが解明され、資本の生産過程と資本の流通過程とが資本の再生産過程の考察をもって総括されるという構造が編別構成として定着せしめられた。ここからさらにいくつかの結果が派生する。すなわち、これによって、資本蓄積過程が相対的過剰人口の形成と吸収の過程とともに明らかにされ、再生産表式論はこれを前提としつつ、資本主義社会における経済原則の実現を完全に論証することになる。そして生産論は、価値法則の根拠の証明にはじまって、その絶対的基礎の解明をもって終る資本一般の論理として統一的に位置づけられることになるのである。

第三に、「資本制的生産の総過程」の分配論としての把握は、第一・二巻のそれとは異って、編別区分上の大きな変更はふくまない。また内容的にも「全体として考察された資本の運動過程から生ずる具体的諸形態」の「叙述」は、資本制的生産過程で生産された剰余価値の個別資本の競争をとおしての配分関係の認識とへだたることはない。しかしマルクスのいわゆる「社会の表面での種々の資本の相互的行動たる競争」関係を、総剰余価値の個別資本への分配関係として規定しなおすことによって、次のような把握が必然化される。①生産論における価値の生産を前提として、分配論において、その剰余価値の配分関係が明らかにされる以上、前者における価値法則が、後者において生産価格の法則に変化するというのではない。生産価格という形式で商品が売買されることによって、価値法則が貫徹するのである。これによって、例えば価値法則と平均利潤の法則とを、それぞれ異った法則として区別するスターリン的理解から完全にまぬがれることができよう。②分配論は、資本制的生産過程で生産された剰余価値の配分関係である以上、その配分機構の完成とともに、『資本論』体系は、資本主義の原理論として完結することになる。つまり「経済学批判体系プラン」のいわゆる「近代ブルジョア社会が分かれている三大階級の経済的生活諸条件」から、さらに「国家、外国貿易、世界市場」へと上向することは不可能であること、その意味で、『資本論』体系の完結とともに、プランは根本的に訂正されざるをえないことが明らかになる。③資本主義の自立的運動機構が、このような完結的理論体系において法則的に把握されるということは、資本主義の発生・発展・爛熟の過程を、この法則自体の展開のうちには明らかにしえないことを意味する。つまり、資本主義の発展の歴史過程とは、このような資本制的生産様式が、さまざまな具体的条件のもとに制約されつつ展開する場所的、時間的に固有な社会関係をなすものであって、この法則自体によってではなく、むしろこの法則の歪曲ないし不純化の様相によってこそ、その性格は解明されうるのである。すなわち、『資本論』は、この新たな三篇構成のもとに原理論体系として完結し、資本主義の具体的歴史過程と直接的には切離された、純粋資本主義の運動法則の解明として、段階論ないし現状分析とは区別されたその理論的位置を確立することになるのである。

だが、このような原理論としての『資本論』体系の純化と、その段階論との区別を説く宇野教授の所説に対しては、『資本論』を修正する主張として、多くのマルクス主義者の批判が集中することになった。例えば、見田石介氏はいう。「もし仮りにいま『資本論』で原理論と段階論とが一つになっているのは、科学的に不純であるといって、資本の一般的な〈原理論〉を、特殊的な発展〈段階論〉から区別しようとするなら、一般的な〈原理論〉なるものは、どこにもなくなるだろう。というのは、もっとも一般的なもっとも抽象的な資本の理論は、じつは一つの発展段階、最初の段階の特殊的な理論にすぎないのだから。反対にまた発展段階の理論を、一般的な原理論から区別しようとすれば、どこにも段階論なるものはなくなるだろう。というのは、段階論というのは、じつはより具体化され、より展開された資本の原理論のことにほかならないからである。」(『擁護』二八頁)

しかし、ここで見田氏があげている原理論と段階論との区別の不可能な理由というのは、結局「もっとも抽象的な資本の理論」とは「段階の特殊的な理論」であり、「段階論」とは「展開された資本の原理論」である、というにつきる。原理論が段階論であり、段階論が原理論であるとすれば、両者を区別しえないのは当然のことだ。しかしそういったところで、宇野教授における原理論と段階論との区別に対して批判したことにならないのも自明であろう。問題は、はたして見田氏の信じこまれているように、「もっとも抽象的な資本の理論」は「じつは一つの発展段階……の特殊的な理論」であり、段階論は「より展開された資本の原理論」であるといえるか、という点にある。ところが、原理論は段階論であり、段階論は原理論であるという自説の論拠として、見田氏があげるのは、要するに『資本論』には両者がふくまれているという指摘につきる。見田氏が揚言されている「経済学の科学的に正しい方法」なるものの、これが実体にほかならないが、その方法的撞着は一見して明らかであろう。つまり宇野教授は、基本的に原理論として展開されている『資本論』になお段階論的規定がふくまれていることを指摘しつつ、その排除と原理論としての純化を主張されたのであるが、これに対して見田氏は、段階論と原理論とを区別する必要はない、その証拠には『資本論』には両者がふくまれているのではないか、と反論するのである。みごとな反批判と論証という以外にない。見田氏は、宇野教授の「経済学の理論研究をもっぱらつじつまを合わすための言いまわしや言いくるめの仕事」（『擁護』五一頁）にすぎないと罵倒されるのであるが、見田氏自身の「経済学の理論研究」（?）なるものにおいては、その「つじつま」さえあっていないのではないか、と懸念されるのである。見田氏の以上のような宇野理論批判は、氏自身の表現を借りれば、「科学そのものと全く異なるものであり、一般に人間の認識とも言えないものであろう」（同、五一頁）ということにでもなろうか。

だが見田氏のごとき「方法」的立場は論外としても、同様に原理論と段階論との分化を否定することによって宇野理論を批判しようとする見解は多い。いわば宇野理論批判の一つのステロ・タイプといってよいであろう。例えば、黒田寛一氏はいう。

「〔宇野理論においては〕一方では学問的体系の論理的展開からはその歴史性のモメントが完全にきりすてられてそれは純粋な〈原理論〉とされるとともに、他方では対象的現実そのものの段階的発展にかんする歴史的把握からはその論理性のモメントがぬきさられて、ただたんにタイプわけをめざすのが〈段階論の課題〉とみなされているのは、明らかに、客観的法則性の論理的把握とその歴史的把握とを形式的に分離することによって、理論展開そのものにおけるその論理性と歴史性との関係を、その段階的な立体的構造を、平板化することによって同時に切断する形式主義の必然的な産物であり、そしてかかる形式主義の発生根拠は、認識主体の場所的立場の欠如にある。」（『宇野経済学方法論批判』一九〇頁）

宇野教授の原理論においては「歴史性のモメントが完全にきりすてられ」、段階論においては「論理性のモメントがぬきさられて」いるという、この黒田氏の批判は、「認識主体の場所的立場」なるものを別とすれば、見田氏の批判と結果的には一致する。両者とも、原理論にヨリ歴史性を、段階論にヨリ論理性を要求しているわけである。さらにまた「『資本論』体系を帝国主義段階をも原理的に写す文字通りの資本主義の一般論として再構成する」（鈴木鴻一郎編『マルクス経済学講義』二頁）ことをめざす世界資本主義論の主張も、それの変種と考えてよい。もっともこれらの立場にあっては、資本主義の発展段階を反映して原理論を構築すべきであるとする主張のみ声高であって、その具体的成果にまではいつも「筆は必ずしも及んでいない」（同、三頁）のが共通の欠陥をなすが。

ところでわれわれは、このような宇野理論批判者たちが共通に要求する「帝国主義段階をも原理的に写す……資本主義の一般論」なるものは、現実には決して達成されえないと考える。その根拠は次のとおりである。問題は、かれらの理解する資本主義の「歴史性」と「論理性」の具体的内容にある。つまりかれらは、資本主義の歴史性という場合、「その発生・その生成および消滅」における歴史性のみを念頭におき、論理性という場合には、『資本論』で展開されている価値法則、利潤率均等化法則のような法則的論理性のみに限定しているのである。だが、それは誤りである。資本主義の歴史性とは、まず「ある与えられた・歴史的に規定された・社会」という意味において把握されねばならない。いいかえれば、人類史の展開において、奴隷制社会や封建社会とならぶ、一つの特殊な歴史的構成体としての資本主義という意味での歴史性である。この歴史性を前提として、つぎに資本主義の「発生、その生成およびその消滅」における歴史性が問題となりうる。前者を、人類史においてしめる資本主義の歴史性とするならば、後者は、かかる資本主義の発展過程のもつ歴史性である。そして資本主義の一般理論としての原理論は、前者の歴史性を理論的に解明するものであり、後者の歴史性はまさに段階論の究明の対象をなすのである。かかる資本主義の歴史性の方法的区別に応じて、資本主義の論理性も、当然原理論における論理性と段階論における論理性とに区分されざるをえない。前者は、資本主義のいわば法則的論理性としてあらわれ、後者は（のちにみるように）資本主義の各発展段階における典型的論理性としてあらわれるのである。

宇野理論においては、原理論から歴史性がきりすてられ、段階論においては論理性がぬきさられているとする、一連の批判者たちに共通の欠陥は、かくて次のように要約されえよう。つまり、まさに資本主義の原理論に段階的発展の歴史性を求め、段階論に法則的論理性を求めるという方法的倒錯に陥っているのは、かれら自身にほかならぬ、と。

では、資本主義の歴史性は、具体的に原理論のいかなる点において示されるのか。それは、流通論—生産論—分配論という、特有の体系自体においてである。つまり、非資本主義社会においても、その剰余生産物を基礎として社会的物質代謝の副次的関係としてあらわれる商品経済（流通論）が、生産過程を全面的にその内部に包摂しつつ、自立的社会体制を形成するのが資本主義社会にほかならず（生産論）、したがってこの社会においては、個別資本の自由な競争過程のうちに、剰余価値が配分されつつ、この社会を支配する資本自体の全面的な物神化が完成される（分配論）。すなわち、商品という特有な物的関係が、人間の社会的再生産過程を全面的に支配しつつ、この社会関係自体を物的関係のうちに集約するという、独自の体系的構成によって、原理論は、資本主義社会の歴史性を、まさに論理的に解明しているのである。

第二節　利潤・地代・利子

『資本論』全三巻が、流通論・生産論・分配論という体系構成において編成変えされることによって、第三巻の基本テーマ、利潤・地代・利子についての把握も、方法的に明確化されることになる。次にその点を考察しよう。

(1)　利潤

『資本論』第三巻第一・二篇では、「剰余価値の利潤への転形と、剰余価値率の利潤への転形」を前提として「利潤の平均利潤への転形」が説かれている。いわゆる「価値の生産価格への転化」である。これは「転化論争」として問題とされたものであるが、これを「転化論」として取りあげた論者たちに共通していた把握は、見田氏に代表されるような「第三部に入ってみると、平均利潤と生産価格とがとりあつかわれているが、これは価値どおりの交換を前提した第一、二部にたいしてみれば、資本主義のいっそう高い発展段階をなすものであ」（『擁護』二六頁）る、とする認識である。つまりかれらにあっては、第一・二巻における価値どおりの交換と、第三巻における生産価格による交換とは、共に具体的な商品交換のあり方を示すものであり、したがって、前者から後者へと資本主義の構造自体歴史的に発展ないし変質すると考えられているのである。この誤りはすでに指摘した。マルクスのいうように、商品生産は資本主義の基礎上ではじめて正常的・支配的な性格たりうるのであって、価値どおりの交換とは、このような資本主義における資本家と労働者との基本的関係を媒介とした商品の社会的再生産の基準を示すものであり、生産価格による交換とは、かかる価値関係が、個別資本の競争をとおして展開する具体的交換関係の基準を明らかにしたものにほかならない。

わかり易くいえば、個別資本同士において、商品は生産価格を基準として売買されることによって、全社会的には価値どおりのその再生産が保証されるのである。したがってこの両者の関係は、歴史における時間的前後関係を示すものではなく、同一歴史過程における論理的次元の差異を示すのであり、資本家的生産様式における商品交換の特有の構造的関連——商品の総体としての社会的再生産の基準とその個別的交換の基準との関連——を明らかにするものである。宇野教授は、この問題を、生産価格による交換においても、労働力商品だけは絶対に価値どおりに売買されざるをえないという点において、端的に解明された。実際労働者は、いかに生産価格関係が支配したとしても、その労働力の代価をもって、自己の労働力を再生産しうるにたる生活資料を買戻す以外にないのであって、この関係は、生産価格の変動いかんを問わず、絶対に必要労働部分を労働者は確保せざるをえないことを示し、これはまた同時に、資本家階級は全体として労働者階級の剰余労働を利潤として獲得し、これを相互に分配する以外にないことを示している。「転化問題」というかたちで、マルクス経済学の基本原理たる価値法則に対してむけられた疑問ないし批判は、かかる把握をとるかぎり、全くその根拠を失い、問題たりえたいことが明らかとなるのである。

資本家同士の競争過程にあっては、このように生産価格、つまり利潤均等化の法則が支配せざるをえないということは、各資本家が、労働生産物を生産手段として労働力とともに商品として買入れることによって、資本の再生産を実現するということにもとづくものである。そして一般的には、社会的再生産過程は、このように労働生産物と、労働生産物によって間接的に再生産された労働力とによって、労働生産物を再生産する過程として規定することができるのだから、生産価格による交換関係の法則的支配を説くことは正しい。しかし重要な生産手段であって、しかも労働生産物でないものとして土地がある。だから土地が生産手段たるかぎり、資本にとって、生産価格の法則的支配は一定の制約をもつことになる。地代論の解明すべき対象はこの問題である。

⑵　地代

歴史的にみれば、人間にとって、土地は本源的な生産手段である。資本主義以前の、農業生産を支配的とする旧社会経済にあっては、したがって、直接的生産者と土地との結合が一般的であったが、農業と工業とを分離しつつ、工業生産をもって基本的生産部面とする資本主義社会においては、直接的生産者と土地との分離がその成立の前提をなした。G—W—G′という資本形式が労働力の商品化を媒介として、その内部に生産過程を包摂することによって確立する資本主義社会においては、土地は資本とならず、労働者に対してのみならず、資本に対しても、その外部に地主によって所有された土地として対立するのである。したがって資本は、土地を生産手段とする場合には、土地所有者に地代をはらってこれを借りる以外にない。かくて、この地代と価値法則との関連を明らにするのが、原理論における地代論の任務ということになる。

地代は、差額地代と絶対地代とにわかれる。つまり、資本に対する生産手段としての土地のもつ特殊性は、一般的にいって、その制限され、独占されうる自然力にもとづくものであるが、それは具体的にはさらに二つにわけられる。一つは、「資本から発生するのではなく、資本による、独占されうる……自然力の充用から発生する」（『資本論』⑫九〇九頁）生産力の差異であり、もう一つは、このような自然力をもつ土地が、資本の外部にそれと対立して所有されているということである。前者が差額地代の、後者が絶対地代の発生根拠をなす。だから差額地代の場合は、価値法則との関連において特に面倒な問題は生じない。一般に商品の価値は、それを生産するのに必要な社会的労働時間によって決定されるのであり、具体的には、資本によって選択される社会的に標準の生産力が、この価値決定の基準をなすのである。ところが農業部面においては、工業部面と異なり、資本にとって「制限され、独占されうる自然力」が規定的であるため、[*1]資本が自由に選択しうる社会的に標準的な生産力水準は、つねに最劣等な条件の土地へ投下された資本のそれによって決定されることになる。したがってより優等な条件のもとでは、投下資本は超過利潤をうみだし、これが差額地代に転化するのであるが、この超過利潤は、一般に市場価値規定において、社会的に標準的な条件をうわまわる生産力をもつ資本が獲得するそれと何ら異るところはない。[*2]

＊1　このことは勿論、農業では機械や肥料や土地改良などによる生産力の発展が行なわれない、というのではない。その点は工業部面と同様、自然科学の技術的利用によって発展せしめられつつ、なお自然力における相違がつねにともなわざるをえない点をさしているのである。

＊2　但し、この超過利潤発生の根拠としての自然力の差異が、「制限され、独占されうる自然力」にもとづくということから、一般的な生産力の増進にもとづく超過利潤（いわゆる特別剰余価値としての相対的剰余価値）とは、異なった内容をもつことになり、この点は『資本論』で「虚偽の社会的価値」として扱われることになる。しかし市場価値と市場価格との差にもとづく超過利潤という点では、両者とも何ら差異はない。

その意味では、差額地代論は、個別資本の間での剰余価値の配分の機構を明らかにする利潤論の、いわば系論をなすのであって、ただその超過利潤発生の根拠が、特殊な自然力にもとづくために、利潤論に対して地代論として区別されているにすぎない。

これに対して絶対地代は、資本に対する土地の土地所有者による独占にもとづくものである。つまり土地の自然力の高低を問わず、とにかく、何らかの地代を支払わなければ、土地所有者は資本の土地利用を許さない。したがって資本は、この地代分だけつねにその商品の市場価格を生産価格より高くせざるをえない、ということは、生産価格の法則として具体的に貫徹する価値法則のメカニズムが、ここで一定の修正をうけることを意味する。マルクスは、一般に農業における資本の有機的構成が社会的平均資本のそれよりも低位であり、したがってこの部面の商品の価値はその生産価格よりも高いという前提に立って、生産価格をこえる価値の超過分（またはその一部分）がこの地代となる、とする。つまり絶対地代論においては、資本の外部に対立する土地所有に対して、資本主義的生産は一定の譲歩を余儀なくされ、それが生産価格の法則としての価値法則に一定の修正をもたらしはするが、しかしその限度は、あくまで農業部面で生産された剰余価値が他部面へと均等化されるのを阻止しうる限度内であることを明らかにすることによって、資本に対する土地所有の規制力の限界をも解明するのである。

すでにみたように、労働力と土地とは、資本主義的生産に対する根本的制約要因であるが、前者が資本蓄積による相対的過剰人口の形成によって内部的に把握され、後者が価値法則の限定的修正をもって外部的に処理されることになると、資本主義は個別資本の競争をとおして、社会的再生産過程を全面的に実現しつつ発展する完結的体制として自立することになる。そしてこの体系的完結過程は、利子論の展開によって具体的に明らかにされるのである。

(3)　利子

利潤論と地代論にかんしては、宇野教授は、たしかに『資本論』の展開に対して独自の観点から解釈を与え、若干の訂正を加えたとはいえ、結局その基本構造を承認しつつ体系的に精緻化したといってよいであろう。しかし利子論（狭義の利子論としての信用論ばかりでなく、商業資本論、それ自身に利子をうむものとしての資本論をふくむ）についてては異る。

第三巻第五篇は、エンゲルスも「序言」で記しているように、マルクスの遺稿中でもっとも未整理の部分であり、エンゲルスもこの篇の完成を三度試みすべて失敗して、ついに「ほどよい程度に手早く切りあげ、現存するものをできるかぎり整理するだけにして、どうしても必要な補足だけをする」（『資本論』⑧二〇頁）にとどめたのであった。

したがって、現行『資本論』の利子うみ資本論は、第一・二巻とは勿論、第三巻の第一篇などと較べても、到底まとまりのある著作とはいいがたい。むしろマルクスの信用ないし利子うみ資本にかんする著述のためのノートとみなすべきであろう。したがって、宇野教授の原理論体系における利子論は、現行『資本論』のそれとは著しく異った構成とならざるをえなかったのは当然であろう。

宇野教授が、利子うみ資本論について問題とされた諸点は、およそ次のように集約できるであろう。

① 貸付資本家が機能資本家に、資本として機能する貨幣を貸付けるという想定のもとに、資本の商品化が説かれているが、かかる想定は可能か。

② 信用論の展開は、一方では商業信用―銀行信用という関連をあげつつ、他方では貨幣取扱資本―銀行という発展系列を示しているが、どちらをとるべきか。

③ ①の系論として生ずる問題であるが、貨幣の商品化はただちに資本の商品化を意味するとしてよいか。この場合、資本売買の形式である株式会社形態をどう位置づけるべきか。

④ もし貨幣資本家に対して機能資本家を想定することが方法的に無理であるとすれば、資本家の機能の問題は、どこで、何によって説くべきか。その点と関連して、商品資本の商品取扱資本としての自立化として商業資本の意義を明らかにするという方法も問題となってくる。

⑤ マルクスは、利子率の限界についてはともかく、平均利子率がどの程度になるかということは、「絶対的に偶然的」であり、この「偶然性を必然的なものとして展開しようとしうるのは衒学または妄想のみである」(『資本論』⑩五一五頁)としているが、果していわゆる「自然利子率」としての平均利子率は理論的に規定できないものなのか。

以上のような諸問題に対して、宇野教授は、ほぼ次のような利子論の体系的整理をもってこたえた。

独立した貨幣資本家が、機能資本家に資本としての貨幣を貸付けるという想定のもとに展開される、利子うみ資本論の論理は誤りである。資本として投下すれば利潤が獲得できる場合に利子のみをもって満足する資本家、あるいは資本を全くもたずに資本家としての能力をもつ資本家などというものの存在が、資本家的生産様式の全面的支配という『資本論』の本来の想定と相容れないのである。かかる資本家の存在を許せば、利潤率均等化の法則、したがって価値法則の貫徹を論証することは不可能となる。したがって信用の基礎は、まず産業資本の循環過程における遊休貨幣資本の存在に求めねばならない。この遊休貨幣資本を前提として、産業資本家が相互に与えあう信用─商業信用が、信用の基本形態であり、この遊休貨幣資本の銀行への社会的集中とともに、信用関係は銀行信用というヨリ発展した形態をとることになる。純粋な資本主義では、産業資本の遊休貨幣が、このような銀行による社会的集中と配分とをとおして、資金として商品化されるのであり、この資金の価格として一般的利子率が成立する。つまりこの資金の供給も需要も、結局は産業資本の蓄積過程によって規定されざるをえないのだから、景気循環過程における利潤率との対応において、利子率の「自然利子率」としての規定も理論的に確定されうることになるのである。

かくて宇野教授は、第五篇に対する問題点に対して、ほぼ全面的に解答を与えつつ、同時に、原理論の最終節をなす利子論の体系的構成を基本的に完成した。そして、この分配論における利子論の整理が、他面ではまた、原理論自身の体系的総括をも意味したのである。

第三節　資本の物神化と原理論体系の完結性

いま、宇野教授によって再構成された利子論を、分配論全体との関連で位置づけるならば、こういうことになる。まず、利潤率の均等化による生産価格の成立は、当然あらゆる資本の自由な競争を前提とした。しかし固定資本の存在は、現実にはかかる資本の自由な移動を阻止する。理論的には景気循環の一サイクルをとおして、漸く資本の自由な部門選択が達成されうるとしなければならない。したがってこの各サイクル内部においては、たえず阻止されつづける資本移動が信用による社会的資金の再配分をとおして機構的に補足され、促進されることになる。産業資本の遊休貨幣資本が預金として銀行に集中され、銀行はこれを手形割引をとおして各産業資本に貸付けるのであるが、これによって利潤率の低い部面から高い部面へと社会的貨幣資本は流動化し、全体として剰余価値の生産は拡大せしめられつつ、利潤率の均等化が促進されるのである。そして、このような社会的貨幣資本の集中と配分による資本の流動化機構の形成によってもなお残る個別資本の循環における特殊性――流通期間と流通費用とが、商業資本による産業資本の生産物の集中的買取りと専門的販売とによって、その処理を与えられることになる。生産期間や生産費用と違って、流通期間と流通費用とは、産業資本にとっては、その大きさを外的偶然的事情によって決定される循環過程における特殊な要因であって、その意味で、利潤率均等化の阻害要因をなしている。商業資本は、多くの産業資本の流通過程を代位し、それらの流通費用を専門的資本投下対象とすることによって、この流通期間と流通費用とを、社会的に集中し縮小し、かつ平均化するのである。かくて銀行による信用制度の確立と、商業資本の成立とによって、産業資本における利潤率均等化機構は完成することになる。と同時に、この商業資本においてなお残る利潤率の差異は、商業資本家の独自な商業的活動に由来する、ということにならざるをえない。つまり信用制度の社会的確立を前提として、商業資本に投下された資本は一般的に利子をもたらすものとされ、この利子をうわまわる利潤の超過分は、商業資本家の特殊な機能にもとづく企業者利得を形成することになる。だが、商業資本に集中的にあらわれる、この利子と企業者利得との分化は、産業資本にとっても無縁ではない。産業資本は、購買した労働力商品を媒介として生産過程をその内部に包摂しているという特殊性をもつとはいえ、形式的にはやはりG―W―G′によって一般的に総括されるのであって、その限りで、この利子と企業者利得への利潤の分割関係は産業資本にも貫徹せざるをえないのである。

いまや資本は、生産部面に投下されると流通部面に投下されるとを問わず、一般的にそれ自体において利子をもたらし、この資本を機能せしめる資本家には、その機能に応じて企業者利得が与えられるとすれば、ここに資本は、その時々に社会的に客観的に与えられた利子率をもって自己増殖するものとして、その運動を確立したことになる。そしてここに、宇野教授は、マルクスのいわゆる「利子うみ資本の形態での資本関係の外化」の完成をみるのである。

さきにみたように、マルクスは、貨幣が資本として貸付けられることが、同時に資本の商品化であり、かつ利子うみ資本の成立であるとしていた。

「貨幣としての貨幣は、すでに潜勢的には自らを増殖する価値であり、またかかるものとして貸付けられるのであって、この貸付は、この独自的商品にとっての販売の形態である。価値を創造し利子をもたらすことが貨幣の属性となるのは、梨の実を結ぶことが梨の樹の属性たるのと同様である。そして、かかる利子を生む物として、貨幣の貸手は自分の貨幣を売る。それだけでは充分ではない。現実に機能する資本も、すでに見たように、機能資本としてでなく資本自体《カピタール・アンジヒ》として、貨幣資本として、利子をもたらすというふうに自らを表示する。」(『資本論』⑩五五六〜七頁)

だが、利子を代価として貨幣を貸付けることと、資本が「資本自体」として利子をもたらすこととは同じではない。前者によって、具体的に一定の利子率が形成され、後者は、かかる利子率によって受動的にその増殖を表現するほかないということを考えただけで、その違いは明らかであろう。つまり、貨幣を貸付けることによって利子が与えられるという関係が一般に成立したとしても、これだけではまだ資本が「資本自体」として利子をうむというには至らないのであって、この利子率の成立を前提として、まず資本の利潤自体が利子と企業者利得とに分裂しなければならない。そのためには、一定量の貨幣を資本として運動せしめる特殊な機能に対して企業者利得が与えられるという関係が成立することが不可欠であり、この関係は、その内部に完全に生産過程を欠きつつ、しかも価値増殖を合理的根拠において実現しうる特殊な資本——商業資本——においてはじめて純粋に成立しうるのである。かくて、原理論における利子論の展開は、貨幣—利子の関係が、資本家機能—企業者利得の関係を媒介とすることによって、資本—利子の関係をみちびきだす過程として要約されることになるが、これは同時に、生産過程における剰余労働を剰余価値として獲得することによって、その自立的基礎を確立した資本が、「資本自体」として利子をもたらす運動体として自己を完成することによって、階級関係を完全に自己増殖するものの関係をもって処理し、かつ隠蔽しおえたことを意味する。すなわち資本物神の成立である。資本主義社会では、あらゆる資本が、その投下部面や運動形態を問わず、終局的には、それ自体に利子をもたらす資本となるというのは、たしかに商品経済的フェティシズムの最高の形態といってよいが、実際これは同時に「いわば資本主義社会の経済性の最高理念」（『資本論の経済学』一二七頁）をなすものとして、資本主義社会の全運動を支配しつつ集約する神の役割を果すのである。したがって、資本主義の原理論は、この資本物神の成立によって、その体系を完結せしめられることになる。*

＊ このようなそれ自身に利子をうむものとしての資本の成立は、定期的に収入をもたらすものが、その利子率によって資本還元されて擬制資本として商品化されることの根拠を示すものではあるが、この擬制資本による資本の商品化自体は、原理論の範囲外の問題である。土地の商品化の場合にせよ、株式会社形態による資本の商品化の場合にせよ、それらの現実の売買には、必ず純粋な資本主義的関係以外の諸関係を必要とするのであり、したがって例えば産業企業において株式会社形態の拡大をみるのは、資本主義的生産様式がその純化傾向を阻止されていることを前提とする。

つまり資本はあくまで運動体であってものではないのだから、資本物神が、実際に資本の商品化による資本の物化としてあらわれる場合には、すでに純粋なその理念としての支配が維持されえなくなっていることを意味するのである。いいかえれば、資本物神は、理念としてこそ、この社会体制の最高の支配形式たりうるのであって、資本が実際にものとして売買されるに至れば、すでにその支配は部分的破綻を内包していることになる。もちろん、だからといって、それはただちにこの社会体制の崩壊を意味するものではなく、純粋な資本主義的支配関係の部分的修正にもとづく、新たな支配関係の成立を必然化するのである。

第七章　段階論としての帝国主義論

第一節　『資本論』から『帝国主義論』へ

一九世紀七〇年代にはじまる大不況以後、世紀末から二〇世紀初頭にかけて出現した経済的・政治的発展傾向における新たな諸現象は、マルクス主義理論家の間に、深刻な混乱と動揺とをもたらした。農業問題論争に端を発し、修正主義論争、ゼネ・スト論争、帝国主義論争とひきつづき激烈にたたかわされた一連の論争は、直接的には、第二インターおよび各国社会民主主義政党内の実践的課題としての政策決定をめぐる、いわば政治論争であったが、その背後には資本主義の発展自体における変質の問題があった。したがって、これらの論争の進行は、終局的には、『資本論』の論理と、あらたな政治的・経済的諸現象との間の方法的関連づけの問題へとみちびかざるをえなかった。

ここでもエンゲルスが、まずこの問題に対するさまざまなアプローチの出発点とともに、その原型を提供した。つまり、かれにあっては、各国の資本主義的生産様式が『資本論』に示されるように純化し拡大してゆくことは自明の前提とされたうえで、この七〇年代以降のさまざまな特殊現象は、もっぱら世界市場におけるそれら資本主義諸国の相互関係からみちびきだされた。後進国の資本主義化と、そのキャッチ・アップによって、いまやイギリスの世界市場的独占は奪われ、世界市場の絶対的狭隘化は、世界資本主義全体の「年生産の増加が全く停止してしまう」「袋小路」（『マルクス・エンゲルス全集』㉑二〇一頁）への進行を必然的ならしめている、というのである。

この時期の歴史現象に対するエンゲルスの世界市場的ないし世界資本主義的視角からする解釈は、その後のマルクス主義者の歴史理解に大きな影響を与えた。第二インターの代表的理論家であるパルヴス、カウツキー、ローザ・ルクセンブルクなどは、その力点のおき方は異なるにしても（パルヴスは世界農業問題、カウツキーは工業と農業との世界的対立、ローザは剰余価値実現の問題）、いずれも帝国主義的諸現象を、世界市場ないし世界資本主義の問題へと帰着せしめることになった。つまり、各国の資本主義的生産の純粋な資本主義への接近という歴史的動向自体には、何ら疑いはもたれなかったのである。

これに対してヒルファーディングは、資本主義の発展によって利潤率の傾向的低下とともに、利潤率均等化運動の阻害が生じ、これは株式会社制度の普及とあいまって、産業資本のそれとは異なる新たな独自の蓄積様式――金融資本的蓄積――を必然化するとして、『資本論』の論理の内在的発展のうえに、帝国主義的諸現象発生の根拠を求める方法を拓いた。（『金融資本論』一九一〇年）

またこれらマルクス主義者の一連の帝国主義論の展開とは別に、イギリスの自由主義的経済学者J・A・ホブソンは、イギリス帝国主義を基本的素材として、資本輸出と経済的寄生性を根本的特徴とする帝国主義の経済的解明を与えた。（『帝国主義論』一九〇二年）

そしてレーニンは、このヒルファーディングとホブソンの著書に対して、「帝国主義についてここ数年来いわれてきたこと――とくにこのテーマにかんするおびただしい数の雑誌論文や新聞論説、また、たとえば、一九一二年の秋にひらかれたケムニッツとバーゼルの両大会の決議のなかで言われていること――それらは、本質的には、この二人の著者が述べた、あるいはもっと正確にいえば、概括した、思想の範囲をほとんど一歩も出ていない」（『帝国主義論』一七〜八頁）という評価を与えつつ、いわば両者の総合をとおして、その帝国主義論を構築した。つまり、エンゲルス以来の帝国主義把握のさまざまな試みのうちから、レーニンは、その基本的成果として、ヒルファーディングとホブソンとを選びとり、これをかれ独自の資本主義発展史観のうちに総括したのである。

レーニンは『帝国主義論』（一九一七年）の第一〜六章において与えた帝国主義に対する理論的解明を、第七章で次のようにまとめている。

「帝国主義は、資本主義一般の基本的な諸特質の発展および直接の継続として発生した。だが、資本主義は、その発展の一定の、非常に高い段階において、すなわち、資本主義の若干の基本的特質がその対立物に転化しはじめたとき、また、資本主義からより高度の社会経済制度への過渡期の特徴があらゆる面に形成され、表面化したときに、はじめて資本主義的帝国主義となった。この過程で経済的に基本的なことは、資本主義的自由競争と資本主義的独占との交替である。」（『帝国主義論』一一五頁）

そして、「もし帝国主義のできるだけ簡単な定義をくださなければならないとすれば、帝国主義とは資本主義の独占段階であるというべきであろう」としたうえで、いわゆる「五つの基本的標識」をあげるのである。

「㈠生産と資本の集積が、経済生活で決定的な役割をはたす独占を生みだしたほどの高い発展段階に達したこと。㈡銀行資本が産業資本と融合し、この〈金融資本〉を基盤として金融寡頭制が生まれたこと。㈢商品の輸出と区別される資本の輸出が、とくに重要な意義をおびること。㈣資本家の国際的独占団体が形成されて世界を分割すること。㈤最大の資本主義的列強による地球の領土的分割が完了したこと。」（同、一一六頁）

さて、このレーニンの帝国主義論の最大の特徴は、資本主義の歴史的発展過程と、その理論的解明との対応についての、独自な把握である。これは次のような文章に鮮明にあらわれている。

「半世紀まえにマルクスが『資本論』を書いたころは、自由競争は、圧倒的な多数の経済学者にとって〈自然法則〉とおもわれていた。自由競争が生産の集積を生みだし、この競争がある発展段階に達すると独占にみちびくことを、資本主義の理論的および歴史的分析によって立証したマルクスの著書を、官学は申し合わせたように黙殺しようと試みた。だがいまでは、独占は事実となっている。……事実のしめすところによれば、たとえば保護貿易か自由貿易かという点での個々の資本主義国のあいだの相違は、独占の形態あるいはその出現の時期のうえでの相違というような非本質的な相違をひきおこすだけであって、生産の集積が総じて独占を生みだすということは、資本主義発展の現段階の一般的、基本的な法則である。」（同、二二四〜五頁）

すなわち、レーニンはおそらく『資本論』第一巻第七篇第二四章「いわゆる本源的蓄積」の最終節「資本制的蓄積の歴史的傾向」で説かれている「資本制的な私的所有は、自分の労働を基礎とする個人的な私的所有の第一の否定である。だが資本制的生産は、一自然過程の必然性をもって、それ自身の否定を生みだす」という、いわゆる「否定の否定」の論理を念頭におきつつ、自由競争から独占への転化を資本主義の「一般的・基本的な法則」の発現とみたのである。『資本論』体系の核心は、いうまでもなく、あらゆる資本の自由競争を前提として価値法則が貫徹し、それによって、社会的再生産過程の商品経済的支配が確立する、つまり資本主義的社会体制の自立的運動が保証される、という点にあった。ところが、この自由競争の発展とともに、必然的に独占がうみだされるのであって、これもまた資本主義の「一般的・基本的な法則」にほかならぬとすれば、資本主義は純粋資本主義として、その運動が法則的に実現されるばかりでなく、同じ法則によってその生成・発展・消滅という歴史過程自体をも規制されることになる。そして、純粋資本主義の解明をその基本的任務とした『資本論』は、いまやその同じ法則によって、資本主義の歴史的発展過程を対象とする帝国主義論によって補足され、いわば体系的完成を与えられることになる。事実『帝国主義論』は、意識的に、『資本論』の論理の直接的延長線上に帝国主義的諸現象の解明をめざすという方法を採用している。「自由競争が生産の集積を生みだし」「生産の集積が総じて独占を生みだす」という理解を基軸として、銀行もまた、その事業の発展と少数の銀行への集積につれて、『資本論』で解明されたような「多数のひかえめな仲介者」から「ひとにぎりの独占者へと転化する」（『帝国主義論』三九頁）とし、さらにまた総じて「資本の所有と資本の生産への投下との分離、貨幣資本と産業資本あるいは生産的資本との分離、貨幣資本からの収入だけで生きている金利生活者と企業家および資本の運用に直接たずさわっているすべての人々との分離——これは資本主義一般に固有のことである」としたうえで、「帝国主義あるいは金融資本の支配とは、この分離が巨大な規模に達する資本主義の最高の段階である」（同、七七頁）と結論するのである。こうしてレーニンによれば、帝国主義段階に特徴的な諸現象は、基本的には『資本論』で明らかにされた「資本主義一般に固有なこと」の「いちじるしい規模」における発展にすぎないことになり、そのような意味において、『帝国主義論』は『資本論』の論理に直結せしめられることになったのである。

だが資本主義の歴史的発展とその理論的解明に対するかかる把握には、根本的な難点がある。まず方法論的にみればこうである。「自由競争が生産の集積を生みだ」すとしても、この「生産の集積が総じて独占を生みだすということ」は、『資本論』で論証されているわけではない。『資本論』で想定されている純粋資本主義の内部における生産の集積は、けっしてそれ自体で資本の自由競争を阻止し独占を形成するという機能をはたしえない。生産の集積が資本の自由競争を阻止するということは、具体的には、生産の集積による資本規模の巨大化のゆえに、個人資本のこの部面への自由な投下が不可能となるか、あるいは、生産の集積による固定資本の巨大化のゆえに、資本の自由な移動が不可能となるということであろう。しかし、これは生産の集積だけから一義的に導きだされる結論ではない。生産の集積による資本規模ないし固定資本の増大に対して、個人資本の蓄積量をもってしてはその自由な支配が達成されえないということである。つまり、生産の集積は、一方では、資本規模と固定資本の増大をうみだすが、他方では、個別資本量の増大をもたらす。この場合、増大した資本規模と固定資本とを、増大した個別資本が自由に支配しうるかぎり、資本の自由競争自体は何ら阻害されることなく、したがって、ここから独占の発生する余地もない。ところが純粋資本主義とは、資本の集積によって、資本の規模と固定性とは増大しつつも、個別資本の蓄積によってその自由競争的支配が保障されつづけるという資本蓄積機構を内容とするものである。実際マルクスも、「資本制的生産の歴史的傾向」において、「資本制的生産そのものの内在的諸法則の作用」による「集中、あるいは少数の資本家による多数の資本家の収奪」を説き、「生産手段の集中と労働の社会化とは、それらの資本制的外被と調和しえなくなる時点に到達する」（『資本論』④一一五九頁）と主張したが、それによって自由競争が独占に転化するとしたわけではない。マルクスのいわゆる「否定の否定」において、「資本制的な私的所有」の否定をなすものは、「社会的私有」なのであった。

こうしてみると、「資本の集積が総じて独占を生みだす」というのは、『資本論』の論理の展開、つまり純粋な資本主義の運動法則それ自体からみちびきだされる帰結とはいいがたく、したがってその意味で「資本主義発展」の「一般的・基本的な法則」とするわけにはいかない。

しかし、理論的に生産の集積から独占をみちびくことは不可能としても、歴史的事実としてはどうであろうか。資本主義の世界史的発展過程において、自由主義段階に帝国主義段階が接続し、かつ前者が後者の成立の前提をなしたことは事実ではないか。とすれば、自由競争による生産の集積が独占をうみだすということは、やはり資本主義発展の「一般的・基本的な法則」とみなしてよいのではないか、という疑問が当然提起されえよう。

だがこの点もそう簡単ではない。原理的にはともかく、歴史的には、自由競争の独占への転化が必然的であるとするなら、第一に、自由競争と産業資本の支配が最も典型的かつ順調に進行したイギリスにおいて、何故資本の独占的組織化が最も広汎かつ強力に展開されえなかったか、という反論を避けることはできないであろう。周知のように、帝国主義段階の基本的特徴をなす、基幹産業としての重工業部面における独占体の成立という点では、ドイツとアメリカが最も早く、かつその組織性において最も徹底的であった。イギリスやフランスは、この点では著しい立ちおくれを示したのである。そしてこのことはまた、一九世紀末以後の世界資本主義において、ドイツおよびアメリカの産業的発展が、イギリスのそれを完全に凌駕する基盤をなした。つまり歴史的にみても、自由主義段階に典型的展開をみたイギリス産業資本が、それ自体の発展のうちに、帝国主義段階に典型的な独占資本の形成をもたらしたということはできないのである。

こうして、理論的にも、歴史的にも、「自由競争が生産の集積を生みだし、この競争がある発展段階に達すると独占にみちびく」という「法則」は否定されざるをえない。とすれば、この「法則」を根底にすえ、「帝国主義の基本的な経済的諸特質の関連と相互関係」の解明を与えたレーニンの『帝国主義論』には、『資本論』との方法的関連という点からも、帝国主義段階の歴史的事実の素材的認識という点からも、重大な欠陥がふくまれている、としなければばならない。事実この点を念頭において、立入って『帝国主義論』の諸規定を検討するならば、さらに次のようないくつかの問題点がみいだされることになる。

①　生産の集積がただちに独占をみちびくとは結論しえなかったと同様、「銀行事業が発展して、それが少数の銀行に集積」されれば、銀行はただちに、その「本来の業務」たる「支払の仲介」から「ひとにぎりの独占者」へ「転化」するとするわけにはいかない。このような理解に立つかぎり、商業銀行として最も典型的な発展をとげたイギリスの銀行が、二〇世紀になってもなお基本的に商業銀行としての性格をかえず、むしろドイツの銀行が比較的早い時期からいわゆる大陸型の産業銀行として典型的に発展したということの根拠は説明し難いことになろう。

②　レーニンが「生産の集積、それから成長する独占体、銀行と産業の融合あるいは癒着――これが金融資本の発生史であり、その概念の内容である」（『帝国主義論』六〇～一頁）という場合、完全に欠落しているのは株式会社の規定である。独占体の成立にしろ、銀行と産業との癒着にしろ、産業における株式会社形態の普及を媒介とせずにはありえなかった。そして資本の株式会社形態は、たんに独占体の成立や、銀行の産業との癒着過程において、その促進的役割をはたすといった程度のものではない。一般的には株式会社を抜きにして独占体の形成も産業と銀行との癒着もありえないのである。

③　自由主義段階の商品の輸出に対し、帝国主義段階では資本の輸出が典型的となるとして、レーニンは、この根拠を先進国での「資本の過剰」に求め、さらに、それを国内での独占的資本家団体の形成と、先進資本主義国の独占的地位とに帰着せしめている。結局独占資本の支配的な先進資本主義国では、巨大な過剰資本が生じ、それが資本の輸出となって国外にむかわざるをえない、というのである。しかしレーニンのあげる統計資料によるかぎり、この時期における資本輸出量の首位をしめるのはイギリスであり、ついでフランスである。ドイツは、一九一四年をとっても、イギリスの½程度にすぎない。そしてアメリカに至っては、全体として資本輸入国の位置を脱しえなかった。重工業における独占的組織の最も発展したのが、ドイツ・アメリカであり、かかる傾向に著しい立遅れをみせたのがイ

ギリス・フランスにほかならぬことを考えあわせると、これは極めて奇妙な事実であり、かつレーニンの資本輸出論に根本的反省を迫る事態といわねばならない。

④ レーニンのように、独占的資本家団体による国内市場の分割が、資本輸出を媒介として、世界市場における国際カルテルの支配と成立までをとくか、「超独占」の成立を「資本と生産の世界的集積の新しい段階」に支配的な歴史的傾向として認めるかぎり、カウツキー的「超帝国主義論」を根底から批判することは困難となる。だからレーニンは、この資本家団体による世界の経済的分割と「並行して、それに関連して」帝国主義列強による世界分割を説くのであるが、両者のあいだの「関連」はきわめて不明確とならざるをえなかった。つまり、資本家団体の間での市場分割闘争であるかぎり、結局は国際カルテル設定に落着せざるをえないのであって、それは、列強における世界分割闘争のように帝国主義戦争を必然化する関係とは異質である。しかし、帝国主義段階における「独占団体」とは、正確には、レーニン自身規定しているように、金融資本を支配する金融寡頭制にほかならず、金融寡頭制とは、銀行と産業との「人的結合」を、さらに政府との「人的結合」をもって「補足」したところの、いわば経済と政治との癒着機構にほかならない。したがって、帝国主義段階における「世界の分割」とは、資本輸出を起動力とする各国金融寡頭制による「勢力範囲」の拡大過程として、結局政治的な勢力圏の分割ないし再分割闘争、つまり帝国主義戦争へと進展せざるをえないのである。この点からすれば、レーニンの「資本家団体のあいだでの世界の分割」の規定は、かえって「列強のあいだでの世界の分割」の意義を不明確にするものといわねばならない。

⑤ レーニンは、現代の植民政策の「起動力」として「巨大企業家の独占団体の支配」による原料資源の追求と、資本輸出の利益とをあげ、ここに「列強のあいだでの世界の分割」の根拠をもとめている。しかし、列強の植民地領有の時期と大きさについてのかれのあげている資料は、必ずしもかれの主張を裏書きしていない。すなわち、これによれば、資本主義諸国による地球上の未占取地の占拠をめざす植民政策の展開は（重商主義段階のそれをひとまず措けば）、自由主義段階の最盛期においてすでに着実に展開され、この傾向は帝国主義段階の移行期においてますます

顕著な発展をみつつ、帝国主義段階の確立期にはすでに資本主義諸国による地球の領土分割としては基本的完了をみた。したがって金融資本の支配にもとづく植民政策の展開は、正しくは、すでにその支配の確立以前に全地球的規模において完了されていた「世界の分割」が、金融資本の連動にとって破壊されるべき領土的桎梏に転化したことを根拠とするものであり、この政策の帰結は、イギリス・フランスを代表とする先進的植民地領有国に対する、ドイツに代表される後発資本主義国の領土再分割闘争以外の何ものでもなかった。

⑥　レーニンは五つの標識とは別に、「もう一つの帝国主義の非常に重要な側面」として「資本主義の寄生性と腐朽」をあげている。そして、これを資本主義的独占に固有な「停滞と腐朽の傾向」から説明しているのであるが、他面「植民地の領有の独占」もまた「帝国主義的寄生性」の原因であるとして、いわゆる「金利生活者国家」の寄生性と腐朽性とを指摘している。したがってここにいくつかの問題が生ずる。

第一は、この「寄生性と腐朽」は五つの標識といかなる関係にあるか、ということであり、第二は、資本の独占的支配から生ずる停滞と腐朽と、植民地独占から生ずる寄生性と腐朽とを、同じように資本主義の腐朽という概念で一括してよいか、という問題である。さらに第三に、現実に金融資本的独占体の支配はかかる停滞と腐朽をもたらしたか、という問題がある。レーニンも、独占のもとでの技術的改善の可能性について注意を促しているが、しかしそれよりも停滞と腐朽の傾向が結局は支配的となるというのでなければ、この傾向を「帝国主義の非常に重要な側面」とするわけにはいかない。ドイツないしアメリカ金融資本における未曽有の生産力の発展は、しかしこの「停滞と腐朽」という性格とは対蹠的なように思われる、さて以上の諸点をつうじて一般的にいえることは、『帝国主義論』において、レーニンの示した具体的資料や現状認識と、その理論的総括ないし方法的集約との間のいちじるしい乖離である。つまり理論的には資本集積の増大による自由競争から独占への転化、したがって『資本論』の論理の直接的継続としての帝国主義論の構築という方法的視点に立ちつつも、他面、「超帝国主義論」への反論を与えるさいなどに特徴的に示されるように、帝国主義的諸現象の現実的把握においては、死んだ抽象に対して生きた現実を対置させることによって、いわば過度の抽象化に対して歯どめをかけるのである。

そして、イギリス資本主義に対抗してあらわれた後進国ドイツに典型的な資本主義化の特殊性を基礎にして、金融資本の歴史的認識を明らかにするという独自の方法によって、このレーニン帝国主義論における方法と素材との分裂を克服しようとしたのが、宇野教授の帝国主義論であった。

第二節　宇野・帝国主義論の構造

宇野教授の帝国主義段階把握の核心は、次の文章で示される。
「自由主義時代の基礎をなした産業資本は、原則的には、原理的に説かれる資本の蓄積のように、個々の個人資本家の蓄積による綿工業の発展にみられたのに対して、帝国主義時代は、株式会社による最初から資本家社会的に集中せられた資本をもって行なわれる比較的大規模なる固定施設をもった鉄工業等の重工業がドイツのような後進国では却っていわゆる金融資本なる新たなる資本のタイプを形成する基礎となるのであった。それはもはや産業資本のように個々の資本家としての競争を貫徹せしめることよりも、むしろいわゆる独占的利益を求める特殊の組織の形成を容易にするものであった。」（『政策論・改訂版』一五二頁）
つまり教授にあっては、「世界の工場」として一九世紀中葉までの資本主義の発展を規定したイギリス資本主義と対抗しつつ、かつその影響のもとに資本主義化を実現せざるをえなかった後発資本主義国ドイツにおける資本蓄積の特有のあり方が、帝国主義段階の資本の存在様式の基本的タイプとされているのであって、帝国主義段階の支配的資本としての金融資本は、最初から一定の時と所とに限定された具体的歴史性において把握されているのである。このように把握された金融資本の特質を、いま前節の最後で要約した、レーニン帝国主義論のもつ問題点との対比において示せば次のようになろう。

①　レーニンは、帝国主義段階の資本主義の「最もいちじるしい特質の一つ」として「生産の集積」をあげ、しかもこれを資本主義の基本的特質である自由競争の必然的結果として把握していた。産業資本における「生産と資本の集積」の一定の発展が、資本主義的独占の成立根拠をなすというわけである。これに対して宇野教授は、帝国主義段階に支配的な金融資本成立の根拠として、「資本集積の増大と重工業における固定資本の巨大化」をあげる。つまりこの場合の「資本の集積」は、「すでに産業資本による資本主義の一定の発展を基礎とするものではあるが、単にその拡大とはいえないものを含む」（『政策論・改訂版』一五七〜八頁）のであって、一九世紀後半における重工業の特殊な技術的発展に支えられて異常な固定資本の巨大化をみちびき、かつそれに規定された資本の集積なのである。しかもこの場合、一九世紀中葉までの資本主義の発展における基幹産業が綿工業だったのに対して、一九世紀末葉からは鉄工業がその地位をとって代ったのであって、このような基幹産業の交替自体は、たんなる競争による大規模生産の創出と小規模生産の駆逐とから必然的に生ずるものではない。つまり一九世紀末葉において、重工業が基幹産業となったということも、またそのさいこの重工業、とくに鉄工業が異常に巨大な固定資本を必要としたということも、たんなる資本集積の増大という一般的論理からはみちびきえない、産業資本としての綿工業を基幹産業とする資本主義の特定の発展段階が、いわば技術的にうみだした歴史的現実なのである。そして資本主義的生産は、それが支配的生産様式たるかぎり、このような特殊な歴史的現実をも、それ自身の運動によって処理しなければならないのであるが、そのためにはもはや産業資本は適合的な資本形態たりえないことになる。資本の所有と経営とを分離しつつ、一応その所有から離れて支配を異常に集中しうる株式会社形態が、まさにこのような歴史的現実に適合的な資本形態として登場せざるをえないのである。

②　株式会社形態においては、資本は、現実資本と株式としての資本とにその存在を二重化される。そしてこのことは、現実資本から分離して株式がいわゆる擬制資本として売買されることによって、資本は現実資本としては依然としてG—W…P…W′—G′として存在しつつ、資本市場をとおして流動化されるという特殊な運動を可能にするとと

もに、直接株式売買をとおしてあらゆる社会的資金が生産過程に動員されることをも可能にする。株式会社は「社会的に蓄積せられた資金から、事業の経営に必要な任意の額の資本を調達するという資本主義社会に特有な資本家社会的なる機構を一般的に確立する」（『政策論・改訂版』一六八〜九頁）資本形態をなすのである。個人資本の集積によってでなく、既存の資本の社会的集中をとおして、一挙に巨大な資本蓄積を実現しうる株式会社は、かくて巨大固定設備をもつ重工業を、しかも後進資本主義国において、資本主義的に確立するためのもっとも適合的な資本形態となった。

③ 以上のような性格をもって、重工業を巨大企業として実現する株式会社は、銀行に対しても特有の関連を要請することになる。つまり、いわゆる商業銀行としての流通信用的関係をこえて、直接資本信用を供与することを要請するとともに、株式会社形式は、銀行側でもこの資金を新株式の発行によって回収することを可能にするのであり、さらに銀行自身も発行業務をとおして創業利得を獲得しうることになる。巨大産業企業と銀行とは、このような株式会社形態を媒介として癒着し、相互に益々巨大化しつつ、銀行を中心とする特有の組織的独占体を形成することになる。以上のような、重工業における固定設備の巨大化—株式会社によるその巨大企業としての実現—株式会社形態を媒介とする産業と銀行との癒着—組織的独占体の成立、という一連の過程は、一九世紀末葉のドイツにおいて最も典型的に実現された。これは結局「不断の過剰人口を基礎とする労働力の商品化」を社会的基礎とする金融資本的蓄積様式として、重商主義段階における商人資本、自由主義段階における産業資本に対して、帝国主義段階の支配的資本形態たる位置をしめることになる。しかし重商主義段階、自由主義段階と違って、この帝国主義段階の特質は、それまでのイギリス資本主義を典型とする世界史的過程に対して、後進国ドイツがその後進性をいわば優越条件に転化せしめつつ積極的参加を実現した点にあるのであって、その支配的資本としての金融資本も、この「ドイツの進出的役割に対してイギリスが防衛的立場に立つ」（同、一九一頁）という帝国主義国同士の対立関係によって規定されているのである。したがって、イギリス羊毛工業やイギリス綿工業において典型的に示された商人資本や産業資本と異って、

金融資本は「積極的にはドイツ重工業の発展に規定せられつつ、イギリスにおいて特殊の、直接、生産過程に基礎をもつとはいえない形態で発現」（同）するという特有な関連において、いわば相互補足的な二類型の様相をもって実現されることになるのである。

このような宇野教授の所説に対して・大内力氏は次のような「二つの疑問」を提出しておられる。

「第一に、指導的先進国というのは、何だろうかという点である。それは資本主義の発達の先頭に立ち、その国の資本主義化が、多かれすくなかれ資本主義世界の形成・展開を牽引する役割を果したような国のことであろうが、一八～一九世紀のイギリスがそういう役割を担っていたという点はいちおう理解できるとしても、果して一六～一七世紀というような時期にもすぐそういえるであろうか。」

「第二に、より重要な点は、重商主義・自由主義という二つの段階については、イギリスのみが典型とされているのにたいして、帝国主義段階になると、突然ドイツならびにイギリスが典型とされる点である。……だが、なぜ帝国主義段階だけは二つの典型が必要であり、他の二つの段階では典型はひとつで足りるのかは解明されないままにのこっている。」

そして大内氏は、宇野教授の「帝国主義段階でドイツが典型となる」とする主張においては、「ドイツをしてそのような資本主義国たらしめた歴史的背景――ドイツのそれ以前の段階が不間に付せられて」いるのであり、「そういう歴史的背景なしにドイツを帝国主義の典型とするのでは、世界史的にみても自由主義段階から帝国主義段階への移行の必然性は説きがたいものとなるであろう」と批判されるのである。つまり、このような宇野教授の典型論をもってしては「資本主義の生成・発展・変質の必然性を説くという段階論の課題にも十分に答えたことにはならず、ただ平面的に、それぞれの段階の特徴が並列されるに終るであろう」（『農業経済学序説』九二～三頁）というのである。

しかしわれわれは、この大内氏の疑問や批判の方にこそ、問題があるのではないかと考える。第一に、「指導的先進国」なる概念が、一応「資本主義の発達の先頭に立ち、その国の資本主義化が、多かれすくなかれ資本主義世界の形成・展開を牽引する役割を果したような国」と規定されえたとしても、資本主義の各発展段階においてこの「資本主義世界の形成・展開」の構造は異なり、したがってそれを「牽引する役割」なるものもそれぞれ異ならざるをえない点が、大内氏にあっては失念されている。実際、氏にあっては「一六〜一七世紀というような時期」におけるかかる「役割」は、「世界貿易」の「覇権」の問題に解消せしめられているのである。しかしこの時期には、なお世界市場ないし世界貿易は存在したとしても、「資本主義世界」は形成されていない。漸くイギリスにおいて、商人資本が毛織物生産によって生産過程を把握しつつ、資本家的生産方法の発展の基礎を形成しつつあったにすぎない。にもかかわらず、この時期における資本家的生産様式の発生という点からするかぎり、イギリスがあらゆる国々の先頭に立ち、最も発展した諸特質をそなえていたことは否定されえない。したがってこの時期は、「世界貿易」における「覇権」という点からみれば、旧来の仲継貿易を主要活動領域とするスペイン・オランダ型の商人資本の覇権が、徐々に、生産過程に侵入しつつかつ小生産者の収奪を根拠として成立するイギリス型の商人資本によって奪われつつある過程をなしたのである。したがって大内氏のように、一六〜一七世紀以後、スペインないしオランダがなお世界貿易の覇権を握っていたがゆえに「イギリスの生産が先進的な地位をもっていた」ことは否定されるとするわけにはいかない。

「指導的先進国」が「資本主義世界の形成・展開を牽引する役割を果」すという関係が最も近似的に実現されたのは、自由主義段階のイギリス資本主義においてであろうが、この場合にもイギリスは「世界の工場」として、他の後進資本主義国は多かれ少なかれ農業国として位置づけられるという関係のうちに「資本主義世界の形成・展開」は実現されたのであって、けっしてイギリス資本主義と同質的な発展が多少のタイム・ラグを伴いつつ世界的に一様に展開されたというのではない。要するに、重商主義、自由主義の各段階において、イギリスが「典型的代表国」たりえた根拠は、「資本主義世界の形成・展開を牽引する役割」からみちびきだされるのではなく、社会的生産過程に対する資本の支配形態の全面性ないし体系性からみちびきだされるのであって、換言すれば、その段階の生産力の最も合理的な（といっても、勿論資本家的に合理的な）把握を実現しうる資本形態が典型的な資本ということになる。したがって「資本主義世界」に対する「指導的先進国」の牽引力なるものは、いわばその結果にほかならなかった。

だがこの点からすれば帝国主義段階においては、資本の典型性が、前二段階のそれと較べて性質を異にすることは明らかであろう。つまりこの段階では、その商品経済的支配にとって過大となった生産力を処理することが資本の基本的任務となっているのであって、先進国は生産力の発展を停滞的に推移せしめつつ過剰資本の対外投下にむかい、後進国では資本主義の基本的特質たる自由競争の部分的否定と資本の組織化によって生産力の発展を強行せざるをえないことになる。したがってこの典型の分化は、帝国主義段階が、すでにこの生産様式における生産力と生産関係との適合的な発展段階を突破したことの具体的表現をなすのである。

大内氏は、帝国主義段階にのみ二つの典型を設定するかぎり「自由主義段階から帝国主義段階への移行の必然性は説きがたいものとなる」と批判されるのであるが、もともと段階論は、資本主義の「発展段階を世界史的に代表する国々において、あるいはそういう国を中心とする国際関係として解明」することによって、この「発展段階を特徴づける規定」(『政策論・改訂版』三二頁)を確定することをその任務とする。したがって段階論においては、「それぞれの段階の特徴が並列されるに終る」のは当然である。段階から段階への「生成・発展・変質の必然性」は、その段階規定によって分析された各国経済および世界経済の具体的展開をとおして明らかにされる以外にないのである。例えば自由主義段階から帝国主義段階への変質の根底には、綿工業から鉄工業への基幹産業の転換という生産力的発展における歴史的事実が横たわっているが、このことは原理論はもとより段階論をもっても解明できるものではない。ただかかる歴史的事実を前提として、後進国ドイツが株式会社形態を媒介とする特有の資本主義的展開を実現した場合、この資本蓄積の特質が段階論において典型的に把握されうるのである。

帝国主義段階以外にも二つの典型国を想定するという大内氏の方法は、帝国主義段階論の特質を無視してその方法を他の段階に過度に一般化するという誤りを冒すものと思われるが、しかしそうしたところで、段階から段階への発展ないし変質の必然性が段階論として明らかにされうるものではない。ただ段階論に現状分析の対象たるべき具体的規定性をもちこむことによって、移行過程を、実際には現状分析的に認識しながら、段階論として把握しえたと錯覚しているにすぎないのである。

④　かくてドイツ重工業に具体化された金融資本の積極的典型に対して、イギリスにおける海外投資が、その消極的典型として位置づけられることになる。

レーニンは、自由主義段階では商品の輸出が典型的であったのに、帝国主義段階では資本の輸出が典型的となったとして、この資本輸出の根拠を「資本の過剰」に求め、さらに「資本の過剰」の発生原因を、①「独占的資本家団体の形成」と②「少数のもっとも富んだ国々の独占的地位」（『帝国主義論』八〇頁）とに帰着せしめた。しかし①と②とでは、「独占」という同じ言葉が全く違った意味で使われている。例えば、U・S・スチールやスタンダード・オイルのような巨大な独占的資本家団体の形成をみながら、世界市場ではなお農業国として位置づけられ、第一次大戦までは債務国の地位を脱しえなかったアメリカと、広大な植民地を領有し資本輸出量においては首位をしめながら、第一次大戦まではドイツやアメリカと較べて重工業においてみるべき組織的独占体の形成を達成しえなかったイギリスとを念頭におけば、このことは明瞭であろう。つまり独占的資本家団体の形成と世界市場における独占的地位とは、必ずしも相ともなわないばかりでなく、独占組織の形成が必ずしも資本輸出を必然化するものでもないし、逆に独占組織の形成で著しく立遅れながら資本輸出においては首位をしめる国もあるのである。とすると、帝国主義国による資本輸出—植民地領有関係の展開は、歴然と対立する二つの類型にわけられることになる。第一は、イギリスのように、すでに自由主義段階から「世界の工場」、「世界の銀行」としての世界市場におけるその優越的地位を前提として蓄積された資本が、マーチャント・バンカーなどの投資銀行業者の媒介によって海外にむかっていたものであって、帝国主義段階ではいわばその延長線上に発展をみたのである。第二は、ドイツに代表されるような後発資本主義国のそれであって、ここでは国内における基幹産業の独占的組織による支配完了とともに、過剰資本の処理が過剰商品輸出と有機的連繫を保ちつつ、大銀行を中心として先進国の支配領域への割りこみとして強行される場合である。つまり帝国主義段階の資本の輸出—世界の分割とは、自由主義段階から展開されてきた先進資本主義国の資本輸出と植民地分割に対して、後発資本主義国における急速なる独占的組織の確立によって与えられた過剰資本の海外投資が、植民地再分割を要求するという点に特色があるのであって、金融資本的蓄積自体が、商人資本や産業資本の場合と違って、生産力の停滞を伴いつつ過剰資本の対外投資による利子寄食者国化を実現する場合と、組織的独占体の形成をとおして急激な生産力の上昇と過剰資本の形成とを実現する場合とに分極化するという結果を必然的にもたらすものであった。

⑥　結局、レーニンにおいては、帝国主義の定義が「五つの基本的標識」でしめされたように、あらゆる帝国主義国は、この「生産と資本の集積」を出発点とする独占資本の支配をもって一般的に規定される、いわばホモジニアスな構造をもって把握されており、この帝国主義段階の資本主義における最終的段階としての性格は、その寄生性や腐朽性にあらわれるとされていた。これに対して宇野教授は、一八七〇〜八〇年代のアフリカの分割に代表される「世界の分割」においてイギリス・フランスが領導的立場に立ち、「国内に資本の独占的支配を組織的に確立しつつあったドイツ」がかえって非常な立遅れと劣勢を余儀なくされた点に明瞭にあらわれているように、帝国主義的対立は、むしろ対外投資にむかうイギリスとドイツに代表される帝国主義国の過剰資本の形成機構自体の差異を基礎として明らかにされねばならない、とするのである。つまり、七〇〜八〇年代に一応確定した「世界の分割」がその後の資本主義の発展にとって桎梏となったというのは、たんに各帝国主義国における過剰資本の増大という量的変化の結果ではなかった。「他国の資本を排除して投資しえられる植民地の領有が、組織的な投資をなしつつあったドイツに、イギリスやフランスと比べて比較しえない程に少なかったということは、双方に一方は進出的な、他方は防衛的な帝国主義的対立をもたらす」(『政策論・改訂版』二五七頁)というのである。

そしてこのような意味での植民地ないし勢力圏の再分割の要求と、それに対する防衛との対抗関係は、結局「戦争によってでも解決せられるほかに途のない対立」(同)を必然化することになる。かくて宇野教授の帝国主義論にあっては、金融資本の具体的発現がドイツ重工業とイギリスの海外投資とに対極化することを根拠にして、帝国主義戦争も結局この特殊な蓄積様式と対応する経済政策の総括的結果として解明されることになるのである。

第三節　帝国主義論における「独占」と「世界体制」

本間要一郎氏は、宇野・帝国主義論に対して、それは「〈独占〉なき金融資本」であり、「〈世界体制〉なき帝国主義」であるという観点から批判を与えている。以下、この本間氏の主張にそいながら、その批判の正否の検証をおこないたい。

(1)　「固定資本の巨大化」か、「生産の集積」か

宇野教授は、金融資本的蓄積を必然化する要因として、一九世紀後半における重工業、とくに鉄鋼業における異常な固定資本の巨大化をあげ、それを単なる資本主義の発展に伴う資本の集中・集積の増大と区別した。これに対して本間氏は、やはりレーニンのいうとおり、生産の集積を基礎として独占を説くべきであって、特定部門の固定資本の巨大化から始めるべきではないという。その理由は二つにわかれ、第一に、「原理論」でも、「特定の産業」にかかわる現象をもって「資本の一般的運動法則の発現」としてとらえており、第二に、「固定資本の巨大化」をもっては「生産の集積」と違って、「自由競争から独占への構造的変化」を解明することができないというのである。

第一の理由は、さらに次のような二点にわかれる。

「①マニュファクチュアの形成にしろ、産業革命期における機械制工業への移行にしろ、総じて資本主義的生産関係の形成は、すべての部門で一斉に行われるわけではなく、多かれ少なかれ不均等に進行する過程である。……宇野氏自身が〈原理論〉的範疇と認める資本の集積も、もともと不均等に発展するものであって、それが一九世紀の後半に

はとくに重工業部門において著しい進展をみたからといって、ただちに〈集積〉概念の修正が必要となるものではない。むしろ、重工業部門における生産の集積の不均等発展は、資本の有機的構成の高度化──→社会的総資本における不変資本部分の増大──→生産手段生産部門の比重増大、という資本蓄積の一般的法則から導かれる現象にほかならない。」

「②もともと商品経済の分業体制の中では、価値視点と同時に使用価値視点もあわせ考察することが当然の前提であり、そしてこの使用価値規定が、そのまま経済的形態規定であるという場合が少なくない。たとえば、一般的等価物としての機能が金という特定の商品によって担われるということは歴史的な事情によるものであって、何ら論理的な必然性はない。にもかかわらず、われわれは、貨幣はすなわち金であることを原理的に規定しうるし、また規定しなければならない。また、生産手段部門と消費資料生産部門という素材視点からする区別が、社会的総生産物の実現の問題を〈原理的〉に解明する際に不可欠の条件となることは、いうまでもないところである。」(『擁護』二六四〜五頁)

だがこの理由はいずれも承認しがたい。

まず①について。一九世紀中葉の自由主義段階におけるイギリス資本主義の発展過程も「多かれ少なかれ不均等に進行」したことは事実であろう。しかしそれはたんなる不均等発展ではなかった。価格と利潤の変動をとおして、資本は諸部門間を自由に移動しつつ、均等化傾向を基本的運動として実現しつつある過程における不均等性にすぎない。このように現実の歴史過程自体が、自由競争による資本の均等なる発展をその運動の基本傾向として実現しつつあったからこそ、マルクスも、この傾向をもって、資本主義の一般的運動法則として理論的に規定しえたのである。これに対して、一九世紀末葉からの資本主義の発展における不均等性は全く異なる。均等化を基本的傾向とする過程での不均等性というのではなく、不均等発展自体がむしろ基本的傾向となるのである。かかる現実を前にしてなおも均等的発展を理論的に想定するならば、それは歴史的過程を離れた観念的論理体系を恣意的に構想するものでしかないであろう。大体、本間氏のように、自由主義段階でも資本の運動は不均等であり、帝国主義段階でもその点は全く同じだ、とするならば、レーニンのように、自由主義段階と帝国主義段階とを、資本の自由競争と独占との交替を基軸として区分するという方法も否定されざるをえないであろう。資本の自由競争とその制約としての独占という関係を、資本部門間の関連からとらえなおしたのが、諸資本の均等な発展と不均等な発展という規定にほかならないからである。

ついで②について。一般的等価物としての金や、再生産表式論における二部門分割をとりあげたとしても、それは原理論において「特定の産業」が捨象されていることへの反証にはならない。原理論においては、資本は特定の産業にこだわることなく、利潤率のより高い部門に自由に移動し、その結果、根本的傾向として諸部門間の均等的発展が実現されるのであり、そのような意味において、資本の運動にとっては「特定の産業」は捨象されている、というのである。この場合、商品は金を一般的等価物としてその価値を尺度され、全産業部門は結局生産手段生産部門と消費資料生産部門とに分割されざるをえないのは当然であるが、そのことは資本の自由な運動にとって産業の特殊性が問題とならないということと何ら矛盾しない。金生産部門も、生産手段生産部門も、生活資料生産部門も、一様に資本の自由な運動の対象領域として開かれているのであって、過剰投資があれば価格下落、利潤率減少によって資本が整理され、逆の場合は逆の運動をおこすということは、これらの部門において何ら相違があるわけではない。つまり、原理論においては産業の特殊性が捨象されねばならぬというのは、あくまでも以上のような意味であって、もしもこれを本間氏が、金の一般的等価物としての存在や表式論における二部門分割という点までも捨象することであると解釈されたとしたら、もう少し冷静に『経済原論』を再読されることをおすすめする以外にないであろう。

さらに第二に、本間氏は、独占形成の根拠としては、生産の集積をあげるべきであって固定資本の巨大化をあげるべきではないということの理由を、次のように積極的に主張している。

「そもそも固定資本の〈巨大化〉は、生産資本の技術的構成の高度化を表現するものであり、当該資本の回転循環の上に重大な影響を及ぼすとはいえ、それは当該個別資本の、いわば内部事情にすぎず、社会的、構造的な変化と直接に結びつく要素をもたないものである。」

「生産の集積は、〈ますます大規模な企業への生産の集中〉にほかならないのであるから、当然に資本の集積・集中を前提として、個々の産業部門における少数の大規模企業の比重が増大することを意味する。したがってこの概念は、部門間における、また部門内の個別企業間における不均等発展と、そこから生ずる集中度の増大、市場構造の変化という、従来の集積がその枠の中で行なわれてきた競争条件を変化せしめる諸要因と直ちに結びつくものである。むろん、生産の集積の進展は、固定資本の増大（あるいは〈巨大化〉といってもいい）を伴い、またそれによって促進されるわけではあるが、これを〈固定資本の巨大化〉という次元においてではなくそれを含むものとしての〈生産の集積〉という次元でとらえるのでなければ、自由競争から独占への構造的変化を解明することはできないのである。」

（『擁護』二六九～七〇頁）

なるほど、「固定資本の巨大化」は「当該個別資本」の「内部事情」にかかわるだけであり、社会的資本の競争条件の変化と結びつく資本蓄積の変質は「生産の集積」としてしか示されないとすれば、資本の社会的競争条件の変質を意味する「独占」概念にとって、前者が無縁であることは当然であろう。しかしこのような「固定資本の巨大化」の把握は、宇野教授が『経済政策論』で与えた「固定資本の巨大化」の規定とは全くかかわりない。教授は「すでに産業資本による資本主義の一定の発展を基礎と」しつつも「特に鉄工業の一九世紀後半の発展に」よってもたらされた、重工業という「特定産業における固定資本の巨大化」をとりあげているのであって、かかる意味での「固定資本の巨大化」は「当該個別資本の、いわば内部事情にすぎず、社会的、構造的な変化と直接に結びつく要素をもたない」どころか、むしろ一九世紀後半からの資本主義の「社会的、構造的な変化」をひきおこした根本的規定要因であった。「固定資本の増大」を「あるいは〈巨大化〉といってもいい」としているところからもうかがえるように、本間氏は、たんなる「固定資本の増大」とその「巨大化」との間の決定的差異を理解しておられない。正しくは、「固定資本の増大」を固定資本の「巨大化」といってはならないのである。原理論においては（マルクスの表現にしたがえば、

「資本制的生産様式の諸条件——諸資本の自由な競争、一生産部面から他の生産部面への諸資本の移転可能性、平均利潤の同等な高さ、などのような——が完全に成熟して現存するという」「想定」（『資本論』⑫八六五頁）のもとでは）、生産力の増大とともに、固定資本の増大、生産の集積の進展はありえても、「部門間における、また部門内の個別企業間における不均等発展と、そこから生ずる集中度の増大、市場構造の変化」などは一切発生しえない。それは、「過程の純粋な経過を保証する諸条件」が「典型的」に与えられた一九世紀中葉までのイギリス資本主義の発展を「主要な例証」としつつ、「資本制的生産様式、および、これに照応する生産＝ならびに交易諸関係」の理論的解明をめざす『資本論』体系が、自己自身に課した方法的限定をなすのである。だから、このような「資本制的生産様式の諸条件」を変質せしめるような、具体的な時と所に規定されて特定の産業部門に生じた固定資本の異常な増大をもって、宇野教授は「固定資本の巨大化」として原理論的概念と区別したのである。かくして本間氏の把握とは逆に、「生産の集積」はあらゆる資本にとって一般的であるがゆえに、部門間や個別企業間における不均等発展や市場構造の変化、したがって「固定資本の巨大化」は含みえず、「固定資本の巨大化」は特定の時点と部門とにおける特殊的発展であるがゆえに、かえって「生産の集積」を一般的前提としつつ「社会的、構造的変化と直接に結びつく要素」たりうるとしなければならない。

(2) 株式会社論をめぐる諸問題

宇野教授は、株式会社をもって「金融資本の形成」に「基本的規定を与えるもの」（『政策論・改訂版』一八三頁）とし、「資本主義は、実際はむしろ発展の最高の段階において、資本自身にとってかかる方法によるよりほかには集積を実現しえない程の大企業を実現すると同時に、また他方ではその始末に困難を感ずる種々なる障害を回避するために、資本家的に社会的なる……形式として株式会社制度を普及することになった」（同、一六九頁）といわれる。

これに対して、本間氏は、この論理は誤りであるとして、次のようにその理由を示す。

「株式会社制度が自由競争にたいする障害を〈回避〉するというのは、ただ個々の株式投資家がその所有株式を何時でも証券市場において販売し、貨幣資本の形態に転化しうるということであり、〈利潤率の不均等〉の〈回避〉というのは、要するにせいぜいのところ、個々の株主（貨幣資本家）にとっての〈利廻り〉の均等化にすぎない。このような株式の売買によって、現実資本の上には何の変化も生じないし、したがって、その現実資本の運動における〈自由競争の障害〉もけっして解消されることはありえない。また、株式の販売が可能なのは、当然それに対応する購買があってのことであるから、既発行証券の売買にかんするかぎり、たんに一部株主の入れ替え、つまり証券市場を通ずる株式所有者の交替が生じただけであって、産業諸部門内における資本の移動さえ生じていない。」（『擁護』二七四頁）

たしかに問題を「既発行証券の売買」にのみ限定してしまえば、現実資本はそれとは関係なく運動を継続し、したがってその意味で「自由競争の障害」もけっして解決されないことは当然である。しかし株式会社制度の本来の意義は、このような資本の機能と所有の移転との分離を前提として、社会的に蓄積された資金を必要に応じて集中して資本化しえ、したがって必ずしも自己の利潤に依存せずに資本額を増加しうる点にある。つまり株主における「〈利廻り〉の均等化」運動の背後に、現実資本における蓄積様式の実質的変質過程が進行するのである。そしてそれは極めて巨額の資本規模の事業を容易に開始せしめたり、巨大な固定資本の存在によってひきおこされた「自由競争の障害」の克服を可能にするという、実質的効果をもちうる。もちろんそれは、株式会社形態によって、現実資本の運動における自由競争が完全に保障されることになる、というのではない。宇野教授は、この点について「産業部門間の不均等なる発展は、鉄工業等の重工業が重要な産業となるとともに、産業資本的機構によっては段々と補整されることが困難となってくる。株式会社制度の産業企業への普及は、まさにこの傾向を助長するものであるが、同時にまた資本主義経済の基本的法則としての利潤率均等化の法則を歪曲して表わすことにもなるのである」（『政策論・改訂版』一六一〜二頁）と述べておられるが、事実株式会社形態は、巨大な固定資本の障害にもかかわらず、相当な収益の見込みさえあれば一挙に大量の社会的資金を動員しうるという点で、利潤率の均等化運動を強力に推進する側面をもちうるとともに、逆に利潤率がきわめて低落したとしても、配当を切下げ、株価を下落せしめるだけで、依然として現実資本の運動を継続しうるという点で、この均等化運動をさらに阻止する側面をもちうるのである。

本間氏は「株式の新規発行による資本調達によって固定資本の巨大化が推進されるとすれば、宇野氏の論理からして、むしろ〈不均等発展〉は促進され、〈自由競争の障害〉はますます強化拡大されることになるはずで、それを〈回避〉することになるはずがないであろう。……むしろ、宇野氏の論理に従ってここに〈固定資本の巨大化〉という要因を入れて考えるとすると、おかしなことになる。というのは、氏の考えでは、固定資本巨大化部門というのは慢性的な資本過剰に苦しむ不況部門なのであるから資本市場を通ずる〈調節〉ということからいえば、こうした部門では、むしろ資本の集積、集中が抑制されることになるはずだからである」（『擁護』二七四〜五頁）というのであるが、株式会社形態をとる場合、いかに「株式の新規発行による資本調達」が可能だからといって、「慢性的な資本過剰に苦しむ不況部門」でも好況部門と同様に新規発行ができるというものではない。ある程度以上の配当が予想されないかぎり、株式の新規発行は不可能であり、配当はまた現実の利潤率と無関係になされうるものではない。したがって株式による増資の可能性は、一定以上の利潤率の存在を前提とするが、もしも固定資本が巨大でしかも個人資本形式をとらざるをえない場合は、自己の利潤の蓄積にまつ以外にないため、株式形態による増資の場合のような急激な拡張は実現されえないであろう、というのである。ここに株式会社形態の採用によって生じた「自由競争の障害」の克服の側面がある。本間氏のように「株式会社制度が低利潤率部門から高利潤率部門への資本の移動に新たな一形態を付与する」ということは、「〈固定資本の巨大化〉そのものとは別個の次元の問題である」（同）といってすますわけにはいかない。それは、両者の密接な関連を見逃すことによって、結局株式会社形態の金融資本成立に対してもつ根本的意義を見失うものといわざるをえない。

この点を追究してゆけば、われわれは最後に、本間氏の株式資本理解そのものに至らざるをえないであろう。氏は

「株式の売買において商品化されるのは、機能資本のもとに生ずる収益に対する請求権なのであって、この商品を投機対象とする貨幣資本が、〈利子生み資本〉としての形態を与えられる」という観点から、「この貨幣資本の投下対象たる株式は、それ自身が資本なのではない。ただその売買価格が利子率によって資本還元された額によって決定されるということから、資本に〈擬制〉されるのにすぎない。したがって、株式の擬制資本化は、一般的利子率の成立、すなわち利子生み資本範疇の成立を前提とするのであって、この利子生み資本の成立こそ、マルクスによって、〈資本の商品化〉とされたものにほかならなかった」（同、二七七〜八頁）として、『資本論』の利子生み資本の規定を擁護しつつ、宇野教授の株式資本についての諸規定を批判している。しかし、株式の売買は、たんに「機能資本のもとに生ずる収益に対する請求権」の商品化にとどまるものではない。一定量以上の株式所有は、現実資本に対する支配権をも移動するのであって、この場合には、現実資本自体がまさに売買された、つまり真の意味で「資本の商品化」が達成されたことになたる。たんに「売買価格が利子率によって資本還元された額によって決定される」という点に、株式の擬制資本化をみるならば、株式と社債との相違さえ無視されることになる。社債と違って株式は、「それ自身が資本」なのである。本間氏のような認識に立つかぎり、株式操作をとおしての会社乗っとりやＴＯＢなどのありふれた現象さえ、理解することは困難となろう。他面、貨幣が利子をとって貸付けられたとしても、それはまだ「資本の商品化」とはいえない。この貨幣はＧ……Ｇ′という運動形態を展開し、したがって貸付資本となるのであるが、ここでは資本が売買されているわけではない。貨幣が、自由に使える貨幣、つまり資金として、一定の期間を限ってその使用を売買されているにすぎない。

本間氏は、宇野・原理論では「買い手の存在しないところで、株式の売買＝〈資本の商品化〉を展開せざるをえないことになる」のに対し、「〈段階論〉において株式会社の〈普及〉を論ずることになると、いつのまにか利子を目あての資本家が発生し」ているのであって、これは宇野・株式会社論の「観念的な構築物であること」と、その段階論的規定の「観念論的傾向」（『擁護』二七八頁）とを示すものであると批判するのであるが、さきにみたような宇野原理論における資本の商品化論を念頭におけば、この批判の不当なことは容易に理解できよう。

第一に、宇野・原理論では、「株式の売買＝〈資本の商品化〉を展開」していない。「産業資本も株式形式をもって形成され、その運営によってえられる利潤が、株式に対して配当として分与されることになると、資本はこの配当を利子として資本還元される擬制資本を基準として、商品化されて売買されることになる」が、「それは土地の購入と同様に、投機的利得と共に利子所得をうるための投資として、原理論で解明しえないヨリ具体的な諸関係を前提とし、展開するものとなる」（『経済原論』二二〇頁）というのである、つまり株式会社形式で資本は商品化されるが、この商品化の機構自体は原理論では展開できない、というのである。

第二に、これとは逆に、宇野・段階論では、最初から「利子をめあての資本家」ばかりでなく、小生産者、農民、中間階級その他「原理論で解明しえないヨリ具体的な諸関係を前提」としているのであって、「いつのまにか」それらが「発生」するとしているわけではない。そう本間氏が考えられたのは、氏自身、段階論が原理論の論理の延長線上に展開されねばならないと信じこまれていたからにほかならない。しかし段階論が、原理論の論理の直接的延長線上に展開されるとすれば、そもそも原理論と段階論とを理論的に区別する必要性もなければ、また区別しうる方法的根拠も存在しないことになる。ヒルファーディングとともに、「最近の資本主義的発展の経済的諸現象」を「マルクスにおいてその最高の表現を見出す古典的国民経済学の理論体系に、組入れるという試み」（『金融資本論』岩波文庫版、上、九頁）に努力を傾けた方がよいことになろう。

さらに、宇野教授が「産業と銀行との関係の〈重大な変化〉とそれに基づく金融資本の成立を、株式会社の性格ないし機能から説明しようとするのは、問題のたて方が基本的にまちがって」いるとして、「資本主義の発展とともに」進行する「銀行と産業との対抗・吸引の一般的関係のもとで、産業における独占体と銀行業における独占体との間に互いにその独占的支配力を強化せんがための、一定の組織的結合が形成される」（『擁護』一八〇～一頁）という空疎な規定を対置する本間氏に対しては、何故「世界の工場」「世界の銀行」として最も先進的な発展をとげたイギリスにおいて、かかる銀行と産業との「組織的結合」が著しく遅れたのか、という疑問を呈して、その答えをまつ以外にない。かかる具体的な歴史的諸事実を解明しえない、産業と銀行との独占的発展と組織的結合なる図式こそ、まさにいわゆる「たんなる観念的な構築物」という批判をまぬがれないであろう。

最後に、宇野・段階論においては「株式会社に固有の支配形式の発歴が、そのまま独占形成の過程と同一視されてしまうところに問題がある」（同、二八二頁）とする本間氏の批判に至っては、およそ支離滅裂という以外にない。氏は一方で、「独占体による支配の、多様な諸形態の展開は、株式会社との関連をぬきにしては、理解されえない」（同、二八三頁）としながら、株式会社制度を媒介にして「生まれたトラストの〈独占的〉支配力は、単一の資本のもとへの大規模な生産の集中に基礎をおくものであって、それが株式会社形式をとったことによるものではない。したがってトラストの形成は、〈株式会社による支配集中の過程〉などではなく、生産の集積に基づく独占的支配力を強化するための資本結合だ」（同、二八三～四頁）というのである。わかり易い例をとろう。資本家的生産においては、相対的剰余価値の生産という特殊な機構に媒介されて、人類史に未曽有な生産力の発展が実現される。もしも、この生産力の発展は資本主義的生産様式の結果ではなく、労働者が必要労働に比して剰余労働を急速に増大させたからであると主張したとしたら、ナンセンスといわざるをえないであろう。資本主義的生産様式という特殊な形態をぬきにしては、かかる生産力の発展は実現されえなかったのであり、このような生産力の未曽有の発展が何故かかる特殊な形態によってしか実現されえなかったかを解明するのが、社会科学としての経済学の任務なのである。かくて、本間氏のように、トラストにおける「独占的支配力」の形成は、「株式会社形式」によるのか、「生産の集積」によるのか、という問題のたて方自体がそもそも誤りであることは容易に理解されえよう。支配集中の「形式」とその「実体的内容」なるものを分離するかかる把握こそ、段階論を「観念論的傾向」に歪曲せしめる出発点を与えるものである。

(3) 金融資本とその蓄積様式

本間氏は、ついで宇野・帝国主義論における「金融資本の蓄積様式」をめぐって、①金融資本的蓄積の主体、②労働力の商品化機構の変化、および③いわゆる純粋化傾向の逆転という三点を中心として、次のように批判する。

①「資本の蓄積様式の変化を問題にするかぎり、株式会社をとりあげるにしても、株式会社制度によって媒介され、株式会社形式によって表現される現実資本の運動が主体でなければなるまい」が、「資本家的物神性の極致としての〈資本の商品化〉という、株式資本の〈理念〉にとらわれる宇野氏にあっては、蓄積の主体が銀行資本であったり株式資本家であったりして、かならずしも明確とはいえない。」（『擁護』二九〇頁）

②「資本家的企業の大規模化が……重工業の如き労働手段の原材料の生産において巨大なる固定資本をもって、しかも株式会社形式によって行われることになると、資本の構成の高度化に伴う相対的過剰人口の形成は極度に促進される。……有機的構成の高度化は不断に行われる基礎を与えられる。それと同時に労働人口は資本の集積がそれより以上に増進しない限り不断に過剰化の傾向をもつことになる」（『政策論』一五八〜九頁）という宇野教授の「帝国主義段階における相対的過剰人口」論には、「二重三重の誤謬と混乱が含まれている」として、氏は、ⓐ「労働人口の不断の過剰化傾向という資本蓄積に伴う一般的法則が、帝国主義段階に特有の現象とみなされている」、ⓑ「この〈段階論〉的現象とされたものを、氏自身の方法論的格律に背いて、資本構成高度化という〈原理論〉的に規定さるべき要因によって直接に基礎づけている」、ⓒ「この資本構成高度化は帝国主義段階になってはじめて〈不断に行われる基礎〉を与えられるとされることによって、その〈原理論〉における規定が、たんなる〈理念〉としての高度化傾向に昇華されてしまう」（『擁護』二九二〜三頁）と批判する。

③　宇野教授は「資本主義の純粋化傾向の〈逆転〉の中に、その〈爛熟〉と〈没落〉の運命を読みとろう」としているが、「ここでいわれる〈逆転〉は、一九世紀のイギリス資本主義に見られた〈典型〉的傾向に対比して、二十世紀ドイツの資本主義の〈典型〉的傾向はそれと逆の関係にあるということなのであって、ドイツ資本主義自身において、かつて純粋化傾向が主導し、それが一九世紀末から逆転する傾向を示すようになった、というのではない」と指

摘しつつ、本間氏は「独占体の形成や金融資本の成立は、このような特殊ドイツ的な社会的諸関係によって必然となったのではなく、このような特殊的諸条件を通して貫徹する、資本の運動が生み出したものである。だからこそ、それはドイツに特有の現象としてではなく、世界史的な一般的現象としてあらわれたのである」（同、一二九二～三頁）と批判するのである。

以上の批判は、いずれもレーニン『帝国主義論』の論理を前提とすれば当然予想されるものであって、正しくは批判というより、むしろ『帝国主義論』の論理と宇野教授の金融資本的蓄積の概念との間にある相違を指摘したものにすぎない。しかし念のために、本間氏の「批判」の欠陥を簡単に説明しておこう。

①について。宇野教授の場合、帝国主義段階に支配的な資本蓄積の主体は金融資本であって、たんなる「銀行資本」でもなければ「株式資本家」でもない。典型的には、後進国ドイツで支配的となる「株式会社による最初から資本家社会的に集中せられた資本をもって行なわれる比較的大規模なる固定施設をもった鉄工業等の重工業」を基礎とした「独占的組織体」（『政策論・改訂版』一五三頁）と規定されているのである。本間氏は「資本の蓄積様式の変化を問題にするかぎり株式会社をとりあげるにしても、株式会社制度によって媒介され、株式会社形式によって表現される現実資本の運動が主体でなければなるまい」と教示されるのであるが、宇野・金融資本論ではまず「固定資本の巨大化」を基軸とした蓄積様式の変質についての考察から開始されていたことを、氏はどう理解されているのであろうか。「固定資本の巨大化」は「現実資本の運動」とは別だと考えておられるのであろうか。しかも、氏においても問題なのは「株式会社形式によって表現される現実資本の運動」であるとすれば、たとえばレーニン『帝国主義論』では、この「株式会社形式」についての考察がほとんど全く欠落していることについて、氏はどう考えるのであろうか。「金融資本の蓄積様式」の考察にとって、本間氏自身「株式会社形式によって表現される現実資本の運動」が中心課題であると考えられ、しかもレーニン『帝国主義論』において、この株式会社形式の取扱いが「かならずしも明確とはいえない」ことは明らかであるが、この点について全くふれないというのでは、氏の「批判」も、氏のいわゆる「あ

る種の思想ではあっても、けっして理論ではない」ということになりはしないだろうか。

②について。ここでの本間氏の批判は、氏の原理論についての誤解が前提となっているので、「誤謬と混乱」はまさに「二重、三重」となっている。ⓐ「労働人口の不断の過剰化傾向」をもって「資本蓄積に伴う一般的法則」とすることはできない。かかる「一般的法則」を認めたならば、われわれは、資本主義の確立とともに展開されたほぼ一〇年周期の景気変動を、この「一般法則」との関係で理論的に解明することが不可能となる。本間氏は、たとえば好景気の進行過程においても、労働人口は不断に過剰化するとでも考えておられるのだろうか。「労働人口の不断の過剰化傾向」を一般法則とすることは、確かに絶対的窮乏化の過程として資本主義の発展を総括するのには役立つが、それは歴史的事実とも齟齬をきたすとともに、資本主義の根本矛盾の発現としての恐慌の周期的爆発を理論的に解明する途をもとざすことになるのである。ⓑ資本構成高度化の過程は、たしかに原理論の考察対象をなすが、だからといってこの問題を段階論で扱ってはならないということにはならない。資本構成にしろ人口法則にしろ、資本主義の各発展段階における特殊な歴史事情に規定されて発現する過程を究明することこそ、段階論の課題をなす。もしも原理論であらわれた概念は段階論では一切扱ってはならないというのが、本間氏の理解される宇野理論の「方法論的格律」であるとするならば、われわれは、そのような「格律」を宇野教授自身が指示されたことは一度もないことを明らかにしておけば足りる。ⓒこの指摘は、たんに文章としても意味不明であるが、資本構成高度化過程は、宇野・原理論では、むろん「理念」とされたり、不断におこなわれるものとして一般法則とされたりしているのではない。景気循環をひきおこす基礎過程として、有機的構成を高度化する蓄積と不変のままの蓄積として類型化され、かつその交替過程として資本蓄積は法則的に解明されているのである。要するに、以上の三点において示された「二重・三重の誤謬と混乱」なるものは、当の本間氏の宇野理論理解に帰属すべき形容句といえよう。

③について。これも問題は簡単であって、根本的には、本間氏が、資本主義の発展段階とは必ず一国資本主義の「発生、成長および消滅」の過程としての段階でなくてはならぬ、と信じこまれている点から結果した「誤謬と混乱」に

すぎぬ。資本主義の発展段階とは、正しくは世界資本主義の発展段階あるいは資本主義の世界史的発展段階でなくてはならない。少なくともかかる把握のもとに、宇野教授は、その初期と中期をイギリス資本主義をもって、後期をドイツ資本主義をもって代表せしめたのである。もちろんかかる資本主義の段階把握そのものを批判することは自由である。しかし宇野教授がかかる把握を前提として、ドイツ金融資本の発展のうちに資本主義の純粋化傾向の「逆転」を認めたのに対して、ドイツ資本主義自体においてはかって純粋化傾向は存在しなかったではないかといってみたところで、何ら批判の意味をもちえない。要するにそれは、批判者が一国資本主義の発展過程においてしか資本主義の段階区分を与ええないと素朴に信じこんでいたという事態を暴露しただけのことである。われわれとしては、かかる「批判」を展開される前に、歴史的発展段階区分における世界資本主義と一国資本主義の意義と関連について、本間氏の熟考を要請する以外にない。

さて本間氏は、宇野教授の金融資本概念に対して以上のような「批判」を展開しつつ、最後に次の文章をもってしめくくっている。

「〔宇野〕氏の理論ないし論理から導かれるものは、金融資本の〈典型〉的ビヘイビアは、後進国の旧い社会関係によって制約されつつ、株式会社形式を徹底的に利用することによって資本蓄積を行なうことにあるという規定——結局それだけのことではないだろうか。」（『擁護』二九四頁）

しかし、このような指摘によって、本間氏は、何らかの理論的批判を含意せしめたつもりなのであろうか。『資本論』の論理から導かれるものは、資本主義の経済的運動が価値法則によって支配されるという規定——結局それだけではないであろうか。レーニンの『帝国主義論』の論理から導かれるものは、帝国主義とは資本主義の独占段階であるという規定——結局それだけのことではないだろうか、などといってみたところで全く意味をなさないことは明らかであろう。なるほど「それだけのこと」かもしれない。しかし問題は、「それだけのこと」が科学的に正しいか、正しくないかという点にあり、また「それだけのこと」によって、資本主義に対する科学的認識がいかに深められたかという点にある。つまり「結局それだけのこと」であるというのは、批判対象の限定にすぎず、対象への批判はそこから始まるのである。ところが本間氏の宇野理論批判なるものは、この文章をもって終わっている。これでは、氏の宇野理論批判なるものは、宇野教授が金融資本についてどう規定しているかを要約しているだけであって、「結局それだけのことではないだろうか。」

(4) 「世界体制」なき帝国主義

「レーニンは、〈国際的な相互関係における世界資本主義経済の概観図〉をしめすことを、その『帝国主義論』の基本的任務とみなし、〈すべての交戦列強と全世界との経済生活の基礎にかんする資料の総体〉をとりあげつつ、〈資本主義はひとにぎりの『先進』諸国による地上人口の圧倒的多数の植民地的抑圧と金融的絞殺の世界的体系に成長した〉ことを明らかにした」（『擁護』二九九〜三〇〇頁）のに対して、宇野・帝国主義論には、かかる「世界体制」という「視点」が欠如しているというのが、本間氏の最後に示す批判である。

しかし「五つの標識」にもあらわれているように、資本主義国は遅かれ早かれ一様に金融資本の支配する帝国主義国たらざるをえず、それは自由競争から独占へという法則の一般的貫徹にほかならないとしたのは、当のレーニンであった。これに対してむしろ宇野教授は、金融資本的蓄積は最初から先進資本主義国イギリスの影響下に、これと対立しつつ発展する後進資本主義国ドイツで典型的に実現されるとしているのであって、まさに「世界体制」という視点なしには、宇野教授の帝国主義概念は初めから成立しえなかったといってよい。

だがこれも本間氏の手にかかれば「宇野氏の帝国主義論である種の〈国際関係〉がとりあげられてはいるが、それは結局〈ドイツの進出的役割に対してイギリスが防衛的立場に立つという、資本主義諸国の対立〉という、それだけのことである」（『擁護』三〇〇頁）ということになる。またしても「それだけのこと」である。「それだけのこと」がレーニンの『帝国主義論』ではなお明らかにされておらず、「それだけのこと」によって帝国主義的対立の経済的分析は著しく深化したという点について理解のおよびえない本間氏にとっては、「このような〈国際関係〉がレーニンのいう独占支配の〈世界体制〉とは似ても似つかぬものであることは、すでに明らかであろう」(同)として簡単に片づけられることになる。たとえ両者が「似ても似つかぬ」としても、そのいずれが帝国主義的国際対立の理論的把握にとってより有効であるかは全く別の問題であろう。批判対象とする理論に対して、マルクスあるいはレーニンの理論と「似ても似つかぬ」というラベルをはれば、それで学問的批判が完了したように思いこむ一時代昔のマルクス主義者の妙な性癖から、氏もまだ完全には自由になりえておられないようである。マルクス主義経済学者諸君における「自主独立」の学風の定着いまだし、というところであろうか。

「このようにして金融資本の二つの〈タイプ〉が検出されてみても、……それを対置してみせただけで帝国主義的〈国際関係〉が明らかになるわけではない」(同、三〇一頁)と氏は繰返されるのであるが、なるほど両者をたんに「対置してみせただけ」では「帝国主義的国際関係」はなお充分に明らかにはならないだろう。しかし、かかる金融資本の二つのタイプさえ区別しえず、両者を対置することさえなしえない帝国主義論では、それ以上に帝国主義的国際関係の解明にとって無力なこともまた事実である。

氏は「このようなドイツとイギリスの〈タイプ〉のちがいから、いかにして両者の戦争にまで発展するほかないような、対立が直接に導きだされうるであろうか」(同、三〇二頁)と追究されるのであるが、この「タイプのちがい」から「直接に」「帝国主義的世界戦争の必然性を解明しうる」と主張したものはまだ誰もいない。宇野教授は、少なくともかかる金融資本的蓄積様式におけるタイプの相違を基底にすえないかぎり、最終的に帝国主義戦争へとみちびかれざるをえない帝国主義的対立の特殊歴史的意義は解明されえないであろう、というのである。

最後に氏は、「かりに百歩をゆずって、ドイツとイギリスとの対抗関係が国際的相互関係の総体における諸矛盾を集中的に表現するものだと認めたとしても、このような関係はせいぜい第一次世界大戦の時期までのことにすぎない」とすれば、「現代資本主義の構造とその運命について深い関心をもつ諸君は、いまや帝国主義論の一層の具体化や理論的展開などを考えるのではなく、ただちに現状分析へと向わなければならない」（同、三〇二〜三頁）ことになる。しかしそれは困ると訴えられる。なぜか。宇野理論においては「〈原理論〉も〈帝国主義論〉も、それぞれ別の意味においてではあるが、完結した閉鎖体系として与えられ……現実の〈複雑なる過程〉の解明はすべて〈現状分析〉へと追いやられることになるが、〈現状分析における無限に複雑なる個別的具体性は、決して理論的に解明し尽しえないものである〉というのであるから、ここでは〈教条〉となったり〈修正〉の対象となったりする理論がそもそも存在しないのである。一般に教条主義や修正主義の誤謬は、理論と実践との間の一定の緊張関係の中で生じうるものであって、いかなる意味においても、こうした緊張関係をもたぬ者にとっては、はじめから問題になりえないのである」（同、三〇五〜六頁）というのである。

宇野三段階論が、『資本論』体系を前提としつつ、教条主義にも修正主義にも陥ることなく現代資本主義分析にまで至る社会科学の方法を確立したとすれば、それはまさに、前世紀末に開始された修正主義論争以来のマルクス主義理論陣営内の混迷にとどめをさすものとして、積極的に評価すべきであろうとわれわれには思われるのであるが、わが本間氏にとっては、このことがまた宇野理論の根本的欠陥をなすというのである。「教条主義や修正主義の誤謬は、理論と実践との間の一定の緊張関係」の所産であるから、宇野理論が教条主義にも修正主義にも陥らないのは、こうした「緊張関係」を欠落している証拠だ、というのである。大体「理論と実践との間の一定の緊張関係」という規定がきわめてあいまいである。スターリン全盛時代にはスターリン理論の宣伝に奔走し、スターリン批判が政治的に支配的となるやもともとスターリン理論には批判的であったかの如くよそおうのに腐心するというのも、確かに「理論と実践との間の一定の緊張関係」には違いないであろう。しかしわれわれは、そういう「緊張関係」には何ら積極的意味を認めない。スターリン主義の支配時代にも、スターリン理論を批判しつづけることによって教条主義とも修正主義とも無縁でありつづけた宇野理論の方に、たえず政治の風向きとともに変化する「理論と実践との間の一定の緊張関係」なるもののおよびえない科学の客観性と真理性の具現をみるのである。

本間氏は最後に、「経済学の研究とは、宇野氏にとってそもそも何であるのか」（同、三〇六頁）という深刻な疑惑に陥られたことを告白するのであるが、教条主義や修正主義に陥ることこそ正しい理論の証左であって、そのいずれにも陥らなかった点に宇野理論の欠陥があるという不可解な主張を展開する本間氏に対してこそ、まさに「経済学の研究とは」「そもそも何であるのかという根元的な疑問」を、われわれは禁じえない。しかも奇妙なことに、教条主義にも修正主義にも陥らないのが宇野理論の特質であり、欠陥であったはずなのに、同じマルクス主義経済学者見田石介氏によって、「私は、宇野説というのは修正主義だと思うんです」（同、三一八頁）と折紙をつけられていることである。もしも宇野理論が「修正主義」ということになれば、本間氏の宇野理論批判は根底からくつがえされることになる。そして宇野理論が本間氏の主張するように、修正主義たりえないとすると、見田石介氏の宇野理論批判なるものは成立し難いことになる。かくて、マルクス主義経済学者諸君が真二つにわれて、宇野理論は修正主義か否か、小ブル・イデオロギーか小ブル・社会主義かといった大論争を展開する――あまり科学的には意味があるとは思えない――座談会が、この『マルクス主義経済学の擁護』の巻末をかざることになるが、この内容の検討にまで立入る興味は、さすがにわれわれにもない。要するに、宇野理論は批判すべきであるという大前提は存在したとしても、なぜ、いかなる点において、批判すべきであるかという論拠については、これらマルクス主義経済学者諸君の間でも一致した見解は存在していないどころか、相矛盾する見解が対立している、という点だけを確認して、次に進もう。

第八章　現代資本主義論の方法

この章では、これまでと異なって、宇野理論批判に対する反批判をとおして、宇野理論の解明を与えるという方法をとらない。というのは、宇野教授自身、現代資本主義の解明の方法について原理論や段階論のようにまとまった説明を与えておられず、したがってこれに対する批判もほとんど見当らないからである。とはいえ、宇野教授の現代資本主義把握についての方法的主張は、いくつかの論文や発言によって与えられている。いまこれを概括するならば、次の三系列においてまとめることができよう。

①国家の新たな役割について。——「資本主義の組織化と民主主義」（『世界』一九四六年五月号所載）

②世界農業問題について。——「世界経済論の方法と目標」（『世界経済』一九五〇年七月号所載、のちに『社会科学の根本問題』一九六六年、に収録）

③管理通貨制について、——『経済政策論・改訂版』（一九七一年）の補記「第一次世界大戦後の資本主義の発展について」、インタヴュー「戦争政策と社会主義——国家独占資本主義をめぐって」（『日本読書新聞』一九七一年三月二九日号所載）、インタヴュー「宇野経済学——〈原理論〉の方法と現状分析——」（『情況』一九七一年五月号所載）。

ここでは宇野教授の所説の中で、この三つの論点がどのような関連のうちに展開されてきたかを、要約的に紹介することにしたい。

第一節　国家の新たな役割と管理通貨制

論文「資本主義の組織化と民主主義」の論旨は次のようである。

一九二九年恐慌以後、世界的に資本主義諸国は「新たな転換」を強烈に要請された。それは要するに、国家による「資本主義の組織化」といってよい。ナチス・ドイツによって典型的に示された、この組織化の非民主主義的強行が破綻をきたしたとすれば、民主主義的方法によってそれは可能かどうか。これが、この論文で究明の課題とされている問題である。

「……資本家的生産方法は商品生産を基礎とするものであって、いわゆる無政府的性質を払拭し得るものではないが、商人資本、産業資本、金融資本とその資本の形態の発展とともに、生産過程の合理的組織を確立する。個人資本家的支配から技術的組織による支配へと発展する。工場はもちろんのこと会社経営全体にわたっても、資本の経営の客観的基準が形成せられてくる。また実際大資本家企業家が多数の工場、会社等を同時に支配*することのできるのも、そのためであるといってよい。」（前掲『世界』二一〇頁）

＊　原文では「支給」

ではかかる近代的大企業の組織化の過程は「究極においてはあらゆる企業を統一的に組織化した一大資本家企業」にまで達しうるであろうか。それはありえない、と教授はいう。「資本家的企業の大規模化に伴って一方では大企業自身も恐慌による整理をますます困難とすると同時に、他方では失業労働者も莫大なる数に上り、これを単純なる商品経済の機構に委ねて置くわけにはゆかなくな」り、したがって「資本主義は金融資本による斯くの如き窮極的統一的組織を実現する以前に、恐慌と失業、対外投資の目標としての植民地の争奪とその発展に伴う世界的農業恐慌等の諸問題――これに対応する国内的政治問題、帝国主義戦争等の如き、自ら解決し得ない諸問題に直面しなければならない」（同、二二頁）からである。

＊　原文は「資産家的」

根本的には「金融資本による組織化の過程は、いうまでもなく独占利益を目標とし、基準とするものであって、それはなお組織化の程度の低い産業の企業ないし経済に対しての手段としての意義を有するにすぎない。そこには自ら限度がある」（同、二四頁）としなければならない。その点からみて、ブハーリンのいわゆる「国家資本主義トラスト」なる概念は誤りである。三〇年代不況下の「各国に於ける国家主義的傾向を、直ちに金融資本の自主的活動によるものと看做することには……なお幾多の疑問があ」り、「寧ろ反対にその負担を他に転嫁し得なくなった失業と農業恐慌とに対して、金融資本がその無力を暴露したことに、国家主義的傾向の根拠がある」（同、二四頁）としなければならない。結局三〇年代以降の各資本主義国における「国家主義的諸政策」の展開に示された、資本主義と金融資本との関連は、次のように把握されるべきである、というのである。

「……資本主義は、どこまでも金融資本の独占的利益を許して、自分自身を犠牲〔に〕するというようなものではない。一個の社会体制として資本主義は、当然自己保存の手段を採るのである。いい換えれば資本主義は金融資本による組織化の限度をこえて、さらに一段高度の組織化を実現し得る形態を採らざるを得ないのである。最近の国家主義的傾向は、寧ろ斯くの如き資本自身の自己保存の態勢とは考えられないであろうか。」（同）

ではこの「資本自身の自己保存の態勢」としての「国家主義的傾向」において、国家と資本主義とはいかなる関係において機能するのであろうか。第一次大戦後の資本主義の状況において、戦前のそれとは全く変質した主要な歴史的事実は、強大なる労働組合に結集された労働者階級の勢力の増大と、植民地・半植民地の独立化への強力な進展である。古典的帝国主義段階においては、金融資本の組織化と帝国主義的植民地収奪によって解決されえた矛盾は、今はその解決の途を閉ざされ、「資本自らその企業的面を極度に縮小し、少なくとも国家的に高度の組織化を実現する以外に道はない」ことになった。「工場内の組織化が極めて技術的に行われながら資本家的目標を脱し得なかったのと反対に、この場合には一国の経済自身が技術的に組織されなければならない」のであって、「これは社会主義が端的に実現しようとするものを、資本主義はその資本家的管理を部分的にでもその主要なるものを国家に委ね、それによってでも自らの存続を維持しよう」（同、二六頁）としていることを意味する。

資本の所有も蓄積も国家の手に移れば、それはもはや「国家資本主義」ではなく「社会主義」であって、「その組織は労働者を基礎とする技術的要求に支配せられる」ことになろう。だが「国家資本主義」においては、資本の所有も蓄積も資本家の手中にあり、その管理だけが国家に移るのであって、国家による管理は「資本家の委任を受けた経営技術者としての管理を脱することはできない。」（同、二七頁）したがってこの場合、国家の管理と労働者との関係は二つのタイプにわかれる。一つは「斯かる管理が、第三者としての国家によるものとして、労働者の自主的なる組織的批判が排除せられる」場合であって、ナチス・ドイツ型管理となる。もう一つは「国家による資本の管理」が「労働者の有力なる組織によって監視せられ、控制せられ」る場合である。「資本主義に与えられたる課題が極度に技術的性質を有するだけに」、前者の場合には、この課題は解決し得ないのに対して、後者の場合は「この課題をもある程度技術的に解決し得る基礎を与えられる」（同、二七頁）ことになる。

かくて「国家による資本の管理は、もし実現されれば、経済の徹底的組織化を実現し得ないにしても、資本主義の組織化として最高の形態といえる」のであるが、その場合、この管理が「労働者の有力なる組織によって、監視せられ、控制せられ」ないかぎり、「ソヴィエットの社会主義に対しても、その存続を主張し得ない」（同、二八頁）のであって、ここに現代における労働者階級を基礎とした民主主義運動の特殊な歴史的意義が存する、というのが教授の結論であった。

ところで、宇野教授自身の「国家資本主義」としての現代資本主義の考察は、以上のような方法的把握にとどまったのであるが、この方法を前提として、具体的に現状分析を遂行しつつ、この方法的枠組みにいわば肉付けを与えたのが、藤井洋氏の遺稿「国家独占資本主義としてのニュー・ディール」(『社会科学研究』第三巻第四号、一九五二年、所載。のちに、こぶし書房刊『現代資本主義の原型』一九九七年に収録)であった。この藤井論文の内容は次のように要約できよう。

一九三〇年代から、資本主義諸国は多かれ少なかれ「国家独占資本主義的傾向」を示してきたが、ナチス・ファシズム型に対して、ニュー・ディールはその「アメリカ型形態」といえる。ではその特質は何か。二九年恐慌およびそれ以後の不況に対するアメリカ金融資本の対応は、「銀行による信用制限」と「独占的大企業による生産制限」として特徴づけられるが、これは独占利潤の確保、弱小企業の淘汰、資本の集中集積の促進、金融資本的組織化の高度化をめざし、要するに「金融資本的な恐慌処理方法」であり、「金融資本的な恐慌、不況負担の他への転嫁方法」(前掲『社会科学研究』八頁)だった、といってよい。だがかかる方法によっては、不況はますます慢性化、深刻化し、資本と労働の過剰はいよいよ激化し、金融資本自身にもその負担はたえられなくなる。「かくして、資本家社会的危機が醸成され、国家権力の出動が余儀なくされる。」(同)この「国家権力の出動」の具体的展開は、①「金融資本的組織化を規制するものとしての総資本的組織化」②「資本と労働の完全雇用のためのインフレーション政策」(同、九頁)の二つにしぼられうる。そして前者はさらに、労働の組織化(労働諸立法、労働運動の助成)と資本政策とにわかれる。ただ後者は、まず産業復興法による強制カルテルの推進となってあらわれたが、三五年の「公正競争コード」の違憲判決を契機として、反独占政策に転じた。かくてニュー・ディールの「総資本的組織化」は、結局「労働運動助成政策と反独占政策」とに集約されることになった。だがこの反独占政策は実効をあげえなかった。この政策のもとで、金融資本はさらに独占を高度化し、組織化を強めたからである。これに対して労働運動助成政策の方は一定の成果を示し、ニュー・ディールに進歩的性格を与えた。これは「ニュー・ディールにおいては労働運動の顕著な発展にも拘らず、資本は労働の圧力をかかるものとして受けとらずにすんだ」(同、一二〇頁)ことを意味する。それはなぜか。理由はニュー・ディールのインフレ政策にある。つまり「その本質が赤字公債にもとづくインフレーションである以上、それが農民・労働者の救済として行われたとしても、独占資本に有利なように富の再分配を促進し、金融資本による恐慌・不況負担の他への転嫁を容易ならしめ、労働の資本に対する圧力を実際上緩和ないし無力化せしめる結果となったのである。」（同、二一頁）とはいえ、このインフレーション政策は「労働抑圧の点で」「総資本的組織化と明らかに矛盾するものであった。すなわち、後者においては金融資本的組織化を規制するものとして、労働運動の高揚と労働条件の改善が企てられたが、前者によって所謂完全雇用を達成するためには労働運動の抑圧と労働条件の低下が要求されたのである。ニュー・ディールは、この矛盾した二つの政策を同時に採用し、いずれの政策の目的をも完全に達成しえず、……労働者就業指数よりも、労働賃金指数よりも、独占的資本の利潤及利潤率の増大の方がはるかに顕著であるという金融資本主義的な結果を産みおとした」（同、五三～四頁）というのである。

ニュー・ディールに対するこのような理論的把握を前提として、藤井氏は、金本位制停止を媒介として、信用政策的権限が全面的に国家に集中され、国家はこの権限を利用して、インフレーション政策を広汎に展開していく過程を実証的に追究するのであるが、その結果、ニュー・ディールのインフレーション政策の目標をなす完全雇用は三〇年代においてはついに実現されえず、その実現のための「極めて重要な条件」たる資金の「不生産的投資」と「賃銀の釘付ないしは切下」（同、五三頁）は、漸く四〇年以降の戦争への突入によってはじめてみたされたことが明らかにされるのである。

かくて、宇野教授の提起された、「労働者の自主的なる組織的批判」を前提とした国家による資本主義の組織化をもって、現代資本主義の歴史的特質とする認識は、藤井氏によって現代資本主義分析の方法的基準として採用されながら、その適用としてのニュー・ディール分析においては若干の変容を与えられることになった。要約すると次の三点においてである。

①宇野教授においては、資本主義諸国の「最近の国家主義的傾向」は、「一個の社会体制として資本主義」が、そ

の「自己保存の手段」として、「金融資本による組織化の限度を越えて、さらに一段高度の組織化を実現」する場合の政策としてとらえられていた。これに対して藤井氏にあっては、この国家の立場は、「個別資本的立場」を超えた総資本的立場として具体的に規定され、この「総資本的立場」からする「労働の組織化」および「金融資本的組織を、規制する」「反独占的傾向」として、ニュー・ディールの二大政策は位置づけられている。

②ニュー・ディールが「総資本的立場」からする政策である以上、窮極的には「労働自身の要求」とは衝突せざるをえないが、しかもニュー・ディールにおいて、かかる資本と労働との決定的衝突を回避せしめえたのは、そのインフレーション政策であった。このような階級対立を緩和せしめる手段としてのインフレーションをもって、現代資本主義（国家独占資本主義）の特質であるとする観点は、宇野教授の前掲論文には存在しなかったものであって、金融資本の組織化をこえる国家による組織化という宇野教授の主張を出発点としつつ、藤井氏は、管理通貨制とインフレ政策へとその論点を移動ないし発展させた、ということができよう。

③しかも氏の実証的研究は、完全雇用をめざしたニュー・ディールのインフレ政策が、それ自体では成功しえなかったことを明らかにした。つまり完全雇用の達成のためには、赤字公債にもとづくインフレ政策に加えて、その資金の撒布が「不生産的投資」にむけられ、しかもそれが「賃銀の釘付ないしは切下」の中に行なわれることを条件とするというのである。この条件——「徹底的に不生産的・再生産外的な」部門への「政府資金の放出」と「労働組合の争議放棄及び労働強化」——は、戦争経済ないし経済の軍事化によって始めて充分な実現をみた。一九四〇年以降の諸経済指標は、このことを裏書きしているというのである。

藤井氏の国家独占資本主義論は、結局戦争経済と結合したインフレ政策の展開をもって現代資本主義の発展の核心的構造とするものであるが、管理通貨制にもとづくフィスカル・ポリシーの展開をもって、国家独占資本主義の基本的特質とする大内力氏の認識は、おそらくかかる藤井氏の結論を、さらに抽象化ないし一般化することによって獲得されたものであろう。この点については、この章の終節でさらに考察の対象とする。

第二節　世界農業問題

第一次大戦後の国際経済関係は、それ以前とは比較にならぬほど「緊密なるもの」となってはきたが、しかし各資本主義国の経済過程のような「有機的な全体」をなしていないことも明らかである。したがって、世界経済論は、一国経済の分析とは異なった視角ないし特殊な「実践的要求」から行なわれざるをえない。第一は「国際連盟やコミンテルンの実践的要求に基づく世界経済の分析のように、世界的政治活動の物質的基礎を明らかにするという目的に役立つ分析」であり、第二は「一国の経済が国際経済関係から受ける影響に主眼を置いて、その分析をなす場合」である。もちろん「世界経済論の本来の任務は前者にあ」り、後者は「一国の資本主義分析に付属的なるものにすぎない。」このように世界経済論の「本来の任務」を限定するならば、その焦点もおのずから明確となってくる。それはすなわち「世界農業問題」（『社会科学の根本問題』八四～五頁）である、と宇野教授は主張されるのである。

もともと資本主義は、それまで自主的に統一されてきた農業と工業とを分離し、後者を支配することによって確立した特殊な生産様式であって、農業はその適合的な地盤になりえないとともに、この意味で、農・工対立は、資本主義にとって本来的「難問」をなした。一九世紀中葉までは、イギリスがその内部の農業問題を外部に転嫁することにより、また一九世紀末から二〇世紀にかけては金融資本の支配の下で保護政策によって小農経営を温存しつつ、一応解決してきたのであるが、第一次大戦後は、この資本主義の「外部矛盾」としての農業問題は、すでに「それぞれの国民経済にとっての農業問題」というにはとどまりえなくなった。「資本家的工業国自身が農産物を輸入しなければならぬ事情にありながら、自国の農業のためにはそう自由に輸入し得ない関係のもとにおかれ、また農産物を輸出しなければならぬ後進諸国が必ずしも工業品の輸入を増進し得ない事情におかれる」ことによって、「農産物は世界的にほとんど慢性的過剰状態に陥らざるをえない」（同、八五～六頁）ことになったからである。

つまり農業恐慌は、資本主義の内部矛盾を基礎とする一般的恐慌に対し、「資本主義的生産方法が農業を資本主義的に処理し得ないという外部的な原因に基くもの」であるが、第一次大戦後は、この一般的恐慌現象と農業恐慌とは、漸次に接近し、融合して、世界資本主義の所謂構造問題として、資本主義の矛盾の総合的表現をなすに至った」(同、八六〜七頁)というのである。

かくて世界経済論は、資本主義の内的矛盾と外的矛盾の「総合的表現」の場として、資本主義にとってばかりでなく社会主義にとっても、重要な課題となってくるのであるが、一般にはまだ「世界貿易問題」として意識されており、それゆえ世界経済論の意義は、その焦点において認識されているとはいえない。では世界経済論の焦点とは何か。農業問題は、もともと「資本主義の発展とともに農業もまた資本主義化される」というような単純なものではなく、それは第一に、「資本主義自身にとっての問題*」であり、したがって第二に、「漸次に世界的な問題としてあらわれざるをえない」(同、八九頁)という性格をもつ点が特徴的である。逆にいえば「資本主義は、何故にかかる問題を解決し得ないで、世界経済の問題にしなければならなかったかを明らかにしなければならない」(同)のである。ここに世界農業問題が、世界経済論の焦点とならざるをえない根拠がある。

* 「資本主義自身にとっての問題」というのは、資本主義の発展によって、その運動機構の内部の問題として——例えば周期的恐慌というドラスティックな形態をとるとしても——処理されうるような問題ではなく、あくまで資本主義自身によっては処理しえない、したがってその運動機構の外部にとどまらざるをえない問題という意味であろう。

では次にこの問題に対して、どのような接近がはかられるべきか。

教授はこれに対して、次の諸点をあげる。①「この問題に対して従来いかなる解決方法がとられてきたか」、②「それは結局何故に解決方法として役立たなかったか」、③「かかる〔解決〕方法は寧ろ逆に国家主義的傾向をますます強化してきているが、それは何故にそうなるのか」——これらの諸点を明らかにすることによって「世界経済論の目標自身」もまた明確となってくる、というのである。

注意を要するのは、この問題は「前大戦後の世界資本主義の歴史的規定」を与えることなしには扱いえないとしても、最も根本的な点は、「世界経済自身が、此等の諸国（世界資本主義の指導的諸国）の資本主義に指導せられながら具体的にその解決を求められる問題を提起してきているという」（同、八九〜九〇頁）ことであって、この「具体的事実」の「分析」こそが、大戦後の世界経済の歴史的意義を科学的に明らかにすることになるのである。このような意味において、世界農業問題の解明は、また第一次大戦後の資本主義の歴史的構造を把握する場合の方法的焦点を形成するというのである。

第三節　現代資本主義の基本構造

宇野教授が「資本主義の組織化と民主主義」で示された、現代資本主義把握が、藤井洋氏によって、ニュー・ディールの実証分析を媒介として、戦争経済と結合したインフレ政策の展開として具体的に確認されることになった過程については、すでにふれたが、大内氏はおそらくこの藤井論文を念頭におきつつ、さらに第二次大戦後の資本主義の発展、とくに六〇年代の高成長の過程を具体的素材として、管理通貨制にもとづくフィスカル・ポリシーをもって国家独占資本主義の基本的特質とする独自の主張を展開した。

大内氏はまず、一九二九年の大恐慌を契機として、「恐慌の自動回復力の喪失という認識が間もなく生じ」、この認識にもとづいて「広いいみでのフィスカル・ポリシーをつうじて景気の回復をはかろうという方策がとられた」（『国家独占資本主義』一九七〇年、二七四頁）という事実を指摘する。しかし資本主義においては、「経済過程自体の問題としていえば、慢性不況が何年間かつづくうちには、おのずから自動回復力ができてくると考えざるをえない」（同、二七五頁）のであって、したがってこの自動回復力の喪失という認識は「世界的にすでに社会主義が現実化したということ」を前提として、資本主義が「恐慌の自動回復を待つだけの余力を失ったこと」の支配階級における「反映」(同、二七六頁)にほかならない、と大内氏は主張する。そして氏によれば、これこそ「全般的危機」が「恐慌を契機にして、国内の問題に吸収されたときはじめて国家独占資本主義を必然にする」(同)ことを示す。このようにして採用された「インフレーションを基軸とするフィスカリ・ポリシー」のはたす「本質的ないみ」は「資本対労働の関係に……国家の作用がおよぶ」という点にあり、「図式的にいえば、ここではA—G—Wという交換関係においてA—G＞G—Wという関係がはいる」(同、二七七～八頁)という点にある。つまり二〇年代以後、資本主義諸国においては、「賃銀という形で現われる貨幣価値・それのもっている実質的な内容それ自体を、国家権力が動かす」のであって、ここに「国家独占資本主義における国家のいみ」(同、二七九頁)があり、このような作用をとおして「絶えずいわば予防的に恐慌の対策を講じていく」(同、二八一頁)体制を、国家独占資本主義として把握すべきだ、というのである。

宇野教授は、このような大内氏の国家独占資本主義に対して、次のような批判的検討を与えている。

①大内氏は「国家の役割の強化の根源をいわゆる管理通貨制によるインフレ政策にあるものとするのであるが、これが果たして金融資本の政策をなすものであるか、どうかは必ずしも明らかにされていない。」(『政策論。改訂版』二六四頁)

②これに対して、管理通貨制の採用のさいは、「社会主義が世界史的な現実になっており、したがって、いずれの資本主義国も、対外的には社会主義圏をあるていど意識せざるをえなくなっていた」とする大内氏の規定の方が、「より重要な点」である。

③結局、この管理通貨制によるインフレ政策は、「直ちに社会主義に対するものとはいえない」し、また「帝国主義段階の基礎をなす金融資本が自ら求めたものともいえない」が、「資本主義が歴史的な特殊な一社会として、しかも商品経済的に自立する基礎をなす貨幣制度を実質的にはともかく、形式的にあるいは部分的に自ら放棄し、これを

利用するにいたったということは極めて注目すべき点をな」し、「しかもそれは社会主義に対抗する役目をもっている」（同、二六五頁）ものとして評価されねばならぬ、というのである。

もともと、管理通貨制を前提としたフィスカル・ポリシー、その結果としてのインフレーションの展開をもって、国家独占資本主義の基本的特質とするという把握は、宇野教授の「資本主義の組織化と民主主義」を前提とした、藤井論文によってはじめて与えられた認識であった。この場合、藤井氏は政策主体を「総資本」としたのであるが、宇野教授はむしろ「金融資本による組織化の限度」に直面した「資本主義は、その資本家的管理を部分的にでもその主要なるものを国家に委ね、それによってでも自らの存続を維持しよう」とするとして、これを「国家による資本の管理」と規定していた。このような宇野教授の現代資本主義把握からするならば、大内・国家独占資本主義論に対して、①管理通貨制を「国家独占資本主義」のメルクマールとするのは正しいが、②それは金融資本の政策というより、むしろ社会主義圏と対抗関係にある資本主義の政策として、しかも資本主義国家の「いわゆる不均等なる発展」を基礎として解明されるべきであり、③その意義は、たんなる恐慌対策というより、資本主義の商品経済的自立の基礎をなす貨幣制度の放棄という点に求められるべきだとする批判が与えられたのは当然であろう。

つまり、すでにこの国家による資本主義の組織化を理論的基準としてニュー・ディールの分析にあたった藤井氏が明らかにしたように、この労働者階級による組織的批判のもとに進行する国家的政策は、結局管理通貨制と赤字公債発行を前提とするインフレ政策たらざるをえず、しかも最終的にその景気回復と完全雇用という目標を実現するためには、戦争による経済の軍事化という環境をもってする以外になかった。したがって宇野教授が、三〇年代以後の世界資本主義に共通とされた、資本主義に対する組織化の国家的政策の展開も、一方における戦争、他方におけるインフレーションとの関連を考慮せずには、その歴史的意義を解明されえないことになるが、この戦争とインフレーションという二つの規定が、三〇年代以後はまた新たな特質をもつことになった。

すなわち戦争といっても、ここでは具体的には第二次大戦ないしそれ以後のいわゆる局地戦を指すことになるが、それらに特徴的なのは、たんなる帝国主義国同士の植民地再分割をめざす帝国主義戦争とはいえないという点である。これらの戦争には、ほとんどつねに社会主義諸国が直接間接に参加しつつ、一方の陣営におけるきわめて重要な役割をになっていた。したがってこの戦争自体、ロシア革命以後における社会主義圏と資本主義圏との対立の歴史的意義を確定することなしには、その歴史的規定を与ええないことになる。そしてまた、金本位制離脱にもとづく管理通貨制の採用にしても、世界市場を媒介として発展せざるをえない資本家的生産にとっては、その反面として、直ちに国際通貨・為替関係の安定機構を要求せざるをえないのであって、すでに三〇年代後半には、いわゆる三国通貨協定が発足し、四〇年代にはいってからはその発展として必然的に新たな国際通貨体制としてIMFを成立させざるをえなかった。とすれば、金本位制離脱にもとづく管理通貨制、さらにそれを前提としたインフレ政策といっても、それはつねに他方における国際通貨機構との具体的関連を抜きにしては、その意義、効果ないし限度は確定しえないことになろう。かくて、国家による資本主義の組織化をめざして展開された諸政策は、結局管理通貨制によるインフレ政策に帰着せざるをえないとはいえ、これをたんに資本と賃労働との関係に対する一般的影響において把握するのでは、まだその本来の意義を剔抉したことにはならない。宇野教授が、大内・国家独占資本主義論に対して、その政策主体および戦争ないし社会主義圏との関連における不明確さを指摘されざるをえなかったゆえんである。

さて最後に、宇野教授が現代資本主義把握にさいして提示された以上のようないくつかの論点を考慮しつつ、教授における現代資本主義分析の方法的特質を総括しておこう。

現代においても、古典的帝国主義段階と同様、支配的資本形態が金融資本であることには変りはない。ただ世界史的には社会主義の初期段階として規定される第一次大戦後、とりわけ資本主義の全体制的危機が深化した三〇年代以後においては、資本主義は金本位制という「価値尺度の骨髄」を抜いて「自分の地位を国家に譲」るのであり、資本主義国家は、社会主義圏との対立を側圧として、特殊な国際通貨・為替関係の形成と維持のもと、資本主義の組織化を、たえざるフィスカル・ポリシーの展開をとおして実現せざるをえないことになる。一方において、戦争と経済の軍事化とがかかる管理通貨制維持の条件となるとともに、他方において、たえざるインフレーションの進行がその結果として必然化する。そしてこのような持続的インフレ過程のうちに、恐慌を比較的短期なリセッションにとどめつつ、高成長を実現することが可能となった帝国主義国においては、農業問題は恒常的な農産物価格支持政策をとおしていわば政府資金による買取りとして処理されうることになった。したがって世界農業問題は、結局開発途上国へのしわよせとなってあらわれ、いわゆる南北問題として新たに複雑な政治的経済的状況を醸成することになった。

各国金融資本は、かかる政治的経済的枠組みに規定されつつ、このフィスカル・ポリシーとインフレ過程とを徹底的に利用して、より一層の組織化と蓄積とを強行することになるのであって、この金融資本的蓄積の各国において異なる具体的展開過程が、一国資本主義分析の焦点をなす。しかも、このたえざるインフレーションの進行過程は、階級関係にも重大な影響を及ぼすのであって、労働者も農民も俸給生活者も、その利害関係の焦点をインフレと所得の関連におかざるをえないために、必然的にいわゆる勤労者として一括されて、その階級性を見喪わざるをえないことになる。労働組合は職員組合と区別がつかなくなり、農民運動も一般勤労者の賃上げ闘争と歩調をあわせた生産物の値上げ闘争を基本的方向とすることになり、社会主義運動は、「いのちとくらしを守る」市民運動の中に埋没していくことになる。要するに労働組合は、エンゲルスのいわゆる「社会主義の学校」としての役割を果たさなくなるのである。前衛政党も、このような階級関係の変質を前提として、階級政党的性格を脱して国民政党ないし市民的政党化してくることになる。しかも資本主義諸国におけるこのような変質過程は社会主義諸国にも反応的影響を及ぼすことになり、あいまってマルクス主義運動におけるインターナショナリズムの形骸化を進行させることになる。

現代資本主義分析のためには、段階論としての帝国主義論が前提とされるのは当然であるが、しかし以上のような意味でさらにそれを越えた新たな分析視角と対象の枠組み設定を不可欠とするのである。

第九章　科学とイデオロギー

われわれは、資本主義社会の特殊歴史的性格を根拠として、この社会に対する科学的認識が、原理論—段階論—現状分析という三段階論的構造において実現されざるをえないことをみてきた。ここでは以上の考察を前提として理論と実践、つまりマルクス経済学と科学的社会主義としてのマルクス主義との関連についての検討にうつりたい。

第一節　理論と実践

梅川勉氏は、「理論と実践との統一ということは、僕としては理論が実践活動の基準として役立つことだと考えています、……実践によって理論が確立されるとしても、その事自身は、決して理論と実践との統一を実現するものではありません」という宇野教授の主張をあげて、これは「実践の理論にたいする作用を否定する」(『擁護』一〇九頁)見解であると論難する。

梅川氏が宇野教授の所説を批判する根拠は二つあって、第一は、「理論と実践の統一という場合の実践とは、けっして宇野氏のいうような、たんなる個人の実践ではなく社会的・大衆的な実践のことであり、それはまた政治的組織的実践だけでなく生産活動と階級闘争をふくめた実践のことである」(同、一一〇頁)という点にあり、第二は、「もしマルクスが、ドイツ、その他のヨーロッパのプロレタリアートの階級闘争に参加せず、これに何らかの関心をもつことなしに、ただ書斎の中でスミスやリカードの研究にのみ専心していたとすれば、どうして『資本論』のような偉大な経済学の研究を大成しえただろうか」（同、一一一頁）という点にある。

だがこの梅川氏の主張にあっては、「実践」以前に、「理論」の内容が明確でない。この場合の「理論」とは、価値法則とか、または日本資本主義分析等における理論なのか、あるいは、前衛政党の綱領やその戦略や戦術などのような理論なのか。両者は、同じく「理論」といっても、その実践に対する関係を著しく異にする。もしそれが、価値法則とか利潤率均等化法則のような理論であるとすれば、かかる理論の解明には、何ら「社会的・大衆的な実践」を必要としない。さらに、たとえば明治維新はブルジョア革命がどうかという問題を解明する「理論」についても、この点は同様であろう。別に論者が「社会的・大衆的な実践」に関わっているか否かで、結論が変ってくるわけではない。しかし政党の綱領・戦略・戦術という場合の理論ということになるとそう簡単ではない。実践的立場によって、「理論」の評価、その採否が異ってこざるをえない。たとえば、いかに論議を重ねたとしても、綱領・戦略・戦術は、結局その集団の多数決によって決定されざるをえない点を考えただけでも、その点は明瞭であろう。多数決でその正否を決めうる科学的理論はない。宇野教授はまず、一般に「理論」とされているものの中に、このような科学的理論と実践的理論とが混交せしめられていることを指摘しつつ、理論と実践との関連を論ずるさいには、まずこの科学的理論の意義と性格とを明確にすべきであると主張されたのである。[*]

＊　例えば『社会科学の根本問題』の「序」を参照されたい。

このように、「理論」を科学的理論として明確に規定するならば、梅川氏のあげる第二の点についても、自ら正しい解答はみちびきだされうる。『資本論』は「ドイツのプロレタリアートの階級闘争の実践を基礎」にして「大成」されたというだけでは、何ら理論と実践との関連について実質的解明を与えたことにはならない。ワイトリングも、シスモンディも、プルードンも、ラッサールも、さらにはデューリングでさえも、それぞれ「プロレタリアートの階級闘争」に「何らかの関心」をもちつつ、その理論を構築したのである。だからといって、その実践ないし実践への関心は、かれらの経済学の科学的正しさを保証するものではなかった。マルクスは、もちろん「ただ書斎の中でスミスやリカードの研究にのみ専心」したわけではない。かなり初期から社会主義思想をもって、実践運動とかかわりをもちつつ、その経済学研究をすすめていたのであるが、問題は、かれにおける社会主義思想がその経済学研究の内容に対して果たした具体的役割にある。これを梅川氏のように、たんに「当時の社会的・大衆的な実践を基礎」とした経済学研究一般に解消してしまうならば、マルクスと前記の社会主義者達との間の根本的区別も無視されてしまうことになる。凡百の社会主義的経済学者と異なるマルクスの独自性は、古典経済学に集約された資本主義経済に対する理論的認識を継承しつつ、その体系的完成を阻止していたブルジョア・イデオロギーによる理論的歪曲に対して根底的批判を与えた点にある。その場合注目すべきは、古典派におけるブルジョア・イデオロギーによる理論的歪曲に対して、直接社会主義思想を対置したのではなく、マルクス自身、社会主義思想をもって自己のブルジョア・イデオロギーを批判し、払拭することによって、資本主義の経済的運動過程を客観的に把握し、かかる客観的な理論認識をもって古典派理論の欠陥を訂正したことである。宇野教授は、このようなマルクスにおける社会主義思想と経済学との関係を、前者が後者の形成に対して「消極的な役割を果たした」（『資本論の経済学』一七一頁）と表現されるのである。つまり、両者の関連は、「『資本論』は……ドイツのプロレタリアートの階級闘争の実践を基礎にして」「大成」したというようなあいまいなものではなかった。マルクスは、その社会的活動の初期において、主としてフランス社会主義の響影をうけつつ、徐々に上部構造は物質的生活関係にその根拠をもつという認識に近づき、同時にその主要研究領域を経済学へと限定していった。これはマルクスにおける社会主義思想による自己のプチ・ブルジョア・イデオロギーに対する批判・克服の過程を意味した。というのは、すでにみたように、資本主義生産様式は、その発生・確立の段階においては、商品関係をもってその経済過程を全面的に処理しつつ、自立的運動を展開するという歴史的発展傾向をもっていたのであって、これは唯物論的歴史認識の根拠を、歴史自ら与えつつある過程といってよかった。そしてこれこそ近代フランスやイギリスにおける唯物論的歴史把握（古典経済学もその代表的一つである）の成立根拠をなした。しかし資本主義的生産様式は、またこのような資本の支配のもとに自立的運動をなす客観的な経済過程をもって、自由な商品所有者の主体的関係として表象せしめるイデオロギーをも必然的に形成する。古典経済学が、ついにその体系的理論構成を完成せしめえず、フランス社会主義が、経済学的には小生産者的ユートピアニズムへと陥らざるをえなかった理由である。マルクスが、社会主義思想をもって批判しつつ排除したのは、かかる商品経済に由来するプチ・ブルジョア・イデオロギーであって、古典経済学に集約された資本主義の理論的認識の成果を前提しつつ、ここからプチ・ブルジョア・イデオロギーを完全に排除することは、資本主義的経済過程の自立性を経済過程自体の論理的関連のうちに確認すること、つまり経済学的理論体系の首尾一貫した構成の確立を意味した。これが、経済学の確立にとって、社会主義思想がはたした「消極的な役割」の内容である。しかし、『資本論』と社会主義思想との関連はなおこれにつきるものではない。

資本主義社会の階級社会としての特殊な運動機構を客観的に解明した『資本論』は、社会主義思想に対して、社会主義的変革の主体と対象とを科学的に指示することになるのである。このような資本主義に対する科学的認識を前提とした社会主義的主張をもって、マルクスは、科学的社会主義と名命し、それまでのあらゆる社会主義思想とは根本的に区別された自己の社会主義思想の特質とした。したがってこの場合でも、エンゲルスが主張したように[*]、社会主義自体が科学となったわけではない。

＊　『空想から科学へ』八四頁参照。

かくて『資本論』は、その成立過程において、直接に社会主義思想にみちびかれてその理論的構成が与えられたのではないばかりでなく、その理論的展開の科学的正否の検証においても、社会主義思想による判断を必要とするものではない。「生産や階級闘争の実践から離れてただ理論研究のみを仕事とする……大学や研究所」(『擁護』一四頁)においては、真の科学的研究は成立し難いと断定する梅川氏とは異って、マルクスが、『資本論』第一版序文において、

「学問的な批判のあらゆる判断」を「歓迎」(『資本論』①七四頁)したことの理由は、まさにそこにある。

とはいえ、もちろんわれわれは「大学や研究所」においてのみ科学的研究が実現されうると主張しているのではない。政治的実践にたずさわりつつ、あるいはジャーナリズムの中において、科学的研究が積極的におしすすめられる場合もあれば、アカデミズムの中においてもイデオロギー的判断によって学問的研究が阻害される場合もあろう。いずれにしても、形成された科学的研究の正否は、イデオロギー的立場から判定されるべきではなく、歴史的事実との関連におけるその理論的整合性によってのみ判断されるべきだ、というのである。実際また、理論がそのような意味において歴史過程に対する客観的認識たりえないかぎり、社会主義的実践に対して本当に役立つということもありえないであろう。

第二節　経済学の階級性

梅川氏のあいまいな「理論と実践との統一」なる概念の背後には、「プロレタリアートのイデオロギー」なるものについての特殊な、しかしかなり一般的に流布していると思われる、誤った認識がある。氏は、「階級性やイデオロギーが物事を有りのままに見ることを許さない」(『《資本論》と社会主義』八二頁)とする宇野教授に対して、それは「ブルジョアジーの階級性やイデオロギーとプロレタリアートの階級性やイデオロギー」とを「混同」(『擁護』二九頁)した謬見であると批判する。つまり「宇野氏もいわれるように、プロレタリアートこそ客観的な正しい科学を実践に利用しうる唯一の階級である。それであるからこそ、かれらにもっとも役立つ経済学もまた当然にもっとも厳密な科学的な経済学でなければならないのである。したがって、プロレタリアートの階級性、党派性は、客観的な科学性と対立するどころか、むしろ厳密な客観的な科学的理論をうちたてる原動力なのであり、またブルジョア的な誤った経済学にたいする徹底した批判、闘争となって現われるのである」(同、一二二頁)というのである。

しかし容易に理解されうるように、「プロレタリアートこそ客観的な正しい科学を実践に利用しうる唯一の階級である」ということから、ただちに「プロレタリアートの階級性、党派性は……厳密な客観的な科学的理論をうちたてる原動力」であるとする結論をみちびくことはできない。科学的理論を「利用しうる」ということと、それを「うちたてる」ということとは全く別の事柄だからである。この点について、すでにレーニンも梅川氏とは全く正反対の見解を披瀝している。すなわちかれは、プロレタリアートにおけるイデオロギーの「自然発生性」と「社会民主主義者の意識性」とを截然と区別しつつ、次のようにいうのである。

「われわれはいま、労働者は社会民主主義的意識を持っているはずもなかった、と言った。この意識は外部からしかもたらしえないものだった。労働者階級が、まったく自分の力だけでは、組合主義的意識、すなわち、組合に団結し、雇主と闘争を行ない、政府から労働者に必要なあれこれの法律の発布をかちとるなどのことが必要だという確信しか、つくりあげえないことは、すべての国の歴史の立証するところである。他方、社会主義の学説は、有産階級の教養ある代表者であるインテリゲンツィアによって仕あげられた哲学・歴史学・経済学上の諸理論のうちから、成長してきたものである。近代の科学的社会主義の創始者であるマルクスとエンゲルス自身も、その社会的地位からすれば、ブルジョア・インテリゲンツィアに属していた。ロシアでもそれとまったく同様に、社会民主主義派の理論的学説は、労働運動の自然発生的成長とはまったく独立に発生した。」（『何をなすべきか？』『レーニン全集』⑤三九五頁）

資本主義社会の富の原基形態が商品であるように、この社会に支配的なイデオロギーの原基形態は、商品所有者としての個人的自立性のイデオロギー、つまりプチ・ブルジョア・イデオロギーである。商品所有者という社会的関係からするイデオロギー規制という点では、ブルジョアジーも、また労働力商品の販売者としてのプロレタリアートも、何ら変るところはない。労働者階級の自然発生的闘争形態であるトレード・ユニオニズムとは、要するに労働力商品の価格切下げに抵抗し、それをより高く販売するための闘争であって、その前提をなす労働力商品化の機構を廃絶する闘争へとそれが「自然成長的」に発展することは絶対ありえない。レーニンはそこに、労働者階級のイデオロギーの自然発生性の限界と、したがってそれとは断絶した科学的社会主義の成立根拠とを確認したのである。それゆえ、科学的社会主義は、プロレタリアートに対して「外部から」持ちこまれる以外にないのである。

梅川氏は、「プロレタリアートは、今日の先進階級として社会の発展と進歩、全人類の解放と利益を一つにしている階級であり、科学的真理と対立するどころか逆に厳密な客観的な科学理論をこそ要求している」(『擁護』一一九頁)というのであるが、プロレタリアートが「社会の発展と進歩、全人類の解放と利益を一つにしている」という認識自体、自然発生的イデオロギーとしては与えられず、『資本論』体系として総括された科学的理論によってプロレタリアート自身学びとらねばならぬのである。

すでに梅川氏のごとき主張を予想しつつ、レーニンはこの点についても次のような懇切な説明を与えていた。

「労働者階級は自然発生的に社会主義に引きつけられる、としばしば言われる。この言葉は、つぎの意味ではまったく正しい。すなわち、社会主義理論は、もっともふかく、またもっとも正しく労働者階級の困苦の原因を規定しているので、もしこの理論自身が自然発生性に降伏しさえしなければ、もしそれが自然発生性を自己に従属させさえすれば、労働者はこの理論をきわめて容易にわがものとする、という意味である。」(『レーニン全集』⑤四〇九頁)

つまり梅川氏の主張するように、プロレタリアートが「厳密な客観的な科学的理論」を「要求」したとしても、かかる「科学的理論」がいかにして成立しうるかが問題なのである。梅川氏とは逆に、レーニンは、この「科学的理論」の成立根拠を、プロレタリアートの自然発生的イデオロギーに帰着せしめることを拒否し、むしろかかる「自然発生性」の克服、つまり自然発生的イデオロギーからの解放をこそ、この「科学的理論」成立の条件としたのである。そして科学的理論が、かかる「自然発生性」を克服しつつ、資本主義に対する客観的認識体系たりえた場合に、はじめて労働者階級は「この理論をきわめて容易にわがものとする」というのである。

宇野教授は「理論は何人にも、ただ真理を真理とする者には、正しいと認めざるを得ないからこそ科学的理論なのです。もちろん、これを実践的に使用し得るのは、プロレタリア階級以外にないという意味では、それは確かに階級性をもつと言えるでしょう。しかしそれは理論そのものが階級的にしか理解されないということではありません」（『〈資本論〉と社会主義』一二六頁）と主張されるのであるが、これは、右のレーニンの規定と内容的には全く異ならないことは容易に理解されよう。

とすれば、梅川氏は、宇野教授の所説と同様このレーニンの主張に対しても、それは「階級性やイデオロギー一般と科学的研究とを対立させているのであり、これこそ階級性についてのまったく無理解を示すものであり、重大な誤りといわねばならない」（『擁護』一一九頁）と批判されるべきであろう。だがわれわれには、「プロレタリアートの階級性、党派性」をもって「正しい科学」の成立の条件とする梅川氏の立場こそ、まさにレーニンのいわゆる「理論自身」の「自然発生性」への「降伏」を典型的に示すものにほかならないと思われるのである。とはいえ、ここまでくれば、われわれはもはや梅川氏の提起した問題領域などはこえて、社会主義イデオロギーと経済学との具体的な規定関係のより立入った考察へとすすまねばならない。

第三節　社会主義イデオロギー

宇野教授は、経済学者の学問的研究と政治的実践との関連について次のようにいわれる。「経済学者の実践は、自分の国の資本主義、ひいてはそれに関連する世界資本主義を分析することに窮極の目標があ」り、「その国の資本主義の分析をするという経済学者の実践は政治的実践には役立つものではあっても、それ自身は政治的実践ではありません。それはあくまでも学問的研究です。この経済学者の仕事も元来は政治的実践と結合してあらわれたのですが、経済学の発展とともに分離して行われ得るものになってきたのです。」したがって「今の時代に経済学者がマルクスの学説を雑誌や著書で説いたからといって、それが直ちに組織運動のための宣伝にはならないと思うのです。日本資本主義の分析にしてもそうだと思うのです。経済学者がそういう論説などでそんな実践的役割をもっていると考えるのは思いすぎだと考えています。むしろ真の組織運動を誤解することになるとさえ思うのです。もうそういう時代ではないのではないでしょうか。」要するに「経済学者としてはあくまでも科学的に原理論の研究と応用とに努力すべきものと考えています。なまじっかな政治的立場などはかえって有害無益だと思うのです。最近問題になっている学問の自由、思想の自由もこの点を考察しないでは、ほんとに学問の自由もまもれるものではないと、僕には考えられるのです。むしろ学者の実践の不明確な点が、そしてそれは一般常識の学問に対する態度に外ならないのですが、これが学問の自由をも失わせるものとなるのではないでしょうか。」(『〈資本論〉と社会主義』一〇五〜一二頁)というのである。

この教授の主張に対して、梅川氏から、それは「理論を実践から機械的に分断し、また実践を理論から切断し、こうして理論と実践の正しい統一を否定するものだ」(『擁護』一三一頁)という批判が与えられたのは当然のことであろう。すでにみたように、かかる「マルクス主義経済学」者達においては、学問研究も「実践」であれば、政党の政策も「理論」なのだから、かかる「分断」ないし「切断」を許し難いのは当然のことであった。しかしそのような「理論と実践との統一」論なるものは、むしろ最初から理論と実践とを区別する能力をもたない頭脳にのみ宿りうる俗論ないし常識論であって、かかる常識から脱して自立的な科学的認識に達しうるまでに人類は三百年近い社会科学研究の深化の歴史を必要としたという点についてはすでにふれた。ここで扱わねばならないのは、かかる宇野教授の所説に従いつつ——あるいは従うと称しつつ——なお、「科学的研究」の遂行のためには「社会主義をめざす組織的実践運動との関わりが重要な役割を演ずる」(『資本論とマルクス主義』七五頁)と主張する鎌倉孝夫氏の論文「マルクス主義における科学とイデオロギー」(同書所収)についてである。氏はこの論文で、われわれの所説に対して、三つの問題点を提示している。

「第一に、社会主義イデオロギーを科学によって基礎づけるさい、その科学の形成にとって社会主義イデオロギーがいかなる役割を果たすか、という点である。宇野教授においては、科学的理論の形成にとって、社会主義イデオロギーはブルジョア的ないしプチ・ブルジョア的イデオロギーを排除するという点で、重要な役割を果たすことを明示されている。といっても、そのことは、社会主義イデオロギーが、科学そのものであるとか、科学の内容を規定するとかいうことではないことはいうまでもない。その意味で、それは理論に対する〈消極的〉役割といわれる。……社会主義イデオロギーの科学的根拠を強調されるわが降旗氏は、その科学に対して社会主義イデオロギーがどのような役割を果たすものととらえているのであろうか。何よりも〈原理論〉の形成にとって、さらに〈段階論〉をふまえた〈現状分析〉にとって、社会主義イデオロギーの果たす役割をどうとらえているのであろうか。」

「第二に、〈資本論〉を〈原理論〉として純化させる場合、たしかに問題は論理の首尾一貫性にあるといってよい。しかしことがまさに思弁的論理の問題であるだけに、個人的主観やイデオロギーが介入しやすい。つまり〈原理論〉の論理展開自体についても、日常的、プチ・ブル的イデオロギーをいかに排除するかは問題としてある。宇野教授においては、この点についてもプチ・ブルジョア的イデオロギーの、社会主義イデオロギーによる排除がなければならない、とされている。〈科学的立場〉を自己の立場とされる降旗氏は、社会主義イデオロギーが〈科学的立場〉をきずくうえで果たす役割を十分明確化されなかったことによって、〈原理論〉の論理自体についても、むしろかえってプチ・ブルジョア的イデオロギーを介入せしめざるをえない側面が示されることになっている。」

「第三に〈原理論〉のとらえ方に問題があることによって、社会主義的主張の科学的根拠の証明についても問題を生じさせることになっている。資本主義の客観的関係から直接には社会主義イデオロギーは生じないとする降旗氏は、〈原理論〉の認識からその発生根拠を説明するのであるが、かえってそこでは降旗氏は、イデオロギーを外からもちこむことによって、それを説明せざるをえなくなっている。」（『資本論とマルクス主義』一一六〜八頁）

第一・二の問題は、結局同じことに帰着しよう。われわれは、理論活動においてもつねに社会主義イデオロギーによって自己のプチ・ブルジョア性を批判するのでなかったら、科学的理論を展開することはできない。その証拠には、社会主義イデオロギーを欠く降旗にあっては、その「原理論」の論理にプチ・ブルジョア的イデオロギーを「介入せしめざるをえない側面が示され」ている、というのである。だが第三の問題は、これとはやや異なり、社会主義イデオロギーは「〈原理論〉の認識」からではなく、「資本主義の客観的関係」から生ずるとすべきである、というのである。

さて最初の問題から片づけていこう。鎌倉氏の立論の前提には、二つの根本的な難点が横たわっている。一つは、氏の所論の中で、社会主義イデオロギーという概念が両義的に使われており、しかも氏自身これに気づいていない、ということであり、もう一つは、『資本論』体系を構築する過程においてマルクス自身にとってはたした社会主義思想の役割と、『資本論』体系確立後にこれを科学的成果としてうけとめつつ、その研究に従事するわれわれにおいて社会主義思想のはたす役割との相違について無自覚という点である。両者は、もちろん根底においては密接に関係しあっている。

さて「マルクスが『資本論』によって資本主義経済過程の科学的認識に達するには、初期マルクスにおける現実的人間主義――社会主義イデオロギーが不可欠の前提であった」(同、四〇頁)と鎌倉氏がいう時と、「社会主義イデオロギーは、資本主義の客観的過程を反映した、たんなるイデオロギーにすぎぬものではなく、科学的認識に基礎をもって主張しうるものとして、他のイデオロギーに対し特殊の性格をもつ」(同、一三二頁)という時とでは、同じ「社会主義イデオロギー」という言葉の意味する内容が全く異なるはずである。『資本論』という科学的認識に到達するために不可欠であった「社会主義イデオロギー」が、この「科学的認識に基礎」をおくところの「社会主義イデオロギー」と同一でありうるはずがない。前者は『資本論』形成の前提であり、後者は『資本論』を前提として形成される。したがって両者は厳密に区別されねばならぬが、この点が明確となれば、鎌倉氏が提出された疑問の多くは容易に氷解することになる。

氏は、古典経済学を克服した科学的理論の確立は、「現実の資本主義的関係のうちに生ずる矛盾を基盤として形成されてきた社会主義イデオロギーによって行われねばならなかった。それはいわば価値観全体の顚倒、古典経済学的全体認識の顚倒として行われねばならなかった。現実の矛盾は社会主義イデオロギーを生ぜしめるとともに、このイデオロギーが、はじめてブルジョア的、プチ・ブルジョア的イデオロギーを批判し、克服させうるものとなった」(同、三九頁)といわれる。ここで特徴的なのは、氏が古典経済学から『資本論』への発展過程を、ブルジョア・イデオロギーに対する社会主義イデオロギーによる批判、前者の「価値観全体の顚倒」による科学的認識の確立として把握しており、かつこの「社会主義イデオロギー」を「現実の矛盾」の産物に帰着せしめていることである。

しかしかかる把握には、いくつかの誤りが累積されている。まず古典経済学はたんなるブルジョア・イデオロギー的認識体系ではない。したがって『資本論』は、この古典経済学の「価値観全体の顚倒」によって成立ったものでもなく、またこの「顚倒」が社会主義イデオロギーによって直接おこなわれたものでもない。そして最後に、社会主義イデオロギーを「現実の資本主義的関係のうちに生ずる矛盾」にのみ帰着せしめるのは誤りである。要するに鎌倉氏の把握にあっては、古典経済学のマルクス経済学への理論的発展過程が、たんなるブルジョア・イデオロギーの社会主義イデオロギーによる批判、克服ないし「顚倒」に帰着せしめられている。なるほどイデオロギーとイデオロギーとの間には、対立・抗争・交替の関係はあっても、理論的継承と体系的包摂の関係は成立しえない。しかし古典経済学とマルクス経済学との関係は、そんなものではなかった。鎌倉氏はおそらく、ヘーゲルの体系がマルクスによって「顚倒」せしめられたという事情を念頭におきつつ、単純に経済学においても古典経済学の「顚倒」を主張されたのであろうが、ヘーゲルの場合は明らかにイデオロギーの体系であった。しかし古典経済学の場合は、これとは決定的に異なる。古典経済学の労働価値説が、マルクスによっていかに「顚倒」せしめられたか。周知のようにマルクスは、価値形態論の発見に失敗したという根本的欠陥を補いつつ、古典経済学の基本的命題たる労働価値説を継承したのである。この古典経済学の「価値観全体の顚倒」は、まさに労働価値説の全面的放棄として、いわゆる近代経済学の先駆者たちによってなしとげられた。それゆえマルクスも、「ブルジョア的生産諸関係の内的関連を探究するW・ペティ以来の全経済学」すなわち「古典経済学」と、「自己の最善の世界にかんするブルジョア的生産当事者たちの平凡で独りよがりな諸表象を体系化し、衒学的にし、永遠的真理だと宣言する」「俗流経済学」(『資本論』①一八五〜六頁)とをあれほど厳密に区別したのではなかったか。鎌倉氏のように、古典経済学を全体としてプチ・ブルジョア・イデオロギーの体系としてしまったのでは、第一に、古典経済学と俗流経済学(ないし近代経済学)との区別もつかなくなり、第二に、古典経済学に対するマルクス経済学の理論的継承関係も見逃されることになる。

もちろん、資本主義社会を「社会的生産の永遠的な自然形態」として、その特殊歴史的形態規定を「看過する」という欠陥を古典経済学がもっていたことは事実であり、それがかれらのプチ・ブルジョア・イデオロギー的制約に由来することも確実である。しかしマルクスは、かれらのかかるイデオロギー的制約を、社会主義イデオロギーをもって批判したのではなかった。またそんな批判では、古典経済学の理論的限界を克服しうるものでもなかった。直接、社会主義イデオロギーをもって、古典経済学を利用しようとしたプルードンや、あるいはリカーディアン・ソシアリストたちの経済学の内容がその具体的証拠を提供している。

では、マルクスの経済学研究にさいして、社会主義思想は、具体的にどのような意味ないし関係において、その科学的認識の確立に寄与することになったのだろうか。これについて、宇野教授は、「マルクス主義を科学的に基礎づけるマルクス経済学にとっては、むしろ消極的な役割を果したにすぎないと思うのです。といってもその役割の影響が小さいとか、軽視してよいとかいうのではありません。極めて重要な役割を――消極的たるがゆえに――果したものと思っているのです」(『資本論の経済学』一七〇〜一頁)という以上の説明は与えておられない。これに対して鎌倉氏は、「いわば価値観全体の顚倒、古典経済学的全体認識の顚倒」という点に「社会主義イデオロギーの決定的意味」(『資本論とマルクス主義』三九頁)を求めているのであるが、社会主義イデオロギーをもってすれば、なぜかかる「顚倒」が行なわれうるのか、さらにプルードンやリカーディアン・ソシアリストの場合は、同様に社会主義思想をもちながら何故かかる「顚倒」は実現されなかったか、という点についてはふれるところがない。

われわれは、この点について次のように考える。

まず、マルクスが『ライン新聞』の主筆として「物質的利益にかんする論争」に加わり、これらの問題に解答しうるには自己の学問的素養が不足していることを「率直に」認めて、「書斎に退」いてから、『資本論』体系の確立に至るまでの過程を思い起してみよう。それは大まかにみて、二つの段階に区分されうる。第一段階は、「ヘーゲル法律哲学の批判的検討」に始って、唯物史観の確立に至る時期であり、第二段階は、この唯物史観を「導きの糸」とする経済学の研究をとおして、『資本論』体系の確立に至る時期である。このそれぞれの段階において、マルクスの哲学ないし社会科学研究とその社会主義思想との間の関係はどうであったのだろうか。

エンゲルスが明快な説明を与えたように、歴史の唯物論的把握とは、「歴史上に行動する人間の動因の背後に――意識されてかまたされずにか、そして多くの場合意識されずに――存在する起動力、歴史の真の窮極的推進力をなしている起動力」を「歴史そのものの中」（『フォイルバッハ論』六七頁）において明らかにすることである。ところが「これまでのあらゆる時代は、原因と結果との相互関連が錯綜し隠蔽されていたために、この歴史の起動的原因を探求することがほとんど不可能であったのに対し、現代はかかる相互連関がきわめて単純化されていて、この謎を解きうるようになった。」（同、六八頁）というのは、イギリスでもフランスでも、資本主義の発展とともに、政治過程は、地主とブルジョアジーとプロレタリアートの三大階級による支配権獲得闘争であり、したがって「近代史の起動力」はこの経済的階級闘争関係に根拠をもつということは、「意識的に目をつぶらない」（同、六九頁）かぎり、誰の目にも明らかとなってきたからである、かくして資本主義の発展過程をとおして、「近代史」は少なくとも次のことを「証明」した、とエンゲルスはいう。「あらゆる政治闘争は階級闘争であること、そして、諸階級のあらゆる解放闘争はそれが必然的に政治的形態をとるにもかかわらず――なぜなら、あらゆる階級闘争は一つの政治闘争であるから――、結局は経済的解放をめぐって行なわれるということ」、「したがって少なくとも近代史においては、国家すなわち政治的秩序は従属的要素であって、ブルジョア社会、経済関係の王国が決定的要素である」こと、要するに「近代史においては、大体において国家の意志は、ブルジョア社会の諸々の要求の変化によって、どの階級が優勢な地歩を占めているかによって、結局は生産力と生産関係の発展によって、決定される」（同、七〇～一頁）ということ、これである。そして近代史のこのような発展傾向を反映して、政治学や経済学も「神学的形態」（同、七六頁）から脱皮しつつ、徐々にこの歴史の唯物論的認識の実質的な確立を達成してきたのである。マルクスは、その第一段階の研究過程において、このような社会科学的成果を対象としつつ、その社会主義思想によって、これに批判的整理をあたえた。では、かれの社会主義思想は、そのさい具体的にどのように機能したのか。

経済的土台によって上部構造を全面的に規制するという唯物論的運動機構が、資本主義の発展とともに確立されてきたことを反映して、歴史学や経済学や政治学の内容が、意識すると否とにかかわらず、唯物論的認識によって浸透されてきたのであるが、これは同時に、かかる社会形態をもって人類のもっとも合理的な社会として理想化する傾向をも必然化した。つまり資本主義の発展は、その社会に対する唯物論的認識とプチ・ブルジョア・イデオロギー的把握とを、同時に必然化したのであり、より具体的には、前者を後者による包摂のうちに実現したのである。

マルクスが、その社会主義思想をもって対決し批判したのは、いうまでもなくこのようなものとしてのプチ・ブルジョア・イデオロギーであり、具体的には、社会主義思想によって、資本主義を全面的に普遍的合理的な社会として把握することを拒否し、排除することであった。このような批判のもたらした帰結は、まず第一に、資本主義社会を特殊歴史的な社会体制として限定することであり、その基本的機構を土台とそれに規制された上部構造との関係において把握することであった。かかる把握は、ついで資本主義社会以前の社会をも、同様な把握のうちに一般的に規定することを可能にするとともに、最後にこの矛盾を全面的に止揚した社会関係を社会主義社会として想定することを可能にしたのである。

唯物史観とは、かくて、それまでに実質的に形成されてきた資本主義社会に対する唯物論的認識を基礎として、その認識にまつわるプチ・ブルジョア・イデオロギーの外被を剝奪しつつ、人類史的把握へと普遍化した「イデオロギー的仮説」ということになる。この場合、すでに社会主義思想の果たす役割は「消極的」であって、あくまで資本主義社会を理想化し・その資本家的合理性を人類的合理性へと飛躍せしめるプチ・ブルジョア・イデオロギーを批判的に排除するというにとどまる。かかるイデオロギーが排除されれば、資本主義が限定された特殊歴史的構成体であり、その内部に根本的な階級対立を内包するということは、「意識的に目をつぶら」ない限り、誰の目にも明らかとなる。リカード経済学においてさえ、剰余価値は実質的に労働者の剰余労働に帰着せしめられ、利潤・利子・地代はこの剰余労働の配分関係として確定されていたことを思え。

にもかかわらず、この唯物史観が「イデオロギー的仮説」だというのは、その主張する諸命題——上部構造は土台によって規制され、土台は自立的に運動し、その運動は生産力と生産関係の特有な対立を基礎とするといった諸命題——は、なおそれ自体として証明を与えられておらないからである。

マルクスはその第二段階の研究過程を、この唯物史観を「導きの糸」として遂行した。ということは、マルクスの古典経済学を中心とした経済学の具体的研究と、それによる自己の経済学体系確立の過程にあって、プチ・ブルジョア・イデオロギー批判は、直接かれの社会主義思想によってでなく、むしろ唯物史観によって果たされたことを意味する。つまり、古典経済学における資本主義の理想的人間社会としての把握と、階級社会としての認識の不徹底性、その結果としての論理的展開の混乱に対して、マルクスは、唯物史観をもって、その特殊歴史的社会としての規定と、階級関係の貫徹とを限定づけたうえで、その理論的展開はむしろ古典経済学の達成した労働価値説にもとづく資本主義社会の解明を継承しつつ、その首尾一貫した体系的完成をめざしたのである。しかも、このように整合的に展開された理論体系の確立は、唯物史観によって前提された資本主義社会の特殊歴史的社会としての規定性と、階級関係の貫徹という認識に対して、あらためて理論的証明を与えたことを意味する。資本主義社会の特殊歴史性と階級性とは、この場合には、すでに「イデオロギー的仮説」の域を脱して、科学的認識となるのである。『資本論』体系による資本主義把握は、まさにかかるものとして、それ自体すでにあらゆるイデオロギー的前提を排除した歴史の客観的認識の確立を意味した。かくて唯物史観とは異なり、『資本論』体系は、社会主義イデオロギーに対して、社会主義実現のための変革対象と変革主体との構造と意義とを科学的に指示しうることになる。

このような科学的認識を前提として主張せられる社会主義イデオロギーは、すでに唯物史観の形成をみちびき、この唯物史観をとおして『資本論』体系の確立に間接的に前提とされた社会主義イデオロギーとは、質的に異なることは当然であろう。鎌倉氏の「社会主義イデオロギーは、イデオロギーである以上、〈原理論〉の確立と認識を前提しなくとも成立しうるものである、……このことは、《資本論》確立以前の社会主義イデオロギーについてばかりでなく、《資本論》をふまえたうえでも妥当することではないか」(『資本論とマルクス主義』三六〇頁)という主張の誤りは、いまや誰の目にも明らかであろう。これでは、科学的社会主義としてのマルクス主義は、あの雑多な「《資本論》確立以前の社会主義」にまでひき戻されてしまい、まさに「資本論とマルクス主義」の中心課題が見失われてしまうことになる。

また『資本論』体系確立の決定的意義を以上の点においておさえるならば、『資本論』体系を構築したマルクスと違って、それをすでに確立された社会科学的認識の成果として——ということはもちろん、『資本論』があらゆる点において完璧な論理構成を完成しているという意味ではなく、その基本構成において資本主義の客観的把握を確立しえているという意味であるが——研究対象とするわれわれにおいては社会主義イデオロギーはもちろんのこと、「イデオロギー的仮説」としての唯物史観さえも直接、前提とする必要はないことは明らかであろう。むしろわれわれは、確立された『資本論』体系をとおして、特殊歴史的社会としての資本主義の構造と運動の論理を科学的に認識することによって、自己のプチ・ブルジョア・イデオロギーを、——あるいは鎌倉氏のように、最初から強固な社会主義イデオロギーを持合わせている場合には、その社会主義イデオロギーが実はまだプチ・ブルジョア・イデオロギーの変形ないし歪曲にすぎないことを——その成立根拠において批判的に解明することが可能となるのである。しかも、社会科学的認識を媒介として、自己のプチ・ブルジョア・イデオロギーを批判的に克服しえたとしても、それはあくまでも科学的認識の領域内のことにとどまるのであって、そのことは直ちにわれわれが日常生活においても、プチ・ブルジョア・イデオロギーから脱却しうることを意味しはしない。それはまた、たんに研究者やインテリゲンチャにおいてばかりでなく、労働者においても同様である。生活過程におけるプチ・ブルジョア・イデオロギーからの脱却は、社会主義イデオロギーによる批判と克服を媒介とする以外にないが、この場合の社会主義イデオロギーは実践と分離して存在しうるものではなく、さらに実践は、社会主義を実現するための組織的政治的実践としてしかありえない。それればかりではない。このような組織的実践運動であれば、つねにプチ・ブルジョア・イデオロギー的偏向からまぬがれうるかといえば、決してそうはいえないのである。前衛党を自任する組織が、まさに組織がらみ、たんなる体制内反対派に顚落し、結局資本主義体制維持の一機構として機能することになるという事態は、第二インター以来そう珍しい経験ではないからである。宇野教授は、この点について「組織的運動の正しさは、決して理論的指導の如何にのみよるものではない。むしろ大衆的運動の内に初めて確保される。理論も大衆を把握するとき、初めて具体的に展開され、実践と統一される。それは実践を通して具体化するといってよい」（『社会科学の根本問題』一四七頁）といわれるのであるが、社会主義イデオロギーは、科学的認識を基礎としつつも、その終局的当否の決定は、組織的実践運動の成果への歴史自身による判定として与えられる以外にないであろう。

鎌倉氏の主張する「われわれ直接には理論的研究を行なっている者が、自己の偏狭な日常的イデオロギーによる制約を脱却するためにも、むしろ社会主義政党の実践上の問題を十分注意し、検討し、日常不断に社会主義イデオロギーを自己自身においても確立させていくということがなければならない」（『資本論とマルクス主義』三六二頁）という教説の誤りは、まさにこの点にある。つまり、理論研究内部においてならともかく、一般に「日常的イデオロギーによる制約」ということになると、「社会主義政党の実践上の問題を十分注意し、検討」するといった程度ではそれから脱却できるものではないが、何よりも問題なのは、氏がこの程度の実践とのかかわりによって、社会主義イデオロギーを「自己自身において」「確立させ」うると信じこまれている点にある。日常生活においてまで社会主義イデオロギーを確立せしめるということは、組織的実践運動の過程をとおして大衆的に達成される以外にない。「マルクス主義における所謂理論と実践との統一ということも、それは決して個人的のことではない。これを個人的に実現しようというところに所謂インテリの弱さが暴露されるのである。」（『社会科学の根本問題』一四七頁）社会主義イデオロギーの確立とは、このような意味における「理論と実践との統一」以外の何ものでもないということ、これは改めてくりかえすまでもないであろう。

第一〇章　マルクス経済学におけるオーソドクシーとは何か
——結びにかえて——

正統と異端という区別は、本来宗教運動のものである。したがってイデオロギーをその本質的要素とする政治運動においても、この区別があらわれることは当然であるが、しかしそれは科学的理論においては存在すべからざる概念である。科学的認識においては、正しいか正しくないかが全てである。そして正しくない認識は科学的認識たりえないというだけのことである。マルクス経済学も社会科学たるかぎり、このような近代科学としての基本的規定を欠落することは許されない。

にもかかわらず、これまでみてきたように、マルクス経済学では、しばしば正統派的見解なるものが主張され、これを基準として異端的ないし修正主義的見解が断罪されることが多い。この場合、正統派的見解とは、具体的に何によって与えられた、いかなる規定を指すのであろうか。

「自由競争は独占に転化する」とか、「社会主義は科学となった」とか、「資本主義の基本矛盾は、社会的生産と資本主義的取得との矛盾」であり、「恐慌」において、この「矛盾が強力的に爆発する」などという把握の仕方——この『マルクス主義経済学の擁護』において、終局的に宇野理論を修正主義ないし異端として断罪する場合にしばしば基準とされる、いわばマルクス主義経済学者たちの公理的命題——を一瞥すれば明瞭なように、これらはすべて直接的には、エンゲルスの『反デューリング論』（一八七七〜八年）ないし『空想から科学へ——社会主義の発展——』（一八八〇年、以下『発展』と略称する）で集約された諸命題を前提として、みちびきだされた諸規定ないし諸概念である。

ところでこの『反デューリング論』は、原稿のうちからマルクスが目をとおし、かつ経済学史についてのデューリングの見解を批判した部分をマルクス自身が書いたということから、両者の全面的な共著とされ、かつレーニンの「ここでは、哲学、自然科学および社会科学の分野における最も重要な諸問題が検討されている。……これは驚くべく内容ゆたかな、教えるところの多い書物」(『全集』②一〇頁)であり、したがって「自覚した労働者のたれもがかならず座右に置くべき書物」(『全集』⑲四頁)である、という確認によって、晩年のマルクス、エンゲルスの理論的営為の総括として位置づけられている。「この書物は、一八四〇年なかばにマルクス主義が成立してから一八七〇年代のなかばまでの三〇年間におけるマルクス主義の発展の独特の総括であった」(『全集』⑳IX頁)とする、ソヴィエトのマルクス＝レーニン主義研究所の見解はかかる評価を代表しているといえよう。

そしてまた、この『反デューリング論』のうちの、特に社会主義の歴史と理論とを扱った部分を抜きだして編集した『発展』は、マルクスによって「科学的社会主義の入門書」(『全集』⑲一八三頁)とよばれており、マルクス＝レーニン主義研究所も、これによって「プロレタリア的世界観の理論的基礎が叙述され、科学的社会主義の主要な諸命題があたえられ」(同、XXIV頁)たとしている。実際、マルクス主義をもって「科学的社会主義」とする把握は、この『発展』においていわば公式的に確立されたといってよいであろう。そしてまさにその点こそが問題なのである。

さて『発展』の最後の部分に、資本主義の歴史的発展過程についてのエンゲルスの把握の要約が与えられている。ここにマルクス主義理論における正統派的見解なるもののほとんど全命題が凝結せしめられていると思われるので、やや長くなるが、以下その全文をあげ、多少立入った検討をあたえたい。それによって、正統派的見解なるものの本質が暴露されることになろう。

「われわれは結論として、今まで述べてきた発展過程を簡単にまとめてみよう。

一、中世社会――小規模な個人的生産。生産手段は個人的使用に適するようにつくられており、したがって、原始的で、ぶざいくで、ちっぽけで、効果も小さい。生産は生産者自身の消費であっても、その封建領主の消費であっても、直接の消費を目的としている。この直接消費を越えて生産の剰余が生じた場合にだけ、その剰余が売りだされ、交換される。したがって、商品生産はようやく発生し始めたばかりである。しかしすでにこのときにも、それは、社会における生産の無政府性を萌芽としてふくんでいる。

二、資本主義革命――まず単純協業とマニュファクチュアによる工業の変革。これまで分散していた生産手段が大きな仕事場に集積され、それに伴って個々人の生産手段が社会的生産手段に転化する――この転化は、だいたいにおいて、交換の形態には影響しない。古くからの取得形態はそのまま行なわれる。資本家が現われる。資本家は、生産手段の所有者としての資格で、生産物をも自分で取得し、これを商品にする。生産は社会的行為となっているが、交換は、それとともに取得は、やはり個人的行為、つまり個々人の行為である。社会的生産物は個々の資本家によって取得される。これが基本的な矛盾であって、この矛盾から、今日の社会がそのうちを動いており、大工業が明るみにさらけだすすべての矛盾がうまれる。

A　生産者が生産手段から分離する。労働者は終身賃労働の運命に定められる。プロレタリアートとブルジョアジーとの対立。

B　商品生産を支配する諸法則がますますはっきり現われ、その作用がますます強化される。無拘束な競争戦。個々の工場内における社会的組織と社会における生産全体の無政府性との矛盾。

C　一方では、競争のために機械装置を改良することがそれぞれの工場主にとって強制命令となるが、これは、労働者の解雇、つまり産業予備軍がたえず増大するということと同じ意味である。他方では、生産が無制限に拡大されるが、これも同様に、おのおの製造業者にとって競争の強制法則である。この二つの側面から、生産諸力は前代未聞の発展をする。供給が需要を越える。過剰生産が起こり、市場には商品が多すぎるようになる。十年ごとに恐慌が勃発する。一方には生産手段と生産物の過剰――他方には仕事も生活手段ももたない労働者の過剰。しかし、生産と社会的福祉とのこの二つの力はむすびつくことができない。なぜというに、資本主義的生産形態は、生産諸力と生産物がまえもって資本に転化していないかぎり、生産諸力が作用することも、生産物が流通することも、禁じるからである。ところがこれらが資本に転化するのを妨げるものは、生産諸力と生産物との過剰なのである。この矛盾はたかまって、生産様式が交換形態に反逆する、という背理にまでいたる。ブルジョアジーは、もうこれ以上彼ら自身の所有する社会的生産諸力を管理する能力が自分にないことを、みずから立証した。

D　生産諸力の社会的性格が部分的に承認される。資本家自身がこれを承認することをよぎなくされる。大規模な生産および交通の機構は、はじめは株式会社によって、後にはトラストによって、そのつぎには国家によって、取得される。ブルジョアジーは、よけいな階級であることが明らかになる。彼らのいっさいの社会的機能は、今では給料取りによって行なわれる。

三　プロレタリア革命――諸矛盾の解決。プロレタリアートは、公的権力を掌握し、この権力を使って、ブルジョアジーの手から離れつつある社会的生産手段を、公共の財産にかえる。この行為によって、プロレタリアートは、生産手段を、資本というこれまでそれがもっていた性質から解放し、生産手段の社会的性格に、自分をつらぬく完全な自由を与える。このとき以後、社会的生産をあらかじめ決められた計画にしたがって行なうことが、可能となる。生産の発展によって、種々な社会階級がこれ以上存在することは時代錯誤となる。社会的生産の無政府性が消滅するにつれて、国家の政治的権力もまた眠りこむ。ついに自分自身の独自の社会化の主人になった人間は、それによって、同時に自然の主人に、彼ら自身の主人になる――すなわち自由になる。」（『発展』一〇八～一一〇頁）

ここで要約されている資本家的生産様式の発生・確立・発展およびその社会主義社会への転化の過程は、一つの単純な図式的構造をもつ。すなわちこの歴史的発展過程を貫徹する基本的関係は、「生産様式」と「交換形態」*との対立ないし矛盾という関係である。そして両者の矛盾は具体的には次のように展開される。

* ある場合には、前者は「生産方法」（『発展』八六頁）、後者は「取得形態」と表現されている。

1　出発点は、「働き手が自分の生産手段を私有することにもとづ」く、「小経営」であり、この「小規模な個人的生産」に対応する「取得形態」が、単純な商品交換であり、私的所有であった。

2　ところが、資本家的生産の確立によって生産は「社会的」となりながら、「取得形態」はあいかわらず前段階のそれである。エンゲルスは、この「社会的生産物」の「個々の資本家による取得」をもって、資本主義の「基本的な矛盾」とする。

そしてこの「基本的な矛盾」は、

A　「プロレタリアートとブルジョアジーとの対立」

B　「個々の工場内における社会的組織と社会における生産全体の無政府性との矛盾」

C　「生産様式」の「交換形態」への「反逆」

という三つの局面ないし様相のうちにあらわれる。

3　資本主義の内部でも、生産力の社会性は部分的に承認され、株式会社──→トラスト──→国家という順序で、「大規模な生産および交通の機構」の取得が行なわれ、ブルジョアジーの無用性が明らかとなる。

4　以上の矛盾の全面的解決がプロレタリア革命である。社会的生産に対して社会的所有が対応することによって、「基本的な矛盾」は完全に止揚されることになる。

さてエンゲルスによってまとめられた、以上のような資本主義史観の特質は、

①唯物史観のいわゆる生産力と生産関係との矛盾を、「生産様式」と「交換形態」との矛盾として把えなおし、

②資本主義確立以前の小商品生産者段階において、両者の適合的な対応関係が成立するとしたため、

③資本主義社会における両者の矛盾は、資本主義社会では絶対に解決されない矛盾として設定されることになり、

④その矛盾の解決こそがプロレタリア革命であり、社会主義社会の成立であるとする認識を必然化した、というこ

とになる。

このようなエンゲルスの把握を、いま『資本論』の基本構造と対置するならば、両者の根本的相違は次の諸点にあらわれる。

①エンゲルスの要約では、資本主義の発展過程、つまり「生産者が生産手段から分離する」過程自体、生産の社会的性格と領有の私的性格という、商品経済的矛盾からみちびきだされることになっている。これは「人民大衆の暴力的収奪過程」をもって、この発生過程の「基礎」としたマルクスの本源的蓄積のとらえ方とは異質である。

②資本主義の基本的矛盾の解決は、社会主義社会の成立によってしか与えられないとすれば、純粋な資本主義の自立的運動過程を、この具体的矛盾から説明することは不可能となる。いいかえれば、資本主義社会とは、それぞれ安定的に対応する「生産様式」と「取得形態」とをもった小商品生産社会と社会主義社会という二つの社会の間に成立する過渡的社会形態にすぎないことになる。過渡的社会に自立的運動法則のありえないことは当然であろう。

③資本主義社会における生産力の社会性の部分的承認から発して、その全面的承認、つまり社会主義社会の成立が、必然的過程としてたどりうるとすれば、それは確かに資本主義の発展、変質の必然性を明らかにすることになろうが、しかしそれは同時に、資本主義社会の自立的社会として成立する必然的根拠を否定することを意味する。そして自立的社会たることを前提としないかぎり、たとえば再生産表式の均衡条件も、利潤率均等化法則も成立しえないのだから、これは基本的に、『資本論』体系の成立根拠の否定以外の何ものでもない。

要するにエンゲルスの場合は、資本主義の発生・確立・変質を、生産力と生産関係の矛盾の必然的展開過程として把握することによって、資本主義がこの矛盾を基礎として法則的に運動する自立的社会構成体たることを否定するのであり、『資本論』体系は逆に、資本主義の歴史的成立過程を、商品経済的発展と区別することによって、この社会体制の自立的運動機構を法則的に明らかにしているのである。*

* しかし、『資本論』が完全にこのような把握をもって貫かれているというのではない。例えば、第一巻、第七篇、第

二四章「いわゆる本源的蓄積」の第七節「資本主義的蓄積の歴史的傾向」では、「自分の労働にもとづく私有」を出発点として、その否定による「資本主義的所有」の成立、また「否定の否定」としての「収奪者の収奪」、つまり「資本主義的私有の最後」を説いている。おそらくエンゲルスの『発展』での資本主業把握は、この第七節の叙述を念頭において与えられたものといえよう。しかし、かかる資本主義の歴史過程に対する把握は、『資本論』におけるその他の部分の理論的展開と整合的に照応しているとはいい難い。この点についての詳細な検討は、宇野教授の「社会主義と経済学」(『社会科学の根本問題』所収)で与えられている。

いわゆる正統派の主張とは、かくてエンゲルス的歴史観を基礎として成立した資本主義把握ということができる。これに対して、宇野理論は、このエンゲルス的歴史観を全面的に排除しつつ、『資本論』で基本的に展開された資本主義把握をもって、資本主義の原理的認識の完成とし、資本主義の歴史的発展過程に対する把握をこれとは完全に分離したのである。最近では、この宇野理論に対して、原理論と段階論との方法的分離は必要だとしても、問題はこの分離を前提として両者を結合する論理であるとか、あるいは、純粋資本主義の法則的運動の必然性は解明されえたとしても、段階的発展ないし移行の必然性は解明されていない、とする批判が多い。原理的必然性と段階的必然性の区別を主張してさえ、マルクス・レーニン・スターリンの所説に反対するものとして糾弾された時代にくらべると、かかる批判も、マルクス主義経済学者諸君における格段の進歩を示すものといえようが、しかしそれはなおかれらにおいて、問題の正しい認識に達しえていないことを暴露するものでしかない。つまり、原理論と段階論とを根本的に区別して、前者を純粋な資本主義の運動法則の解明とし、後者を非資本主義的ないし非商品経済的領域と関係しつつ進行する資本主義の歴史過程の段階的把握とすること、このような分離の論理が、それ自体において両者の関連の仕方を規定しているのであって、これとは別に原理論と段階論とを結合する論理ないし方法などありうるはずがない。原理論の内部から段階規定をみちびきえたとか、原理論と段階論とを統一的に認識しえたとか、あるいは段階的移行の必然性を解明しえたとか称する主張を、立入って検討してみれば、そのいずれもが、結局一方では原理論の法則的必然性の論証をあいまいにするとともに、他方段階的発展のうちに恣意的な論理的関連を設定し、もって両者の区別自体を抹殺するという、宇野理論成立段階以前への、学問的退行現象でしかないことが明らかとなるであろう。マルクス主義経済学者に始まって、宇野理論の内在的批判を自称する論客に至るまでの、このような多くの見解のもつ欠陥については、すでにこれまで詳細に明らかにしてきた。要するにその方法的誤謬は、すべて経済学研究の内部への唯物史観の過剰適用に胚胎するといってよいであろう。唯物史観は、経済学研究の「導きの糸」として、資本主義を特殊歴史的社会として限定することはできるが、この社会の内部構造や発展過程をそれ自体で明らかにすることはできたい。ここでは経済学の論理をもって資本主義の運動を明らかにする以外にないのである。この限度をこえて唯物史観を適用した場合は、エンゲルス的資本主義把握が必然的となり、論証不能な問題までも科学的に論証されうるがごとき錯覚をうむとともに、他面、科学的論証の根拠としての純粋資本主義の想定は破壊されることになる。いわゆる正統派的見解とはまさにかかるエンゲルス的資本主義把握の嫡子にほかならない。しかしそれは、『資本論』体系の論理と方法とを正当に継承するものとはいえないのである。

降旗節雄（ふりはた・せつお）
1930年　長野県、穂高町に生まれる。
1953年　信州大学文理学部卒業。
1961年　東京大学大学院社会科学研究科博士課程修了。
1970年　北海道大学経済学部教授。
1974年　筑波大学社会科学系教授。
1985年　帝京大学経済学部教授　現在に至る。
1994年　筑波大学名誉教授。
最近の著書　『生きているマルクス』(文真堂)『日本経済の構造と分析』(社会評論社)『貨幣の謎を解く』『金融ビックバンと崩壊する日本経済』(白順社)『フォア・ビギナーズ　現代資本主義』(現代書館)など。

降旗節雄著作集 第2巻　宇野経済学の論理体系

2002年10月15日　初版第1刷発行

著　者：降旗節雄
装　幀：桑谷速人
発行人：松田健二
発行所：株式会社 社会評論社
東京都文京区本郷2-3-10　☎ 03(3814)3861　FAX 03(3818)2808
http://www.shahyo.com
印　刷：スマイル企画＋平河工業社＋東光印刷
製　本：東和製本

ISBN4-7845-0852-X

降旗節雄著作集【全5巻】

第1巻　科学とイデオロギー
【解題】土台・イデオロギー・科学の関連について

第2巻　宇野経済学の論理体系
【解題】宇野理論体系の構造と意義

第3巻　帝国主義論の系譜と論理構造
【解題】マルクス主義における帝国主義論の達成と失敗

第4巻　左翼イデオロギー批判
【解題】戦後左翼イデオロギーの系譜とその崩壊過程

第5巻　現代資本主義論の展開
【解題】現代資本主義解明における宇野理論の成果と欠落